本成果受到中国人民大学2023年度"中央高校建设世界一流大学（学科）和特色发展引导专项资金"支持

[Report on the Social Psychology Survey of Residents in the New Era (2023)]

新时代居民社会心理调查报告（2023）

辛自强　董妍　◆　主编

开明出版社

图书在版编目（CIP）数据

新时代居民社会心理调查报告.2023／辛自强，董妍主编.--北京：开明出版社，2024.4

ISBN 978-7-5131-8909-5

Ⅰ.①新… Ⅱ.①辛… ②董… Ⅲ.①居民-社会心理学-调查报告-中国-2023 Ⅳ.①C912.6-0

中国国家版本馆 CIP 数据核字(2024)第 065841 号

出 版 人：陈滨滨
责任编辑：魏红岩
美术编辑：刘昭弘

新时代居民社会心理调查报告（2023）
XINSHIDAIJUMINSHEHUIXINLIDIAOCHABAOGAO（2023）

主　编：辛自强　董妍
出　版：开明出版社（北京海淀区西三环北路25号　邮编100089）
印　刷：鸿博昊天科技有限公司
开　本：787mm×1092mm　1/16
印　张：19
字　数：400千字
版　次：2024年4月第1版
印　次：2024年4月第1次印刷
定　价：79.00元

印刷、装订质量问题，出版社负责调换。联系电话：（010）88817647

序　言

如何建设好心理学学科，是每个心理学教学科研机构面临的核心任务。中国人民大学是我国较早开展心理学学科建设的高校之一，早在20世纪50年代，就培养了新中国第一批心理学专业研究生。2009年，中国人民大学正式设立心理学系，目前心理学系是学校直属的二级教学单位。自2023年以来，根据学校的总体战略部署，心理学系将学科定位凝练为"建设面向人民的心理学"，强调心理学不仅要研究人类，更要研究人民并服务人民，力图走出一条具有学校特色的学科发展新路。心理学系的学科布局是"旗帜性的社会心理学，特色化的应用心理学，前沿性的基础心理学"，其中，社会心理学是我们学科建设的重中之重。

为有效推进社会心理学自主知识体系建构，我们组建了社会心理调查项目团队，开展有组织科研工作。社会心理学是探讨"社会"和"心理"关系的学科，由此团队的任务是通过大规模调查收集数据，探讨社会心理与社会现实的关系，揭示新时代中国人的社会心理特点及其相关因素。在中国人民大学2023年度"中央高校建设世界一流大学（学科）和特色发展引导专项资金"支持下，心理学系启动了"新时代居民社会心理调查"（Survey on the Social Psychology of Residents in the New Era），并在2023年6—9月开展了数据收集工作。该项目的核心兴趣点并不在于抽象地或去背景化地揭示心理变量之间的关系，更不在于证明某个现有理论尤其是西方社会心理学理论的合理性，而是试图积累数据资料记录中国人当下的社会心理世界，展示当代中国的社会现实如何形塑人们的社会心理以及社会心理如何能动地影响社会现实。

我们所理解的社会心理学是广义的，它是社会心理科学或者说社会科学意义上的心理学的核心部分。心理学除了向其"自然面"掘进，也要向其"社会面"开拓，有效建立"社会"和"心理"的关联，在服务人民和社会发展的过程中彰显学科价值。本次调查项目正是我们的一种集体尝试。本书各章署名体现着作者的贡献，所有作者的单位均为中国人民大学心理学系。调查项目从定题设计，到数据收集和分析，再到撰写书稿并不断修改完善，整个过程只有大半年的时间。团队的各位老师数次开会研讨项目设计、调研方案和写作计划，百余名本科和研究生同学认真完成数据收集工作，团队中的导师和研究生一道分析数据并写作书稿，这是一次集体科研合作，也是一种人才培养实践。所有参与者的贡献都值得铭记，大家的进取之心令人感动。

"始生之物，其形必丑"，我们深知本次调查和呈现在读者面前的这本报告均有很多不足。例如，在调查取样上做得不够完善，在数据挖掘上还可深入，在书稿写作上仍有颇多可推敲之处。但我们愿意成长，恳请学界同仁和广大读者批评指正。我们期望今后能把工作做得更好一些。我们将围绕一般居民和特定群体不断开展大型社会心理调查，力图用数据创作中国人的心灵史诗。

是为序。

辛自强
2024年元月
于中国人民大学

目　录

第一章　新时代居民社会心理调查总报告 …………… 001

第二章　新时代居民经济心理报告 …………………… 021

第三章　新时代居民政治心理报告 …………………… 061

第四章　新时代居民文化心理报告 …………………… 111

第五章　新时代居民社会文明发展报告 ……………… 137

第六章　新时代居民生态文明心理报告 ……………… 181

第七章　新时代居民身心健康报告 …………………… 204

第八章　新时代居民语言心理报告 …………………… 254

各章英文摘要（Abstract） …………………………… 294

第一章 新时代居民社会心理调查总报告

辛自强 董妍 赵敏翔

摘要：社会心理是社会现实的反映，在我国，人们面对的首要社会现实是中国特色社会主义事业总体布局中的"五大建设"，大家都是参与者和见证者。本次新时代居民社会心理调查立足于我国社会现实，调查内容涵盖与"五大建设"分别对应的经济心理、政治心理、文化心理、社会心理、生态文明心理五个方面，还包括个体自身方面的身心健康和语言心理两个方面。调查发现我国居民各方面的社会心理总体上是积极向上的，同时也存在一定的个体内差异和个体间差异。调查结果对做好新时代居民心理建设工作有启示意义。

关键词：社会现实，社会心理，五大建设，新时代

1 研究背景

1.1 研究目的、意义和思路

以 2012 年党的十八大召开为起点，中国特色社会主义进入新时代。2017 年党的十九大报告进一步明确指出："经过长期努力，中国特色社会主义进入了新时代，这是我国发展新的历史方位。"当前，我国社会主要矛盾已经转化为人民日益增长的美好生活需要和不平衡不充分的发展之间的矛盾，同时所处的国际背景也在发生深刻变化。附着在社会现实之上的社会心理在新时代可能会展现出新的特点，为了揭示不同人群的社会心理特点，探明社会心理与社会现实的关系，中国人民大学心理学系在 2023 年启动了"新时代居民社会心理调查"（Survey on the Social Psychology of Residents in the New Era）。该项目的核心兴趣点并不在于抽象地或去背景化地揭示心理变量之间的关系，也不在于证明某个现有理论尤其是西方社会心理学理论的合理性，而是试图积累数据资料记录中国人当下的社会心理世界。

这些宝贵的社会心理数据资料对于我国心理学学科建设和社会发展有重要意义。我国在加快完善对哲学社会科学具有支撑作用的学科，大力推动学科建设。心理学作

为重要的支撑学科，应该发挥其学科优势，促进哲学社会科学发展。本次调查有助于描绘当代中国居民的社会心理特征，有助于心理学中科学事实的积累和理论的建构。可以说，它不仅有学科价值，也有实际意义。2017年党的十九大报告明确提出"加强社会心理服务体系建设，培育自尊自信、理性平和、积极向上的社会心态"，这是创新社会治理的一条重要举措，为社会治理增加了心理建设的新视角，探寻了"由心而治"的新路径（辛自强，2020）。国家"十四五"规划和2035年远景目标纲要继续强调，要健全社会心理服务体系和危机干预机制。本次调研的内容有助于了解我国居民社会心理的基本特点以及在人口学特征方面的差异，这将为有针对性地开展社会心理服务、塑造良好社会心态并最终实现"由心而治"提供科学依据，为个性化地完善干预机制提供研究参考。

2022年4月25日，习近平总书记在中国人民大学考察调研时高屋建瓴地强调，社会科学研究"要以中国为观照、以时代为观照，立足中国实际，解决中国问题"，这一论断指明了社会科学研究应该遵循的总体方法论原则。在我国开展社会心理学的调查研究，需要以当下的社会现实为观照，将社会心理现象置于特定的时空框架下来理解，研究特定社会关系中的人（辛自强，2023）。无论是客观的社会现实，还是主观的社会心理现象，都发生在某一特定的时空框架下，其分析尺度可大可小，可远可近，但一定要选择好并说明研究所选用的时空坐标系。因为人们的生活历程和心理活动总是跟其所处的历史进程和社会结构密切关联，揭示这种关联是社会科学家的使命。对此，学者米尔斯（2001，p. 154）曾表达过自己的洞见："社会科学探讨的是个人生活历程、历史和它们在社会结构中交织的问题。这三者（个人生活历程、历史和社会）是方向正确的人的研究的坐标点……我们时代的诸种问题，现在包括人的本质这一问题，如果不能一直把历史视为社会研究的主轴，不能一直认识到需要深入发展以社会学为基础、与历史相联系的关于人的心理学，就不可能得到充分的描述。"由此，我们开展的社会心理调查研究将突出现实性原则，把社会心理视作社会现实的某种形式的表达和反映，力图探明社会心理和社会现实的关系，并以新时代的中国为基本的时空坐标系，记录居民真实的社会心理状况。

1.2 社会现实和社会心理的关系

马克思在《〈政治经济学批判〉序言》中曾深刻地指出："人们在自己生活的社会生产中发生一定的、必然的、不以他们的意志为转移的关系，即同他们的物质生产力的一定发展阶段相适合的生产关系。这些生产关系的总和构成社会的经济结构，即有法律的和政治的上层建筑竖立其上并有一定的社会意识形式与之相适应的现实基础。物质生活的生产方式制约着整个社会生活、政治生活和精神生活的过程。不是人们的意识决定人们的存在，相反，是人们的社会存在决定人们的意识。"这一论断对于我们今天研究社会心理学依然有重要指导价值。社会心理作为精神生活和社会意识层面的内容，是被包括物质生活、社会生活、政治生活等在内的社会现实所决定和塑造的。因此，我们必须从社会现实出发来研究社会心理。

我国很多学者在定义社会心理或社会心态的概念时，都强调了社会现实对其决定性。例如，丁水木（1996，p. 108）认为"社会心态是指人们在社会生活中由经济关系、政治制度以及整个社会环境的发展变化而引起的直接的、在社会群体中较为普遍存在的、具有一定的共同性的社会心理反应或心理态势。"在我们看来，虽然这种决定关系未必是那么直接的简单映照，而可能存在某种程度和某种形式的"折射"（辛自强，2019），但是，社会心理或心态"最终"是由经济关系、政治制度以及整个社会环境及其发展变化所决定的。

除了外部社会现实，还要关注个体自身的条件对社会心理的影响。我国社会心理学家沙莲香更早时（1986）就指出，社会心理学是研究社会心理现象的基本过程及其产生条件和发展规律的科学。她认为社会心理现象是在一定的条件下形成的，既包括人自身的条件，也包括非自身的条件。人自身的条件，也叫社会主体条件，包括个体的人格因素，如气质、能力、性格、意志品质等，也包括一个民族的心理特征，即民族性格，它们共同构成社会主体的内部心理背景。任何一种社会心理反应总是落在一定的内部心理背景上，同人格和民族性格相吻合。人之外非自身的条件也叫社会客体条件，它指人们的社会生活环境，包括由人们的物质生产活动、人与人之间的物质关系等构成的物质生活环境，也包括由思想、观点、理论、制度、伦理、风俗、文学艺术、大众传播等构成的精神生活环境。本书延续这一观点，将从内外两种条件的角度来探讨它们如何决定社会心理。

在我国，每个人面对的最大的外部客观社会现实就是中国特色社会主义事业，大家都是建设者、见证者和成果的分享者。当前，中国特色社会主义事业总体布局是经济建设、政治建设、文化建设、社会建设、生态文明建设"五位一体"。包含这五大建设的"总体布局"的形成，经历了一个较长的历史过程。

早在1986年，党的十二届六中全会就使用了"社会主义现代化建设的总体布局"这一提法，而今天常用的"中国特色社会主义事业总体布局"概念的直接使用可以追溯到2005年。胡锦涛于2005年2月19日在省部级主要领导干部专题研讨班上讲话时提出："随着我国经济社会的不断发展，中国特色社会主义事业的总体布局，更加明确地由社会主义经济建设、政治建设、文化建设三位一体发展为社会主义经济建设、政治建设、文化建设、社会建设四位一体。"这段话明确提出了"中国特色社会主义事业总体布局"的概念，并使用了"三位一体"概念和"四位一体"概念。要强调的是，虽然之前没有这一套明确的概念或提法，但并不等于没有这方面的实践（梁树发，2014）。

对中国特色社会主义事业总体布局的认识和建设实践是不断推进的。如同有学者指出的，"中国特色社会主义事业总体布局，无论是它的三位一体，还是四位一体、五位一体，都有一个形成过程，都不是在一定时期突然出现的。每一形态的总体布局都有一个时间或长或短的形成过程（梁树发，2014，p.41）。"就总体布局的构成内容而言，"经济建设"这个概念出现最早，1977年党的十一大报告中就已经出现经济建设的概念，当时的提法是"科学研究工作，应当走到经济建设的前面"，但在该报告中经济建设概念只是偶尔出现了一次，也非专门论述经济建设问题。改革开放后，邓小平反复使用"物质文明"与"精神文明"两个文明的提法；1982年，党的十二大第一次把"两个文明"一起抓作为建设社会主义的战略方针提出来。1986年，党的十二届六中全会首次提出以经济建设为中心，并提出"总体布局"的概念，当时的提法为"我国社会主义现代化建设的总体布局是：以经济建设为中心，坚定不移地进行经济体制改革，坚定不移地进行政治体制改革，坚定不移地加强精神文明建设，并且使这几个方面互相配合，互相促进。"这三个"坚定不移"实际上表明，在事实层面从以前的"二位一体"（两个文明）的总体布局开始转入"三位一体"的总体布局，虽然当时并没有这些提法。三位一体总体布局的发展战略，从党的十三大一直延续到党的十六大（方世南，2013）。2004年，党的十六届四中全会则明确提出"把推进经济建设同推进政治建设、文化建设统一起来，促进社会全面进步和人的全面发展"，正式表达出三位一体的思想。如前所述，不久之后，2005年胡锦涛正式提出了"中国特色社会主义事业总体布局"和"四位一体"概念。2007年，党的十七大沿用了"四位一体"的提法。2012年，党的十八大提出建设中国特色社会主义事业的"总布局是五位一体"，即经济建设、政治建设、文化建设、社会建设、生态文明建设的统一。"五位一体"的提法沿用至今。总体布局内容的变化源自中国特色社会主义事业的发展，体现了对其结构本质不断更新的认识。

每一位公民都是五大建设的参与者，人们的心理和五大建设实践构成了一种既有"反映"，又有"能动"的关系。我们强调社会心理是社会现实的反映，就有必要分门别类地考察人们对经济建设、政治建设、文化建设、社会建设、生态文明建设方面内容的认知和情绪感受；我们强调心理和意识具有能动性或对现实世界的反作用力，就要了解人们对现实世界采取行为的意愿和实际行为模式。社会心理是由对社会现实的认知、情绪反应、行为意愿等组成的整体的、普遍的心理，它会以某种方式转化为实际的行为或行动，如参与到五大建设的实践中。行为是连接社会心理和社会现实的桥梁，是发挥心理能动性的手段。

具体到本调查项目中，"社会心理"中的"社会"一词被用于指代庞大的社会现实，在我国首先是中国特色社会主义事业的总体布局，即五大建设。人们在参与五大建设的过程中，相应会形成这五个领域的社会心理（广义的）：经济心理、政治心理、文化心理、社会心理（狭义的，后文主要聚焦到居民的社会文明发展）、生态文明心理（或环境心理）。实际上，在心理学中这五大领域都有相应的学科分支，它们一并构成了广义的社会心理学，并将被作为本项目调查的主要内容（图1-1）。

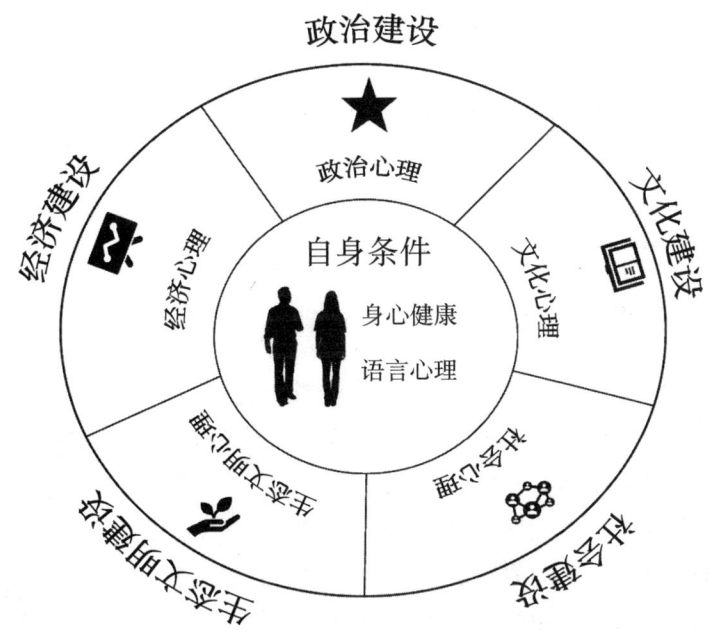

图1-1　新时代居民社会心理调查的内容框架

这五个方面的社会心理内容都来自外部的客观社会现实领域。延续上文所述沙莲香（1986）的观点，我们认为人作为主体除了受到人自身之外的客观社会现实的影响，也受到自身条件的影响。自身条件包括人的身体、原有心理、语言等，这些内容既是自身的构成物，也影响着自身的某个方面。人类身体是其心理的物质载体，身心健康既是社会心理的一部分内容，也是其影响因素；同样，语言是一种精神工具，是思维和人际交往的工具，它既影响着社会心理活动，也可以作为其中一个方面。因此，我们要一并调查人们的身心健康状况和语言心理特点（图1-1）。

社会现实并不是固定不变的。就如同五大建设作为一种实践有一个形成和发展过程，整个宏观社会结构一直处于变迁之中。我国改革开放以来经历了急剧的社会变迁，甚或社会转型。在我国生产、生活方式发生巨大改变的背景下，人们的心理状况也可能表现出规律性的变化，即心理随时代而变迁。心理变迁反映的是心理如何随着时代而变化，它的分析单位是具有某一特征的"出生组"或曰"世代"，即出生于某一年代的"一代人"，把这样的分析单位按照时序排列，就能看到群体层面的心理变迁规律（辛自强，池丽萍，2020）。

横断历史元分析（cross-temporal meta-analysis）方法就是按照这种思路通过元分析揭示心理变量的变迁趋势及其成因。对我国过去10多年的68项横断历史元分析的再次

"荟萃"分析，已经展示出我国各主要人群在各种关键心理指标上的变迁趋势（池丽萍，辛自强，2020；辛自强，池丽萍，2020）。我们本次所开展的调查项目则为粗略地分析社会心理变量的代际差异或世代差异提供了另一种可能；而且，如果每年或每几年开展一次这种调查，在积累几个波次的数据后，就能形成一个更为完整的连续独立样本设计，从而可以进一步分离年龄（age）、时期（period）和世代（cohort）的不同作用，更纯净地揭示时期差异（或年代差异）以及世代差异。这两类差异都是对心理变迁的考察，只是所使用的时间坐标系有所不同。就某一特定的研究而言，时期差异展示了随着调查时间改变出现的心理变迁，而世代差异展示的则是更早的历史时期或出生年代不同造成的心理变迁。

1.3 大型社会心理调查研究的进展与方向

要记录中国人的社会心理现状并为揭示其变迁规律做好准备，通常有赖于有全国代表性的大样本调查。在一般的社会心理研究中，研究者借助调查法、实验法等收集数据，有针对性地考察心理变量之间或它们与某些客观变量之间的相关关系或因果关系。此时，几百人或几十人的样本就可以说明问题。然而，当试图刻画当代中国人总体的社会心理状况时，通常需要少则几千人，多则数万人的样本，才有足够的说服力，才能更好地控制取样偏差方面的无关变量干扰。

目前国内已经有一些大型的社会心理调查。其中，比较系统和持久的调查项目当推中国社会科学院社会学研究所社会心理研究中心开展的中国"社会心态调查"（Social Mentality Survey），该调查由王俊秀主持，从2017年开始，每年开展大样本调查并发布《中国社会心态研究报告》。实际上，更早时他们就利用"中国社会状况综合调查"（Chinese Social Survey）的数据，撰写该报告，从2011年出版第一本报告开始，至今已经出版十余本。该报告每年关注的变量不完全相同，但大多聚焦于幸福感、安全感、获得感、社会信任、社会情绪、社会价值观、美好生活需要等社会心态的重要指标（王俊秀，张跃，2023）。

有的大型社会心理调查不是针对一般的居民样本，而是针对某个特定群体。例如，复旦大学社会治理研究中心、上海开放大学信息安全与社会管理创新实验室与上海市青少年研究中心联合开展了"中国大学生社会心态调查"，在2015年、2017年和2020年共计开展三轮调查，考察大学生群体对社会主要问题的认知特点（郑雯等，2023）。

国际上著名的世界价值观调查（World Values Survey）从20世纪80年代初开始在全世界的几十个国家取样，至今已经完成7轮数据收集，从第2轮调查开始纳入中国样本。该调查的大部分心理变量都属于社会心理方面，已经被广泛用于揭示中国人社会心理的现状和变迁规律，如考察人们"工作—生活"观念的变迁（吴玉玲，孙中伟，2023）、财经价值观的变迁等（辛自强，李哲，2020）。

此外，一些综合性的社会调查，也包含了大量社会心理方面的指标。例如，中国人民大学开展的中国综合社会调查（Chinese General Social Survey）始于2003年，是我国最早的全国性、综合性、连续性学术调查项目，它系统全面地收集了社会、社区、家庭、个人多个层次的数据，可以用于研究社会变迁和社会心理变迁的趋势。

诚然，社会心态是宏观社会心理研究的主要内容，它作为一种心理状态或态势，包含了反映当下社会现实的各种敏感心理指标。相比之下，国民性或民族性大体属于心理特质范畴，它的变迁似乎更为缓慢一些，对社会环境的变化并不是那么敏感。不过，如果放在一个较长的历史时期来看，依然能看到它的变迁。中国人民大学的沙莲香曾采用社会调查、历史文献分析等方法深入研究了中国人的民族性特点及其变迁，她从1989年到2012年先后出版了三卷以《中国民族性》为题的专著（沙莲香，孙庆忠，2013），代表了我国社会心理研究的一个独特传统。

综上，大型社会心理调查至少有两个看待社会心理的视角：一是状态论视角，这方面的大部分调查项目都是从社会心态的角度开展研究，社会心态即为一种短期的、对社会环境敏感的心理状态。二是特质论视角，无论是本尼迪克特《菊与刀》一书所揭示的日本人的国民性，还是沙莲香所考察的中国人的民族性，都是在关注社会心理中相对稳定的特质部分。在本次社会心理调查中，我们所选择的大部分变量都是社会心态方面的，如对经济政策和环保政策的社会认知、对短期和长期经济的信心、对各种机构的政治信任等；此外，也涉及到一小部分社会心理特质方面的变量，如个人主义或集体主义、权威主义、社会支配倾向等。由此，我们的调查项目名称中使用了更为宽泛的"社会心理"一词，以涵盖不同视角和不同类型的变量，也方便为下一次的调查设计特别是变量选取预留空间。

如上所述，社会心理研究的对象可以是一般居民，也可以是某个特定的群体，如农民、产业工人、快递业人员等。本次调查以我国的成年居民为总体并进行样本选择，在未来我们也计划针对特定群体开展专门的社会心理调查。

2 研究方法

2.1 调查程序

本调查采用方便取样法获得被试样本，调查程序事先获得中国人民大学心理学系伦理审查委员会的认可。调查在2023年6月至9月进行，详细过程如下。

（1）调查员招募、培训与管理。项目助理首先通过线上平台、张贴海报等方式，在中国人民大学招募本科生和研究生作为调查员。项目负责专家通过线下集中培训的方式，给调查员讲解本次调查的目的、基本流程、责任义务、保密要求、注意事项等内容。在调查员明确知悉培训内容后，须签署"调查承诺书"，以保证收集数据的真实性，并承诺对被试的隐私进行保护。

（2）调查实施过程。项目助理现场发放纸质版问卷，调查员按照自行预估的调查数量领取相应的问卷，并登记调查省份。项目助理根据登记的调查省份进行相应的匹配，为保证各省问卷收集的数量相对平衡，采取的措施包括寻找校外调查员来负责在预登记调查数量较少的省份收集数据，建议预登记较多省份的调查者前往外省开展调查（如建议北京调查员回到生源地省份进行调查）。调查采用面对面发放问卷的方式进行，被试在填答问卷前由调查员负责解释调查目的，并要求被试在知情和自愿的情况下签署"知情同意书"。同时，按照培训的规定和承诺书的要求，调查员在调查过程中需要对被试的作答过程进行拍照，拍照时避免被试正脸入镜以保护被试的肖像隐私。此外，调查员还需要记录每一位被试作答开始的时间和结束的时间。调查员在收集数据过程中配额以外的问卷由项目助理进行邮寄，未填写的空白问卷依然要求调查员带回。

（3）调查数据录入与清理。数据收集完成后，由调查员负责在统一的数据库文件中录入数据，并在返校后将纸质版问卷返还给项目助理后领取志愿服务证明和劳务补助。项目助理将所有调查员的数据库进行合并，并在项目负责专家的监督下有选择性地抽查录入数据的质量。填答过程中不认真的被试首先由调查员进行标识。项目助理将数据合并与整理之后，再对规律作答、错漏题项较多、答题时间过短的被试进行甄别。纸质版问卷和空白问卷放在档案室进行储存。

2.2 调查样本基本情况

调查启动后共招募调查员133名，有21名因个人原因陆续退出，最终有112名调查员参与调查，其中男性26名（23.21%），女性86名（76.79%），每名调查员平均收集42份问卷。

调查时要求被试的年龄在18岁以上，职业、民族、社会阶层等人口学特征尽可能多样，并且主要调查对象为非大学生群体。本次调查覆盖了29个省、直辖市、自治区（不含港澳台、海南省、内蒙古自治区），共收集问卷4684份，各省份样本数量在33~478之间不等，平均每个省收集问卷161份。合并数据后发现18名被试因年龄不足18周岁而被排除，最终收集到有效样本4666人（受个别变量数据缺失影响及数据清洗规则的不同，本书各章所用有效样本数量可能略有不同），被试的基本信息见表1-1。

2.2.1 性别

最终样本中男性共2017名（43.23%），女性2646名（56.71%），3名被试未报告性别，各个省份样本的性别情况如表1-1所示。

2.2.2 年龄

共4637人报告了出生年月，年龄区间为18~101岁，平均年龄为38.81岁（$SD=$

表1-1 调查样本的人口统计学信息

地区	省份	样本量	性别比例 男	性别比例 女	年龄 M	年龄 SD	BMI (kg/m²) M	BMI (kg/m²) SD	户口状况 城镇户口	户口状况 农村户口	共住人口 M	共住人口 SD	个人月收入 M	个人月收入 SD
东部地区	北京	187	38.50%	61.50%	33.28	15.25	22.83	3.94	82.35%	17.65%	3.45	1.51	6021.82	7580.39
	天津	55	43.64%	56.36%	38.50	12.31	22.78	3.23	92.73%	7.27%	3.27	1.10	5960.00	4875.85
	河北	354	40.68%	59.32%	37.43	11.71	23.23	3.80	54.52%	45.48%	3.45	1.12	4260.76	3487.74
	上海	46	47.83%	52.17%	40.29	13.32	21.62	2.20	86.67%	13.33%	3.52	1.50	19200.00	42252.22
	江苏	90	48.89%	51.11%	38.96	13.14	24.61	6.98	58.43%	41.57%	3.52	1.37	6544.20	9560.36
	浙江	33	57.58%	42.42%	38.42	16.57	22.03	3.50	65.63%	34.38%	3.78	1.26	7496.97	7000.78
	福建	138	38.41%	61.59%	39.47	11.57	22.25	2.79	80.15%	19.85%	3.63	1.36	6847.95	9528.87
	山东	273	47.25%	52.75%	43.44	13.70	24.85	5.88	34.80%	65.20%	3.88	1.35	4667.48	7876.00
	广东	133	43.61%	56.39%	38.60	14.27	22.34	3.42	61.65%	38.35%	4.39	2.23	7206.61	5302.72
		1309	43.16%	56.84%	38.68	13.56	23.31	4.54	61.04%	38.96%	3.66	1.46	5951.92	10438.21
中部地区	山西	234	49.57%	50.43%	39.37	14.26	22.89	3.02	53.42%	46.58%	3.50	1.02	3505.55	2701.82
	安徽	249	52.61%	46.99%	38.42	15.05	22.74	3.46	59.04%	40.96%	3.29	1.30	5149.94	7248.93
	江西	91	50.98%	49.02%	43.13	12.42	22.13	3.46	77.45%	22.55%	3.78	1.29	4886.25	2962.18
	河南	474	43.04%	56.96%	38.12	14.30	23.30	4.13	50.74%	49.26%	4.01	1.45	3830.07	6155.92
	湖北	227	46.26%	53.74%	40.66	16.16	22.76	3.30	58.15%	41.85%	3.85	1.41	4186.59	7129.40
	湖南	231	45.02%	54.98%	39.47	13.60	23.18	3.63	56.52%	43.47%	3.58	1.26	4167.07	6496.14
		1506	47.21%	52.72%	39.27	14.52	22.97	3.64	56.05%	43.95%	3.72	1.34	4156.92	6039.58

续表

地区	省份	样本量	性别比例 男	性别比例 女	年龄 M	年龄 SD	BMI (kg/m²) M	BMI (kg/m²) SD	户口状况 城镇户口	户口状况 农村户口	共住人口 M	共住人口 SD	个人月收入 M	个人月收入 SD
	广西	173	34.10%	65.90%	38.52	12.00	22.86	3.45	76.88%	23.12%	3.85	1.34	4844.35	4593.75
	重庆	218	49.54%	50.46%	40.21	14.19	22.61	3.69	53.67%	46.33%	3.86	1.67	5301.55	3914.19
	四川	142	25.35%	74.65%	38.39	11.31	22.12	2.83	66.20%	33.80%	3.37	1.39	3210.45	3064.85
	贵州	217	26.73%	72.81%	35.43	12.92	22.92	4.97	53.46%	46.54%	3.91	1.58	4188.07	5909.98
	云南	162	46.91%	53.09%	39.68	14.96	22.70	3.91	44.44%	55.56%	3.76	1.67	3615.33	4298.76
	西藏	134	35.82%	64.18%	33.79	12.36	22.45	3.98	40.30%	59.70%	4.70	2.37	3760.02	3543.86
	陕西	97	45.36%	54.64%	37.94	15.27	22.36	3.03	62.89%	37.11%	3.13	1.28	5011.98	4417.34
	甘肃	136	55.15%	44.85%	41.35	11.49	22.85	3.56	83.82%	16.18%	3.54	1.18	4552.80	2097.62
	青海	48	47.92%	52.08%	36.40	14.42	22.56	4.65	91.67%	8.33%	3.40	1.41	4199.98	3157.81
	宁夏	48	20.83%	79.17%	33.98	10.45	22.85	5.08	83.33%	16.67%	2.90	1.36	6642.38	11901.14
	新疆	265	41.89%	57.74%	37.60	12.33	23.79	3.94	76.43%	23.57%	3.17	1.51	4348.12	2856.03
西部地区		1640	39.51%	60.37%	37.90	13.12	22.83	3.93	63.86%	36.14%	3.66	1.63	4415.05	4484.69
	黑龙江	94	55.32%	44.68%	41.75	10.58	21.85	4.63	96.81%	3.19%	3.00	1.01	4921.60	1557.08
	吉林	82	39.02%	60.98%	47.02	13.35	24.85	5.11	73.17%	26.83%	2.51	0.89	3605.59	2661.60
	辽宁	35	33.33%	66.67%	40.08	18.18	21.79	2.47	91.67%	8.33%	2.79	0.98	5533.33	3386.76
东北地区		211	43.60%	51.18%	43.61	13.26	23.05	4.75	86.73%	13.27%	2.74	0.98	4515.37	2437.22
合计		4666	43.23%	56.71%	38.81	13.72	23.02	4.07	61.58%	38.42%	3.64	1.48	4759.97	7069.41

注：BMI（Body Mass Index）指数，即体质指数。

13.72)。18~19 岁居民有 286 人，占 6.13%；20~29 岁居民共 1103 人，占 23.81%；30~39 岁居民共 1021 人，占 22.00%；40~49 岁居民人数最多，达 1231 人，占 26.53%；50~59 岁居民有 702 人，占 15.04%；60 岁以上居民有 294 人，占 6.30%。各个省份样本的平均年龄见表 1-1。

2.2.3 身体素质状况

（1）身高状况

共 4639 名被试（3 人未报告性别）报告了身高，身高范围为 145~199cm，平均身高 166.14cm（$SD=8.05$）。其中，2633 名女性被试报告了身高，身高范围为 145~190cm，平均身高 161.31cm（$SD=5.69$）；2003 名男性的身高范围为 145~199cm，平均身高 172.51cm（$SD=6.15$）。样本的身高区间人次分布情况见图 1-2。

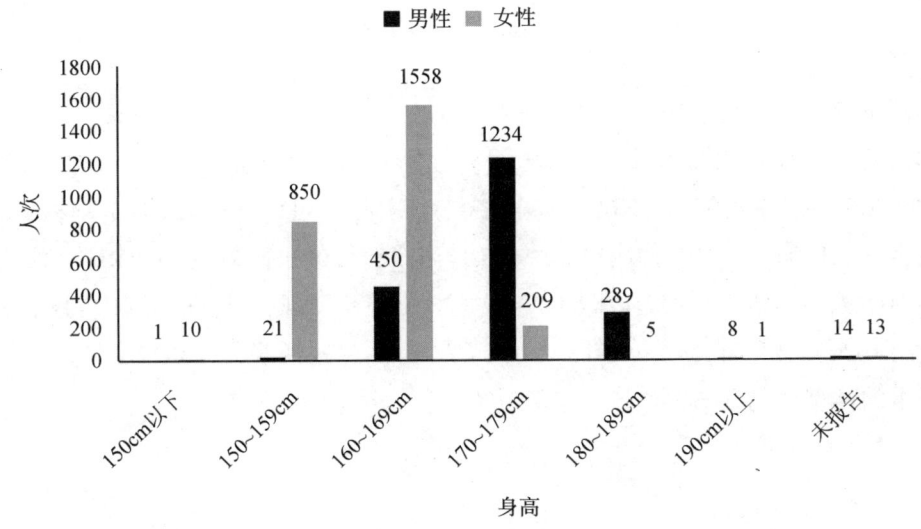

图 1-2 身高区间人次分布

（2）体重状况

共 4629 名被试（3 人未报告性别）自我报告了体重，体重范围为 30~178kg，平均体重为 63.79kg（$SD=13.33$）。其中，共 2622 名女性被试报告了体重，体重范围为 30~178kg，平均体重为 57.69kg（$SD=11.01$）；2004 名男性的体重范围为 35~150kg，平均体重 71.79kg（$SD=11.78$）。体重区间的人次分布情况见图 1-3。

（3）BMI 指数

根据公式"体重(公斤)÷身高的平方(米^2)"计算体质指数（BMI 指数）。一般认为，BMI 指数是用于衡量人体胖瘦程度和是否健康的重要指标。当 BMI 指数介于 18.50~24.00 时，人体的胖瘦程度适中；BMI 指数介于 24.00~28.00 时，属于体型超重；BMI 小于 18.50 时为体型过瘦，BMI 超过 28.00 时为体型肥胖，两者都属于体重异

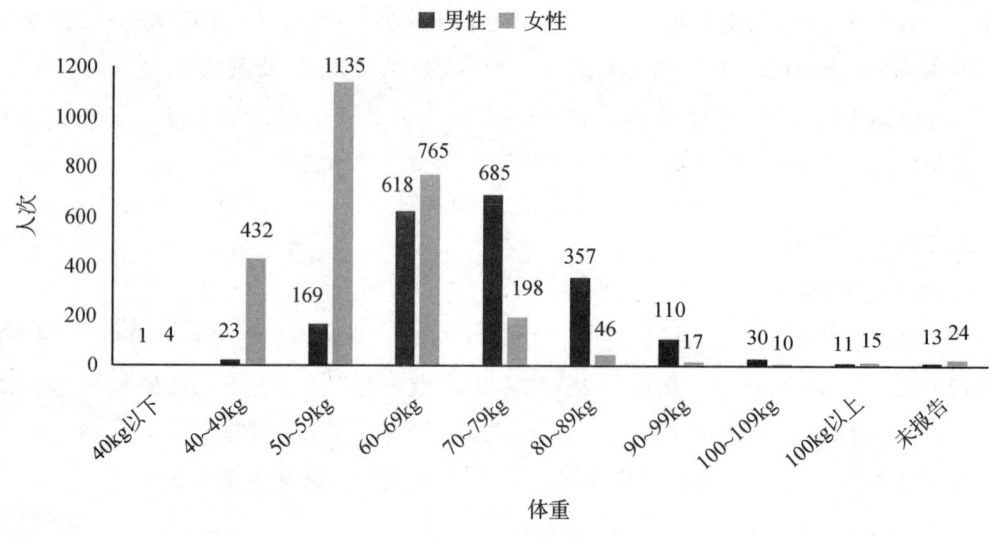

图 1-3 体重区间人次分布

常或不健康状态（王梅，2005）。

本次调查共有 4624 名被试（3 人未报告性别）报告了身高和体重，BMI 指数范围为 11.02~66.60，平均值为 23.02（$SD=4.07$）。其中，可以计算 2620 名女性的 BMI 指数，范围为 11.02~66.60，$M=22.19$，$SD=4.18$。2001 名男性的 BMI 指数范围为 11.43~50.17，$M=24.11$，$SD=3.64$。独立样本 t 检验发现，男性的 BMI 指数显著高于女性，$t(4622)=16.34$，$p<0.001$，Cohen's $d=0.49$，这说明男性相较女性而言体型更壮。样本的体型情况见图 1-4。

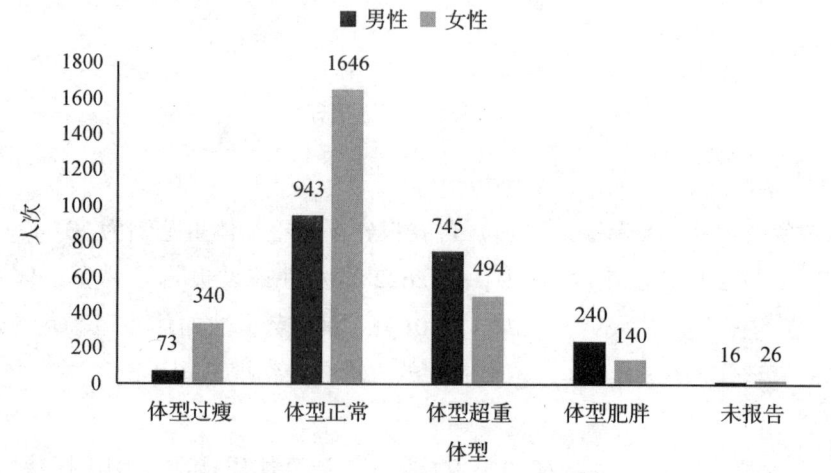

图 1-4 身体质量（BMI）指数状况人次分布

2.2.4 户口状况

本次调查共 4657 名被试报告了户口状况，其中有 2868 人为城镇户口，占比

61.58%；1789人为农村户口，占比38.42%。本地户口有4045人，占比86.86%；非本地户口612人，占13.14%。另有9人未报告户口情况。

按照国家统计局（2021）的划分方法，将被试报告的主要居住地划分为四类地区，分别为：（1）东部地区，包括北京、天津、河北、上海、江苏、浙江、福建、山东、广东，本次调查有1309名东部地区被试，占比28.06%。（2）中部地区，包括山西、安徽、江西、河南、湖北和湖南，本次调查有1506名中部地区被试，占比32.26%。（3）西部地区，包括广西、重庆、四川、贵州、云南、西藏、陕西、甘肃、青海、宁夏和新疆，本次调查有1640名西部地区被试，占比35.15%。（4）东北地区，包括辽宁、吉林和黑龙江，本次调查有211名东北地区被试，占比4.52%。

2.2.5 政治面貌

本次调查共4662名被试报告了政治面貌，其中人数最多的为群众，有2683人，占比57.59%；党员（含预备党员）1100人，占比23.61%；共青团员781人，占比16.76%。此外，还有民主党派和其他政治面貌（如无党派人士），人数较少。

2.2.6 家庭结构

（1）婚姻状况

本次调查共4615名被试报告了婚姻状况，其中未婚1283人，占比27.80%；已婚3158人，占比68.43%；离异102人，占比2.21%；丧偶72人，占比1.56%。

（2）居住状况

共4651名被试报告了共同居住的人口情况。平均共同居住人口数量为3.64个（$SD=1.48$）。其中，2857名城镇户口的被试自我报告平均共同居住人口数量是3.43个（$SD=1.28$），1785名农村户口被试的平均共同居住人口数量为3.98个（$SD=1.70$）。独立样本t检验发现，农村人口共同居住的人口数量显著高于城镇人口，$t(3044.36)=-11.75$，$p<0.001$，Cohen's $d=-0.37$。共同居住人口数量人次分布情况见图1-5。

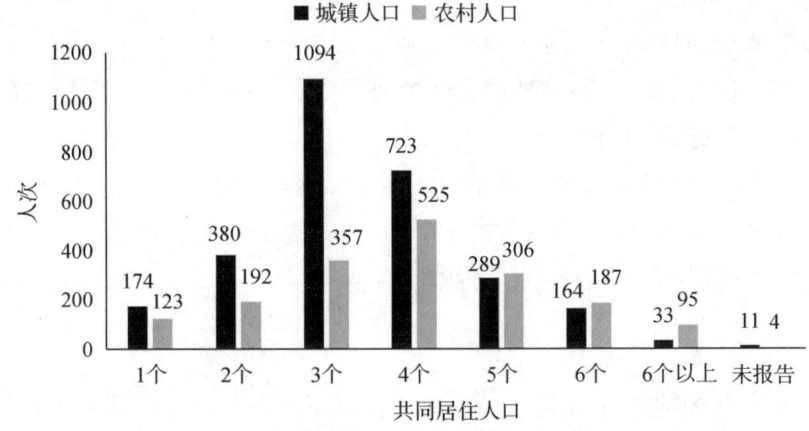

图1-5　共同居住人口数量人次分布

（3）子女数量

在排除未婚群体的基础上，共3329名被试报告了目前的子女数量，养育子女数量的范围为0~11个，$M = 1.51$个，$SD = 0.83$。其中，196名被试目前没有子女，占比5.88%；1586名被试目前有1个子女，占比47.60%；1285名被试目前有2个子女，占比36.57%；262名被试目前有3个或3个以上的子女，占比7.86%。

养育子女数量呈现出城乡差异。2100名城镇户口被试的子女数量$M = 1.34$个，$SD = 0.69$，1224名农村户口被试的子女数量$M = 1.80$个，$SD = 0.96$。独立样本t检验结果表明农村户口被试的子女数量显著多于城镇户口被试，$t(1959.36) = -14.71$，$p < 0.001$，Cohen's $d = -0.55$。子女数量的人次分布情况见图1-6。

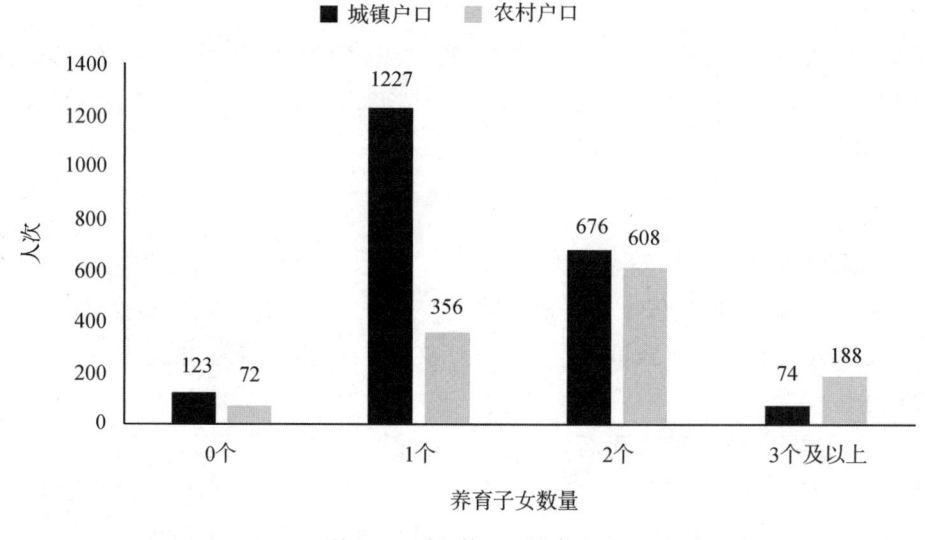

图1-6　子女数量人次分布

（4）期望子女数量

本次调查共4634名被试报告了期望的子女数量，$M = 1.77$个，$SD = 2.35$。其中，超过半数的被试（2331人）期望有2个子女，占比50.30%；1256名被试期望有1个子女，占比27.10%；564名被试期望有3个或3个以上的子女，占比12.17%；少部分被试（483人）不期望有任何子女，占比10.42%。

使用配对样本t检验来检验当前的子女数量（$N = 4631$，$M = 1.10$，$SD = 0.99$）与期望的子女数量（$N = 4631$，$M = 1.77$，$SD = 2.35$）是否具有显著差异。结果表明，调查中的被试期望养育更多的子女，$t(4630) = -19.54$，$p < 0.001$，Cohen's $d = -0.37$。

2.2.7　宗教信仰状况

本次调查共4650名被试报告了是否有宗教信仰，绝大多数被试无宗教信仰（4014人），占比86.01%。在有宗教信仰的被试中，大多数被试信仰佛教（375人），占比

8.04%；其次信仰较多的是民间信仰（如妈祖、关公等，82人），占1.76%。其他还有基督教60人，伊斯兰教47人，道教35人，天主教7人，其他宗教30人。

2.2.8 民族分布状况

本次调查共4664名被试报告了民族信息，共包括23个民族。其中，最多的是汉族4006人，占比85.86%；第二多的是土家族165人，占比3.54%；第三多的是藏族127人，占比2.72%；回族78人，占比1.67%；壮族59人，占比1.26%；维吾尔族55人，占比1.18%；满族38人，苗族30人，侗族29人，彝族21人，蒙古族17人，瑶族13人，白族9人。其他人数较少的民族还包括仫佬族、布依族、朝鲜族、傈僳族、达斡尔族、傣族、哈萨克族、黎族、撒拉族、畲族。

2.2.9 社会阶层状况

（1）主观社会阶层

本次调查共4626名被试报告了主观社会阶层。接近半数的被试认为自己处于中层（2027人），占比43.82%；1743人认为自己处于中低阶层，占比37.68%；650人认为自己处于低阶层，占比14.05%；169人认为自己处于中高阶层，占比3.65%；37人认为自己处于高阶层，占比0.80%。

（2）受教育水平

各受教育水平的人次分布情况如图1-7所示。本次调查共4665名被试报告了受教育水平，其中286名被试的受教育水平为小学及以下，占比6.13%；699名为初中，占比14.98%；833名为高中或中专，占比17.86%；805名为大专，占比17.26%；1852名为大学本科，占比39.70%；190名为研究生及以上，占比4.07%。采用两样本秩和检验来探究城镇人口与农村人口在受教育水平上的差异，结果发现城镇人口的受教育程度显著高于农村人口，$z=-22.84$，$p<0.001$，$r=-0.33$。

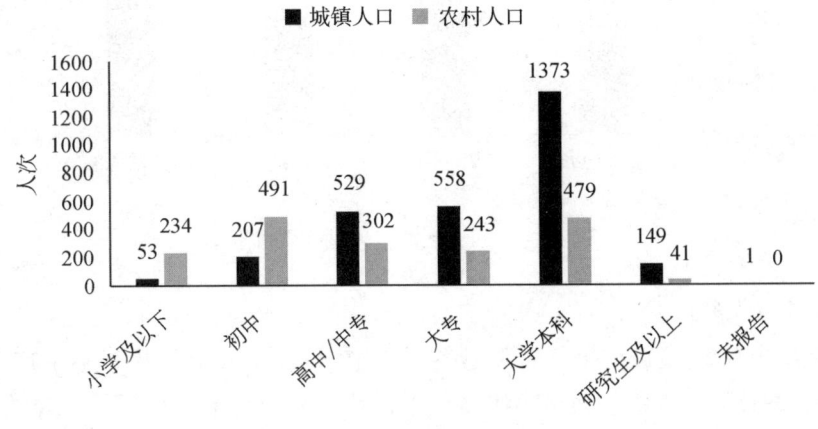

图1-7 受教育水平人次分布

城镇人口受教育水平在高中或中专、大专、大学本科、研究生及以上的人数占城镇人口样本数量的90.91%，相较而言农村人口的占比仅为59.50%。城镇人口受教育水平在初中及以下的人数占比为9.06%，而农村人口的占比则为40.50%。

（3）个人月收入水平

本次调查共4603名被试报告了个人月收入水平的区间。1075人的月收入水平位于2000元以下，占比23.35%；1870人的月收入水平位于2000~4999元之间，占比40.63%；1340人的月收入水平位于5000~9999元之间，占比29.11%；318人的月收入水平超过1万元，占比6.91%。不同地区的月收入区间分布差异显著，χ^2（12，N=4603）=194.71，p<0.001，Cramer's V=0.12，主要体现为东部地区相对于其他三个地区而言，高收入群体占比更高，低收入群体占比更低。

本次调查还询问了被试每个月的具体个人月收入情况。共4510名被试自我报告了月收入的具体数值，范围为0~25万元，平均月收入为4761.85元（SD=7071.27）。单因素方差分析表明，月收入水平存在显著的地区差异，F（3，4506）=16.95，p<0.001，η^2=0.01。东部地区被试的月收入水平（M=5951.92，SD=10438.21，n=1252）显著高于中部地区被试（M=4156.92，SD=6039.58，n=1477）、西部地区（M=4415.05，SD=4484.69，n=1570）和东北地区（M=4515.37，SD=2437.22，n=211）；后三者之间不存在显著性差异（图1-8）。

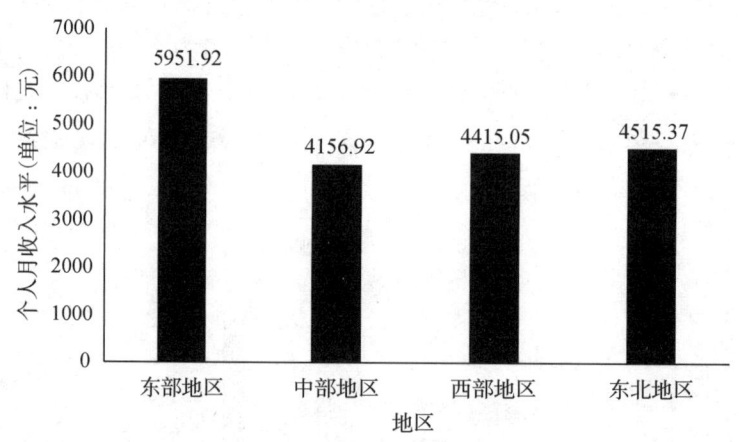

图1-8 不同地区的个人月收入水平

（4）职业类型状况

本次调查共4626名被试报告了职业类型（图1-9）。其中，共有学生样本601人，占比12.99%。其他样本中，从事中级及以上职称的专业技术人员（指从事专业性工作和科学技术工作的人员，如医生、教师、工程师、会计师、律师、设计师等，并且拥有中级以上职称）人数最多，共705人，占比15.24%。其次是产业工人（在工业和建筑业中从事体力、半体力的生产工人、建筑工人及相关人员）和农业劳动者（指承包集体所有的耕地，以农、林、牧、渔业为唯一或主要的职业，并以此为唯一或主要收入的人员）共639人，占比13.81%。办事人员及普通士兵［指协助部门负责人处理日常行政事务的专职办公人员，包括党政机关中乡科级以下（不含乡科级）的普通公务员和各种企事业单位中的基层管理人员和非专业性文职人员，以及军队中的志愿兵等一般士兵］共558人，占比12.06%。

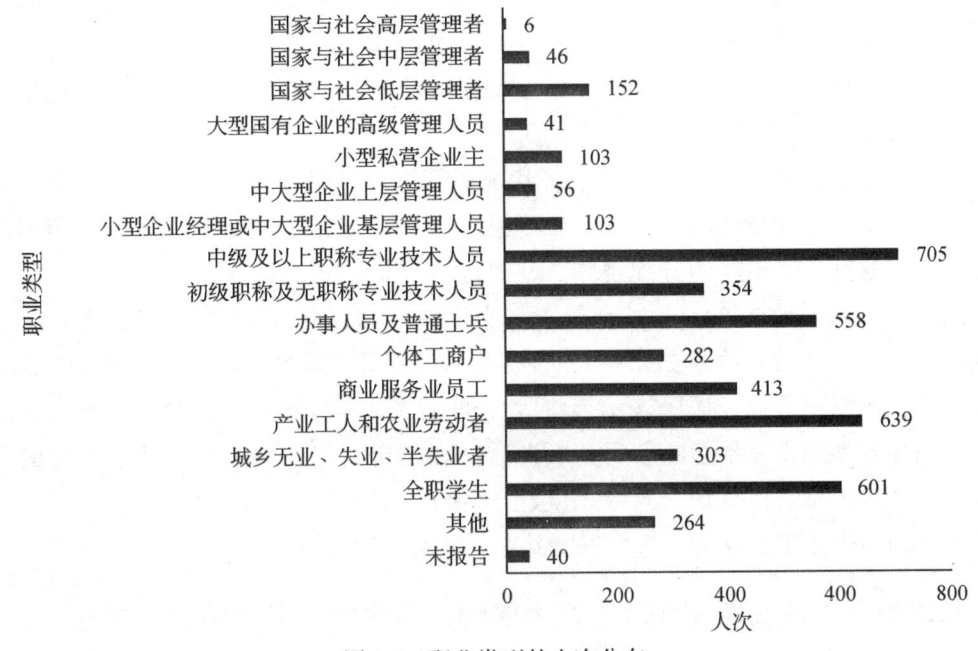

图1-9 职业类型的人次分布

2.3 调查工具

本次调查问卷共18页，调查变量涵盖被试人口学信息、经济心理、政治心理、文化心理、社会心理、生态文明心理、身心健康、语言心理等方面。题目大约半数为自编的或借鉴同类调查工具并改造而成，其余题目直接选自现有成熟调查工具。整个问卷由被试独立完成作答，调查员负责现场管理整个作答过程。由于题目数量较多，这里不详细介绍，而是放在后面各章具体介绍。

3 主要发现

本次新时代居民社会心理调查立足于我国社会现实，调查内容涵盖与"五大建设"分别对应的经济心理、政治心理、文化心理、社会心理、生态文明心理五个方面，还包括个体自身方面的身心健康以及语言心理两个方面。调查发现我国居民各方面的社会心理总体上是积极向上的，但是也存在需要关注的个体内差异和个体间差异。

3.1 经济心理：对宏观经济发展的信心与对个人家庭经济的谨慎态度并存

在经济心理方面，本次调查主要考察了居民对宏观经济发展和微观经济发展的看法。

结果发现，居民对我国宏观经济发展信心较高，长期经济信心显著高于短期经济信心。对我国的制造业和服务行业的国际竞争力均有较高的信心，尤其是对于前者信心很足。可见，居民看好我国经济发展的大势，对宏观经济前景充满了希望和期待。人们对"十四五"规划中的五个经济社会发展指标的看法上，最为关心的是与自身利益直接相关的民生福祉、经济发展和安全保障三个指标，而对创新驱动和绿色生态两个指标的关注相对较少。

在微观层面，我国居民对家庭经济状况还算满意，幸福感水平较高。然而，他们总体上感知到的就业难度较大，收入公平感中等，一部分居民希望能够打破当前的社会财富分配状况，制定新的分配规则。在过去一年的收入支出中，居民会把大部分收入存入银行（占总收入34.1%）和用于日常消费（占总收入33.7%），其次是用于投资固定资产（平均占总收入22.7%），投资理财和投资经商部分仅占13.9%和15.9%；而在未来支出意愿方面，居民表示会将收益的42.0%存入银行，26.2%用于投资固定资产。高存款率和高存款意愿表明，广大居民在经历三年疫情对经济社会发展的冲击后有了更强的风险防范意识，风险态度趋于保守。总体而言，我国居民对宏观经济发展的乐观与对个人家庭经济的谨慎态度并存，信心与理性兼具。

3.2 政治心理：政治态度和政治行为表现出鲜明的"家国情怀"特征

本次调查将政治心理区分为政治态度、政治信任和政治参与三个方面。在群体性政治态度上，我国居民的国家认同和共同体意识水平非常高，这表明我国居民具有以"家国情怀"为根本特征的政治心理。在政治信任上，我国居民的政治信任水平较高，且存在"差序"模式，即对中央政府的信任和满意度明显高于对地方政府（及更低层级政府）。在政治参与上，居民的"拥护性"参与远高于"批判性"参与，基层选举的参与意愿高于实际的选举参与行为。这些特征既是我国基本政治制度与规范的反映，又是居民所具有的以家国情怀为核心的政治态度在政治参与上的表现。总之，如果将我国居民各个层面的政治心理看作一个总体的"民心"，那么这种"民心"反映出居民对我国的政治制度和政治实践具有较高的认同，国家和政府所推行的"民心政治"经得起检验并得到拥护。

3.3 文化心理：高集体主义和紧文化特征并存，居民的个人主义和独立性开始凸显

本次调查围绕集体—个人主义维度和规范性维度，考察了我国居民的文化心理特

征。调查结果发现，一方面，我国呈现出较高水平的集体主义文化特征，并且表现出高权威主义的"紧文化"特征；另一方面，我国居民的个人主义和独立性日益突出，越是年轻一代，"独立我"的水平越高。这一结果表明，现代化进程并没有显著降低根植于中国传统文化中的集体主义价值观取向和紧文化特征，同时在一定程度上促进了个人独立性和自主意识的觉醒。

3.4 社会心理：高度认同社会主义核心价值观，社会文明程度较高

在社会心理方面，本次调查主要关注居民的社会文明程度，包括三个维度（社会主体文明、社会关系文明和社会环境文明）的七个心理测量指标。调查发现，当前我国居民在社会主义核心价值观、一般信任和向上的社会流动信念等三个正向指标上总体得分均高于中间值，而在社交回避、社会排斥以及相对剥夺感等三个负向指标上总体得分均低于中间值。总体来看，当前我国社会文明发展水平整体较高，尤其是社会主义核心价值观得到人们的广泛认可与践行。此外，居民对社会包容度有很高的期望，希望我们的社会能更加包容。

3.5 生态文明心理：居民的生态文明意识积极，对生态环保政策支持度高

本次调查从我国居民的绿色自我认知、环保政策支持度和环保行为的角度，调查了我国居民的生态文明意识和环保行为现状。结果发现，我国居民环保自我认同度、绿色自我效能感、绿色行为可塑性信念、生态环保自我联系感得分均较高，换言之，他们有良好的"绿色"自我认知；同时，居民对环保政策高度支持。这一结果表明，我国居民生态文明意识积极，对环保举措持高度认同态度。值得关注的是，调查结果显示我国居民对环保行为的践行力度还需要增强，应该减少个人环保行为与生态文明意识之间的差距。

3.6 身心健康：宏观和微观环境支持作用明显，身心健康状况整体向好

本次调查探讨了居民的生活方式、健康支持系统和身心健康状况三个方面的特点，以及生活方式和环境健康支持对身心健康的预测作用。结果发现，我国居民总体自评健康状况良好，具有较为积极的自我认知和生活态度。但是，部分居民有一定程度的情绪困扰、疼痛困扰和社交回避等问题。从生活方式上看，我国居民在睡眠、锻炼、饮食等方面有较为健康的习惯，然而，值得关注的是，年龄小、学历高、社会阶层高的个体由于过多使用社交媒体而导致较高的倦怠感（疲倦、劳累、难以集中精力）。从宏观健康支持系统和微观个人社会支持系统看，我国居民感知到的环境健康支持程度较高，在一定程度上能够正向预测其总体健康情况。

3.7 语言心理：语言态度、能力和使用习惯存在群体差异

本次调查中居民自我报告了语言能力、语言使用、语言态度、社会情绪与认知等方面的变量信息。结果发现：我国居民对自己的语言（普通话和方言）持积极态度，对普通话的态度好于方言，语言能力普遍较高，方言能力高于普通话；女性语言态度和能力得分都高于男性，年龄越低、学历越高、阶层越高、收入越高的被试对普通话与英文的态度及能力得分越高，而对家乡话的态度和能力得分越低；普通话和方言的态度可以正向预测居民的整体性思维和国家自豪的得分。该结果表明，人口学特征不同的群体在语言态度、能力和使用习惯方面有各自独特的模式，并可能潜在地影响思维方式和自豪情绪。

参考文献

池丽萍, 辛自强. (2020). 各类人群社会心理的时代变迁. *心理技术与应用*, 8（2），95-103.

丁水木. (1996). 社会心态研究的理论意义及其启示. *上海社会科学院学术季刊*, （1），107-114.

方世南. (2013). 深刻认识生态文明建设在五位一体总体布局中的重要地位. *学习论坛*, 29（1），47-50.

国家统计局. (2021). *2020 年全国城镇私营单位就业人员年平均工资为 57727 元*. 2023-10-05 取自 http://www.stats.gov.cn/xxgk/sjfb/zxfb2020/202105/t20210519_1817690.html.

梁树发. (2014). 中国特色社会主义事业总体布局演变的逻辑与意义. *马克思主义研究*, （1），36-41.

米尔斯. (2001). *社会学的想象力*. 陈强, 张永强译. 北京：三联书店.

沙莲香. (1986). 论社会心理学的理论基础和总体框架. *中国社会科学*, （5），109-126.

沙莲香, 孙庆忠. (2013). 见证与诠释：中国民族性变迁 30 年——沙莲香教授访谈录. *中国农业大学学报（社会科学版）*, 30（1），5-17.

王俊秀, 张跃. (2023). 我国社会心态的新变化与应对——基于三年社会心态调查数据的分析报告. *人民论坛*, （3），20-24.

王梅. (2005). 人体质量指数不同的中国成年人身体机能对比分析. *中国临床康复*, 9（28），190-193.

吴玉玲, 孙中伟. (2023). 从"以生产为中心"到"以生活为中心"——中国人工作—生活观念变迁研究（1990—2018）. *社会学研究*, （4），182-204.

辛自强. (2019). 社会想象的三大维度及嬗变. *人民论坛*, （29），61-63.

辛自强. (2020). *社会治理心理学与社会心理服务*. 北京：北京师范大学出版社.

辛自强. (2023). 社会心理研究的现实思维和现象思维. 见佐斌（编），*中国社会心理研究*（pp. 30-49). 北京：中国社会科学出版社.

辛自强, 池丽萍. (2020). 当代中国人心理健康变迁趋势. *人民论坛*, （1），46-50.

辛自强, 李哲. (2020). 我国公民财经价值观的变迁及其对财经福祉的影响. *心理研究*, 13（1），41-48.

郑雯, 付宇, 桂勇. (2023). 大学生群体对社会主要问题的认知变迁与积极心态培育——基于"中国大学生社会心态调查（2015—2020）"的经验研究. *人民论坛*, （3），25-31.

第二章　新时代居民经济心理报告

邢采　丁晓彤　刘志飞　辛自强

摘要： 2023年是我国遭遇三年新冠疫情冲击后经济恢复的第一年，在经济社会发展的新节点下研究居民经济心理的现状尤为重要。经济心理是与经济现象密切相关的心理因素，包括宏观经济心理和微观经济心理。其中以往关于宏观经济心理的分析多为专家述评，关于微观经济心理的研究变量相对单一。为全面、详细、准确地描绘出新时代居民目前的经济心理现状，本研究在全国29个省份开展了大规模、跨年龄的调查。结果发现：居民当前的总体幸福感处于中等偏上水平，国家经济信心尤其是长期信心普遍较高。但公众总体上感知的就业难度较大，他们较为关注与自身发展息息相关的经济发展、民生福祉和安全保障指标而较少关注创新驱动和绿色生态指标。各个经济心理变量均存在个体差异，在不同的人口学特征上表现不同。本研究可以为促进消费增长、推动经济发展、调整相关政策提供一定参考。

关键词： 经济恢复时期，宏观经济心理，微观经济心理

1 引言

2020年突如其来的新冠肺炎疫情对各国的宏观经济产生了严重的影响。世界经济活动处于停滞状态，多数经济体进入逆行道，国际金融市场出现动荡。与此同时，我国经济和人民生活也受到了较大冲击。我国经济增速下降[①]，企业面临资金短缺问题（马骁骁，2023），居民失业增加且收入减少（顾天安，姚晔，2021；徐敏睿，2023）。面对如此具有威胁性的重大公共卫生危机，以习近平同志为核心的党中央不断研究部署能优化防控工作的措施，并将各项措施落到实处，在最大限度保护人民生命安全和身体健康的同时，最大限度减少疫情对经济社会发展的影响。2022年12月7日，国务院联防联控机制综合组发布了《关于进一步优化落实新冠肺炎疫情防控措施的通知》，

---

① http://www.stats.gov.cn/xxgk/jd/sjjd2020/202004/t20200420_1764930.html.

标志着我国战"疫"进入新阶段，实施缓和防疫策略。这对于经济复苏、刺激消费、促进各种要素流动都起到了极大的推动作用。事实上2023年以来，我国经济总体已经步入复苏轨道，经济总量提高、经济结构优化。国家统计局数据显示①，2023年前三季度GDP同比增速达到5.2%，中国市场需求不断恢复，生产供给逐步增加，居民收入稳定增长。本研究在这个经济社会发展变化的特殊背景下探究居民的经济心理现状。

社会生产活动的正常进行和经济的发展总是根源于一定的经济心理动力的推动，经济心理是影响供给和需求、消费者行为、生产和成本、要素价格、厂商均衡等经济现象的内在或潜在因素（刘恒新，2003），经济行为是经济心理的外在表现。根据行为的不同层面可以划分为宏观、中观、微观层次的经济行为（程恩富，胡艳，2005），与之对应的便有宏观经济心理、中观经济心理和微观经济心理。本研究参考此划分标准，将所要调查的变量分为宏观经济心理变量和微观经济心理变量，其中宏观经济心理变量包括国家层面和社会层面，微观经济心理变量包括家庭层面和个体层面。目前有关宏观经济心理的研究大多数是经济领域内学者的述评。例如，葛建军（1994）提出社会心理因素是影响宏观经济变动的重要因素之一，通过对社会心理因素的必要调控，进而作用于宏观经济运行是宏观调控的有效手段。程恩富和胡艳（2005）从宏观经济运行的角度解析了若干经济心理和行为问题，说明心理因素在很大程度上制约着宏观经济的变动。张建文（2013）将宏观经济理论与社会心理学相结合，从群体心理角度分析了经济中的各种波动和危机。但关于宏观经济心理的实证调查研究非常少，本研究从国家经济现象和社会经济热点出发设计问卷，为居民新时期的宏观经济心理现状提供实证数据。

在微观经济心理方面，许多研究者调查分析了疫情期间公众经济行为和经济态度的变化。辛自强等（2020a）通过实证研究发现，疫情期间公众经济信心呈现短期信心低迷但长期信心向好的特点，公众的支出行为意愿存在显著的人口学特征差异。债务压力方面，由于企业经营困难和失业增加，居民收入有所下降，居民资产负债表恶化（祝宝良，2020），因此家庭债务负担日益加重，债务压力持续提高。研究表明，疫情时民众主观幸福感与日常烦心事、心理症状呈显著负相关（吴君杰等，2022）。陈文玲（2023）对民众消费行为做出评述，认为自新冠疫情发生以来，国内整体消费需求不足，消费意愿不强，储蓄率大幅提高，消费能力却大幅下降。王慧琳（2022）调查发现，在新冠疫情的背景下，大部分家庭收入缩减，所以会克制自己的消费欲望，超前消费行为大幅减少。但近年来有关消费心理的研究大多集中于大学生群体，且没有对消费行为及偏好的类别做出区分。总体而言，以往有关微观经济心理的研究都是在疫情期间或者疫情发生前开展的，且大多都只集中关注某个经济心理变量的现状。本研

---

① http://www.stats.gov.cn/sj/zxfb/202310/t20231018_1943654.html.

究旨在从一个全面详细的角度出发，分析在经济逐渐恢复的后疫情时代下的个体经济态度及行为、家庭经济态度及行为。根据计划行为理论，工具性态度、主观规范和知觉行为控制是直接影响人们行为意向的三大核心变量（Ajzen，1991）。该理论对个人行为的解释力与预测力被广泛证实（段文婷，江光荣，2008），大量应用于消费、管理和医疗健康等领域。基于此理论，本研究认为由于经济环境回温，居民的经济态度发生改变，经济行为也随之有所变化。

综上所述，2023 年是我国遭遇三年疫情冲击后经济恢复的第一年。不管是国家还是个人，都在短时间内经历了经济衰退和经济复苏。以往关于宏观经济心理的研究大多是学者的述评，缺乏实证研究；而关于微观经济心理的研究大多只关注个别变量，且结论有可能已经不能反映当前新发展节点下居民的经济心理状况。因此，新时代居民如何看待国家和社会的经济热点、现象和问题，以及家庭和个人的经济态度和经济行为现状如何，是本调查所关注的核心问题。为全面、详细、准确地分析上述问题，本研究团队于 2023 年 6—9 月在全国多地区（覆盖 29 个省、自治区、直辖市）开展了大规模、跨年龄（18~101 岁）的经济心理调查，收集了新时代居民的宏观经济心理变量和微观经济心理变量，揭示居民在疫情常态化防控阶段的经济心理现状及其人口学特征差异，为提高民生福祉、促进消费增长、推动经济发展提供一定建议。

2 研究方法

2.1 调查对象

本研究所用数据来源于 2023 年新时代居民社会心理调查，这是由中国人民大学心理学系发起的一项全国大型调查项目。本次调查最终获得有效问卷 4668 份。其中女性占 56.77%，平均年龄 38.81 岁（$SD = 13.72$）。具体抽样方法和样本情况参见第一章。

2.2 经济心理调查变量

本调查较为全面地测量了居民的经济心理变量，其中包括居民对于国家层面和社会层面的经济热点、经济现象的看法，以及在这些认知的影响下居民形成的个体经济态度和家庭经济态度，最后还包括居民最终表现出来的个体经济行为和家庭经济行为。具体变量见表 2-1。调查题目部分来自中国公民财经素养调查（辛自强，2020b），其余均为自编题目。

表 2-1　经济心理调查变量

角度	类别	变量
宏观	国家层面	经济信心、行业竞争力评价、经济社会发展指标偏好、市场监管态度
	社会层面	感知的就业难度、物价水平满意度、贫富归因、财富再分配意愿、收入公平感
微观	个体经济态度	总体幸福感、有关经济增长对幸福感作用的看法、债务压力
	家庭经济态度	家庭经济满意度、家庭收入阶层感知
	个体经济行为	过去支出意愿、未来支出意愿、体验型消费、实物型消费、消费偏好
	家庭经济行为	支出占比、教育支出、医疗支出

3 研究结果

3.1 国家层面

3.1.1 经济信心

经济信心，又称为消费者信心或消费者情绪，是指民众对于国家和家庭经济前景的预期（辛自强，2020a）。目前学界对经济信心的关注度较高，也许是因为它是宏观经济增长和个人福祉的关键预测因素（Yang & Xin, 2020）。在总体水平上，处于较高经济信心的国家表现出更多的就业、更高的消费者支出和更快的 GDP 增长（Brodeur, 2018；Ludvigson, 2004）。在个人层面上，经济信心高的个体表现出更高的主观幸福感和更高的自我效能感（邝磊等，2011；Van Giesen & Pieters, 2019）。针对国内公众经济信心的调查发现，个人的就业、收入等情况及社会总体物价和产业景气度会显著影响人们的经济信心水平（任韬，阮敬，2010；王岱，2016）。Demirel 和 Artan（2017）指出，经济信心与整体经济状况之间实际上存在着双向因果关系，即社会整体经济形势会影响民众的经济信心水平，而经济信心的改变一定程度上又引发了后续整体经济走势的变动。潘瑞玉（2022）调查了疫情期间浙江绍兴民众的经济信心状况，结果显示民众的国家经济信心普遍较高，但家庭经济信心在性别、年龄、职业、收入不同的个体中存在差异。如今已经进入疫情常态化管理时期，中国经济步入复苏轨道，持续恢复向好。居民的国家经济信心和家庭经济信心的现状如何，以及是否存在个体差异，是本调查所关注的问题。以往多数研究没有区分短期和长期信心，本调查借鉴辛自强（2020a）的研究做了这种区分，并预期公众的短期和长期经济信心可能有显著差异。

经济信心的测量采用自编的 4 个条目（辛自强，2020a）。短期经济信心和长期经济信心均各自有一道题目关于国家层面，另一道题目关于家庭层面。其中有反映短期经济信心的2个题目："您认为与过去的12个月相比，未来12个月中国总体经济形势会如何变化"；"您认为与过去的12个月相比，未来12个月自己家庭的经济状况会如何变化"。反映长期经济信心的2个题目："您认为未来五年中国的总体经济形势会如何变化"；"您认为未来五年自己家庭的经济状况会如何变化"。题目均为5点量尺，1—5分别代表"明显变差"、"稍微变差"、"基本不变"、"稍微变好"、"明显变好"。描述统计的结果见表2-2。

表2-2 新时代居民经济信心的描述统计

经济信心条目	明显变差	稍微变差	基本不变	稍微变好	明显变好	均值（标准差）
未来一年中国的总体经济形势	2.8%	8.7%	22.0%	43.3%	23.1%	3.75(1.00)
未来一年自己家庭的经济状况	1.9%	6.9%	40.9%	34.7%	15.6%	3.55(0.91)
未来五年中国的总体经济形势	1.5%	5.5%	14.6%	43.8%	34.4%	4.04(0.93)
未来五年自己家庭的经济状况	1.2%	5.0%	23.8%	45.2%	24.7%	3.92(1.66)

首先，比较居民的国家与家庭、短期与长期的经济信心。配对样本t检验的结果表明，居民的国家经济信心（$M=3.89$，$SD=0.88$）显著高于家庭经济信心（$M=3.73$，$SD=1.09$），$t(4652)=11.16$，$p<0.001$，Cohen's $d=0.33$，这反映了居民对国家经济持续向好的信心比较高。居民的长期经济信心（$M=3.98$，$SD=1.08$）显著高于短期经济信心（$M=3.65$，$SD=0.86$），$t(4652)=24.37$，$p<0.001$，Cohen's $d=0.71$，说明虽然疫情导致家庭短期经济水平降低，但是目前国家已经采取了系列政策助力经济复苏，作为疫情后经济复苏的第一个年头，民众看到了经济向好发展的态势，居民仍然对家庭长期的经济情况保持乐观。

其次，居民的短期与长期经济信心在不同人口统计学变量上的表现有差异。居民的短期经济信心具有显著的性别差异，女性（$M=3.68$，$SD=0.84$）的短期经济信心显著高于男性（$M=3.61$，$SD=0.88$），$t(4648)=2.76$，$p=0.006$，Cohen's $d=0.08$。短期经济信心没有显著的城乡差异。而长期经济信心既没有性别差异也没有城乡差异，说明无论男女，无论处于城镇还是农村，都对长期经济发展存在较高的信心。相关分析的结果表明，居民的年龄与短期经济信心（$r=-0.03$，$p=0.029$）和长期经济信心（$r=-0.04$，$p=0.014$）均存在显著负相关，即年龄越小，短期经济信心和长期经济信心均越高。

同时，居民的国家与家庭经济信心在不同人口统计学变量上的表现也有差异。居民的国家经济信心具有显著的性别差异，女性（$M=3.85$，$SD=0.92$）的国家经济信心显著高于男性（$M=3.93$，$SD=0.86$），t（4648）= 2.86，$p=0.004$，Cohen's $d=0.11$。城镇居民和农村居民的国家经济信心没有显著差异。相关分析的结果表明，国家经济信心和居民的具体年龄、具体月收入均没有显著性相关，即不管年龄处于哪个阶段，月收入处于哪个水平的居民都会认为国家经济向好发展。不同性别、不同户口类型的居民在家庭经济信心水平上均没有显著差异。相关分析的结果表明，居民的家庭经济信心和年龄呈显著负相关（$r=-0.06$，$p<0.001$），即居民越年轻，其家庭经济信心越高，越认为家庭的经济会持续增长。这说明年轻群体能更加乐观地看待家庭经济的发展，这可能与他们从小处于中国社会经济高速发展的时期有关。家庭经济信心与居民具体月收入的相关不显著。

3.1.2 行业竞争力评价

在有关国家经济发展热点上，本调查关注居民对于我国经济发展目标，例如行业国际竞争力的看法。用"您认为我国制造业的国际竞争力如何"和"您认为我国服务行业的国际竞争力如何"分别调查了居民对于我国不同行业在国际上的地位的主观判断。均为10点量尺，1分表示"毫无竞争力"，10分表示"极具竞争力"。

制造业国际竞争力的平均得分是 7.02±2.13 分，说明新时代居民对我国制造业具有较高的信心。户口、年龄、受教育程度不同的个体对我国制造业国际竞争力的主观判断有显著差异（见图2-1）。具体而言，农村居民（$M=7.32$，$SD=2.10$）所认为的制造业国际竞争力显著高于城镇居民（$M=6.84$，$SD=2.13$），t（4649）= 7.53，$p<0.001$，Cohen's $d=0.22$。对制造业国际竞争力的判断存在年龄差异，F（5,4630）= 4.05，$p=0.001$，$\eta_p^2=0.004$。事后比较（LSD）显示，60岁以上的个体（$M=7.32$，$SD=2.16$）对我国制造业国际竞争力的主观判断显著高于20~29岁（$M=6.90$，$SD=2.04$）、30~39岁（$M=7.04$，$SD=2.09$）和40~49岁的个体（$M=6.92$，$SD=2.21$），这说明老一辈的人对于国家的经济发展有着更强的信心。受教育程度越高，个体对我国制造业国际竞争力的主观判断越低，F（5,4653）= 12.18，$p<0.001$，$\eta_p^2=0.013$。随着受教育程度的提高，个体拥有更多的知识和能力时或许更能看到行业的不足，从而不再对这个行业在国际上的地位持有那么乐观的态度，评价更加保守谨慎。可以看出，在对中国制造业国际竞争力的主观判断上，农村居民、60岁以上的个体以及受教育程度较低的个体更倾向于认为我国制造业具有较强的国际竞争力。本调查中，性别、婚姻状态、月收入水平不同的居民在制造业国际竞争力主观判断上没有显著差异。

服务业国际竞争力评价的平均得分是 6.89±2.16 分，说明居民对我国服务行业的信心也较高，同时，对制造业国际竞争力的看法显著高于对服务业的看法，t（4656）=

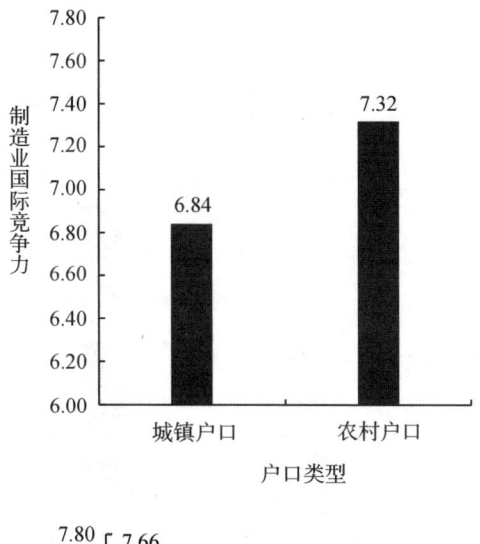
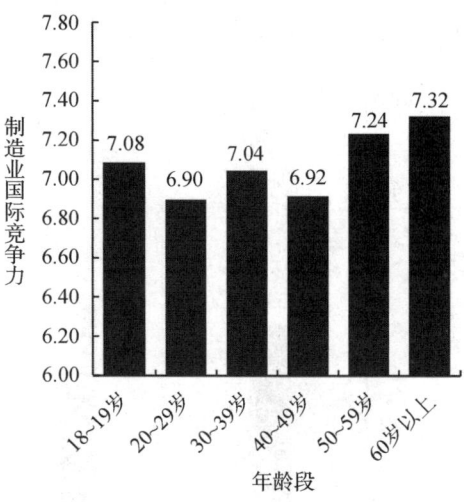
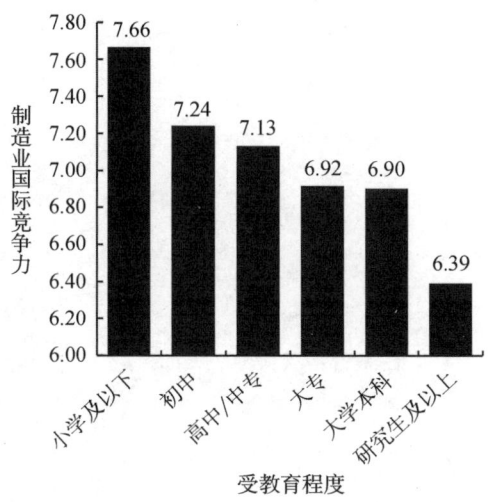

图 2-1 看待制造业国际竞争力的人口学特征差异

5.33，$p<0.001$，Cohen's $d=0.16$。这表明相较于第三产业，居民认为我国第二产业的国际地位较高。与制造业国际竞争力不同，居民对服务业国际竞争力的主观判断没有显著的年龄差异，但在不同性别、户口、受教育程度等群体中均存在显著差异（见图2-2）。性别方面，女性（$M=6.94$，$SD=2.10$）所认为的服务业国际竞争力显著高于男性（$M=6.81$，$SD=2.24$），$t(4652)=1.98$，$p=0.048$，Cohen's $d=0.06$，但效应极小。户口类型上，农村居民（$M=7.26$，$SD=2.11$）所认为的国际竞争力显著高于城镇居民（$M=6.65$，$SD=2.17$），$t(4646)=9.51$，$p<0.001$，Cohen's $d=0.29$。即受教育程度的结果与制造业国际竞争力结果一致，即受教育程度越高，个体的主观判断越低，$F(5,4650)=19.43$，$p<0.001$，$\eta_p^2=0.020$。可以看出，在对我国服务业国际竞争力的

主观判断中，女性、居住于农村的个体以及受教育程度较低的个体更倾向于认为服务业具有较强的国际竞争力。

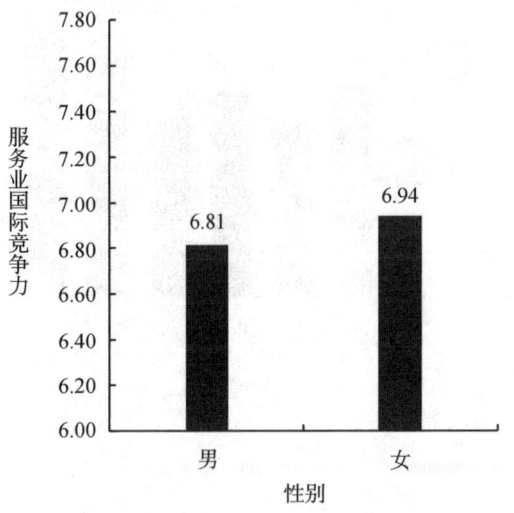
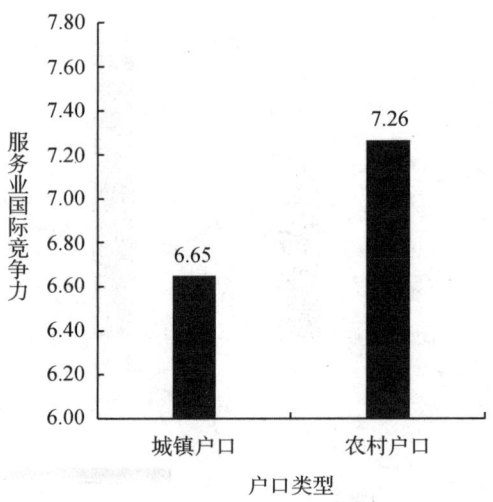
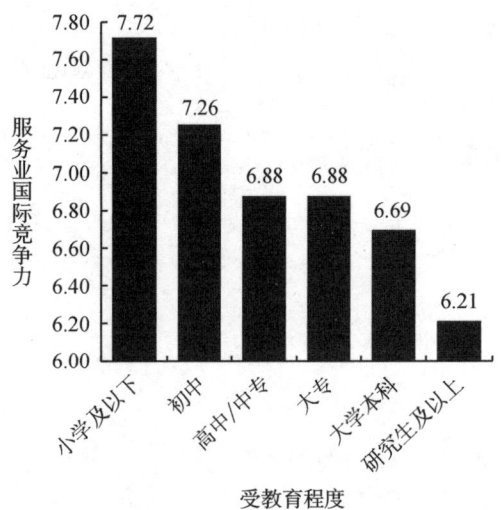

图 2-2　服务业国际竞争力的人口学特征差异

3.1.3　经济社会发展指标偏好

"十四五"时期是我国全面建成小康社会、实现第一个百年奋斗目标之后，乘势而上开启全面建设社会主义现代化国家新征程、向第二个百年奋斗目标进军的第一个五年。"十四五"规划对经济社会发展设置了 5 大类主要指标，分别是经济发展、创新驱动、民生福祉、绿色生态和安全保障（粮食、能源）。为调查新时代居民对这 5 类指标重要性的看法，用"下面是中国'十四五'时期经济社会发展的主要指标，在您个人看来，哪一项最重要"这一题目测量居民对指标的偏好。

描述统计的结果显示（见图 2-3），60%以上的居民觉得民生福祉和经济发展是最重要的，其次为关注粮食、能源等安全保障，只有不到 15%的居民觉得创新驱动和绿色生态最重要。这说明绝大多数个体还是最为关注与自身发展直接相关的经济发展、民生福祉和安全保障问题。但创新驱动和绿色生态关系到国家未来的持续发展和子孙后代的幸福，应该采取措施引起人们的关注。需要指出的是，这部分的题目为单选题，受调查者们只能选择一个他们认为最重要的经济社会发展的主要指标，无法得知他们对于其余各项的重要性偏好，因此，各指标得分的相对高低并不能等同于其本身重要性的真实差异，这部分结果只是反映了各个发展目标对居民的相对重要程度。

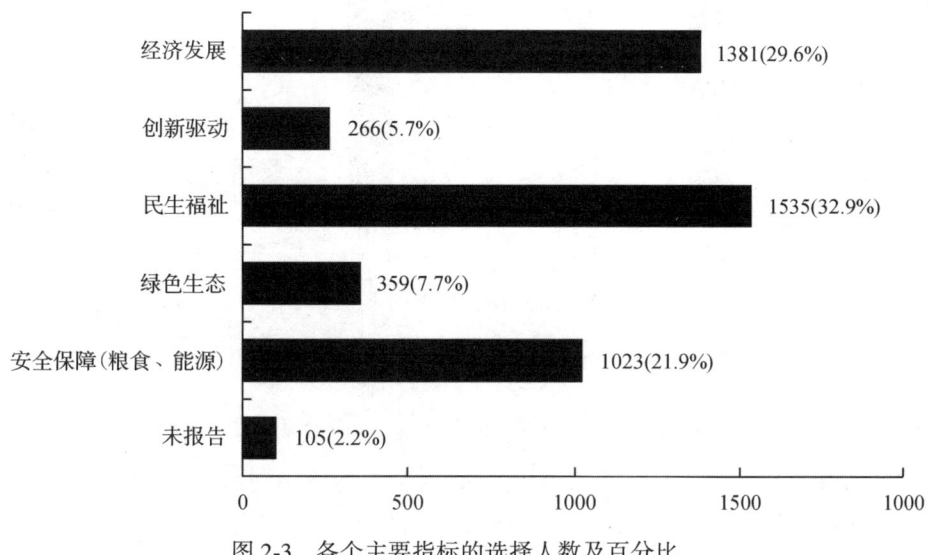

图 2-3　各个主要指标的选择人数及百分比

卡方检验的结果表明，经济社会发展指标偏好和户口类型二者存在显著相关，$\chi^2(4)=16.31$，$p=0.003$（见表 2-3）。后续 z 检验结果显示，重视经济发展、创新驱动和安全保障的城镇居民和农村居民比例没有显著差异。但在偏向于认为民生福祉最重

表 2-3　居民经济社会发展指标偏好和户口类型关系的卡方检验

户口类型		经济社会发展指标偏好					χ^2	p
		经济发展	创新驱动	民生福祉	绿色生态	安全保障		
户口类型	城镇户口	$820_{a,b}$ (29.24%)	$167_{a,b}$ (5.96%)	988_b (35.24)%	194_a (6.92%)	$635_{a,b}$ (22.65%)		
	农村户口	$560_{a,b}$ (31.95%)	$98_{a,b}$ (5.59%)	545_b (31.09%)	163_a (9.30%)	$387_{a,b}$ (22.08%)	16.31	0.003

注：每个下标字母都指示列类别的子集，下标字母可以两两比较，若字母相同，则表示在 0.05 显著性水平下，这些类别的列比例相互之间无显著差异。

要的人群中，城镇居民的人数比例显著高于农村居民。而在偏向于重视绿色生态指标的人群中，农村居民的人数比例显著高于城镇居民。各经济社会发展指标偏好下的不同户口居民的人数比例具体见图2-4。

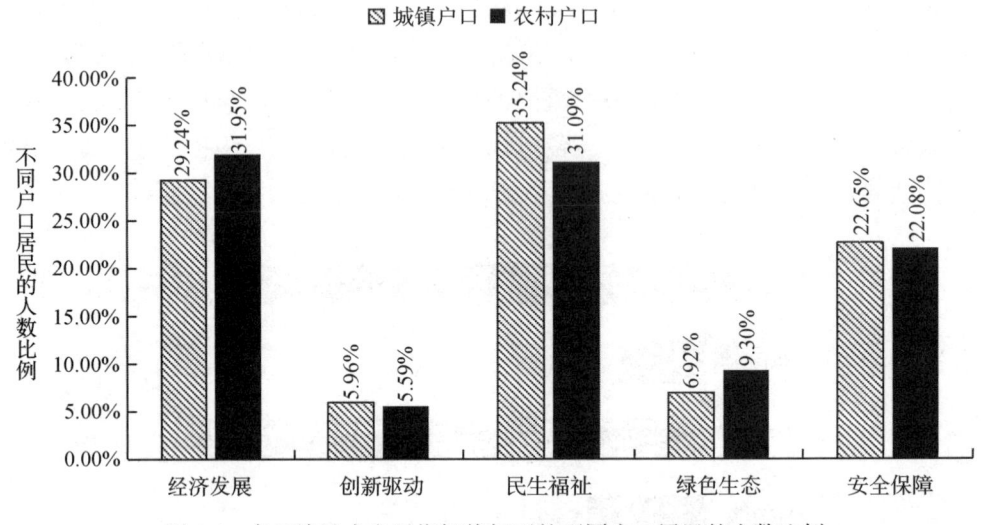

图2-4 各经济社会发展指标偏好下的不同户口居民的人数比例

3.1.4 市场监管态度

在个人微观层面上对市场作用及其监管程度的看法有何共性与个性，是本调查希望探明的问题。市场监管态度的测量题目是"您认为国家应该'允许市场自由发展'，还是'加强对市场的管控'"其中1分代表"允许市场自由发展"，10分代表"加强对市场的管控"。描述统计的结果显示平均得分是6.36±2.57分。

市场监管态度具有显著的年龄差异 [$F(5,4629)=8.91$，$p<0.001$，$\eta_p^2=0.010$]、受教育程度差异 [$F(5,4652)=6.95$，$p<0.001$，$\eta_p^2=0.007$]、婚姻状态差异 [$F(4,4636)=8.48$，$p<0.001$，$\eta_p^2=0.007$]、月收入差异 [$F(4,4592)=3.18$，$p=0.013$，$\eta_p^2=0.003$]（见图2-5）。事后比较（LSD）显示，在年龄方面，年龄大者（如50岁以上）比年龄小者（如18~29岁）更偏向于认为应该加强市场管控。在受教育程度上，学历低者比学历高者（如大学本科、研究生及以上学历）更偏向于认为应该加强市场管控。在婚姻状态上，已婚（$M=6.48$，$SD=2.51$）和离异个体（$M=6.78$，$SD=2.42$）对加强市场管控的认同度显著高于未婚个体（$M=6.01$，$SD=2.69$）。在月收入方面，月收入水平中等（2000~9999元）的居民对加强市场管控的认同度显著高于月收入水平较高（1万元及以上）和较低（2000元以下）的居民。可以看出，年龄较大的个体、受教育程度较低的个体、已婚或离异的个体以及月收入处于中等水平的个体更倾向于认为应该加强市场管控。市场监管态度在性别、户口类型不同的居民中没有显著差异。

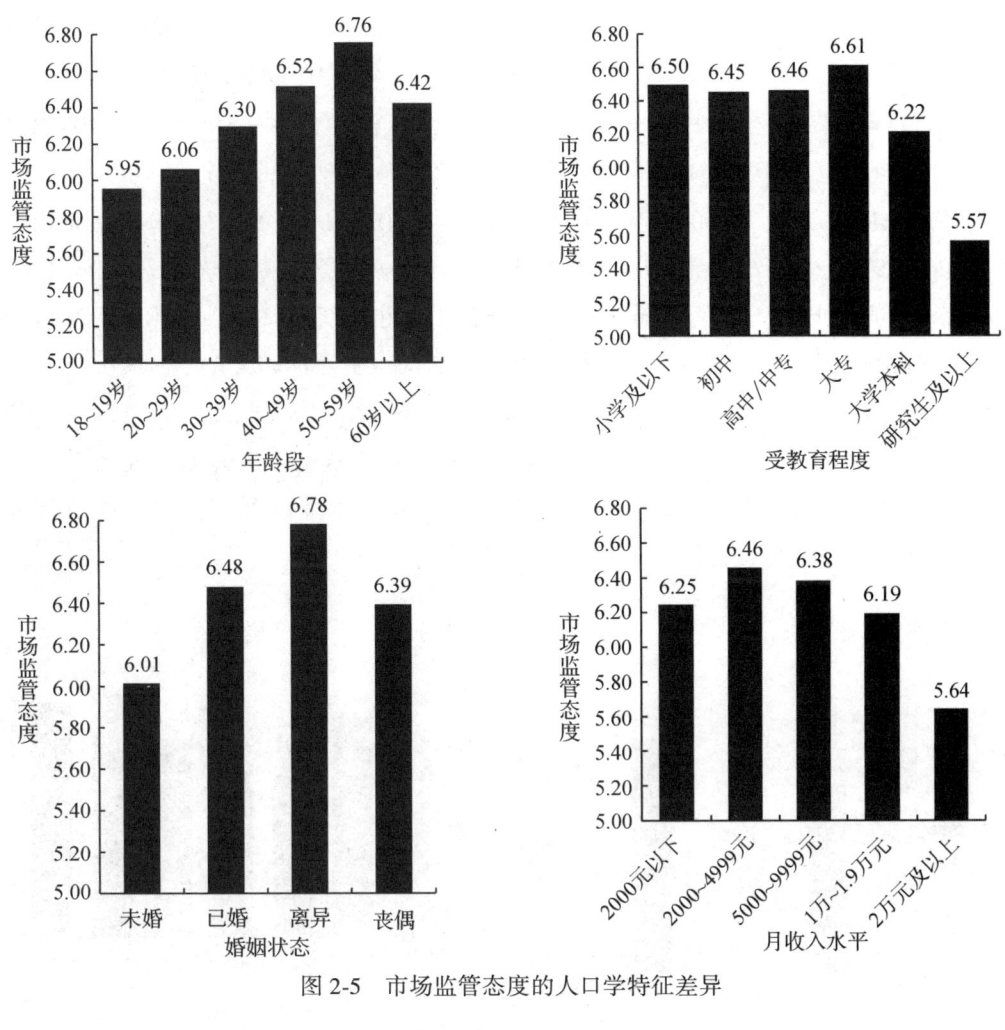

图 2-5　市场监管态度的人口学特征差异

3.2 社会层面

3.2.1 感知的就业难度

自 2020 年新冠肺炎疫情爆发以来，党和政府多次强调要把就业放在推动"六稳"、实现"六保"之首（叶忱，陈镇新，2023）。党的十九大报告提出，就业是最大的民生，要坚持就业优先战略和积极就业政策，实现更高质量和更充分的就业。党的二十大报告提出："强化就业优先政策，健全就业促进机制，促进高质量充分就业。"随着疫情防控进入常态化阶段，居民如何看待现在的就业形势，是本调查关心的问题之一。用"您认为现在就业（找工作、找活儿干）容易吗"测量居民感知的就业难度，1 分代表"非常不容易"，10 分代表"非常容易"。在数据处理时对此题进行反向编码计分，分数越高，说明居民感知的就业难度越高。平均感知的就业难度得分是 6.17±2.52 分，说明人们主观上普遍觉得找工作的难度较高。

感知的就业难度具有显著的性别差异 [$t(4655) = 3.23$, $p = 0.001$, Cohen's $d = 0.11$]、年龄差异 [$F(5,4630) = 4.81$, $p < 0.001$, $\eta_p^2 = 0.005$] 和受教育程度差异 [$F(5,4653) = 2.78$, $p = 0.016$, $\eta_p^2 = 0.003$]。具体而言，女性（$M=6.28$, $SD=2.45$）比男性（$M=6.03$, $SD=2.61$）认为就业难度更高。事后比较（LSD）显示，50~59岁（$M=6.50$, $SD=2.56$）和60岁以上的个体（$M=6.40$, $SD=2.58$）感知的就业难度显著高于20~29岁（$M=6.02$, $SD=2.48$）和30~39岁的个体（$M=6.00$, $SD=2.48$），ps < 0.05。小学及以下学历（$M=6.52$, $SD=2.72$）报告感知的就业难度显著高于高中、中专（$M=5.96$, $SD=2.63$）和大专学历（$M=6.10$, $SD=2.52$），ps < 0.05。大专（$M=6.10$, $SD=2.52$）和研究生及以上学历（$M=6.10$, $SD=2.32$）的感知难度分数低于大学本科（$M=6.21$, $SD=2.38$），但是三者感知的就业难度并没有显著差异。因此，在感知就业难度方面，女性、年龄较大的个体和小学及以下学历的个体更有可能感知到较高的就业难度。各组别之间的差距具体见图2-6。

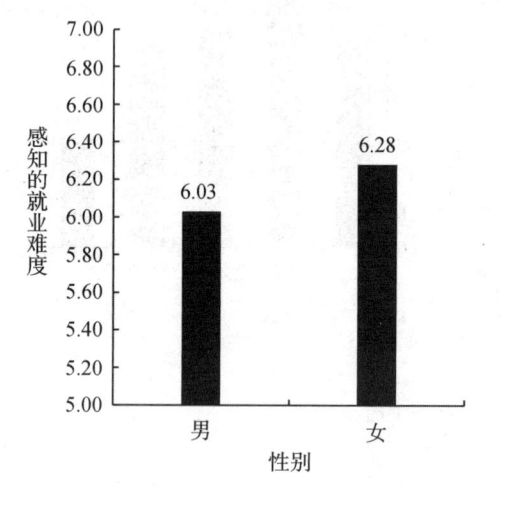

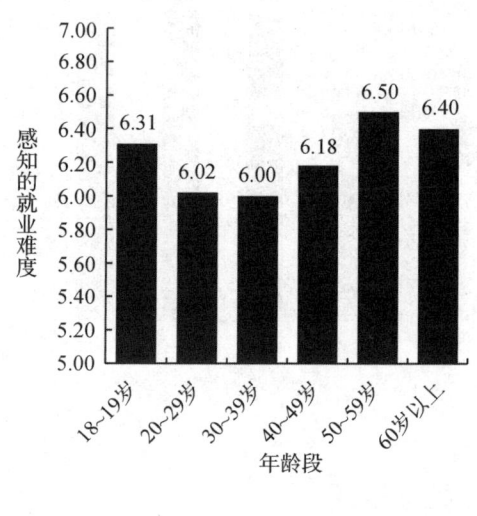

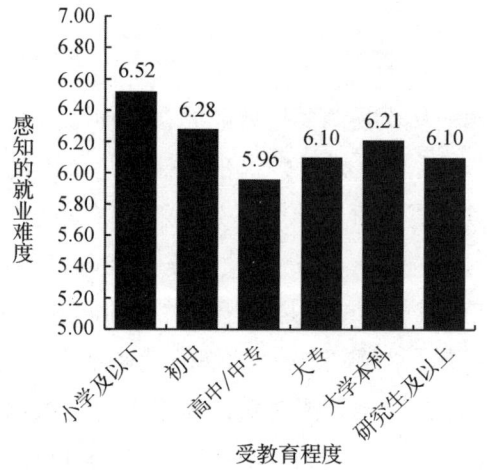

图2-6 感知的就业难度的人口学特征差异

3.2.2 物价水平满意度

用"您对目前的物价水平是否满意"这一条目调查居民的物价水平满意度,1分表示"非常不满意",10分表示"非常满意"。结果显示平均满意度为 4.66±2.50 分。

物价水平满意度具有显著的性别差异,$t(4653)=3.82$,$p<0.001$,Cohen's $d=0.11$。男性($M=4.82$,$SD=2.77$)的物价水平满意度显著高于女性($M=4.54$,$SD=2.27$)。此外,物价水平满意度还具有显著的年龄差异,$F(5,4628)=2.57$,$p=0.025$,$\eta_p^2=0.003$。事后比较(LSD)显示,18~19岁($M=4.87$,$SD=2.04$)、20~29岁($M=4.80$,$SD=2.89$)和40~49岁($M=4.71$,$SD=2.41$)的个体满意度显著高于30~39岁的个体($M=4.44$,$SD=2.31$),$ps<0.05$。不同月收入个体报告的物价水平满意度也存在显著差异,$F(4,4591)=4.89$,$p=0.001$,$\eta_p^2=0.004$。事后比较(LSD)显示,月收入2000~4999元的居民($M=4.47$,$SD=2.35$)物价水平满意度显著低于其他月收入的居民。但月收入2000元以下的居民和月收入5000元以上的居民在物价水平满意度上没有显著差异。这可能是因为月收入2000元以下的居民的目标购买物与其他月收入的居民不一样,他们会将自己的购买物与收入进行匹配。但是月收入2000~4999元的居民无法将自己的收入与购买物进行匹配,他们也不愿意降低购买物的质量,故而对物价水平的满意度降低。各组别之间的差距具体见图2-7。由此可见,女性、30~39岁的个体以及月收入2000~4999元的个体更有可能拥有较低的物价水平满意度。

3.2.3 贫富归因

贫富归因的题干为"您认为决定一个人富有或贫穷的原因是'个人努力',还是'外部环境'"其中1分代表"个人努力",10分代表"外部环境"。调查题目来自辛自强等(2020b)的研究,得分越高表示越倾向于对贫富作外部归因,即归因于外部环境。个体在适应其生存环境的过程中会自然而然地形成不同的对经济不平等的合理化信念(如对贫富差距不同的归因倾向等),并会反映在投票选举、政策偏向等个体行为上(Piff et al., 2018)。本调查中贫富归因的平均得分是 5.42±2.54,说明新时代居民总体上认为个人努力和外部环境共同决定了财富多少。

月收入不同的居民在贫富归因上并无显著差异,但在不同性别、户口类型、年龄、受教育程度等群体中均存在显著差异(见图2-8)。性别方面,男性($M=5.62$,$SD=2.62$)比女性($M=5.26$,$SD=2.47$)更倾向于将贫富归因于外部环境,$t(4652)=4.78$,$p<0.001$,Cohen's $d=0.14$。在户口类型上,城镇居民($M=5.48$,$SD=2.43$)比农村居民($M=5.31$,$SD=2.70$)更倾向于外部归因,$t(4646)=2.28$,$p=0.023$,Cohen's $d=0.07$。年龄方面,年龄越小,越倾向于将贫富归因于外部环境,$F(5,4627)=9.35$,$p<0.001$,$\eta_p^2=0.010$。事后比较(LSD)显示,20~29岁($M=5.67$,$SD=2.41$)和30~39岁($M=5.56$,$SD=2.52$)的个体外部归因倾向显著高于40岁以上的

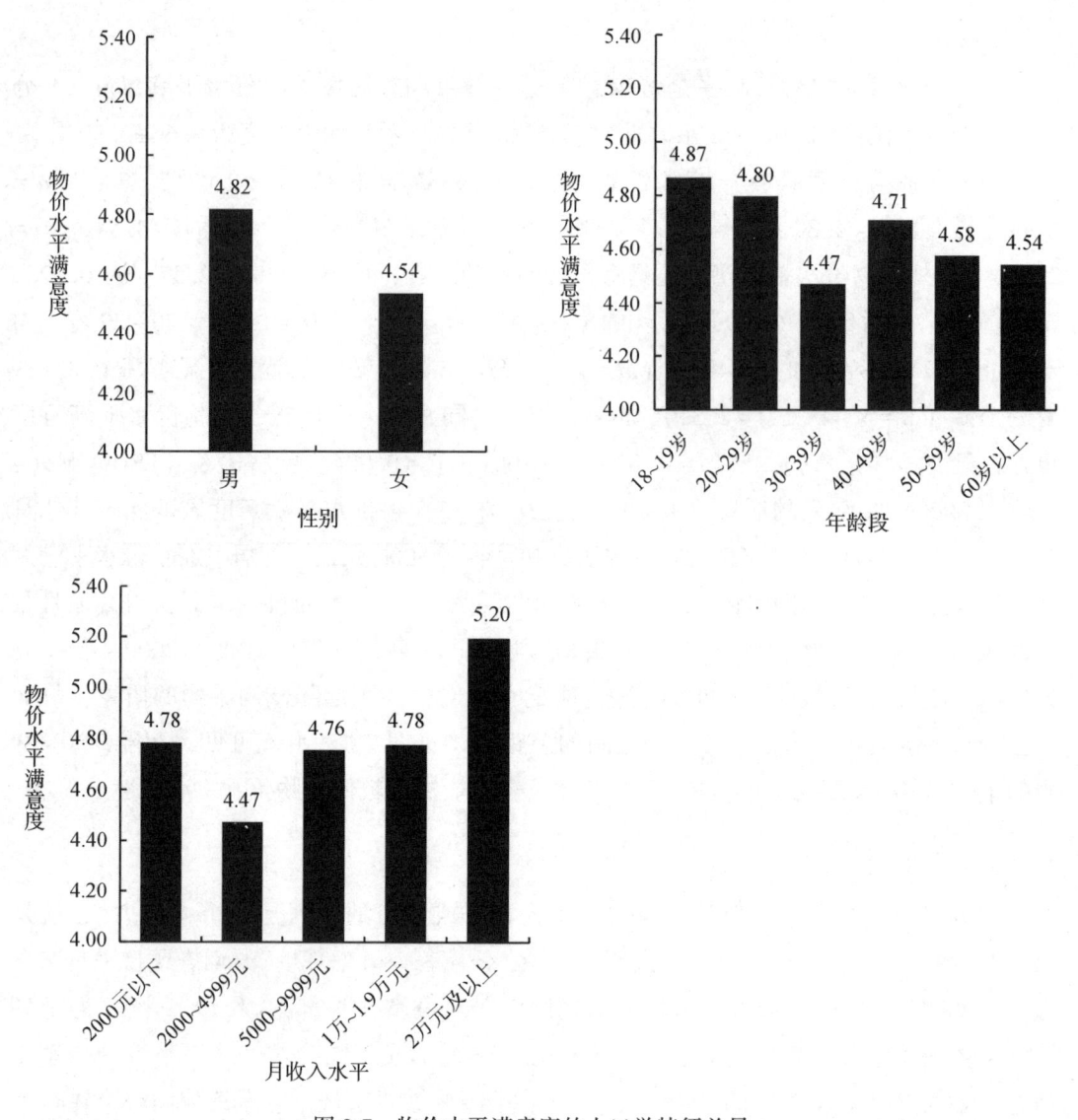

图 2-7　物价水平满意度的人口学特征差异

个体，60岁以上的个体（$M=4.67$，$SD=2.66$）更倾向于将贫富归因为个人努力。这可能是因为他们作为生产主力军时所处的时代不同，60岁以上的个体参与生产工作时恰逢改革开放前期，各个行业的机遇都比较多，个人努力最后成功致富的例子也很多。因此他们倾向于认为贫富是个人努力的结果。而20~39岁的个体参与生产工作时所处的时期面临着疫情的严重打击，在重大公共卫生危机下个人努力的效果显得十分渺小，所以他们更偏向于外部归因。受教育程度上，学历越高，越倾向于将贫富归因于外部环境，$F(5,4650)=8.61$，$p<0.001$，$\eta_p^2=0.009$。事后比较（LSD）显示，研究生及以上学历个体（$M=6.04$，$SD=2.17$）的外部归因倾向显著高于其他学历的个体，$ps<0.05$。可以看出，在贫富归因上，男性、城镇居民、20~39岁的个体以及受教育程度

较高的个体更倾向于将贫富差异归因于外部环境因素。在取得全面建成小康社会伟大胜利的新时代,温饱问题在绝大多数地区已不存在。因此在生理需要得到满足后,面对贫富差距时,采取外部归因方式能减少个体的情绪内耗,更专注于自我实现需要。

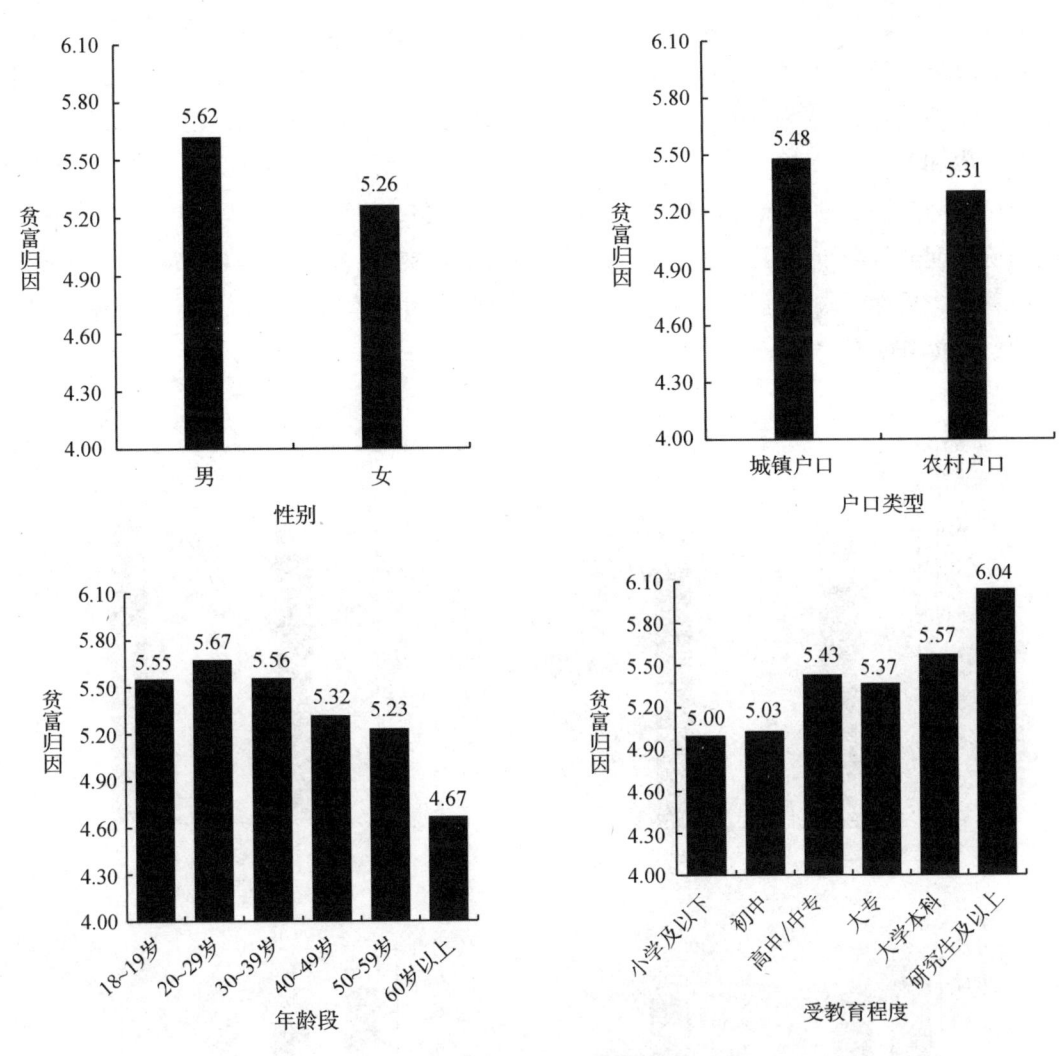

图 2-8 贫富归因的人口学特征差异

3.2.4 财富再分配意愿

目前经济心理领域的许多研究探讨了影响再分配偏向的前因变量及其具体的心理机制(白洁等,2021),而较少关注个体对财富分配的总体偏向。财富再分配意愿是指人们在态度或行为上对当前财富分配规则的支持倾向。本调查用题目"您如何看待当前社会财富的分配状况"来测量,1分表示"维持现状即可",10分表示"应重新制定分配规则"。分数越高表明居民对当前社会财富的再分配意愿越高,越希望重新制定分配规则。新时代居民平均财富再分配意愿为 6.35±2.34 分,总体上偏向于打破现状。

财富再分配意愿在性别、户口类型、年龄、月收入不同的群体中存在显著差异（见图2-9）。具体而言，男性（$M=6.46$，$SD=2.20$）比女性（$M=6.26$，$SD=2.43$）更偏向于对分配规则的重新制定，$t(4650)=2.88$，$p=0.004$，Cohen's $d=0.09$。农村户口（$M=6.45$，$SD=2.63$）对重新制定分配规则的认同度显著高于城镇户口（$M=6.29$，$SD=2.13$），$t(4644)=2.24$，$p=0.025$，Cohen's $d=0.07$。财富再分配意愿具有显著的年龄差异，$F(5,4625)=2.78$，$p=0.017$，$\eta_p^2=0.003$。事后比较（LSD）显示，18~19岁和50~59岁的个体（$M=6.61$，$SD=1.97$）比30~39岁和40~49岁的个体更倾向于认为应该重新制定分配规则，$ps<0.05$。月收入水平低的个体对重新制定分配规则的认同度显著高于月收入水平高的个体，$F(4,4589)=3.87$，$p=0.004$，$\eta_p^2=0.003$。可以看出，男性、农村居民、18~19岁和50~59岁的个体以及月收入低的个体有着更高的财富再分配意愿。

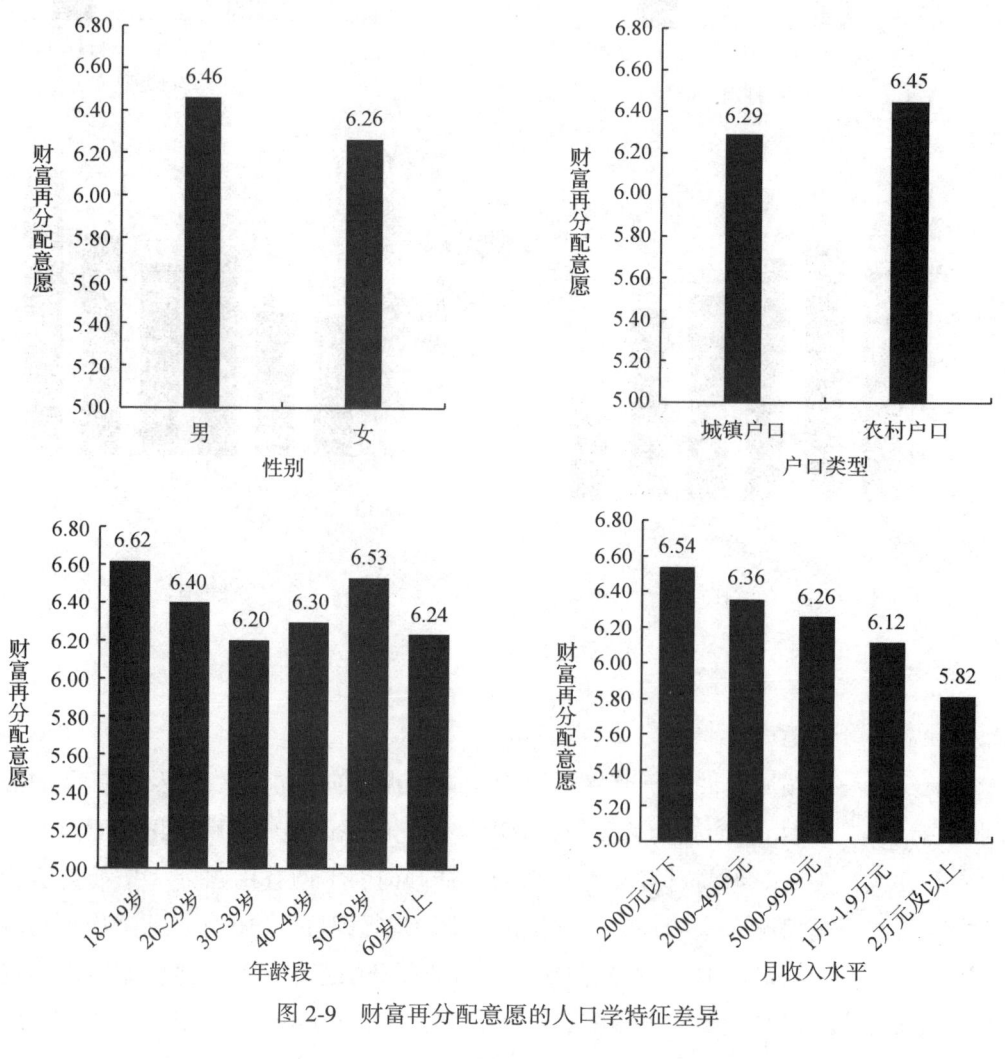

图2-9 财富再分配意愿的人口学特征差异

3.2.5 收入公平感

改革开放以来,我国的经济高速发展,产品结构不断优化,居民生活水平大幅提升,但是居民收入差距仍然较大(周慧理,沈吉,2020)。居民如何看待新时代依然存在的收入差距,是本调查想要考察的。这种主观的公平感对于居民幸福感有更直接和显著的影响。孙计领(2016)的研究表明,客观收入差距对于居民幸福感的影响将被人们的主观判断所调节,当个体感知的公平感越高,客观收入差距对幸福感的影响越小。

关于居民对收入差距的主观公平感,本研究用"现在有的人挣钱多,有的人挣钱少,这是公平的吗"进行测量,1分表示"非常不公平",10分表示"非常公平"。本调查的四千多位居民的收入公平感平均得分为5.63±2.59分。

年龄、受教育程度、月收入水平不同的居民在收入公平感程度上存在显著差异(见图2-10)。具体而言,30~39岁的个体($M=5.82$, $SD=2.44$)主观判断的公平感显

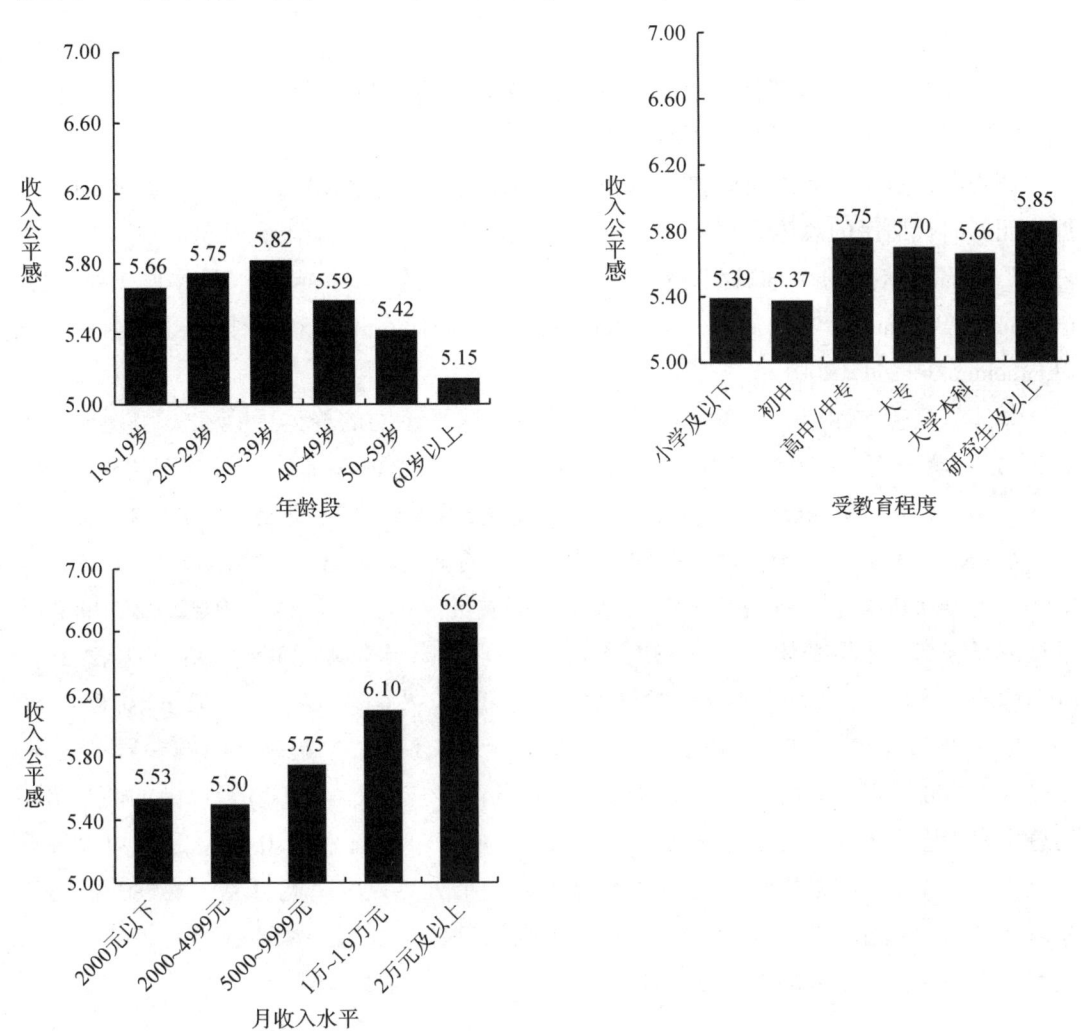

图2-10 收入公平感的人口学特征差异

著高于 40 岁以上的个体，$F(5,4628)=4.57$，$p<0.001$，$\eta_p^2=0.005$。受教育程度上以初中为分界点，初中及以上学历的居民的主观收入公平感显著高于初中及以下学历的居民，$F(5,4651)=2.66$，$p=0.021$，$\eta_p^2=0.003$。收入公平感在不同月收入的个体中存在显著差异，$F(4,4591)=7.69$，$p<0.001$，$\eta_p^2=0.007$。事后比较（LSD）显示，月收入5000元以上的个体公平感显著高于月收入5000元以下的个体；月收入2万元以上的个体（$M=6.66$，$SD=2.46$）公平感显著高于月收入5000~9999元的个体（$M=5.75$，$SD=2.79$）。可以看出，在收入公平感的主观判断上，30~39岁的个体、受教育程度在初中及以上的个体以及月收入高于5000元的个体更倾向于感受到较高的收入公平感。本调查中，性别、户口类型、婚姻状态不同的居民在收入公平感程度上没有显著差异。

3.3 个体经济态度

3.3.1 总体幸福感

总体幸福感的测量题目是"总的来说，您觉得自己目前幸福吗"，其中1分代表"非常不幸福"，10分代表"非常幸福"。

调查结果显示，在参加调查的居民中，平均总体幸福感得分为7.47±2.00分。数据表明新时代居民的总体幸福感普遍处于中上水平，这对于个人和社会都具有较大的意义。幸福感越高的个体往往情绪状态越积极，人际关系越好，群体归属感越强（Diener & Seligman, 2002; Steptoe et al, 2005），从而在生活和工作中得以蒸蒸日上（Lyubomirsky et al, 2001）。

总体幸福感在性别、婚姻状态、个体月收入水平不同的群体中存在显著差异（见图2-11）。具体而言，女性（$M=7.53$，$SD=1.96$）的总体幸福感显著高于男性（$M=7.39$，$SD=2.04$），$t(4650)=2.32$，$p=0.02$，Cohen's $d=0.07$，但这种差异的效果量很小（Cohen, 1988）。不同婚姻状态的居民总体幸福感差异显著，$F(4,4632)=4.32$，$p=0.002$，$\eta_p^2=0.004$。事后比较（LSD）发现，已婚个体（$M=7.54$，$SD=2.02$）的总体幸福感显著高于未婚个体（$M=7.32$，$SD=1.89$）和离异个体（$M=7.06$，$SD=2.23$），$ps<0.05$。个人月收入水平不同，总体幸福感也不同，$F(4,4589)=6.65$，$p<0.001$，$\eta_p^2=0.006$。事后比较（LSD）发现，月收入10000元以下的三个组别之间的差异不显著，月收入10000元以上的两个组别之间的差异不显著。但月收入10000元以上的两个组别的总体幸福感水平显著高于月收入10000元以下的三个组别，$ps<0.05$。由此可以推论月收入10000元可能是影响居民总体幸福感的一个分界点。由此可见，女性、已婚个体以及月收入超过10000元的个体通常有更高的总体幸福感。本调查中，年龄、户口类型、受教育程度不同的居民在总体幸福感水平上没有显著差异。

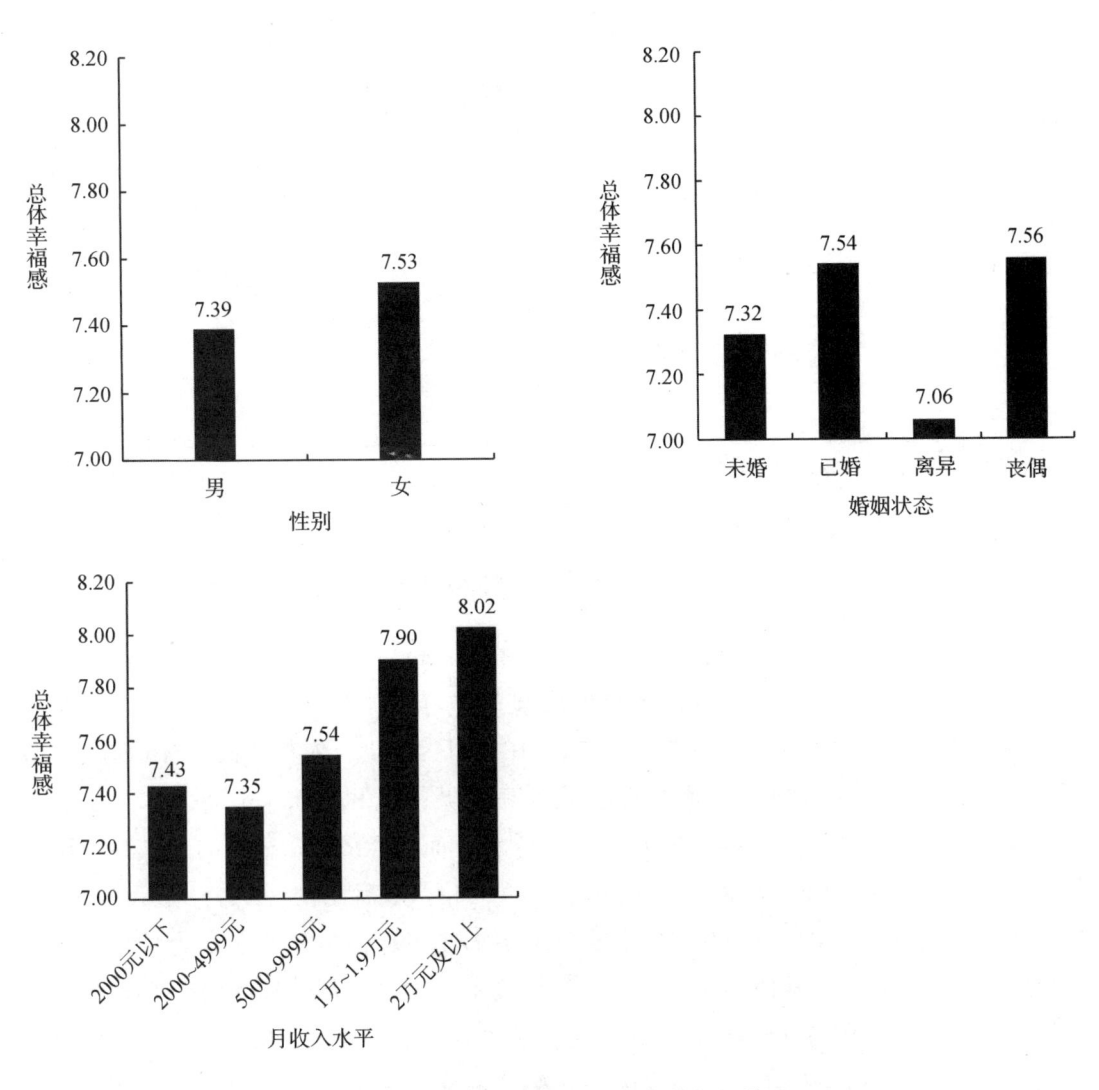

图 2-11　总体幸福感的人口学特征差异

3.3.2 有关经济增长对幸福感作用的看法

本调查使用两个题目测量新时代居民如何看待经济与幸福感之间的关系。题目一是"如果月收入增加 10%，是否影响您的幸福感"，题目二是"如果月收入增加 1000元，是否影响您的幸福感"。其中 1 分代表"毫无影响"，10 分代表"影响非常大"。其中题目一的平均分是 6.43±2.53 分，题目二的平均分是 6.61±2.53 分。各个选项的选择百分数如图 2-12。

两道题目的平均分表示个体对于经济与幸福感的关系的看法，得分越高表明个体的幸福感受经济的影响越大。描述统计的结果显示总体平均分为 6.52±2.32 分，表明居民认为月收入在一定程度上会影响幸福感水平。

个体对经济与幸福感的关系的看法在不同性别、户口类型、年龄、受教育程度、

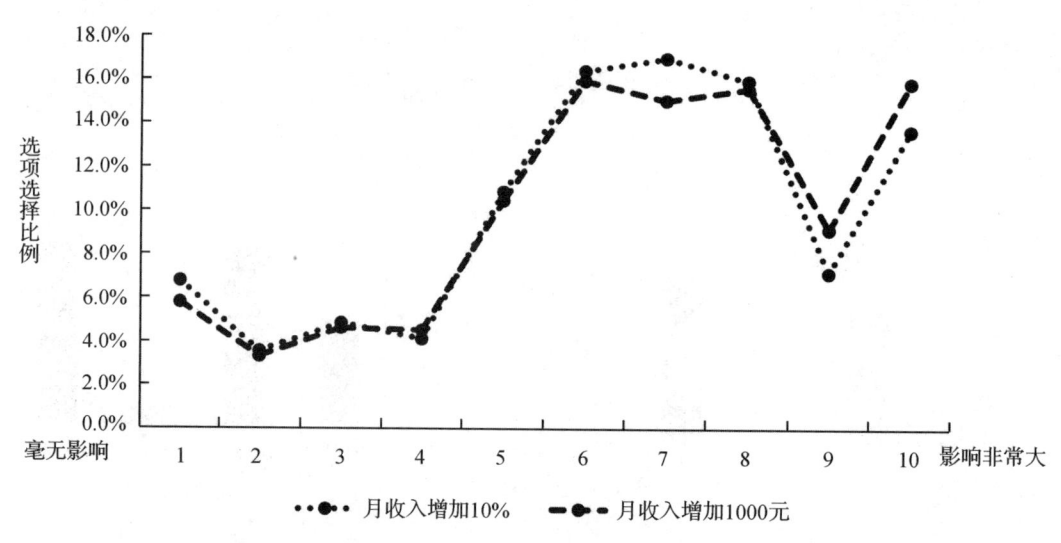

图 2-12 有关经济增长对幸福感作用的看法的选项及其选择百分数

婚姻状态和月收入等群体中存在显著差异（见图2-13）。性别方面，女性（$M=6.62$，$SD=2.28$）认为月收入影响幸福感的程度显著高于男性（$M=6.39$，$SD=2.37$），$t(4654)=3.35$，$p=0.001$，Cohen's $d=0.10$。在户口类型上，农村居民（$M=6.76$，$SD=2.32$）认为月收入影响幸福感的程度显著高于城镇居民（$M=6.38$，$SD=2.30$），$t(4648)=5.41$，$p<0.001$，Cohen's $d=0.16$。年龄方面，经济与幸福感的关系具有显著的年龄差异，$F(5,4581)=9.87$，$p<0.001$，$\eta_p^2=0.011$。事后比较（LSD）显示，18~19岁（$M=7.01$，$SD=2.07$）和60岁以上的个体（$M=6.69$，$SD=2.37$）认为月收入影响幸福感的程度显著高于其他年龄段。受教育程度上，学历越低，越倾向于认为幸福感会受到月收入的影响，$F(5,4652)=10.36$，$p<0.001$，$\eta_p^2=0.011$。研究生及以上学历的居民（$M=5.98$，$SD=2.41$）认为月收入影响幸福感的程度显著低于其他学历，$ps<0.05$。婚姻状态方面，未婚个体（$M=6.81$，$SD=2.07$）认为月收入影响幸福感的程度显著高于已婚个体（$M=6.40$，$SD=2.40$），$F(4,4636)=7.81$，$p<0.001$，$\eta_p^2=0.007$。这说明良好的婚姻状态可能给个体带来了更多的幸福源，如亲密关系、亲子关系等。月收入方面，月收入越低，越倾向于认为月收入会影响个体幸福感，$F(4,4593)=24.72$，$p<0.001$，$\eta_p^2=0.021$。除了月收入5000元以下的两个组别间差异不显著以外，其他两两组别间均存在显著差异，$ps<0.01$。月收入越高的群体，经济增长带来的幸福感的增加越少。马斯洛需要层次理论认为，低级需要直接关系个人的生存，这种需要得不到满足会直接危及生命。高级需要出现之前必须先满足低级需要。以往许多研究证实，需要的满足能提高个体的幸福感（陈功，2012；Reis et al., 2000；Sheldon et al., 1996）。月收入是个体基本需要得以满足的重要保障。月收入低的群体的生理需要可能没有得到很好地满足，因此他们把月收入和幸福感紧密联系在一起。月收入提高使得

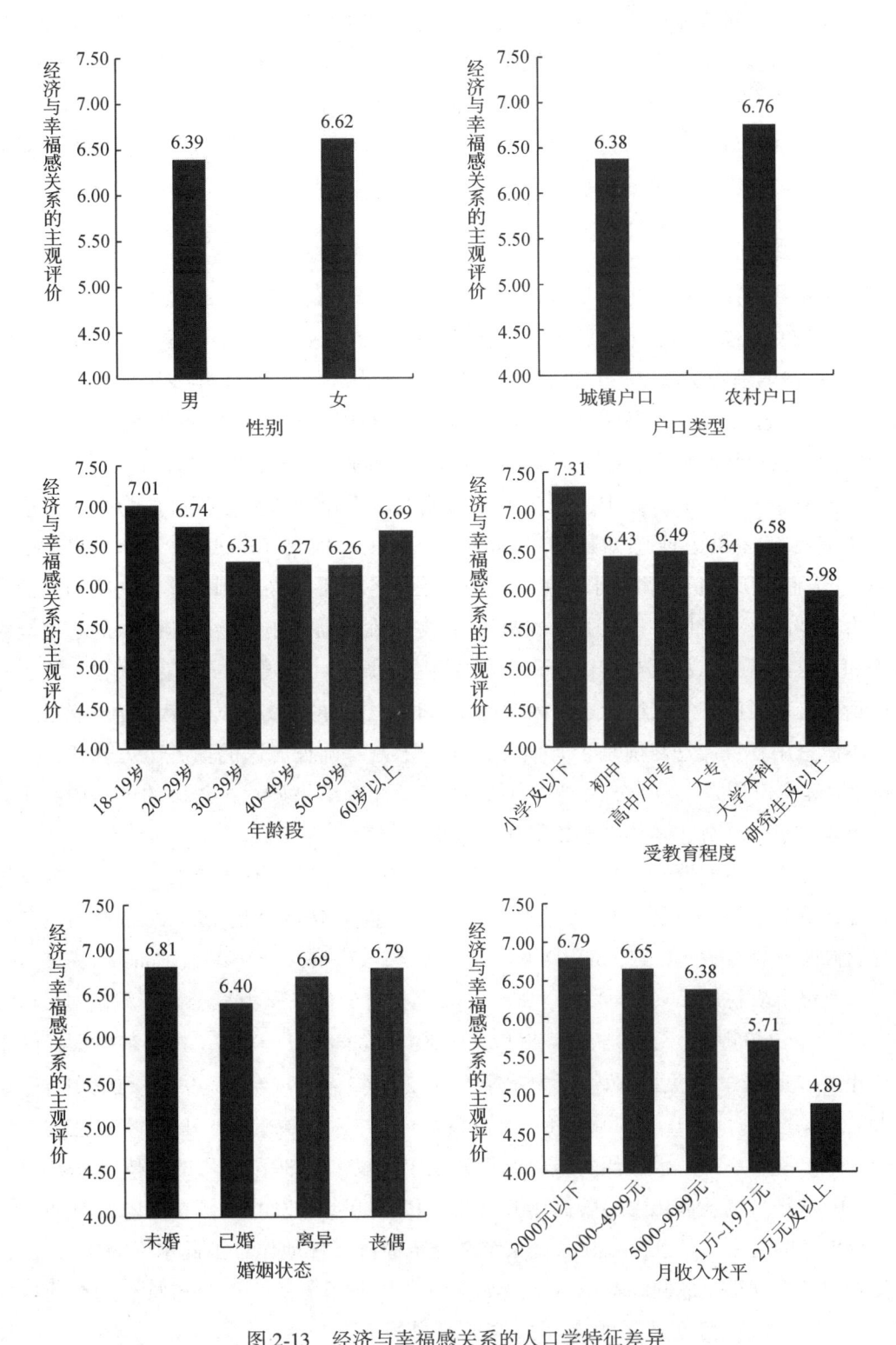

图 2-13 经济与幸福感关系的人口学特征差异

生理需要满足，进而提升幸福感。而月收入高的群体生理需要得以高质量地满足，而后转向关注自身其他需要，从而可以在实现其他需要的路径上找到更多的幸福感来源，因此他们认为月收入影响幸福感的程度较低。综上所述，女性、农村居民、18~19岁和60岁以上的个体、受教育程度较低的个体、未婚个体，以及月收入较低的个体更倾向于认为月收入对幸福感的影响程度高。

3.2.3 债务压力

债务是指个体现在或将来负有向他人或机构还款的法律或道德义务。中国国家资产负债研究中心提供的数据显示，中国过去20年债务压力持续增长（Xin et al., 2023）。居民的消费贷款是住户部门贷款的主要部分。截至2021年我国住户部门贷款余额逾71万亿元，居民杠杆率也从2008年的17.87%上升至2021年的62.16%，这表明家庭债务负担日益加重，债务风险逐步显露（何丽芬，李苗苗，2022）。债务可以分为主观债务和客观债务，其中主观债务常以债务压力作为指标。债务压力是指由债务状况引起的实际压力或感知压力（Elder & Caspi, 1988；Greenberg, 1980；Lazarus, 1993）。人们实际背负的债务水平越高，即客观债务水平越高，则个体主观感知到的债务压力就越高（王鲁晓，辛自强，2024）。债务引发的债务压力会影响民众的心理健康水平和不道德行为，甚至对其伴侣和子女有潜在的影响（王鲁晓，辛自强，2024）。三年疫情使全球经济陷入衰退状态，因此如今新时代居民的债务压力现状更值得关注。

本研究用题目"您目前是否有债务方面的压力"调查居民的债务压力现状，其中1分为"完全没压力"，10分为"压力特别大"。调查结果显示，居民的平均债务压力得分是4.57±2.95分，整体处于中等压力水平。

债务压力在不同性别、户口类型、年龄、受教育程度、婚姻状态、月收入等群体中均存在显著差异（见图2-14）。在性别方面，男性（$M=4.83, SD=2.93$）的债务压力显著高于女性（$M=4.37, SD=2.95$），$t(4654)=5.34, p<0.001$，Cohen's $d=0.16$。在户口类型上农村居民（$M=4.84, SD=2.92$）报告的债务压力显著高于城镇居民（$M=4.40, SD=2.95$），$t(4648)=4.98, p<0.001$，Cohen's $d=0.15$。在年龄方面，处于不同年龄段的居民背负的债务压力显著不同，$F(5,4629)=31.49, p<0.001, \eta_p^2=0.033$。事后比较（LSD）显示，18~19岁（$M=3.23, SD=2.55$）和60岁以上的个体（$M=3.77, SD=2.93$）债务压力显著低于其他年龄段，而30~39岁的个体（$M=5.15, SD=2.92$）报告的债务压力显著高于其他年龄段。30~39岁的个体在新时代时期担任着社会生产的主力军角色，且在家庭系统中处于经济支柱地位，因此承担的压力最大，感受到的经济满意度最低。本调查结果如实反映债务压力的人群分布特点。在受教育程度方面，受教育程度不同的个体报告了不同的债务压力，$F(5,4652)=10.35, p<0.001, \eta_p^2=0.011$。事后比较（LSD）显示，研究生及以上学历的个体债务压力与其他

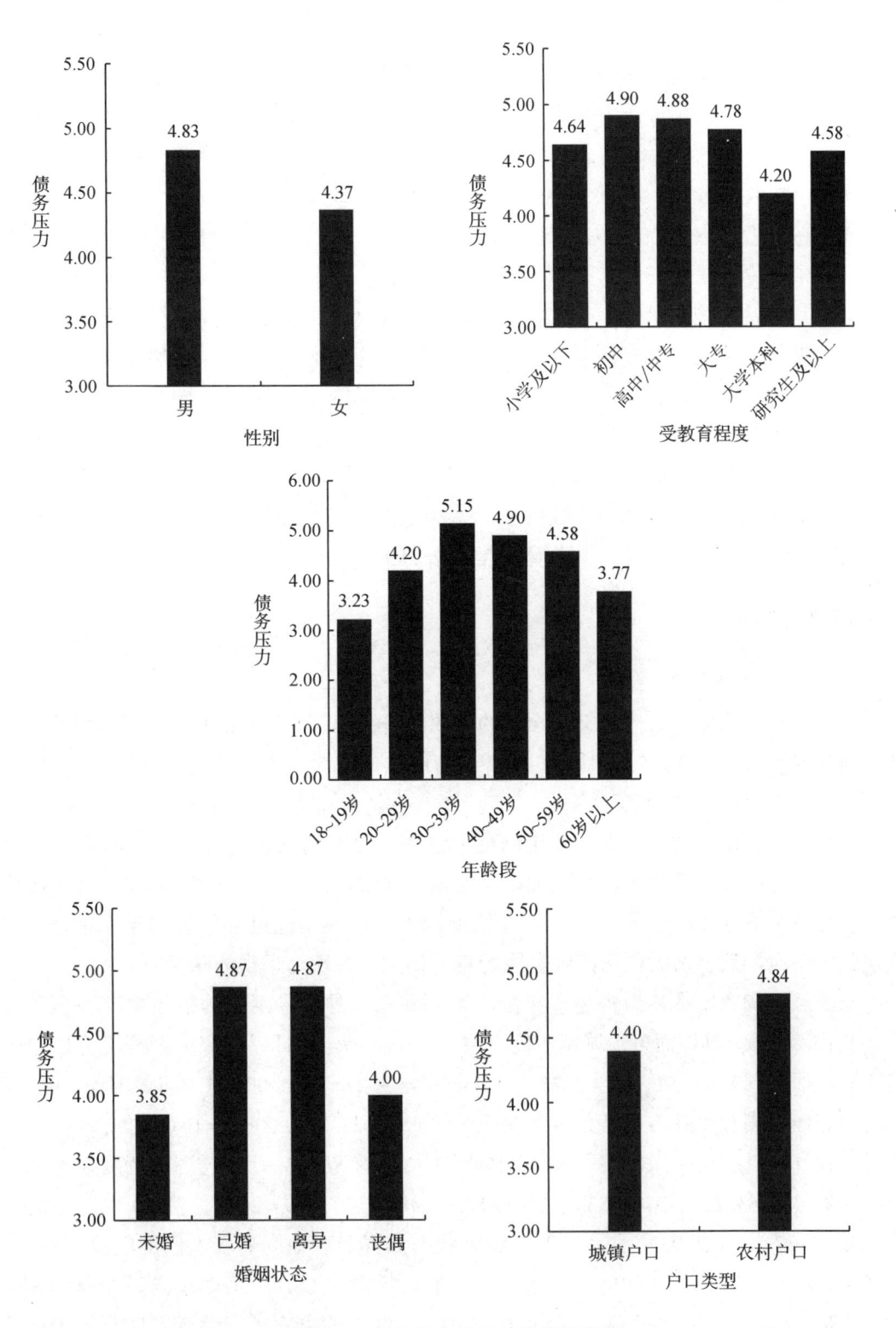

图 2-14 债务压力的人口学特征差异

学历并无显著差异，而本科学历的个体（$M=4.20$，$SD=2.85$）债务压力显著低于比他们受教育水平低的任意学历的个体压力，$ps<0.05$。在婚姻状态上，已婚居民（$M=4.87$，$SD=2.97$）的债务压力显著高于未婚居民（$M=3.85$，$SD=2.78$），$F(4,4636)=29.02$，$p<0.001$，$\eta_p^2=0.024$。在个人月收入方面，月收入不同的群体间债务压力存在显著差异，$F(4,4592)=6.98$，$p<0.001$，$\eta_p^2=0.006$。月收入2000元以下的居民债务压力显著低于月收入在2000~9999元的居民，但他们与月收入10000元以上的居民的债务压力没有显著差异。导致这个结果的可能原因是：月收入2000元以下的居民一般会根据收入水平决定消费水平，不会主动举债。而月收入处于中等水平（2000~9999元）的居民会基于对未来长期经济前景的预期做出消费和借贷计划，在审慎计算自己未来的收入和支出，认定自己具备相应还款能力后主动举债（王鲁晓，辛自强，2024）。但突如其来的三年疫情打破了他们对未来经济的计算和预期，所以此时的债务压力较高。月收入10000元以上的居民的经济状况相对较为乐观，因此债务压力比月收入处于中等水平的居民低。综上，男性、农村居民、30~39岁的个体、已婚个体以及月收入处于中等水平（2000~9999元）的个体通常报告有更高的债务压力。

3.4 家庭经济态度

3.4.1 家庭经济满意度

家庭经济满意度是集体主义社会下的重要经济心理，指的是居民从"家庭共同体"的视角出发，基于家庭收入和家庭所处经济地位的比较而做出的主观综合心理评价（张凤兵，包玉香，2022）。

本调查中，居民的经济满意度用题目"您对自己当前的家庭经济状况满意吗"测量，其中1分代表"非常不满意"，10分代表"非常满意"。结果显示，家庭经济满意度平均得分为6.66±2.51分，属于中等偏上水平。这表明经过了历时三年、全球经济衰退的疫情时期后，新时代居民的经济满意度仍能保持较为乐观的状况。

家庭经济满意度在户口类型、年龄、婚姻状态、月收入不同的群体中存在显著差异（见图2-15）。具体而言，城镇居民（$M=6.76$，$SD=2.34$）的家庭经济满意度显著高于农村居民（$M=6.51$，$SD=2.75$），$t(4646)=3.27$，$p=0.001$，Cohen's $d=0.10$。居民的家庭经济满意度具有显著的年龄差异，$F(5,4627)=2.60$，$p=0.024$，$\eta_p^2=0.003$。事后比较（LSD）发现，30~39岁的个体（$M=5.15$，$SD=2.92$）经济满意度显著低于18~19岁（$M=3.23$，$SD=2.55$）、20~29岁（$M=4.20$，$SD=2.85$）和60岁以上的个体（$M=3.77$，$SD=2.93$），$ps\leqslant0.05$。婚姻状态同样显著地影响着人们的经济满意度，$F(4,4634)=2.95$，$p=0.019$，$\eta^2=0.003$。事后比较（LSD）发现，未婚个体（$M=6.79$，$SD=2.23$）和已婚个体（$M=6.64$，$SD=2.61$）的家庭经济满意度显著高于离异个体（$M=6.04$，$SD=2.43$），$ps<0.05$，但未婚和已婚状态对经济满意度的影响差异不

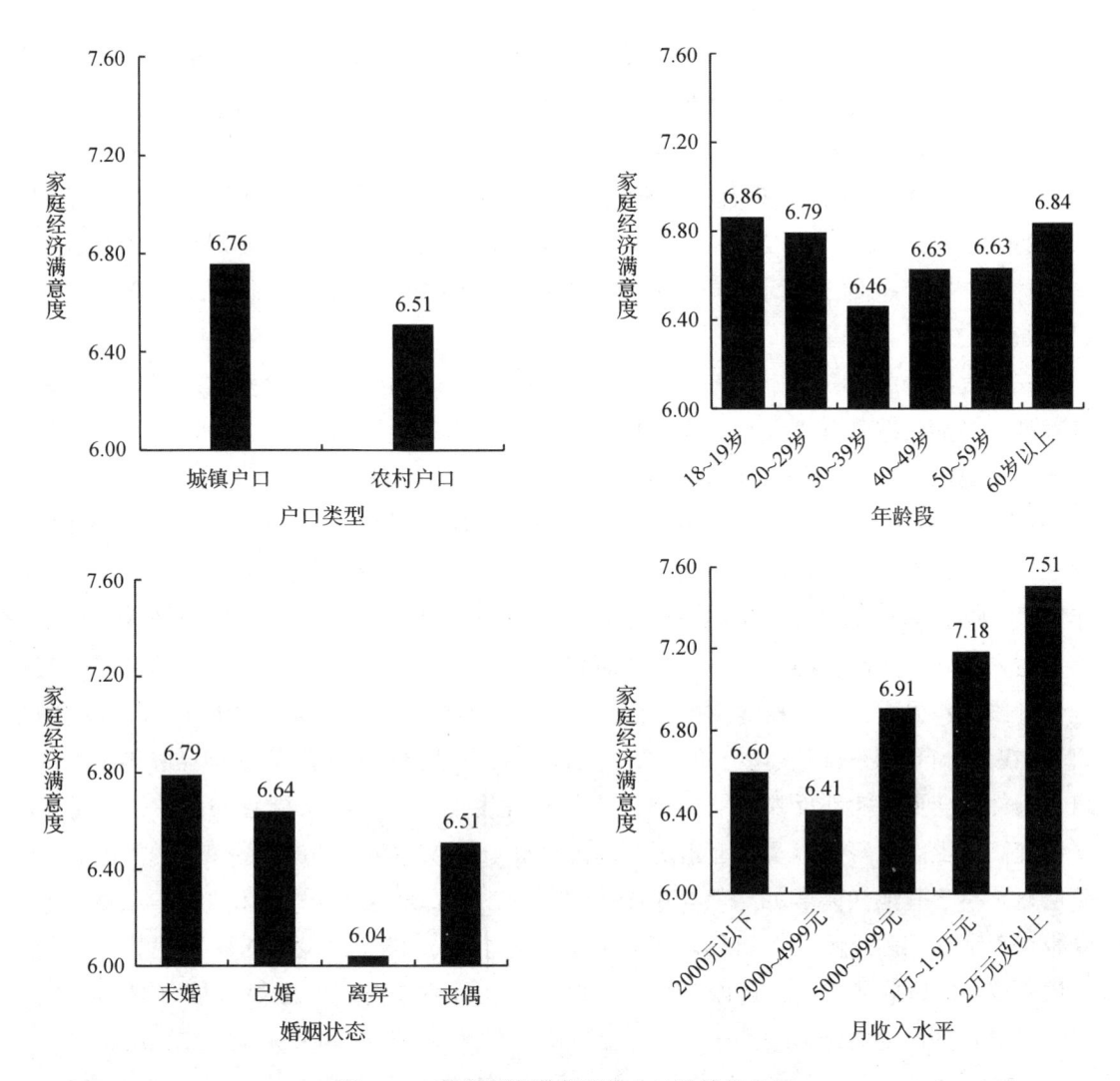

图 2-15 家庭经济满意度的人口学特征差异

显著。月收入不同的个体在家庭经济满意度水平上存在显著差异，$F(4,4590)=13.16$，$p<0.001$，$\eta_p^2=0.011$。前述有关总体幸福感的结果表明月收入 10000 元是居民幸福感产生差距的分界点，但在家庭经济满意度上，月收入 5000 元是满意度产生显著差异的分界点。月收入 5000 元以下的两个组别之间的经济满意度没有显著差异，但均低于月收入 5000 元以上的三个组别，$ps<0.01$。不同性别、受教育水平的个体在家庭经济满意度上没有显著差异。可以看出，城镇居民、青年个体或老年个体、未婚或已婚个体，以及月收入超过 5000 元的个体通常有更高的家庭经济满意度。

3.4.2 家庭收入阶层感知

家庭收入阶层感知测量的是个体主观感受到的家庭收入水平。题目为"如果将全国人民的家庭收入分为十个等级，1 表示家庭收入处于'最低层'，10 表示家庭收入处于'最高层'。请选择一个数字代表您家的家庭收入水平",其中1分代表最低层,10分代表最高层。与客观社会经济地位不同的是,这种对自己家庭当前所处的社会阶层的主观认知和信念,不仅包含了客观物质条件,还包括了自己家庭相对于他人家庭的等级(刘啸莳等,2023)。以往许多研究发现主观社会经济地位与个人身心健康有更为紧密的关联(Adler et al., 2000; Tan et al., 2020)。家庭收入阶层感知越低,家庭成员的相对剥夺感会越高,进而影响个体身心发展。本调查的家庭收入阶层感知平均得分是4.66±1.94分。

家庭收入阶层感知不存在显著的性别差异,但是在不同的户口类型、年龄、受教育程度、婚姻状态和月收入水平等群体中均出现了显著差异(见图2-16)。在户口类型上,城镇居民($M=4.79, SD=1.87$)的阶层感知显著高于农村居民($M=4.44, SD=2.03$),$t(4641)=5.96, p<0.001$,Cohen's $d=0.18$。年龄方面,18~19岁($M=5.01, SD=1.63$)和20~29岁个体($M=4.88, SD=1.86$)的阶层感知显著高于其他任意一个年龄段,$F(5,4622)=7.59, p<0.001, \eta_p^2=0.008$。这表明一方面国家的经济和民生发展得越来越好,因此在国民经济较好的时代下出生的18~29岁个体感知到的阶层比其他年龄段高;另一方面年轻群体的自信心和个性化越来越强,之前中国人讲求"中庸",在评价自身条件时表现有所保留。但近年来受到个人主义熏陶,年轻群体在评价自身条件时会更真实地反映内心想法。受教育程度上,居民的阶层感知随着受教育水平的提高而提高,研究生及以上学历的居民($M=5.12, SD=1.70$)感知到的家庭收入阶层显著高于其他任何学历,$F(5,4645)=9.43, p<0.001, \eta_p^2=0.010$。但本调查显示受教育程度不同的居民在实际具体月收入上没有显著差异,这说明居民主观感知到的阶层不仅与客观收入有关,还跟学历自信相关。婚姻状态方面,未婚个体($M=4.89, SD=1.81$)的阶层感知显著高于其他婚姻状态中的个体,$F(4,4629)=8.12, p<0.001, \eta_p^2=0.007$。月收入水平上,月收入多的个体感知到的阶层显著高于月收入少的个体,$F(4,4587)=40.20, p<0.001, \eta_p^2=0.034$。可见,城镇居民、18~29岁个体、受教育程度较高的个体、未婚个体以及月收入较多的个体通常有更高的家庭收入阶层感知。

3.5 个体经济行为

3.5.1 支出意愿或行为

(1)过去支出行为

用题目"您过去一年的收入(所有各类收入,包括他人给予的钱款)在如下的八类项目上大约是按照什么比例分配的?请根据您的实际情况回答,并确保各项分配比例相加为100%"测量过去一年居民的实际支出行为。其中八类项目分别是存入银行,投资理财产品、股票、保险,投资经商,投资固定资产(如买房子或汽车),用于享受型消费(如旅游、奢侈品、个人娱乐),用于日常消费(日常生活支出),做公益捐赠

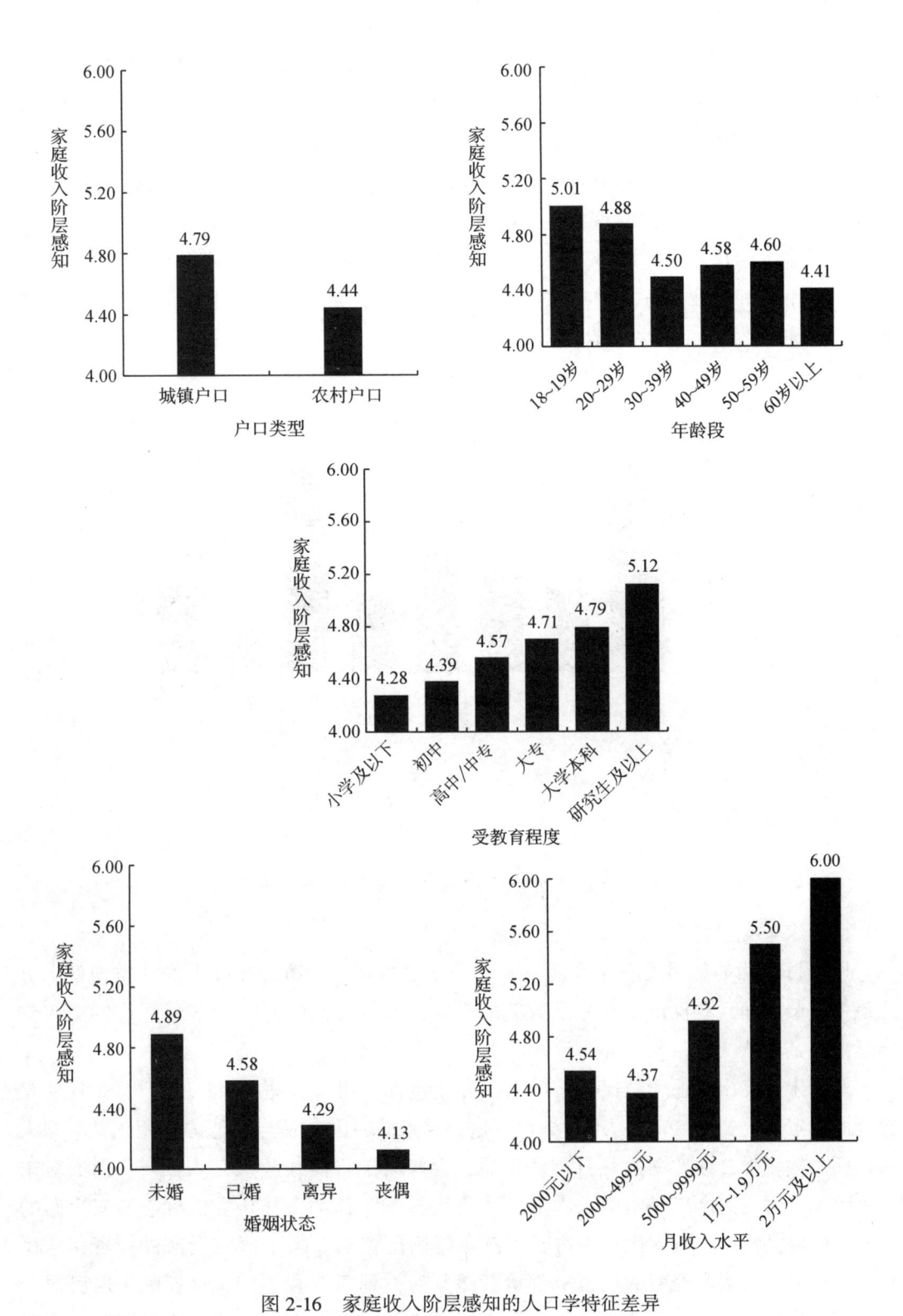

图 2-16 家庭收入阶层感知的人口学特征差异

(捐给慈善机构、希望工程、寺庙教会等），其他用途。

在过去一年的收入分配中，居民会把大部分收入存入银行（平均占总收入 34.1%）和用于日常消费（平均占总收入 33.7%），其次是用于投资固定资产（平均占总收入 22.7%），用于投资理财产品、股票、保险和投资经商的仅占 13.9% 和 15.9%。说明在疫情的影响下，原来的生活被打破平衡，透支额度带来各种不便，人们认识到超前消费的不足以及为未来储蓄的重要性。因此居民的储蓄动机增强，储蓄行为增加，把日常消费后余下的收入大部分储存起来，做到"手有余粮，心中不慌"。在投资方面，历经了股市下跌和企业寒冬后，居民的风险投资减少，较多选择房子、汽车等固定资产投资而较少选择投资基金、股票等风险较大的项目。各个项目所占百分比具体见图 2-17。

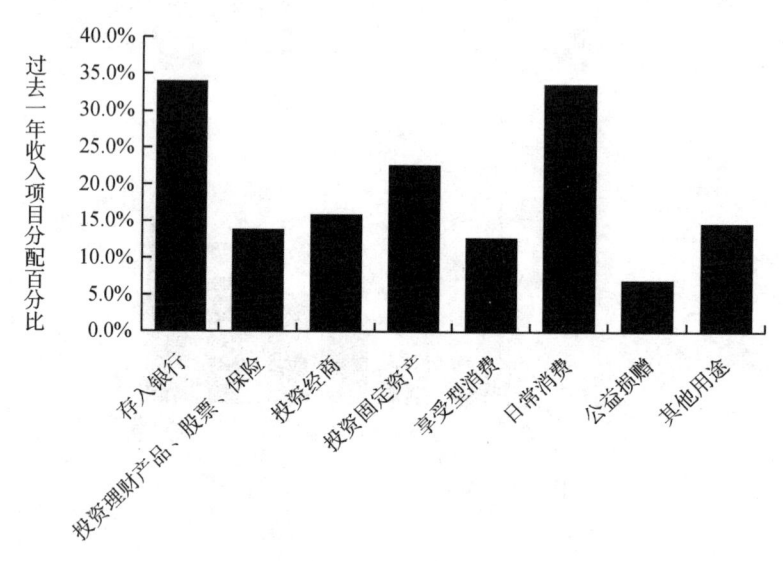

图 2-17 居民过去一年收入的项目分配百分比

（2）未来支出意愿

用题目"假如您明天刚好得到一笔 100 万元的奖金。请您在如下的八类项目上分配该笔奖金，而且要保证各项分配数额加起来正好等于 100 万元"测量居民的未来支出意愿。其中八类项目与上面一致。

对于未来支出意愿，居民会将绝大部分收益存入银行（平均 42 万元），此外便是投资固定资产（平均 26.21 万元）。出现这个结果的原因一是与其他国家相比，中国人的长期目标较强，因此在满足日常消费后，会倾向于将富余收入存入银行，以面对未来风险和不时之需。二是中国人大多以"买房买车"作为安居乐业的标志和安全感的来源，所以会将一定收入投资于房子、汽车等固定资产。除了固定资产的投资，居民对理财产品、股票和经商的投资金额也紧随其后位列第三和第四，这反映了居民对未来经济发展和市场恢复繁荣有着一定信心，尽管在过去支出中这些风险投资项目占比不高，但是在未来支出中人们在一定程度上会把这些项目纳入考虑的范围。各个项目所占金额具体见图 2-18。

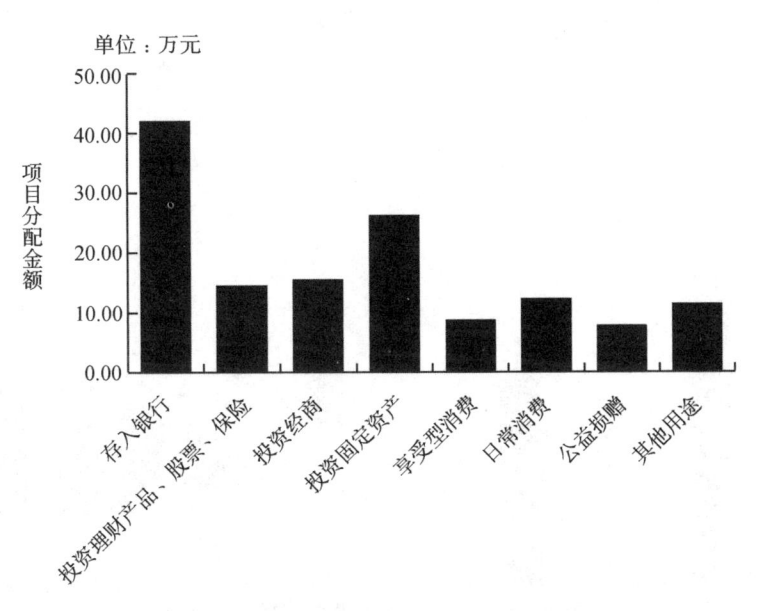

图 2-18　未来收益和意外之财的项目分配金额

3.5.2　消费行为

从消费者的角度出发，依据消费目的可以将消费行为分为体验型消费和实物型消费。按照 Van Boven 和 Gilovich（2003）的定义，如果消费的主要目的是获得一种体验以及生活经历，则这类购买被称为体验型消费；如果消费的主要目的是获得一个物体，特别是有形的实质物体，那么这类消费是实物型消费。2020 年初的一场疫情使得便利店行业、服装行业等行业需求锐减，却实现了直播行业、游戏行业等行业的繁荣（陈坤瑜等，2021）。行业的发展状况能部分反映消费者购买行为的变化，但是居民当前的消费模式具体呈现什么态势，是本研究所关注的。因而此次调查分析了新时代居民的体验型消费、实物型消费和消费偏好。

（1）体验型消费

用"有的人往往把钱用在大量不同的生活体验上（如下馆子、听音乐会、旅游等），他们热衷于参加各种活动或体验各种经历以享受生活。您和这种人有多像"测量个体的体验型消费程度。其中 1 分是"非常不像"，10 分是"非常像"。居民的体验型消费平均得分是 5.04±2.59 分。

体验型消费没有显著的性别差异，但在户口类型、受教育程度、婚姻状态不同的群体中存在显著差异（见图 2-19）。具体而言，城镇居民（$M=5.23$，$SD=2.50$）的体验消费显著高于农村居民（$M=4.73$，$SD=2.71$），$t(4649)=6.42$，$p<0.001$，Cohen's d

=0.19。高学历的居民体验型消费高于学历低的居民，$F(5,4653)=59.89$，$p<0.001$，$\eta_p^2=0.060$。其中高中/中专学历和大专学历的体验型消费没有显著差异，大学本科学历和研究生及以上学历的体验型消费没有显著差异，其他组别两两之间均存在显著差异，$ps<0.01$。未婚个体（$M=6.11$，$SD=2.31$）的体验型消费显著高于其他婚姻状态的个体，$F(4,4637)=83.40$，$p<0.001$，$\eta_p^2=0.067$。

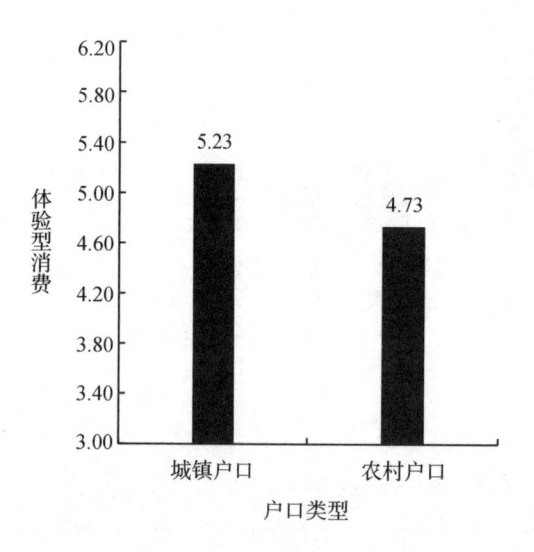

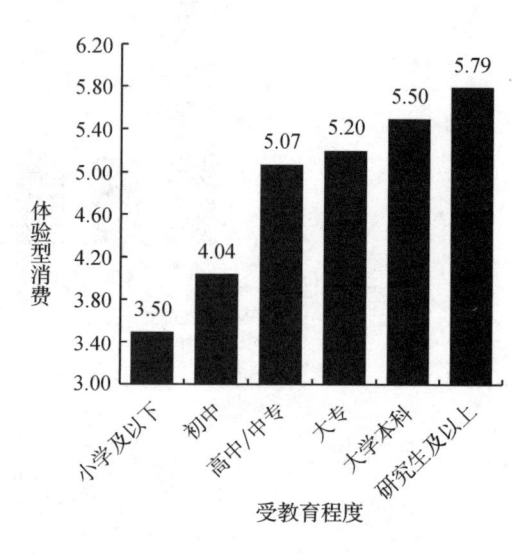

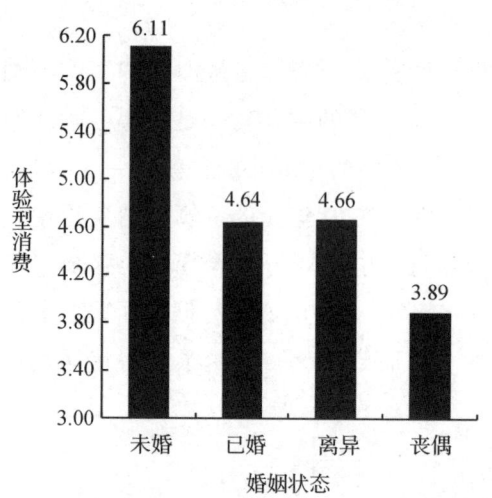

图 2-19 体验型消费的人口学特征差异

相关分析的结果表明，体验型消费与居民的具体年龄呈显著负相关（$r=-0.31$，$p<0.001$）。即当前年龄越高，体验型消费越少。体验型消费与居民的具体月收入相关不显著。这说明新时代居民不管月收入水平如何，均会进行体验型消费，且消费程度没有显著的差别。可见，城镇居民、受教育程度较高的个体、未婚个体和年轻人进行更多的体验型消费。

(2) 实物型消费

用"有的人往往把钱用在大量的实用物品上（如手机、衣物、珠宝等），他们热衷于购买自己能拥有或保存的东西来享受生活。您和这种人有多像"测量个体的实物型消费程度。1分代表"非常不像"，10分代表"非常像"。描述统计的结果显示平均得分是4.81±2.66分。

实物型消费在性别和户口类型不同的居民中都没有显著差异，但在受教育程度和婚姻状态不同的群体中存在显著差异（见图2-20）。与体验型消费的结果类似，受教育水平较高（大专及以上）的居民实物型消费显著高于受教育水平较低的居民（初中及以下），$F(5,4651)=12.95$，$p<0.001$，$\eta_p^2=0.014$。但该效应量比体验型消费结果的效应量小。同样地，未婚个体（$M=5.62$，$SD=2.33$）的实物型消费显著高于其他婚姻状态的个体，$F(4,4635)=43.95$，$p<0.001$，$\eta_p^2=0.037$。

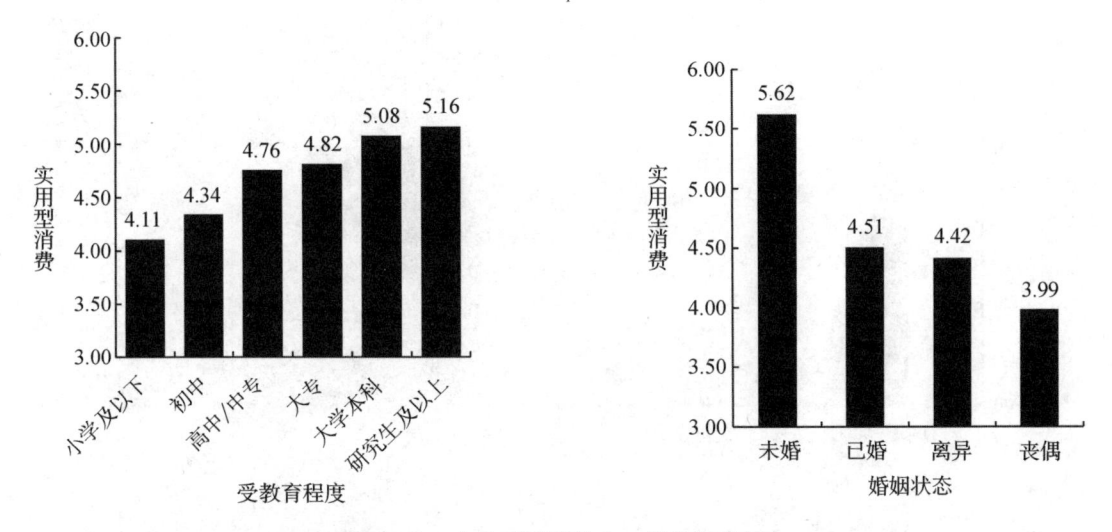

图2-20 实物型消费的人口学特征差异

相关分析的结果表明，居民的实物型消费与其具体年龄呈显著负相关（$r=-0.21$，$p<0.001$）。即当前年龄越高，实物型消费越少，但相关系数较体验型消费小。居民的实物型消费还与其具体月收入呈显著正相关（$r=0.03$，$p=0.04$）。这说明居民的具体月收入越高，实物型消费会越高。这一结果与体验型消费不同。可见，受教育程度较高（大专及以上）的个体、未婚个体、年龄较大的个体以及月收入较高的个体进行更多的实物型消费。

(3) 消费偏好

前人研究表明，体验型消费和实物型消费的划分并非简单的二元划分，而是类似一个连续体的两端，存在一定的双重性和模糊性（陈坤瑜等，2021）。但配对样本t检验的结果显示，居民的体验型消费（$M=5.04$，$SD=2.59$）显著高于实物型消费（$M=4.81$，$SD=2.66$），$t(4656)=6.11$，$p<0.001$，Cohen's $d=0.18$。即体验型消费和实物型消

费既有区别，也有联系。对于这样两种有重叠同时又有区分度的消费行为，不同个体可能存在不同的偏好选择。因此本研究引入 Δ=体验型消费-实物型消费作为消费偏好的指标，探讨居民对这两种消费的偏好。Δ>0 表示居民偏好体验型消费，Δ<0 表示居民偏好实物型消费。描述统计的结果显示，消费偏好的平均得分是 0.23±2.56 分，与 Δ=0 存在显著差异 [$t(4656)=6.11, p<0.001$]，说明新时代居民整体上存在体验型消费偏好。

男女性都更加偏好体验型消费，且在程度上没有显著差异。但户口类型、受教育程度、婚姻状态不同的个体在消费偏好上存在显著差异（见图2-21）。户口类型上，城镇居民和农村居民都偏好体验型消费，但城镇居民（$M=0.37, SD=2.61$）的偏好程度显著高于农村居民（$M=0.01, SD=2.47$），$t(4647)=4.73, p<0.001$，Cohen's $d=0.14$。受教育程度不同的居民在消费偏好上存在显著差异，$F(5,4651)=15.96, p<0.001$，η_p^2

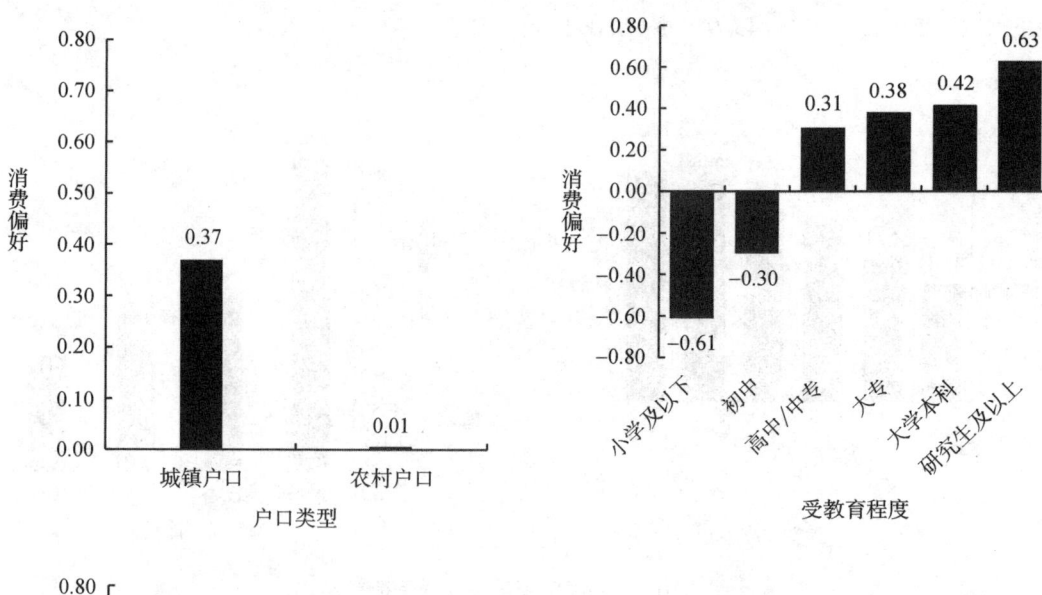

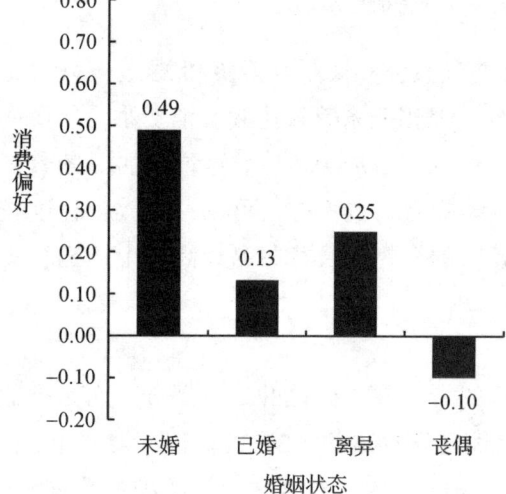

图2-21 消费偏好的人口学特征差异

=0.017。具体而言，初中及以下学历的个体存在实物型消费偏好，高中/中专及以上学历的个体存在体验型消费偏好。婚姻状态不同的居民在消费偏好上也存在显著差异，$F(4,4635)=4.74$，$p=0.001$，$\eta_p^2=0.004$。其中丧偶个体（$M=-0.10$，$SD=3.18$）偏好实物型消费，未婚（$M=0.49$，$SD=2.45$）、已婚（$M=0.13$，$SD=2.60$）和离异个体（$M=0.25$，$SD=2.21$）均偏好体验型消费。且未婚个体（$M=0.49$，$SD=2.45$）的偏好程度显著高于已婚个体（$M=0.13$，$SD=2.60$），$p<0.001$。

相关分析的结果表明，居民的消费偏好与其具体年龄呈显著负相关（$r=-0.10$，$p<0.001$）。即当前年龄越低，越偏好体验型消费。但消费偏好与居民的具体月收入相关不显著。可见，城镇居民、受教育程度较高（高中/中专及以上）的个体、未婚人群和年轻人对体验型消费的偏好更强。

3.6 家庭经济行为

3.6.1 支出占比

用"去年全年您家庭的总支出占总收入的百分比大概是多少"调查居民的支出占比情况，共五个选项，分别为1%~25%、26%~50%、51%~75%、76%~100%和超过100%。结果显示，大多数居民的家庭总支出占收入的50%以上，只有18%的居民家庭总支出占收入的50%以下。其中支出占比为51%~75%的人数最多，其次是支出占比为76%~100%的人数。各支出占比的具体人数和比例见图2-22。

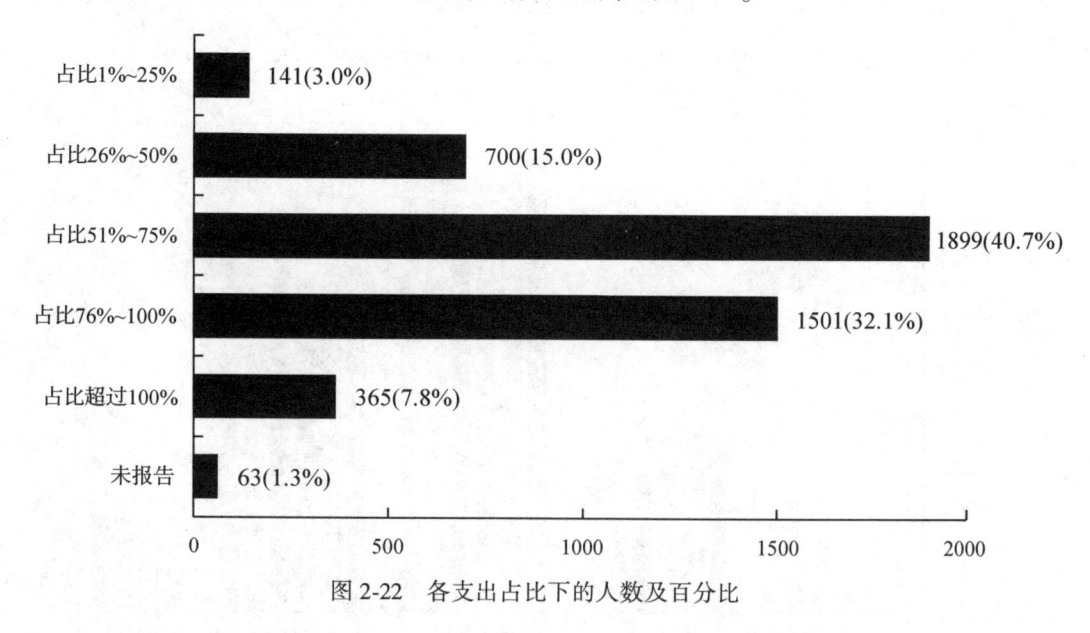

图 2-22 各支出占比下的人数及百分比

- 占比1%~25%：141(3.0%)
- 占比26%~50%：700(15.0%)
- 占比51%~75%：1899(40.7%)
- 占比76%~100%：1501(32.1%)
- 占比超过100%：365(7.8%)
- 未报告：63(1.3%)

卡方检验的结果表明，支出占比和居民的年龄不是独立或无关的，二者存在显著相关，$\chi^2(20)=59.03$，$p<0.001$（见表2-4）。后续进行z检验比较列比例的结果显示，在支出占比25%以下的人群中，各年龄段的人数比例没有显著差异。在支出占比26%~

75%的人群中,39岁以下的人数比例较高。虽然40~49岁的居民人数更多,但在此区间的比例并没有显著高于其他年龄段。而他们在支出占比76%~100%和超过100%时的人数比例显著高于29岁以下的居民。这说明30~59岁是个人支出和家庭支出的高峰期,甚至一些居民家庭存在入不敷出的现象。各支出占比下不同年龄的人数比例具体见图2-23。

表2-4 居民年龄和支出占比的卡方检验表

		居民所处年龄段						χ^2	p
		18~19岁	20~29岁	30~39岁	40~49岁	50~59岁	60岁及以上		
支出占比	1%~25%	10a (3.6%)	42$_a$ (3.9%)	24$_a$ (2.4%)	33$_a$ (2.7%)	25$_a$ (3.6%)	6$_a$ (2.1%)		
	26%~50%	48$_{a,b}$ (17.1%)	177$_b$ (16.3%)	159$_{a,b}$ (15.8%)	163$_a$ (13.3%)	110$_{a,b}$ (15.9%)	37$_{a,b}$ (12.9%)		
	51%~75%	129$_a$ (46.1%)	481$_a$ (44.2%)	403$_{a,b}$ (40.0%)	476$_b$ (38.9%)	287$_{a,b}$ (41.6%)	110$_{a,b}$ (38.3%)		
	76%~100%	81$_{a,b,c}$ (28.9%)	336$_c$ (30.9%)	324$_{a,b,c}$ (32.1%)	428$_{b,d}$ (35.0%)	210$_{a,c}$ (30.4%)	116$_a$ (40.4%)		
	超过100%	12$_a$ (4.3%)	53$_a$ (4.9%)	98$_{b,c}$ (9.7%)	123$_c$ (10.1%)	58$_{b,c}$ (8.4%)	18$_{a,b}$ (6.3%)	59.03	<0.001

注:每个下标字母都指示列类别的子集,下标字母可以两两比较,若字母相同,则表示在0.05显著性水平下,这些类别的列比例相互之间无显著差异。

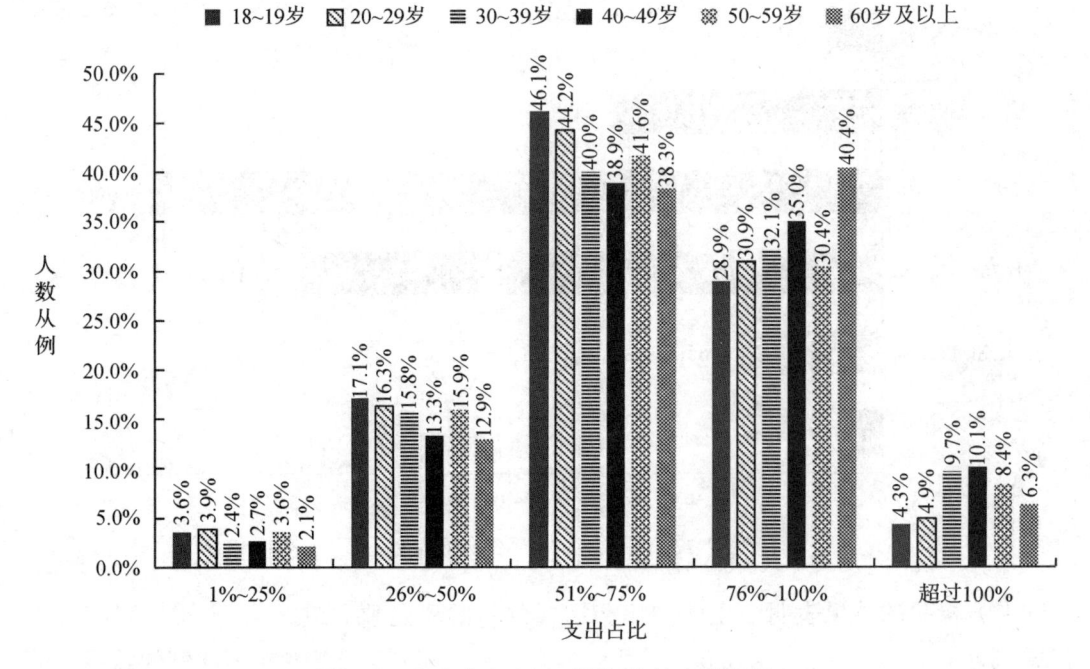

图2-23 各支出占比下不同年龄的人数比例

3.6.2 教育支出

调查收集了居民家庭 2022 年的教育支出。结果显示，全国家庭平均教育支出为 16143.22 元。独立样本 t 检验的结果显示，城镇居民（$M=17357.84$）2022 年的教育支出显著高于农村居民（$M=13745.93$），$t(4459)=4.86$，$p<0.001$，Cohen's $d=0.15$。方差分析的结果表明，受教育程度不同的居民在教育支出上具有显著差异，$F(5,4463)=4.43$，$p=0.001$，$\eta_p^2=0.005$。具体而言，受教育程度越高的居民，会越重视教育，家庭的教育支出也随之越高，这将会进一步提高后代的受教育水平，形成良性循环。相关分析显示，居民的教育支出与具体月收入相关并不显著。这说明不管月收入水平如何，其家庭教育支出水平是一致的。

3.6.3 医疗支出

调查收集了居民家庭 2022 年的医疗支出。结果显示，全国家庭平均医疗支出为 6632.80 元。独立样本 t 检验的结果显示，城镇居民（$M=7013.20$）2022 年的医疗支出显著高于农村居民（$M=6026.83$），$t(4435)=2.76$，$p=0.006$，Cohen's $d=0.08$。方差分析的结果表明，婚姻状态不同的居民在医疗支出上具有显著差异，$F(4,4422)=2.62$，$p=0.033$，$\eta_p^2=0.002$。具体而言，已婚个体（$M=6995.18$）的家庭医疗支出显著高于未婚个体（$M=5826.39$）。对于已婚家庭来说，大多都上有老下有小，老人和小孩都是免疫力较弱的群体，因此较高的医疗支出不可避免。相关分析显示，家庭 2022 年的医疗支出与居民年龄呈显著正相关（$r=0.05$，$p=0.002$）。居民年龄越大，医疗支出越高。

4 讨论与建议

总体而言，在历经三年新冠疫情后经济复苏的第一年，居民对于国家层面和社会层面的经济热点、经济现象的认知如下：第一，新时代居民的经济信心普遍较高，且国家经济信心显著高于家庭经济信心，长期经济信心显著高于短期经济信心。因为国家始终从最广大人民的根本利益出发，采取助力经济复苏的一系列政策，让民众看到了持续向好的态势。除此之外，居民对我国制造业、服务业的国际竞争力评价均处于偏上水平。这说明中国共产党带领中国人民取得了抗击新冠肺炎疫情重大战略成果，中国经济社会发展在全球率先企稳向好，使得中国民族向心力不断增强，自信心不断提升。第二，国内经济社会发展中，居民最为关注民生福祉、经济发展和安全保障这三个指标，而较少关注创新驱动和绿色生态。虽然该结果可能受到单选题设置的限制，但这也从侧面反映了民众可能在实现了自身美好生活需要之后，才会去考虑社会的长远发展路径。第三，对于社会上的某些经济热点问题，不同群体的自陈报告结果有所不同（具体见表 2-5）。但存在共性的是，大多数人主观上认为目前找工作的难度较高，希望打破当前的社会财富分配状况，重新制定分配规则。与看待国家层面问题时的积极态度不同，居民对社会层面的现象持有略微消极的态度。这实际上体现了居民的矛盾与不确定性，一方面对于未来充满信心，一方面对于当下十分焦虑。但这是社会经济发展不可一步跨越的时期，体现了经济环境的动态性和复杂性。

除了分析居民的看法，本调查还发现了个体经济态度和家庭经济态度的规律：新时代居民的总体幸福感普遍处于中上水平，且大多数居民认为月收入的增长会提高个体幸福感。一些家庭背负着债务压力，但债务压力整体上处于中等偏下的程度。因此在经历了持续三年、全球经济衰退的疫情时期后，新时代居民的家庭经济满意度仍能处于中等偏上水平，保持较为乐观的状况。这体现了我国始终锚定民心这个最大的政治，在疫情防控中兜住民生底线、保持民生温度，努力将疫情对民生的影响降到了最低。不同群体的债务压力和家庭收入阶层感知存在差异（具体见表2-5）。

表2-5 经济心理变量的具体人口学差异

人口学变量	经济心理变量	具体人口学特征差异
性别	物价水平满意度、贫富归因（外部归因）、财富再分配意愿（重新制定规则）、债务压力	男性得分>女性得分
	短期经济信心、国家经济信心、服务业国际竞争力、感知的就业难度、总体幸福感	男性得分<女性得分
户口类型	贫富归因（外部归因）、体验型消费、教育支出、医疗支出、家庭经济满意度、家庭收入阶层感知	城镇户口得分>农村户口得分
	制造业国际竞争力、服务业国际竞争力、财富再分配意愿（重新制定规则）、债务压力	城镇户口得分<农村户口得分
年龄	制造业国际竞争力、市场监管态度（加强市场监管）、感知的就业难度、医疗支出	年龄高者得分>年龄低者得分
	短期经济信心、长期经济信心、家庭经济信心、贫富归因（外部归因）、体验型消费、实物型消费、家庭收入阶层感知	年龄高者得分<年龄低者得分
受教育程度	贫富归因（外部归因）、体验型消费、实物型消费、教育支出、家庭收入阶层感知	受教育程度高者得分>受教育程度低者得分
	制造业国际竞争力、服务业国际竞争力、市场监管态度（加强市场监管）、感知的就业难度	受教育程度高者得分<受教育程度低者得分
婚姻状态	市场监管态度（加强市场监管）、医疗支出、总体幸福感、债务压力	已婚得分>未婚得分
	体验型消费、实物型消费、家庭经济满意度、家庭收入阶层感知	已婚得分<未婚得分
月收入水平	收入公平感、总体幸福感、家庭经济满意度、家庭收入阶层感知	月收入水平高者得分>月收入水平低者得分
	财富再分配意愿（重新制定规则）	月收入水平高者得分<月收入水平低者得分

在经济态度的影响下，居民的个体经济行为和家庭经济行为现状如下：在过去一年里，居民会把较大比例的收入存入银行、用于日常消费和投资固定资产。对于短期未来收益，个体同样会将绝大部分金额存入银行，其次是投资固定资产。即新时代居民储蓄动机增强，储蓄行为增多，风险投资行为减少。消费行为上，个体的体验型消费和实物型消费既有区别，又有联系。两者均具有显著的年龄差异，居民越年轻，体验型消费和实物型消费越多。城镇居民的体验型消费显著高于农村居民，但二者的实物型消费差异不显著。居民总体上对体验型消费存在偏好，但不同群体的消费偏好存在一定差异。家庭经济行为方面，82%的居民家庭2022年的家庭总支出占收入的50%以上。家庭平均教育支出为16143.22元，平均医疗支出为6632.80元。不同年龄群体的家庭支出存在差异。

各个变量对应的具体人口学差异见表2-5。

由本研究的重要结论出发，可以为社会经济发展、消费市场繁荣、民生福祉保障提供以下科学性建议：

（1）有关经济社会发展的五大主要指标，大多数居民最为关注与自身发展息息相关的经济发展、民生福祉和安全保障问题。但是对创新驱动和绿色生态的关注度和重视程度不足。创新驱动是不断推动和引导经济社会发展的新动力，绿色生态是深入实施可持续发展战略的关键。因此，政府和社会需要采取一定的措施来提高居民对创新驱动和绿色生态的了解和重视，呼吁居民从我做起，在生活中养成节约环保的好习惯，为经济社会可持续发展贡献个人力量。

（2）居民对我国制造业国际竞争力的主观判断显著高于服务业国际竞争力。目前在我国，粗放型的经济增长方式仍占很大比重，创新型技术产业偏少，经济结构不够合理。第一和第二产业发展迅猛，第三产业发展和配套服务较为欠缺。因此，要提高我国在国际上的经济地位，应加快经济增长方式从粗放型向集约型转变，在保持第二产业发展的同时，加强第三产业的发展。

（3）居民幸福感是社会和谐稳定的重要因素，调查显示大多居民倾向于认为月收入是影响幸福感的关键因素，经济增长对于幸福感的提高有重要意义。就业作为月收入的关键来源，困扰着新时代居民。目前人们普遍觉得找工作难度较高，认为当前就业形势不太乐观。提高就业率需要政府、企业、教育系统和个人的共同努力：一是发挥地方政府的引导作用，出台相关政策措施，鼓励更多企业提供就业机会，同时加强对就业市场的监管和规范，提高就业质量和稳定性。二是加强企业与高校之间的信息联通，最大限度地解决信息不对称问题，缓解结构性矛盾。三是加强校企合作，以建立实习基地、开展校园招聘、定向培养等方式，为大学生提供更多的就业机会和实践经验，为企业定向培养所急需的高素质人才。四是加强大学生的职业技能培训，提升学生的就业竞争力。

（4）新时代居民总体上希望国家加强对市场的管控。对于当前社会财富分配状况，也希望重新制定分配规则。该结果为国家市场监管力度的调整和社会再分配过程的完善提供了民意基础，启示市场监管部门必须全力推动新时代法治市场监管建设再上新台阶，奋力铸就新时代市场监管事业新辉煌。

（5）在过去一年里，居民会把较大比例的收入存入银行、用于日常消费和投资固定资产。对于短期未来收益，个体同样会将绝大部分金额存入银行，其次是投资固定资产。即新时代居民储蓄动机增强，储蓄行为增多，风险投资行为减少。这反映了居民在经济决策上变得相对保守。而消费是最终需求，是促进国内大循环的关键环节，是社会经济的拉动力。所以，促进消费需要瞄准居民消费个性化、多元化和结构升级的趋势，巩固拓展重点领域消费，完善消费发展支撑体系，改革营造良好消费环境。

（6）个体消费行为上，城镇居民的体验型消费偏好较高，而农村居民的体验型消费偏好较低。但城镇居民与农村居民在实物型消费偏好上没有显著差异，这说明城乡居民的消费能力处于一致水平。但是农村的体验型消费市场还拥有很大的发展潜力。培养农村消费市场，需要完善县域商业体系，加强电商等平台赋能作用，优化农村消费供给，进一步促进农村消费潜力释放。

参考文献

白洁, 杨沈龙, 徐步霄, 郭永玉. (2021). 达者何以兼济天下：高阶层再分配偏向的心理机制及谦卑的作用. *心理学报, 53*(10), 1161-1172.

陈功. (2012). 大学生不同运动阶段心理需求与主观幸福感研. *湖北职业技术学院学报, 9*(25), 21-24.

陈坤瑜, 王琦, 王霞, 邢采. (2021). 体验型消费和实物型消费的差异：研究方法及效应. *心理科学进展, 29*(6), 1111-1121.

陈文玲. (2023). 关于2023年国际经济形势的几个判断. *南京社会科学*, (1), 37-50.

程恩富, 胡艳. (2005). 市场经济中若干经济心理与行为探究. *上海市经济管理干部学院学报, 3*(3), 8-13.

段文婷, 江光荣. (2008). 计划行为理论述评. *心理科学进展, 16*(2), 315-320.

葛建军. (1994). 试论经济心理宏观调控. *改革与战略*, (3), 12-14.

顾天安, 姚晔. (2021). 重大疫情危机下劳动者收入如何保障？——工资支付分担机制的国际比较及其对中国的启示. *公共行政评论, 14*(5), 101-118+198-199.

何丽芬, 李苗苗. (2022). 家庭债务增加有利于消费升级吗？——来自中国家庭追踪调查的证据. *江淮论坛*, (2), 26-35.

邝磊, 郑雯雯, 林崇德, 杨萌, 刘力. (2011). 大学生的经济信心与职业决策自我效能的关系——归因和主动性人格的调节作用. *心理学报, 43*(9), 1063-1074.

李坤. (2015). 国家经济发展与消费观变迁：历史与现状. *现代经济探讨*, (10), 15-19.

刘恒新. (2003). 我国弱势地区的弱势心理对经济心理动力的影响. *四川师范大学学报（社会科学版）, 30*(6), 41-46.

刘啸莳, 李静雯, 张蕾, 项理, 吴芸. (2023). 主观社会经济地位与心理幸福感的关系: 创造力的中介和安全感的调节作用. *心理与行为研究*, 21(1), 138-144.

马骁骁. (2023). 论新冠疫情对我国经济的短期冲击和中长期影响. *时代经贸*, 20(8), 36-39.

潘瑞玉. (2022). 疫情下民众经济信心及消费行为的研究——基于浙江绍兴地区的调查. *河北企业*, (2), 35-37.

任韬, 阮敬. (2010). 中国消费者信心影响因素实证分析. *统计与信息论坛*, 25(1), 87-90.

孙计领. (2016). 收入不平等、分配公平感与幸福. *经济学家*, (1), 42-49.

王岱, 程灵沛, 祝伟. (2016). 我国消费者信心的影响因素分析. *宏观经济研究*, (4), 48-61.

王慧琳. (2022). 新冠疫情下大学生消费行为的变化——基于"蚂蚁花呗"使用数据的调查分析. *特区经济*, 397(2), 153-156.

王鲁晓, 辛自强. (2024). 债务的心理和行为后果及其机制. *心理科学进展*, 32(1), 177-188.

吴君杰, 黄挚靖, 丁琳洁, 牛更枫, 李旭. (2022). 新冠疫情防控常态化期间民众主观幸福感的网络分析. *中国心理卫生杂志*, 36(2), 179-184.

辛自强, 李哲, 杨之旭. (2020a). 疫情期间公众的经济信心、财经价值观与支出行为意愿. *中央财经大学学报*, (6), 118-128.

辛自强, 张红川, 孙铃, 于泳红, 辛志勇. (2020b). 中国公民财经素养测验编制的总体报告. *心理技术与应用*, 8(12), 705-717.

徐敏睿. (2023). 后疫情时代我国经济发展与失业情况分析. *现代商贸工业*, 44(4), 133-135.

叶忱, 陈镇新. (2023). 后疫情时期大学生就业现状与精准服务指导路径探析. *现代商贸工业*, 44(21), 98-99.

张凤兵, 包玉香. (2022). 农村非农择业提高了返乡务工人员的家庭经济满意度吗? *山东师范大学学报（社会科学版）*, 67(6), 100-112.

张建文. (2013). 群体心理在经济运行中的影响——基于宏观经济理论分析. *现代商业*, (34), 274.

周慧珺, 沈吉. (2020). 公平收入差距与收入分配公平感. *经济理论与经济管理*, (7), 30-42.

祝宝良. (2020). 新冠肺炎疫情冲击下的中国经济走势和建议. *中国经贸导刊*, (10), 20-23.

Adler, N. E., Epel, E. S., Castellazzo, G., &Ickovics, J. R. (2000). Relationship of subjective and objective social status with psychological and physiological functioning: Preliminary data in healthy white women. *Health Psychology*, 19(6), 586-592.

Ajzen, I. (1991). The theory of planned behavior. *Organizational Behavior and Human Decision Process*, 50(2), 179-211.

Brodeur, A. (2018). The effect of terrorism on employment and consumer sentiment: Evidence from successful and failed terror attacks. *American Economic Journal: Applied Economics*, 10(4), 246-282.

Cohen, J. (1988). Statistical power analysis for the behavioral sciences (Second edition). Hillsdale, NJ: Lawrence Erlbaum Associates, Publishers.

Demirel, S., & Artan, S. (2017). The Causality relationships between economic confidence and fundamental macroeconomic indicators: Empirical evidence from selected European Union countries. *International Journal of Economics and Financial Issues*, 7, 417-424.

Diener, E., & Seligman, M. E. (2002). Very happy people. *Psychological Science, 13*(1), 81-84.

Elder, G. H., & Caspi, A. (1988). Economic stress in lives: Developmental perspectives. *Journal of Social Issues, 44*(4), 25-45.

Greenberg, M. S. (1980). A theory of indebtedness. In K. J. Gergen, M. S. Greenberg, & R. H. Willis (Eds.), *Social exchange: Advances in theory and research* (pp. 3-26). Boston, MA: Springer US.

Lazarus, R. S. (1993). From psychological stress to the emotions: A history of changing outlooks. *Annual Review of Psychology, 44*(1), 1-22.

Ludvigson, S. C. (2004). Consumer confidence and consumer spending. *Journal of Economic Perspectives, 18*(2), 29-50.

Lyubomirsky, S., King, L., & Diener, E. (2005). The benefits of frequent positive affect: Does happiness lead to success? *Psychological Bulletin, 131*(6), 803-855.

Piff, P. K., Kraus, M. W., & Keltner, D. (2018). Unpacking the inequality paradox: The psychological roots of inequality and social class. In J. M. Olson (Ed.), *Advances in Experimental Social Psychology* (Vol. 57, pp. 53-124): Academic Press.

Reis, H. T., Sheldon, K. M., Gable, S. L., Roscoe, J., & Ryan, R. M. (2000). Daily well-being: The role of autonomy, competence, and relatedness. *Personality and Social Psychology Bulletin, 26*(4), 419-435.

Ryan, R. M., & Deci, E. L. (2001). On happiness and human potentials: A review of research on hedonic and eudaimonic well-being. *Annual Review of Psychology, 52*, 141-166.

Sheldon K M, Ryan R, & Reis H T. (1996). What makes for a good day? Competence and autonomy in the day and in the person. *Personality and Social Psychology Bulletin, 22*, 1270-1279.

Steptoe, A., Wardle, J., & Marmot, M. (2005). Positive affect and health-related neuroendocrine, cardiovascular, and inflammatory processes. *Proceedings of National Academy of Sciences USA, 102*(18), 6508-6512.

Tan, J. J. X., Kraus, M. W., Carpenter, N. C., & Adler, N. E. (2020). The association between objective and subjective socioeconomic status and subjective well-being: A meta-analytic review. *Psychological Bulletin, 146*(11), 970-1020.

Van Boven, L., & Gilovich, T. (2003). To do or to have? That is the question. *Journal of Personality and Social Psychology, 85*(6), 1193-1202.

Van Giesen, R. I., & Pieters, R. (2019). Climbing out of an economic crisis: A cycle of consumer sentiment and personal stress. *Journal of Economic Psychology, 70*, 109-124.

Xin, Z., Yang, Z., Li, Z., & Chen, H. (2023). Does debt pressure lead to unethical behaviour intention? Evidence on aggregate and individual levels. *Asian Journal of Social Psychology, 26*(1), 119-131.

Yang, Z., & Xin, Z. (2020). Heterogeneous risk perception amid the outbreak of COVID-19 in China: Implications for economic confidence. *Applied Psychology: Health and Well-being, 12*(4), 1000-1008.

第三章　新时代居民政治心理报告

韦庆旺　崔凤骁　阳光耀　皮 特

摘要：结合心理学和政治学的视角，在"民本主义"的理论框架基础上，从宏观与微观两个层面，建构了一个包括政治态度、政治信任、政治参与在内的中国居民政治心理框架。采用中国人民大学心理学系"新时代居民社会心理调查"项目的政治心理模块4452份有效样本的数据，对这一政治心理框架进行了检验，发现中国居民的政治心理具有家国情怀的导向。虽然微观上个体性的政治态度（政治淡漠和社会支配倾向）可以预测（相对低的）地方政治信任及地方政府工作满意度和非制度性政治参与，呈现出批判性公民的特征，但在宏观上我国居民具有较高的国家认同和共同体意识（群体性政治态度），对应较高的政治信任（尤其体现为对中央政府的信任和工作满意度），进而表现出拥护为主的制度性政治参与。相比于微观的政治心理路径，宏观的政治心理路径更能体现中国居民的政治心理特征。最后，本文结合理论和研究发现，基于我国居民政治心理特征给出了对新时代政治治理实践的政策建议。

关键词：政治态度，政治信任，政治参与，国家认同，政治心理

1 引言

"民心"是当代中国政治实践对中国居民政治心理各因素的概括，注重了解和满足居民心理需求，即赢得民心的"民心政治"已经成为新时代中国共产党治国理政实践的理论总结（刘伟，肖舒婷，2023）。然而，从心理学角度系统调查和考察新时代我国居民政治心理的研究还比较少。在以往政治心理的研究中，存在三类相互联系且交替使用的概念：第一类是政治态度相关概念，包括个体性态度和群体性态度。个体性态度指个体内在的政治意识形态、政治倾向，如权威主义、自由主义—保守主义、社会支配倾向等，这方面的研究主要来自西方政治心理学领域，强调个体的信念、态度和特质（李文岐等，2018；刘取芝等，2013；王沛等，2017）。群体性态度指个体对群体

的归属与情感,如政治认同、国家认同、爱国主义等,这方面的研究主要来自社会心理与政治心理的交叉研究。第二类是政治信任相关概念,包括个体对各级政府的信任、对各级政府各方面工作的满意度等,主要来自政治学的调查研究(刘建平,杨铖,2018)。第三类是政治参与相关概念,包括参与政治和社会组织、参与各种政治选举、参与其他政治活动等方面的意愿和行为,同样来自政治心理的调查研究(刘伟,彭琪,2021)。

在以上三类政治心理的概念中,由于同样主要来自政治学的调查研究,第二类的政治信任相关概念与第三类的政治参与相关概念常常被交替使用。例如,政治信任不仅包含对政府的满意度,也包含着政治支持和参与的含义,而研究政治参与也常常将政治信任作为政治参与的指标。与此相对,第一类的政治态度相关概念带有更明显的心理学视角,尤其是个体内在的意识形态和倾向性等概念,将政治心理首先看作是不同个体内在固有的特征,认为这些内在特征影响了外在政治行为。至于政治态度相关概念中的政治认同、国家认同、爱国主义等个体对群体的归属与情感,则常常本身成为一个独立的研究主题,很少有研究去考察这些个体基于自我的社会身份而产生的社会认同对政治信任和政治参与的影响。本文尝试结合以上多种政治心理的概念,从心理学的角度将不同的政治心理概念进行区分,建构一个系统的政治心理理论框架来厘清它们之间的关系(图3-1)。

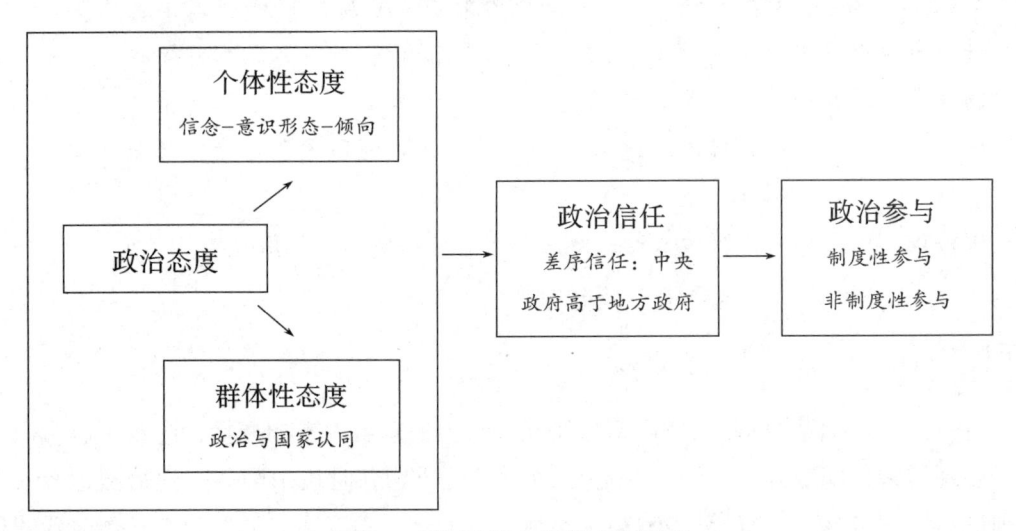

图 3-1 居民政治心理理论框架图

首先,政治态度、政治信任和政治参与是三种不同的概念。政治态度关注居民自身有关政治和自己所属政治身份的认识、看法和感受。政治信任考察居民对待政治体制、各级政府及其工作人员和政府工作的信任和评价。政治参与则涉及居民通过各种形式接触和参与到政治选举、决策、意见反馈等活动中的意愿和行为。其次,在心理机制的逻辑上，政治态度可以预测政治信任（刘建平，杨铖，2018；刘取芝等，2013）、政治态度和政治信任可以预测政治参与（胡荣，段晓雪，2023；刘伟，彭琪，2021）。最后，政治态度包含个体性态度和群体性态度，个体性态度主要指个体内在政治信念、政治意识形态、权威人格倾向等，这些个体性态度在西方的政治实践中具有更重要的意义。而群体性态度主要是指个体基于群体性身份尤其是国家民族身份而形成的政治与国家认同，在学者针对中国政治实践而提出的民本主义政治文化（王正绪，2022）中具有更重要的意义。在这样一个大的理论框架下，下面结合以往政治心理研究的发现和理论，做出一些具体的推论和假设。

在以往政治心理的研究中，主要的发现集中在"我国居民政治信任水平比较高并存在差序信任的特征"上（Li，2004，2013，2016）。所谓差序政治信任，是指居民对中央或高一级的政府信任度高于基层或低层级政府信任度的现象（Li，2004）。最近，王正绪（2022）提出了一个民本主义的理论框架用来解释中国居民政治信任的特征。首先，他将西方的政治信任理论总结为"自我表达价值观—批判性公民"理论，该理论认为经济社会现代化会带来后物质主义、自我表达，或亲民主的价值观，同时会削弱传统的或"威权主义"价值观，从而降低中国的政治信任水平，也导致中国社会"批判性公民"（以反抗和批判政府为主要特征）的出现。这样的西方理论将预测中国不可能存在高水平政治信任，而且政治信任水平随着现代化过程会不断降低。然而，大量来自中国和中西政治比较的实际调查结果反驳了西方理论，中国居民的政治信任虽有缓慢下降，但持续处在较高水平。为此，王正绪提出了民本主义的理论框架，认为不管是古代还是当代的中国政治文化，都强调全社会"天下为公"的思想，以及政府和国家"以人为本""执政为民"的目标和实践，这构成了中国社会总体上"政府为民、居民心悦诚服"的基础政治价值观（王正绪，2022；王正绪，赵健池，2021）。这种政治价值观假定了政府与居民之间的双向心理互动，在非常强调权力的德行、政府的回应性、权力为民的责任等原则的同时，居民和政治共同体成员也有尊重和维护权力完整性和有效性的责任，即权力需要居民监督，但权力是绝对的和基本不被挑战的。因此，中国居民的政治信任是以拥护为主基调的，而由于中央政府是绝对权力的所在，所以居民对中央政府也存在更具有抽象和象征意义上的绝对信任；在面对具体的政治治理，以及权力监督和衡量自我利益是否得到满足的时候，中国居民倾向于把这些与地方政府和更低层级政府的实际作为挂钩，表现出相对于中央政府更低的信任水平（王正绪，2022）。

王正绪（2022）的民本主义理论框架很好地解释了我国居民政治信任水平高和存在差序政治信任的特征。我们认为，正是因为中国居民的政治心理是基于民本主义的政治文化，政府与居民首先不是具体的政府部门和政府官员与居民个体之间的关系，而是具有角色责任相互约束的抽象的政府与居民共同体的关系。因此，与个体性的政治态度相比，国家认同（家国情怀）等群体性的政治态度（共同体意识在一个个居民心理上的集成体现）对政治信任和政治参与的预测作用更强。同样地，政治信任和政治参与也各分两个方面：政治信任分为对中央政府的政治信任和对地方政府及更低层级政府的信任，政治参与分为制度性政治参与（在制度化过程中展开的政治参与行为，如选举行为）和非制度性政治参与（刘伟，彭琪，2021）。其中，群体性政治态度对中央政府信任和制度性政治参与的预测作用更强。然而，虽然总体上政治态度和政治信任在一定程度上可以预测政治参与，但相比于政治态度和政治信任，由于政治参与作为政治行为指标比作为主观心理的政治态度和政治信任受到政治制度和各层级政治治理规范影响的程度更大，因此其机制也更加复杂。

综上所述，结合以往的政治信任研究和前述的政治心理理论框架（图3-1），本文就我国居民的政治心理提出如下的推论和假设：（1）居民具有较高的国家认同、共同体意识和政治信任水平；（2）居民的政治信任存在差序特征，即对中央政府的信任水平最高，对更低层次的地方政府和公共部门的信任水平相对较低；（3）居民群体性的政治态度（如国家认同）对政治信任的预测作用比个体性的政治态度（如社会支配倾向）预测作用更强；（4）居民的政治参与以拥护性参与为主，批判性参与较少；（5）由于居民的非制度性政治参与和制度性政治参与机制存在差异（林健，肖唐镖，2021），本文认为居民的个体性政治态度和地方政治信任对非制度性政治参与（如主动了解政策）具有显著的预测作用，而群体性政治态度和中央政治信任对制度性政治参与（如投票选举）的意愿具有显著的预测作用。

为了了解新时代中国居民总体的政治心理特征，并为国家和政府决策提供科学的参考，中国人民大学心理学系"新时代居民社会心理调查"项目对居民的政治心理进行了系统调查，旨在对我国居民整体政治心理进行描述基础上，检验上述具有中国本土政治文化特征的政治心理的研究推论和假设；该调查同时考察了诸多人口学变量，对各种政治心理的人口学变量差异进行检验。其中，在众多的人口学变量中，重点关注不同社会阶层政治心理的比较，因为不同社会阶层不仅由于资源能力的差异在政治参与的效能感上有重要差别，而且受教育程度和文化资本的不同使得中高阶层更多地受到西方政治文化和现代性的影响，可能更具有政治参与意识，以及批判性的政治心理特征（李炜，2018），而低阶层往往被认为更传统保守、更具有权威主义，因此容易对政治制度和治理方式进行合理化，即有更高的认同和信任、参与（张跃等，2022）。然而以往有关政治心理在高中低社会阶层上的差异的研究并没有产生定论（李炜，2018），而且有研究发现，主观社会阶层（阶层认同）比客观社会阶层对居民的政治心理产生的影响更大（张海东，刘晓瞳，2019）。因此，本研究同时考察客观社会阶层和主观社会阶层，但总体上不对社会阶层的政治心理差异做出方向性假定。

2 研究方法

2.1 调查对象

由中国人民大学心理学系"新时代居民社会心理调查"项目组招募和培训大学生调查员，利用2023年暑假在全国范围内收集职业、民族、社会阶层尽可能多样的被试，且主要为非大学生群体。调查对象覆盖我国29个省、自治区、直辖市（不含港澳台、海南省、内蒙古自治区），共收集问卷4684份，各省份样本数量为33~478之间不等，平均每省份收集问卷 M=161.41 份，标准差 SD=101.96。经过对政治心理相关数据进行整理和清洗程序后，获得有效样本4452份（有效率95.05%），由120名调查员调查取得，每名调查员平均取得37.10份问卷。

在有效样本中，根据人口学信息情况，被试年龄范围为18~84岁；其中男性1922人（43.17%），女性2530人（56.83%）；城镇户籍样本占比61.68%，非城镇户籍占比38.32%。样本的这些人口学特征与我国整体的人口结构基本吻合。各省份样本数较充足，能够确保以省为单位的分析结果具有可靠性。

2.2 调查变量和工具

2.2.1 政治态度

政治态度包括个体性政治态度和群体性政治态度。个体性政治态度包括政治淡漠和社会支配倾向，群体性政治态度包括对中国的国家认同和中华民族共同体意识（以下简称共同体意识）。

（1）政治淡漠的量表题目选自"中国综合社会调查2017年调查"（Chinese Social Survey，CSS），有3题，如"参与政治活动没有用处，对政府部门不能产生什么根本的影响"，分数越高代表对政治越不关心。本次测量采用5点量尺，α=0.78。

（2）社会支配倾向的量表题目选自社会支配倾向量表（斯达纽斯，普拉图，2011），有5题，其中包含3个反向题，正向题的题目如"某些特定群体处于社会的顶层，另一些处于社会的底层，这确实是件好事情"，分数越高代表越具有认为社会由强势群体支配弱势群体的社会支配倾向。本次测量采用5点量尺，α=0.65。

（3）国家认同量表来自CSS，有6题，如"即使可以选择世界上任何国家，我也更愿意做中国公民"，分数越高表示越认同中国这个国家、中国的文化和中国的政治制度。本次测量采用5点量尺，α=0.90。

（4）共同体意识的量表题目选自中华民族共同体意识量表（陈立鹏，薛璐璐，2021），选择了原量表中最有解释力的第一个因子的题目，有6题，如"各民族间的密切交流有利于中华民族共同体的发展"，分数越高表示对中国各民族之间是一个休戚与共的共同体的意识和认识越强烈。量表采用5点量尺，$\alpha=0.92$。

2.2.2 政治信任

政治信任包括政府信任和政府工作满意度。

（1）政府信任的题目在CSS题目基础上进行了微调，有10题，包括对中央政府、地方政府和法院、新闻媒体等各级政府和公共部门的信任，分数越高代表信任水平越高。本次测量采用5点量尺，$\alpha=0.92$。

（2）政府工作满意度包括党和国家工作满意度、地方政府工作满意度。党和国家政府工作满意度的测量题目依据二十大报告的内容拟定，共13个题目，涵盖二十大报告的相应内容，如"推动高质量发展"、"维护国家安全和稳定"等，分数越高代表对党和国家政府工作的满意度越高。本次测量采用5点量尺，$\alpha=0.96$。地方政府工作满意度的量表题目来自CSS，测量被调查者对所在的县级市/区/街道政府在各方面工作的满意程度，有15题，如"提供医疗卫生服务"、"扩大就业，增加就业机会"等，分数越高代表对地方政府工作的满意度越高。本次测量采用5点量尺，$\alpha=0.97$。

2.2.3 政治参与

政治参与包括政治和社会团体参与（参加了哪些组织）、参政议政（包括讨论政治问题、对政策发表个人意见等）、时政与政策学习（包括了解时政要闻、参加思政学习、主动了解政策）、选举参与的意愿和行为，题目在参考CSS题目基础上进行了微调和增补。

3 研究结果

3.1 居民政治心理总体情况

3.1.1 政治态度

表3-1提供了政治淡漠、社会支配倾向、国家认同、共同体意识四项得分的描述统计指标，其平均值分别为2.72（$SD=1.01$）、2.12（$SD=0.66$）、4.36（$SD=0.69$）、4.56（$SD=0.61$），其中前两项偏度较低，平均数接近中值，可以视作正态分布；国家认同和共同体意识分布则呈现一定负偏态，且平均数都接近满分，代表居民两项得分大多集中在较高的位置。

表3-1 政治态度各项目得分的描述性统计（$N=4452$）

变量	平均值	标准差	最大值	最小值	偏度	峰度
政治淡漠	2.72	1.01	5.00	1.00	0.15	-0.50
社会支配倾向	2.12	0.66	5.00	1.00	0.09	-0.60
国家认同	4.36	0.69	5.00	1.00	-1.15	1.27
共同体意识	4.56	0.61	5.00	1.00	-1.60	2.85

3.1.2 政治信任

表3-2展示了政府信任总体及各条目、党和国家工作满意度、地方政府工作满意度得分的描述统计情况。其中政府信任平均值、党和国家工作满意度的平均值分别为4.01（$SD=0.74$）和4.40（$SD=0.67$），均高于中值分数3分。相对党和国家工作满意度而言，地方政府工作满意度稍低，但也处于较高水平。具体而言，居民对于中央政府的信任程度最高，对于公安部门、地方政府、法院、学校的信任程度较高。

在分布形态上，政府信任和地方政府工作满意度的偏度、峰度都较低，近似正态分布；党和国家政府满意度则呈现负偏态分布，代表样本得分多集中在较高位置。

表3-2 政府满意度各项目得分的描述性统计（$N=4452$）

变量	平均值	标准差	最大值	最小值	偏度	峰度
政府信任	4.01	0.74	5.00	1.00	-0.49	-0.01
政府信任—中央政府	4.53	0.78	5.00	1.00	-1.80	3.12
政府信任—地方政府	4.18	0.92	5.00	1.00	-1.01	0.62
政府信任—群团组织	3.99	0.98	5.00	1.00	-0.67	-0.19
政府信任—所在单位	3.95	0.99	5.00	1.00	-0.62	-0.28
政府信任—慈善机构	3.58	1.14	5.00	1.00	-0.37	-0.64
政府信任—新闻媒体	3.55	1.12	5.00	1.00	-0.32	-0.66
政府信任—医院	3.92	1.00	5.00	1.00	-0.72	0.00
政府信任—学校	4.07	0.91	5.00	1.00	-0.81	0.31
政府信任—法院	4.14	0.93	5.00	1.00	-0.96	0.55
政府信任—公安部门	4.19	0.92	5.00	1.00	-1.02	0.62
党和国家工作满意度	4.40	0.67	5.00	1.00	-1.12	1.08
地方政府工作满意度	3.89	0.81	5.00	1.00	-0.40	-0.25

3.1.3 政治参与

（1）政治和社会团体参与的基本情况

图3-2提供了居民政治和社会团体参与情况，其中校友会（17.47%）和文体娱乐等兴趣组织（17.66%）是参与社会组织的被试最主要的选择，占比均接近五分之一。另有接近三分之一（32.84%）的被试未参与任何社会组织活动。

（2）居民参政议政的基本情况

图3-3显示了居民选择不同参政议政参与方式的情况。其中与他人或网友讨论政治问题（14.69%）和参与社区组织和自发组织的社会公益活动（20.49%）是居民最主要的政治参与方式。有近三分之一（29.91%）的居民会以多种方式主动反映社会问题

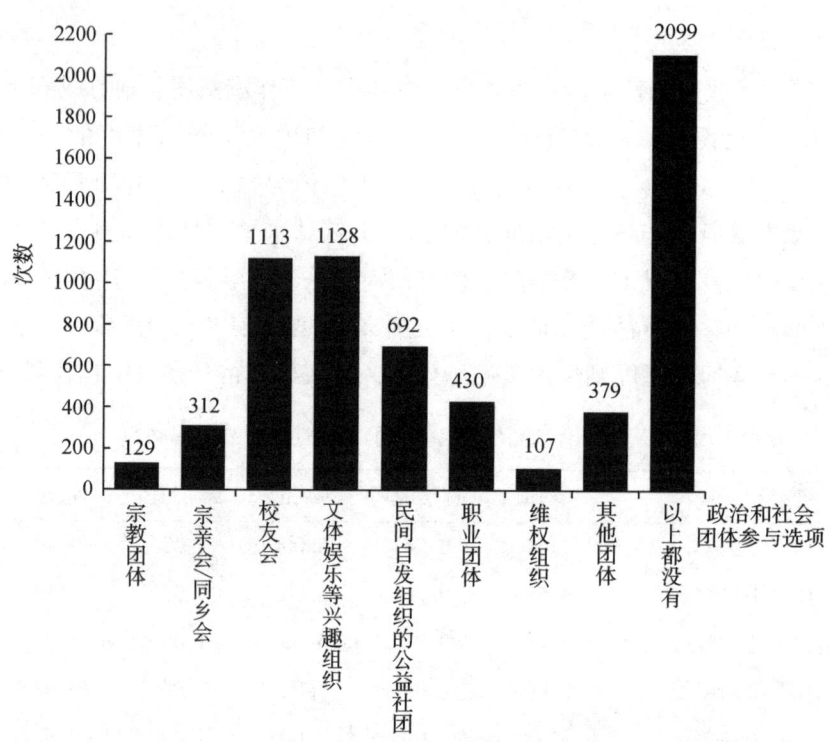

图 3-2　居民政治和社会团体参与基本情况

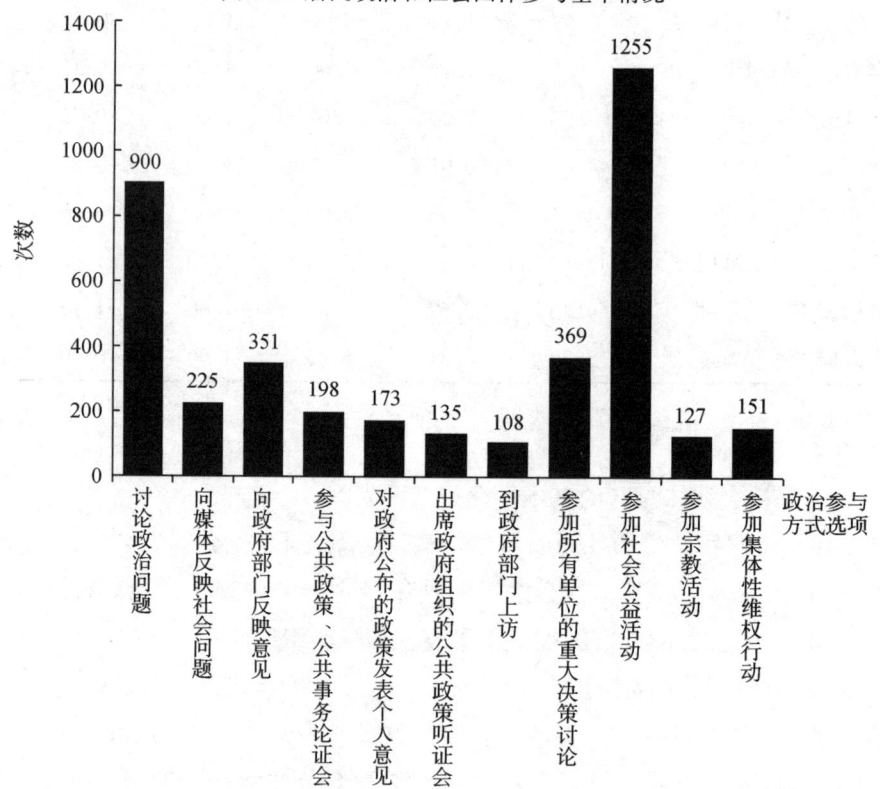

宗教团体 129
宗亲会\同乡会 312
校友会 1113
文体娱乐等兴趣组织 1128
民间自发组织的公益社团 692
职业团体 430
维权组织 107
其他团体 379
以上都没有 2099

图 3-3　居民政治参与方式基本情况

讨论政治问题 900
向媒体反映社会问题 225
向政府部门反映意见 351
参与公共政策、公共事务论证会 198
对政府公布的政策发表个人意见 173
出席政府组织的公共政策听证会 135
到政府部门上访 108
参加所在单位的重大决策讨论 369
参加社会公益活动 1255
参加宗教活动 127
参加集体性维权行动 151

和发表个人意见，包括上访政府、电话反映、参与公共事务论证会、出席政府听证会和参与维权行动。另有超过三分之一（34.91%）的居民未参与任何政治活动。

(3) 居民时政与政策学习基本情况

表3-3反映了居民时政与政策学习各项目的描述性指标，时政与政策学习总体的平均值为3.23（$SD=0.96$），表明居民政治参与意愿较高，偏度、峰度都较低，表明政治参与意愿总体呈现正态分布。具体而言，参加思政学习、了解时政要闻、主动了解政策的平均值分别为3.03（$SD=1.21$）、3.35（$SD=1.07$）、3.30（$SD=1.08$）。

表3-3　居民政治参与意愿及各项目得分的描述性统计（$N=4452$）

变量	平均值	标准差	最大值	最小值	偏度	峰度
时政与政策学习总体	3.23	0.96	1.00	5.00	-0.03	-0.58
了解时政要闻	3.35	1.07	1.00	5.00	-0.14	-0.70
参加思政学习	3.03	1.21	1.00	5.00	0.03	-0.93
主动了解政策	3.30	1.08	1.00	5.00	-0.10	-0.67

(4) 居民选举参与基本情况

图3-4、图3-5反映了居民选举参与经历和选举参与意愿的次数分布情况。在选举参与经历上，约六成的居民未参与过居委会/村委会选举、县/区人大代表选举，相比于县/区人大代表选举，更多居民参与过居委会/村委会选举。在选举参与意愿上，约六成的居民愿意参与选举工作，同样地，居民更倾向于参加居委会/村委会选举。

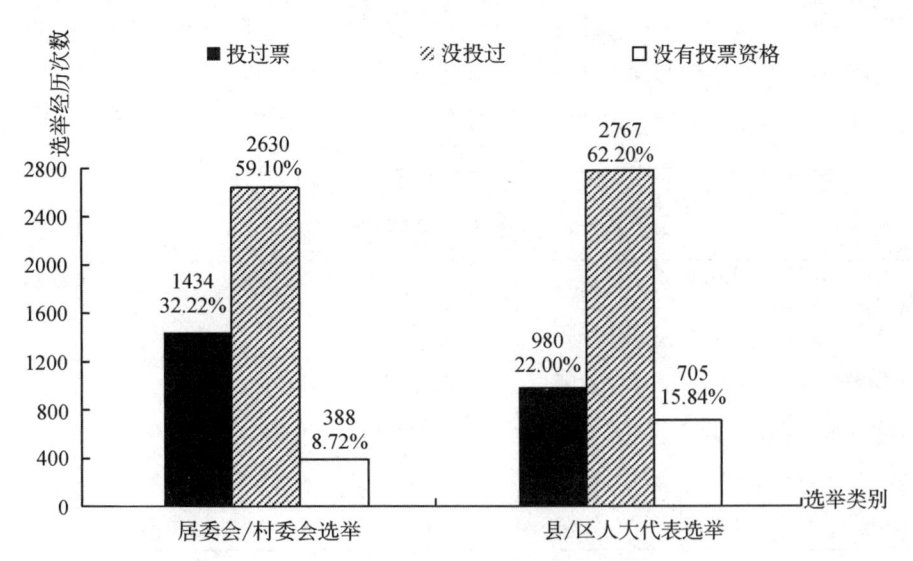

图3-4　居民选举参与经历的次数分布情况

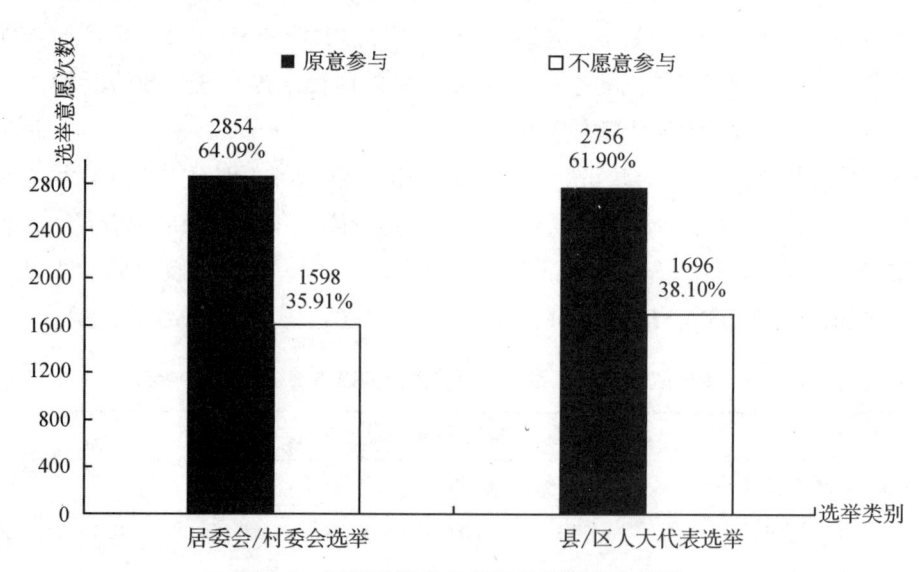

图 3-5 居民选举参与意愿的次数分布情况

3.2 居民政治心理的群体差异分析

3.2.1 政治态度

(1) 政治态度的性别差异

采用独立样本 t 检验的方法,对 4 个方面的政治态度在性别上的差异进行分析。结果显示,国家认同 [$t(4450) = -5.74, p < 0.001$, Cohen's $d = 0.17$] 和共同体意识 [$t(4450) = -4.70, p < 0.001$, Cohen's $d = 0.15$] 在性别间存在显著差异,女性的国家认同和共同体意识在均值上显著高于男性。政治淡漠 [$t(4450) = 0.58, p = 0.56$] 及社会支配倾向 [$t(4450) = 0.76, p = 0.45$] 两个方面上不存在性别间的显著差异。详见表 3-4、图 3-6 和图 3-7。

表 3-4 政治态度的性别差异分析

政治态度	男性 ($n=1922$) M	SD	女性 ($n=2530$) M	SD	独立样本 t 检验 t	p
政治淡漠	2.73	1.04	2.72	0.99	0.58	0.56
社会支配倾向	2.13	0.68	2.11	0.65	0.76	0.45
国家认同	4.29	0.70	4.41	0.68	-5.74	<0.001
共同体意识	4.51	0.63	4.60	0.60	-4.70	<0.001

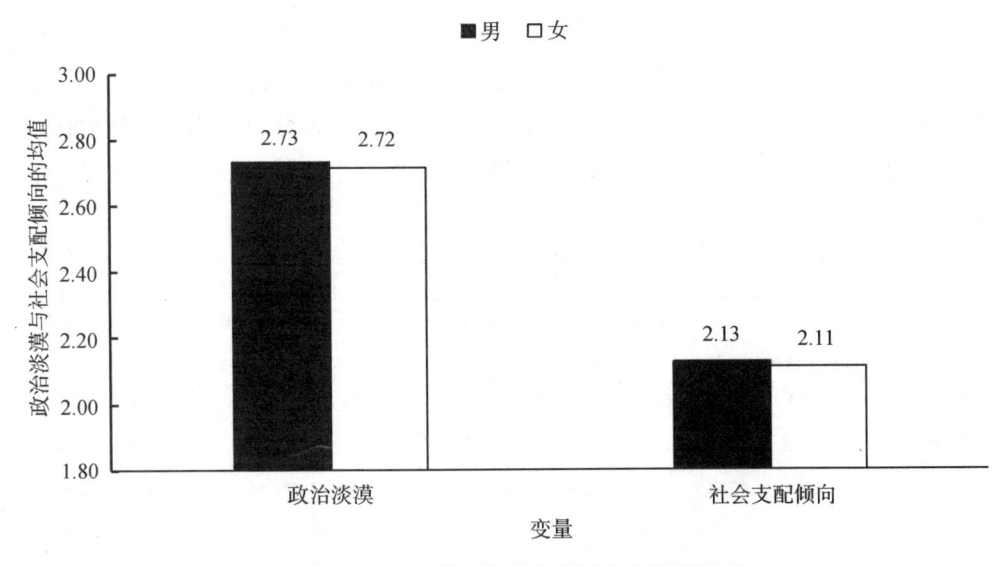

图 3-6 政治淡漠与社会支配倾向的性别差异

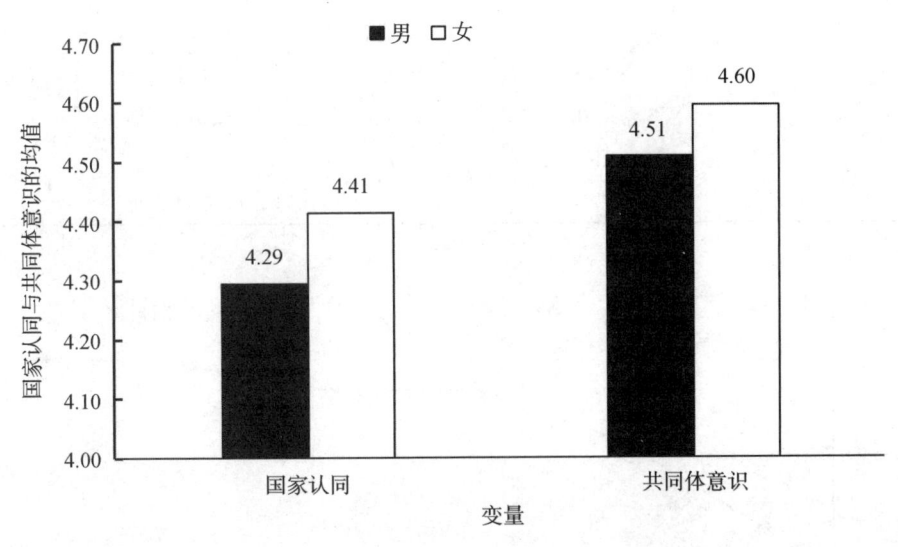

图 3-7 国家认同与共同体意识的性别差异

（2）政治态度在年龄阶段上的差异分析

采用单因素方差分析的方法，对 4 个方面的政治态度在不同年龄段的差异进行分析。

政治淡漠 [$F(5,4446)=11.50$, $p<0.001$, $\eta_p^2=0.013$]、社会支配倾向 [$F(5,4446)=2.85$, $p=0.01$, $\eta_p^2=0.003$]、国家认同 [$F(5,4446)=5.80$, $p<0.001$, $\eta_p^2=0.01$] 和共同体意识 [$F(5,4446)=2.99$, $p=0.01$, $\eta_p^2=0.003$] 均在不同年龄段之间差异显著。具体而言，政治淡漠随着年龄段增大呈现上升趋势，18~19 岁群体的政治淡漠显著低于其他年龄段群体，20~29 岁群体显著低于 50 岁及以上群体；社会支配倾向变化趋势

总体较平稳，20~29岁群体的社会支配倾向显著高于其他年龄段群体；国家认同随年龄段增大总体呈现上升趋势，在40~49岁群体中呈现高峰，显著高于40岁以下群体，18~29岁群体的国家认同显著低于其他年龄段群体；共同体意识在18~19岁群体中得分最高，在20~29岁群体中显著降低，此后随着年龄段增大而逐渐回升。详见表3-5、图3-8和图3-9。

表3-5 政治态度的年龄差异分析

年龄段	样本量 N=4452	政治淡漠 M	政治淡漠 SD	政治淡漠 排名	社会支配倾向 M	社会支配倾向 SD	社会支配倾向 排名	国家认同 M	国家认同 SD	国家认同 排名	共同体意识 M	共同体意识 SD	共同体意识 排名
A18~19岁	271	2.39	0.91	6	2.08	0.64	5	4.28	0.71	6	4.61	0.54	1
B20~29岁	1045	2.62	1.03	5	2.18	0.69	1	4.28	0.75	5	4.51	0.66	6
C30~39岁	980	2.76	0.97	3	2.12	0.66	2	4.37	0.70	4	4.54	0.63	5
D40~49岁	1198	2.76	1.00	4	2.09	0.65	4	4.42	0.64	1	4.57	0.61	4
E50~59岁	672	2.83	1.04	2	2.10	0.65	3	4.39	0.68	3	4.60	0.59	3
F60岁及以上	286	2.86	1.03	1	2.08	0.66	6	4.40	0.63	2	4.61	0.55	2
F		11.50			2.85			5.80			2.99		
p		<0.001			0.01			<0.001			0.01		
η_p^2		0.013			0.003			0.01			0.003		
事后比较		F, E>B, A C, D, B>A			B>C, E, D, A, F			D>C, B, A F, E, C>B, A			A, F, E, D>B		

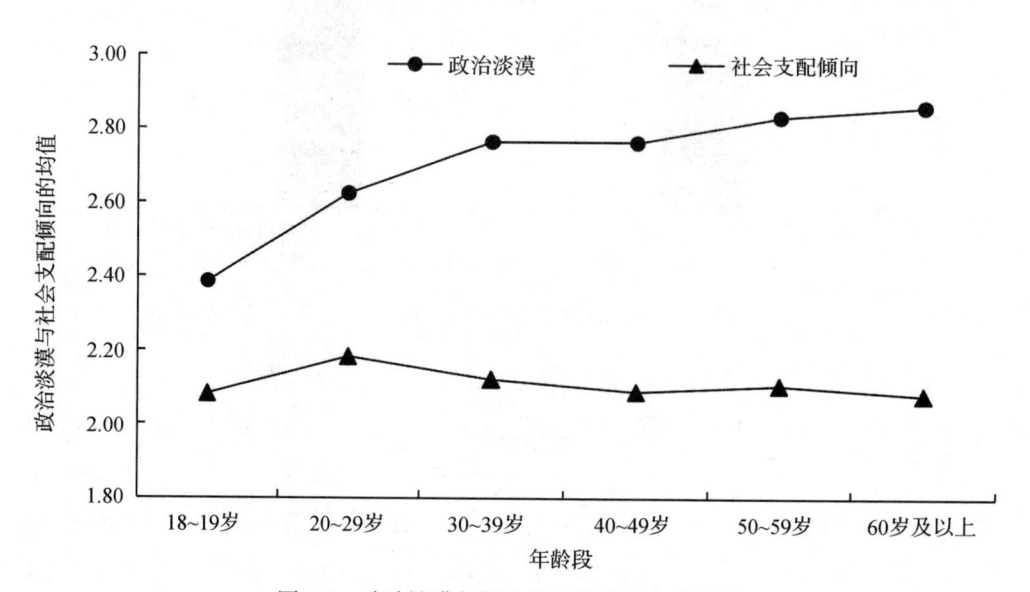

图3-8 政治淡漠与社会支配倾向的年龄差异

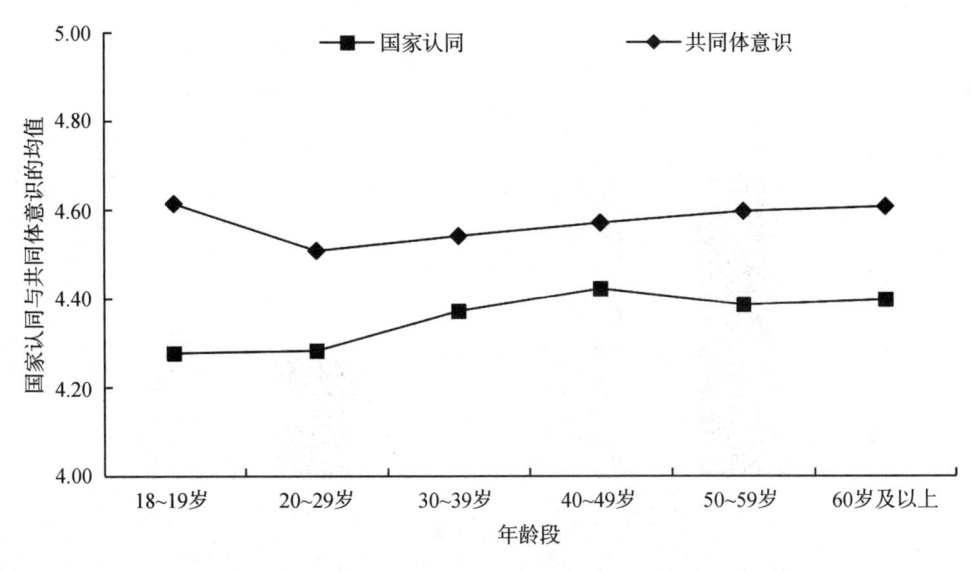

图 3-9 国家认同与共同体意识的年龄差异

(3) 政治态度在地区分布上的差异分析

采用单因素方差分析的方法,对 4 个方面的政治态度在地区分布上的差异进行分析,由于和其他地区相比东北地区被试较少($n=207$),在此次差异分析中除去东北地区居民数据。政治淡漠 [$F(2,4242)=4.74$, $p=0.009$, $\eta_p^2=0.002$] 和社会支配倾向 [$F(2,4242)=5.86$, $p=0.003$, $\eta_p^2=0.003$] 在地区之间差异显著,国家认同 [$F(2,4242)=0.38$, $p=0.68$] 和共同体意识 [$F(2,4242)=0.70$, $p=0.50$] 在地区之间差异不显著。具体而言,西部地区政治淡漠得分显著高于中部地区,东部地区和西部地区的社会支配倾向得分均显著高于中部地区。详见表 3-6、图 3-10 和图 3-11。

表 3-6 政治态度在地区分布上的差异分析

地区	样本量 $N=4245$	政治淡漠 M	SD	排名	社会支配倾向 M	SD	排名	国家认同 M	SD	排名	共同体意识 M	SD	排名
A 东部地区	1241	2.74	0.96	2	2.17	0.66	1	4.36	0.69	3	4.56	0.62	2
B 中部地区	1461	2.67	1.02	3	2.09	0.67	3	4.38	0.69	1	4.55	0.62	3
C 西部地区	1543	2.78	1.04	1	2.15	0.65	2	4.37	0.69	2	4.58	0.60	1
F		4.74			5.86			0.38			0.70		
p		0.009			0.003			0.68			0.50		
η_p^2		0.002			0.003								
事后比较		C>B			A, C>B								

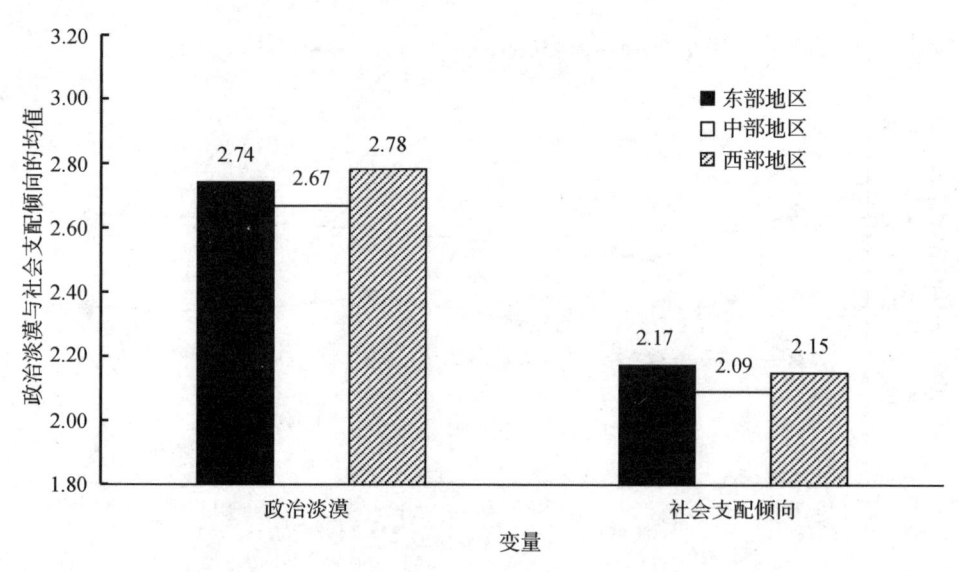

图 3-10 政治淡漠与社会支配倾向在地区分布上的差异

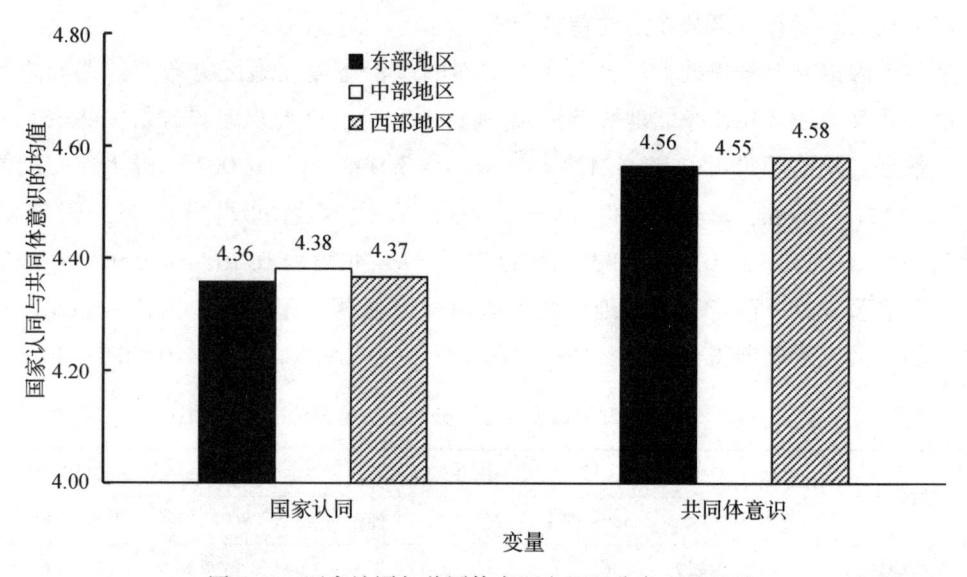

图 3-11 国家认同与共同体意识在地区分布上的差异

(4) 政治态度的城乡差异

采用独立样本 t 检验的方法，对 4 个方面的政治态度在城乡上的差异进行分析。结果显示，农村居民的国家认同显著高于城市居民 [$t(4450)=-3.84$, $p<0.001$, Cohen's $d=0.12$]。在政治淡漠 [$t(4450)=-1.65$, $p=0.10$]、社会支配倾向 [$t(4450)=-0.81$, $p=0.42$] 和共同体意识 [$t(4450)=-0.55$, $p=0.59$] 三个方面，城乡间均不存在显著差异。详见表 3-7、图 3-11 和图 3-12。

表 3-7 政治态度的城乡差异分析

政治态度	城市户口（$n=2746$） M	SD	农村户口（$n=1706$） M	SD	独立样本 t 检验 t	p
政治淡漠	2.70	0.98	2.75	1.05	-1.65	0.10
社会支配倾向	2.11	0.67	2.13	0.65	-0.81	0.42
国家认同	4.33	0.71	4.41	0.66	-3.84	<0.001
共同体意识	4.55	0.62	4.56	0.60	-0.55	0.59

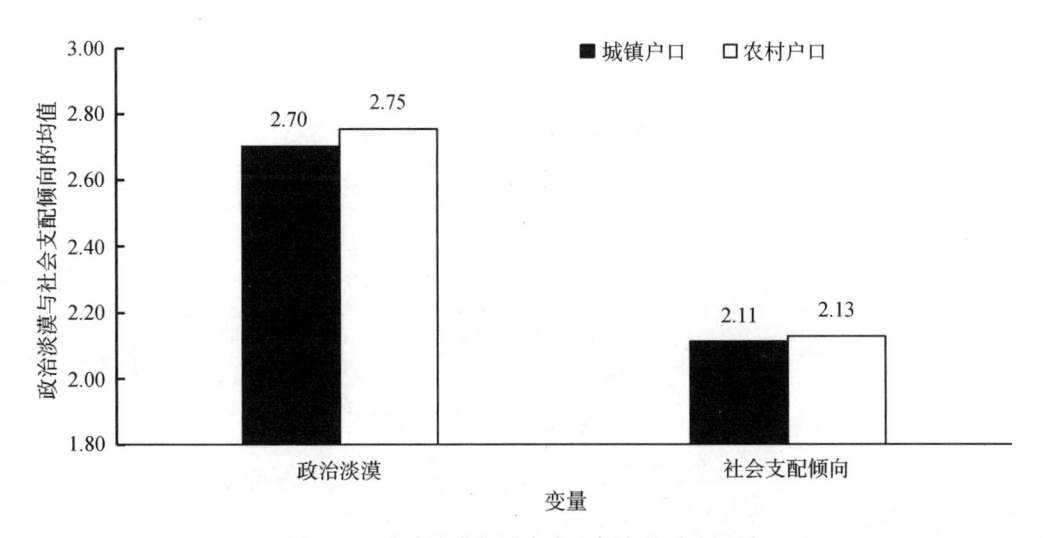

图 3-12 政治淡漠与社会支配倾向的城乡差异

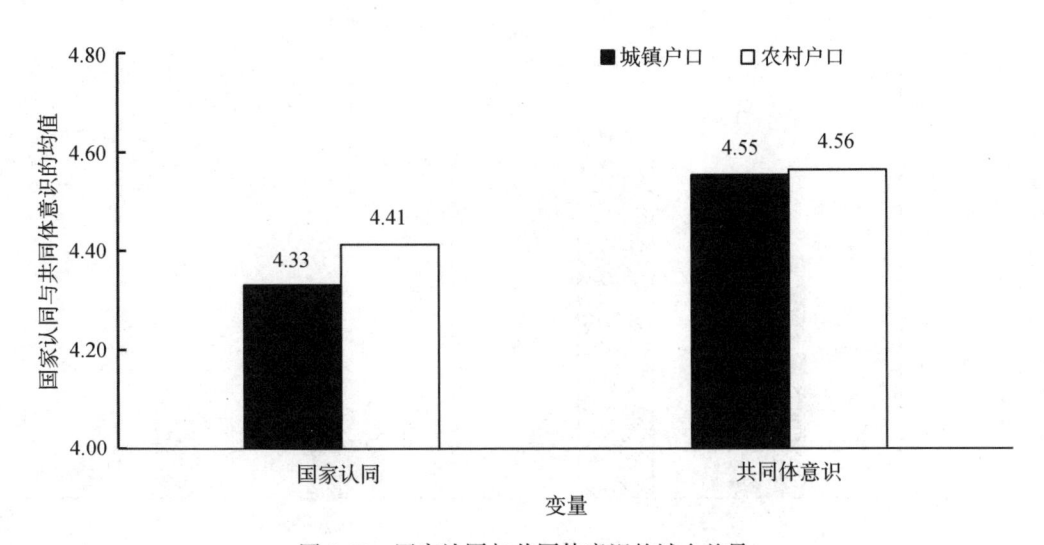

图 3-13 国家认同与共同体意识的城乡差异

(5) 政治态度在政治面貌上的差异分析

采用单因素方差分析的方法，对各方面的政治态度在政治面貌上的差异进行分析，由于和中共党员、共青团员、群众相比，政治面貌为民主党派和其他的被试较少（$n=87$），在此次差异分析中除去政治面貌为民主党派和其他的居民数据。政治淡漠 [$F(2,4362)=47.94$，$p<0.001$，$\eta_p^2=0.02$]、社会支配倾向 [$F(2,4362)=5.91$，$p=0.003$，$\eta_p^2=0.003$]、国家认同 [$F(2,4362)=8.43$，$p<0.001$，$\eta_p^2=0.004$] 均在不同政治面貌居民之间差异显著。共同体意识 [$F(2,4362)=2.95$，$p=0.05$] 在不同政治面貌居民之间差异不显著。具体而言，群众的政治淡漠得分显著高于中共党员与共青团员，共青团员和群众的社会支配倾向显著高于中共党员，中共党员和群众的国家认同显著高于共青团员。详见表3-8、图3-14和图3-15。

表3-8 政治态度在政治面貌上的差异分析

政治面貌	样本量 $N=4365$	政治淡漠 M	政治淡漠 SD	政治淡漠 排名	社会支配倾向 M	社会支配倾向 SD	社会支配倾向 排名	国家认同 M	国家认同 SD	国家认同 排名	共同体意识 M	共同体意识 SD	共同体意识 排名
A 中共党员	1060	2.55	1.02	2	2.06	0.67	3	4.39	0.66	1	4.60	0.58	1
B 共青团员	740	2.54	1.00	3	2.15	0.68	1	4.27	0.73	3	4.56	0.57	2
C 群众	2565	2.84	0.99	1	2.13	0.65	2	4.38	0.69	2	4.54	0.63	3
F		47.94			5.91			8.43			2.95		
p		<0.001			0.003			<0.001			0.05		
η_p^2		0.02			0.003			0.004					
事后比较		C>A, B			B, C>A			A, C>B					

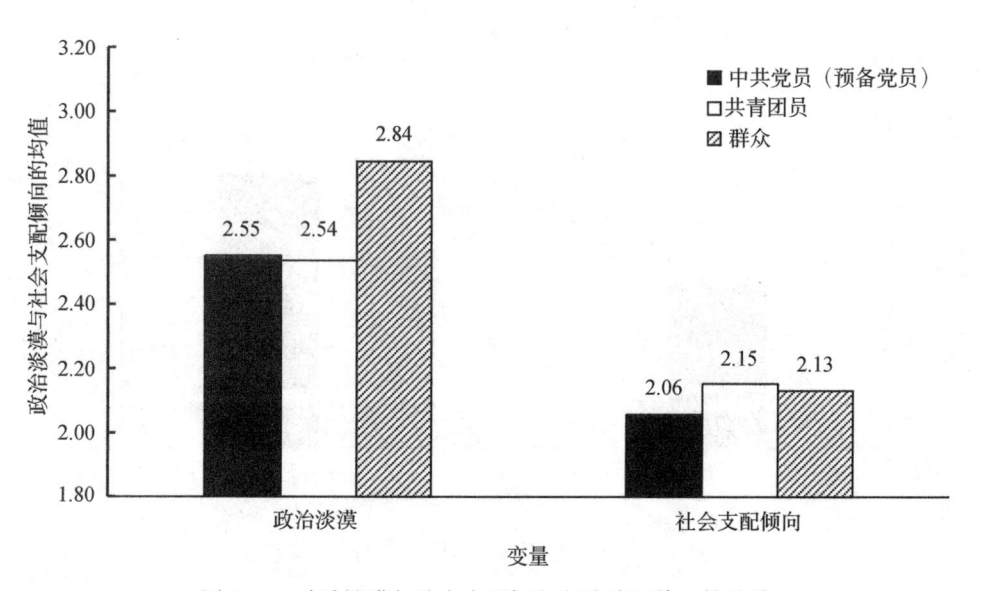

图3-14 政治淡漠与社会支配倾向在政治面貌上的差异

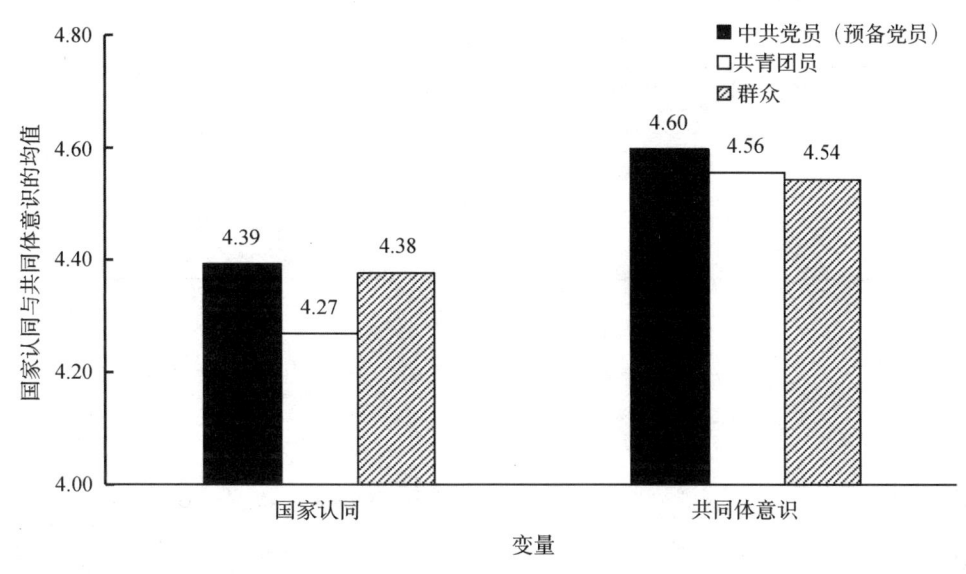

图 3-15　国家认同与共同体意识在政治面貌上的差异

(6) 政治态度在受教育水平上的差异分析

采用单因素方差分析的方法，对4个方面的政治态度在受教育水平上的差异进行分析。政治淡漠 $[F(4,4447)=32.68, p<0.001, \eta_p^2=0.03]$、社会支配倾向 $[F(4,4447)=2.78, p=0.03, \eta_p^2=0.002]$、国家认同 $[F(4,4447)=2.62, p=0.03, \eta_p^2=0.002]$ 三个方面在受教育水平上差异显著，共同体意识 $[F(4,4447)=2.07, p=0.08]$ 在受教育水平上差异不显著。具体而言，政治淡漠有随着受教育程度变高而逐渐降低的趋势，初中及以下群体的政治淡漠得分显著高于高中/中专及以上群体，高中/中专至大专群体的政治淡漠得分显著高于大学本科及以上群体；社会支配倾向总体变化相对平稳，大学本科及以上群体的社会支配倾向较低，显著低于初中及大专群体；国家认同方面，大专群体显著高于高中/中专与大学本科及以上群体；共同体意识方面，小学及以下群体显著高于初中群体。详见表3-9、图3-16和图3-17。

表 3-9　政治态度在受教育水平上的差异分析

受教育程度	样本量 N=4452	政治淡漠 M	SD	排名	社会支配倾向 M	SD	排名	国家认同 M	SD	排名	共同体意识 M	SD	排名
A 小学及以下	276	3.09	1.10	1	2.10	0.64	4	4.40	0.63	2	4.61	0.52	1
B 初中	662	2.95	1.01	2	2.17	0.66	1	4.36	0.69	3	4.52	0.64	5
C 高中/中专	790	2.77	0.98	3	2.13	0.66	3	4.35	0.70	4	4.53	0.65	4
D 大专	766	2.76	1.03	4	2.16	0.66	2	4.43	0.69	1	4.58	0.62	2
E 大学本科及以上	1958	2.56	0.97	5	2.09	0.67	5	4.34	0.70	5	4.57	0.60	3
F		32.68			2.78			2.62			2.07		
p		<0.001			0.03			0.03			0.08		

(续表)

受教育程度	样本量 $N=4452$	政治淡漠			社会支配倾向			国家认同			共同体意识		
		M	SD	排名	M	SD	排名	M	SD	排名	M	SD	排名
η_p^2		0.03			0.002			0.002					
事后比较		A，B>C，D，E C，D>E			B，D>E			D>C，E					

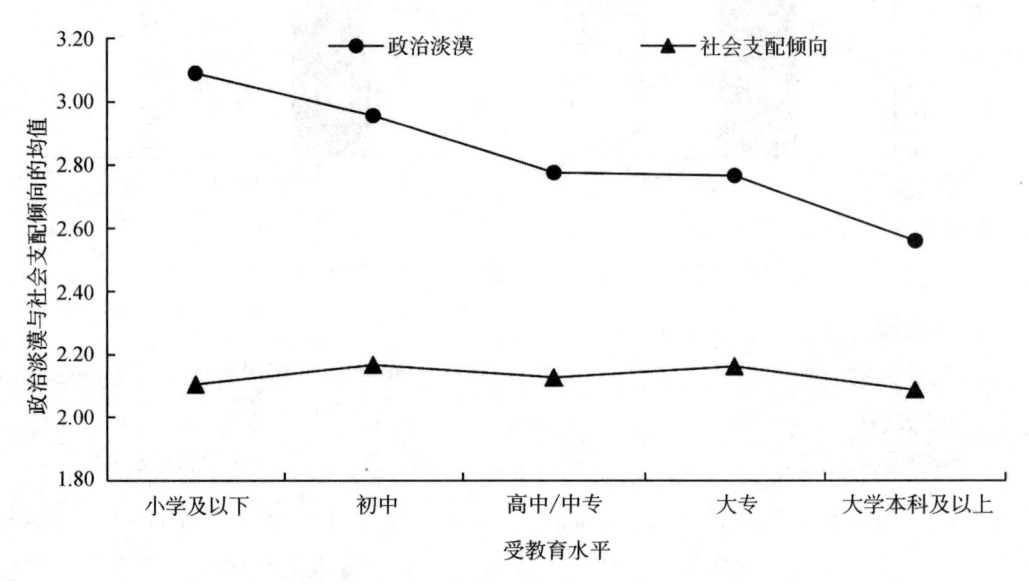

图 3-16　政治淡漠与社会支配倾向在受教育水平上的差异

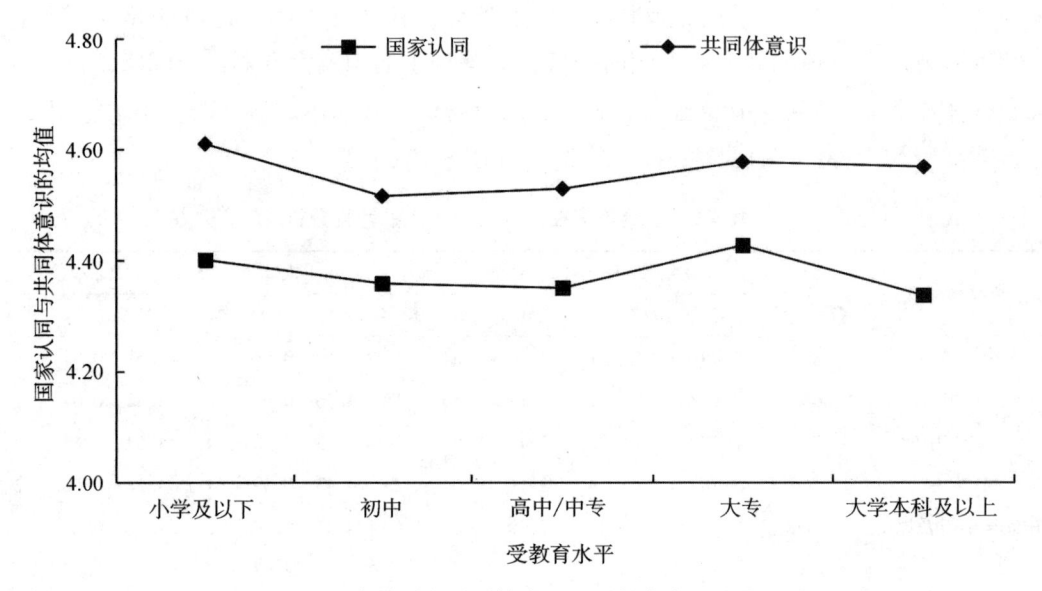

图 3-17　国家认同与共同体意识在受教育水平上的差异

(7) 政治态度在婚姻状况上的差异分析

采用独立样本 t 检验的方法,对政治态度在婚姻状况上的差异进行分析,由于和未婚、已婚相比,婚姻状况为离异 ($n=99$)、丧偶 ($n=67$) 和其他 ($n=29$) 的被试较少,在此次差异分析中除去婚姻状况为离异、丧偶和其他的居民数据。结果发现,已婚群体的政治淡漠 [$t(4255)=-6.45$, $p<0.001$, Cohen's $d=0.22$] 和国家认同 [$t(4255)=-6.11$, $p<0.001$, Cohen's $d=0.21$] 得分显著高于未婚群体,已婚群体的社会支配倾向 [$t(4255)=3.09$, $p=0.002$, Cohen's $d=0.11$] 得分显著低于未婚群体,共同体意识 [$t(4255)=-1.82$, $p=0.07$] 在不同婚姻状况群体中不存在显著差异。详见表 3-10、图 3-18 和图 3-19。

表 3-10 政治态度在婚姻状况上的差异分析

政治态度	未婚 ($n=1217$)		已婚 ($n=3040$)		独立样本 t 检验	
	M	SD	M	SD	t	p
政治淡漠	2.56	1.01	2.78	1.00	-6.45	<0.001
社会支配倾向	2.17	0.68	2.10	0.66	3.09	0.002
国家认同	4.26	0.73	4.40	0.66	-6.11	<0.001
共同体意识	4.53	0.62	4.57	0.61	-1.82	0.07

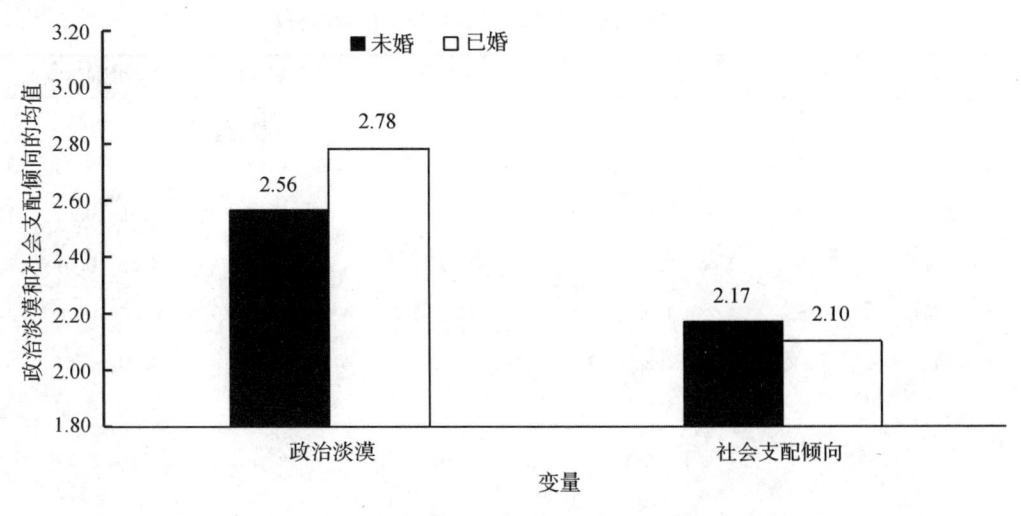

图 3-18 政治淡漠和社会支配倾向在婚姻状况上的差异

(8) 政治态度在主观社会阶层上的差异分析

采用单因素方差分析的方法,对 4 个方面的政治态度在主观社会阶层上的差异进行分析。政治淡漠 [$F(4,4447)=8.74$, $p<0.001$, $\eta_p^2=0.01$] 和社会支配倾向 [$F(4,4447)=6.41$, $p<0.001$, $\eta_p^2=0.01$] 两个方面在主观社会阶层上差异显著,国家认

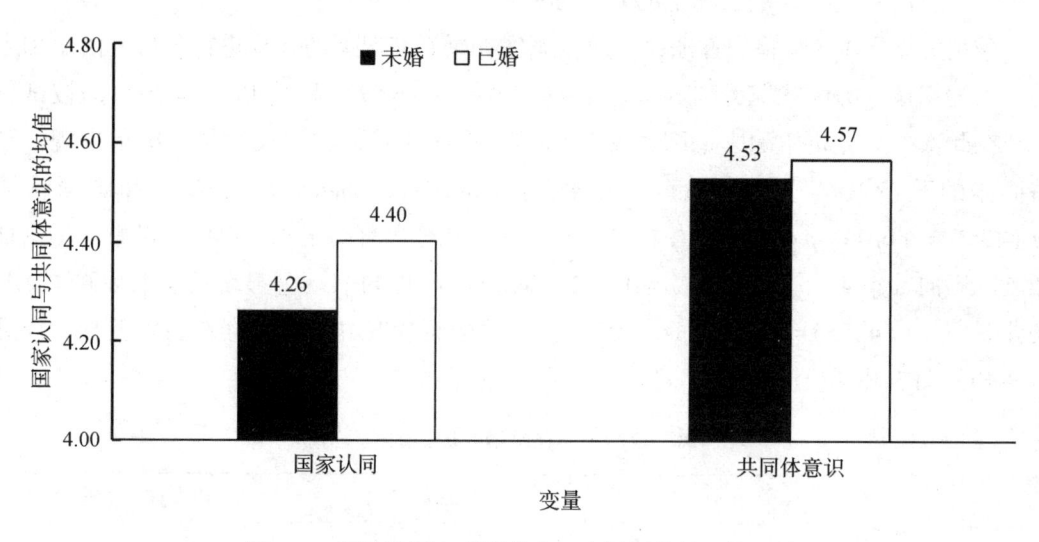

图 3-19 国家认同与共同体意识在婚姻状况上的差异

同 [$F(4,4447)=1.31, p=0.26$] 和共同体意识 [$F(4,4447)=0.96, p=0.43$] 两个方面在主观社会阶层上差异不显著。具体而言，在政治淡漠方面，高阶层群体得分显著高于其他阶层群体，低阶层和中低阶层群体得分显著高于中层群体；在社会支配倾向上，高阶层和中高阶层群体显著高于其他阶层群体。详见表 3-11、图 3-20 和图 3-21。

表 3-11 政治态度在主观社会阶层上的差异分析

主观社会阶层	样本量 $N=4452$	政治淡漠 M	SD	排名	社会支配倾向 M	SD	排名	国家认同 M	SD	排名	共同体意识 M	SD	排名
A 低阶层	626	2.83	1.06	2	2.10	0.69	4	4.32	0.74	5	4.52	0.65	4
B 中低阶层	1683	2.75	0.99	3	2.09	0.66	5	4.38	0.68	2	4.58	0.61	1
C 中层	1947	2.65	0.99	5	2.13	0.65	3	4.36	0.67	3	4.56	0.61	2
D 中高阶层	162	2.75	1.08	4	2.32	0.75	2	4.31	0.79	4	4.55	0.70	3
E 高阶层	34	3.39	1.30	1	2.43	0.55	1	4.40	0.71	1	4.50	0.54	5
F		8.74			6.41			1.31			0.96		
p		<0.001			<0.001			0.26			0.43		
η_p^2		0.01			0.01								
事后比较		E>A, B, D, C; A, B>C			E, D>C, A, B									

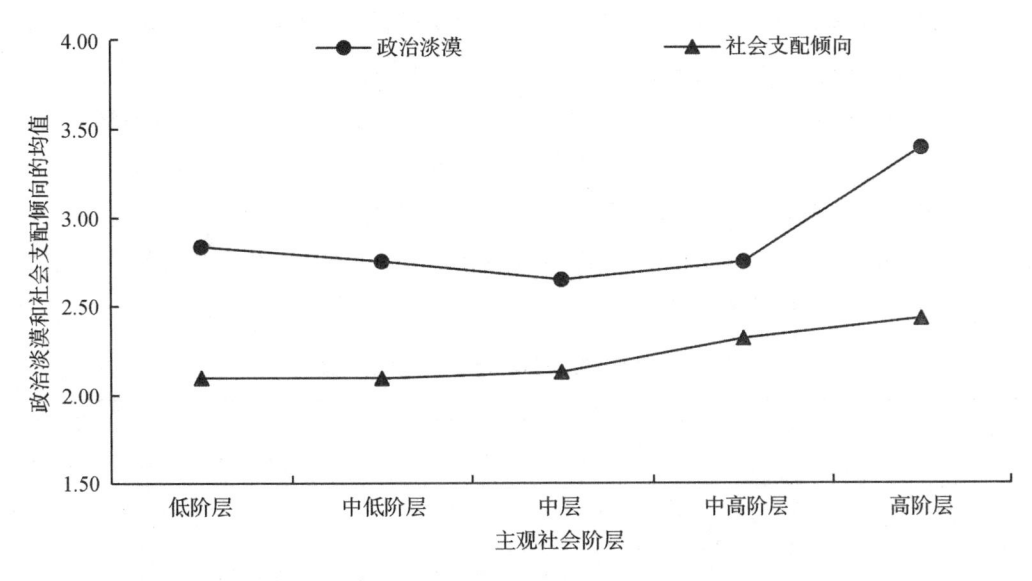

图 3-20 政治淡漠与社会支配倾向在主观社会阶层上的差异

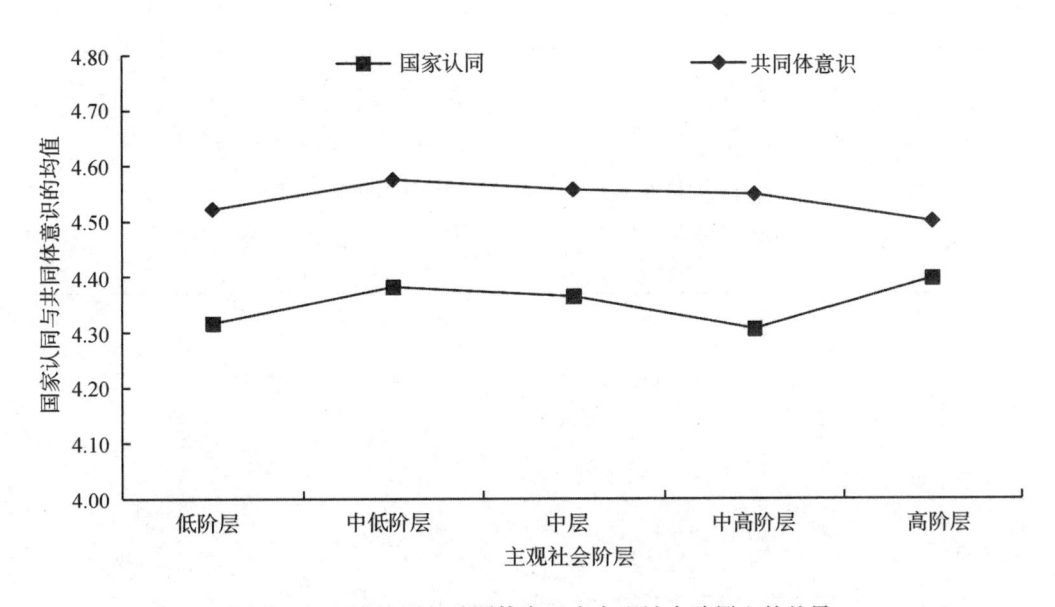

图 3-21 国家认同与共同体意识在主观社会阶层上的差异

(9) 政治态度在收入水平上的差异分析

采用单因素方差分析的方法,对 4 个方面的政治态度在收入水平上的差异进行分析。政治淡漠 $[F(4,4447)=2.92, p=0.02, \eta_p^2=0.003]$、社会支配倾向 $[F(4,4447)=3.04, p=0.02, \eta_p^2=0.003]$ 和国家认同 $[F(4,4447)=5.30, p<0.001, \eta_p^2=0.005]$ 三个方面在不同收入水平群体中差异显著,共同体意识 $[F(4,4447)=1.17, p=0.32]$ 在不同收入水平群体中差异不显著。具体而言,政治淡漠及社会支配倾向随着收入水平的增高,大致呈现先下降后上升的趋势,在政治淡漠方面,2 万元及以上(含)收

入水平的群体的得分显著高于1万元以下收入水平的群体,2000~4999元(含)收入水平的群体的得分显著高于2000元以下收入水平的群体;在社会支配倾向方面,2万元及以上(含)收入水平的群体的得分显著高于1万元以下收入水平的群体,1万~1.9万元(含)收入水平的群体的得分显著高于5000~9999元(含)收入水平的群体。在国家认同方面,2000~4999元(含)收入水平的群体得分显著高于其他相邻的收入水平群体,2000元以下收入水平的群体得分显著高于1万~1.9万元(含)收入水平的群体。详见表3-12、图3-22和图3-23。

表3-12 政治态度在收入水平上的差异分析

收入水平	样本量 $N=4452$	政治淡漠 M	政治淡漠 SD	政治淡漠 排名	社会支配倾向 M	社会支配倾向 SD	社会支配倾向 排名	国家认同 M	国家认同 SD	国家认同 排名	共同体意识 M	共同体意识 SD	共同体意识 排名
A 2000元以下	1049	2.73	1.04	4	2.14	0.68	3	4.30	0.71	4	4.53	0.61	5
B 2000~4999元(含)	1812	2.74	1.00	3	2.11	0.65	4	4.41	0.68	1	4.58	0.62	1
C 5000~9999元(含)	1291	2.67	1.00	5	2.09	0.67	5	4.36	0.67	2	4.55	0.62	3
D 1万~1.9万元(含)	215	2.83	1.01	2	2.18	0.62	2	4.27	0.73	5	4.56	0.63	2
E 2万元及以上(含)	85	2.96	1.02	1	2.29	0.75	1	4.33	0.75	3	4.53	0.57	4
F		2.92			3.04			5.30			1.17		
p		0.02			0.02			<0.001			0.32		
η_p^2		0.003			0.003			0.005					
事后比较		E>B,A,C B>C			E>A,B,C D>C			B>C,E,A,D A>D					

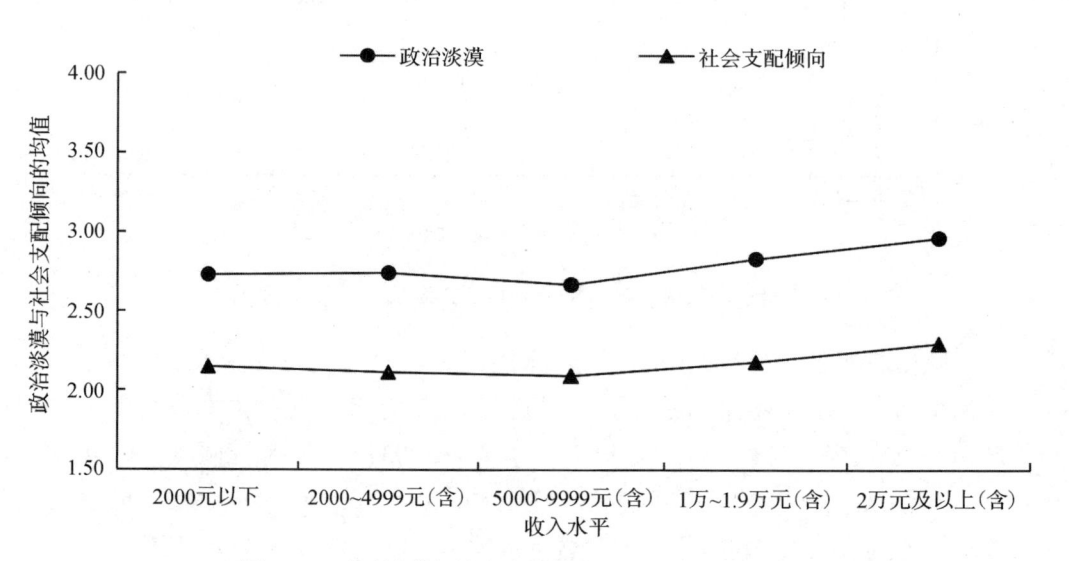

图3-22 政治淡漠与社会支配倾向在收入水平上的差异

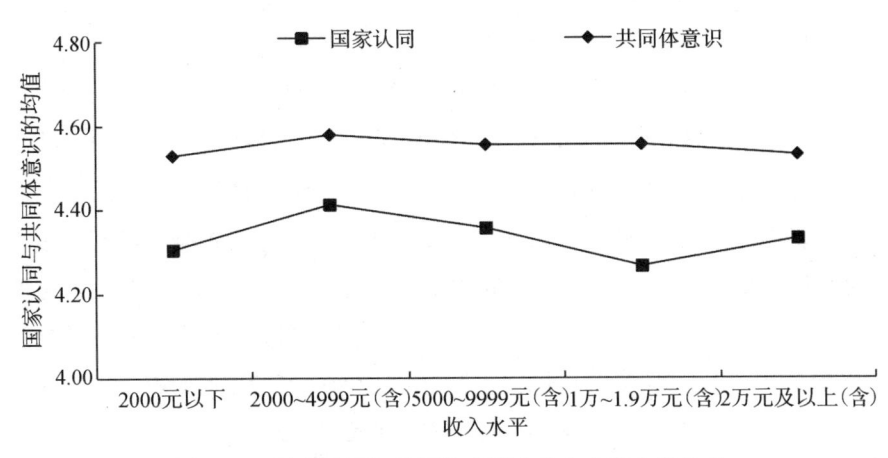

图 3-23 国家认同与共同体意识在收入水平上的差异

3.2.2 政治信任

(1) 政治信任的性别差异

采用独立样本 t 检验的方法,检验居民政治信任方面的性别差异。结果显示(见表3-13、图3-24),政府信任 [$t(4450)=-5.29, p<0.001$, Cohen's $d=0.16$]、党和国家工作满意度 [$t(4450)=-2.68, p=0.007$, Cohen's $d=0.08$] 和地方政府工作满意度 [$t(4450)=-2.81, p=0.005$, Cohen's $d=0.09$] 均存在性别差异,女性的政治信任显著高于男性。

表 3-13 政治信任的性别差异分析

政治信任	男性 ($n=1922$) M	男性 SD	女性 ($n=2530$) M	女性 SD	独立样本 t 检验 t	p
政府信任	3.94	0.76	4.06	0.72	-5.29	<0.001
党和国家工作满意度	4.37	0.68	4.42	0.65	-2.68	0.007
地方政府工作满意度	3.85	0.83	3.92	0.79	-2.81	0.005

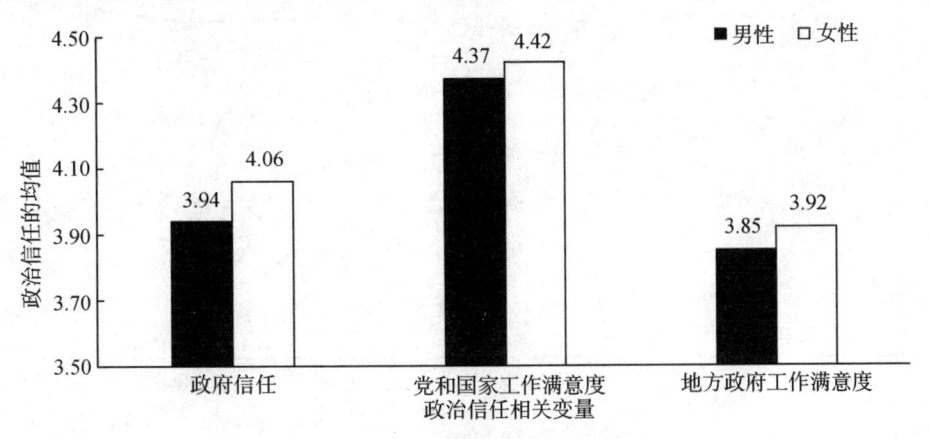

图 3-24 政治信任的性别差异

(2) 政治信任在年龄阶段上的差异分析

采用单因素方差分析的方法,对政治信任在年龄阶段上的差异进行分析。结果显示(见表 3-14、图 3-25),政府信任 [$F(5,4446)=3.11, p=0.008, \eta_p^2=0.003$] 和地方政府工作满意度 [$F(5,4446)=3.19, p=0.007, \eta_p^2=0.004$] 均在不同年龄段个体间存在显著差异。具体而言,在政府信任上,20~29 岁、30~39 岁、40~49 岁、60~69 岁 4 个阶段的居民得分均显著高于 50~59 岁的居民,30~39 岁的居民得分显著高于 18~19 岁的居民;在地方政府工作满意度上,20~29 岁、30~39 岁的居民得分均显著高于 50~59 岁的居民,20~29 岁的居民得分显著高于 40~49 岁的居民。

表 3-14 政治信任的年龄差异分析

年龄段	样本量 $N=4452$	政府信任 M	SD	排名	党和国家工作满意度 M	SD	排名	地方政府工作满意度 M	SD	排名
A 18~19 岁	271	3.95	0.71	5	4.39	0.64	2	3.88	0.82	4
B 20~29 岁	1045	4.02	0.74	3	4.41	0.68	5	3.95	0.78	1
C 30~39 岁	980	4.05	0.74	1	4.37	0.70	6	3.91	0.83	2
D 40~49 岁	1198	4.02	0.74	4	4.41	0.65	4	3.87	0.82	5
E 50~59 岁	672	3.92	0.75	6	4.39	0.66	3	3.80	0.79	6
F 60 岁及以上	286	4.03	0.73	2	4.45	0.64	1	3.90	0.79	3
F		3.11			0.94			3.19		
p		0.008			0.45			0.007		
η_p^2		0.003			0.001			0.004		
事后分析		B, C, D, F>E; C>A						B, C>E; B>D		

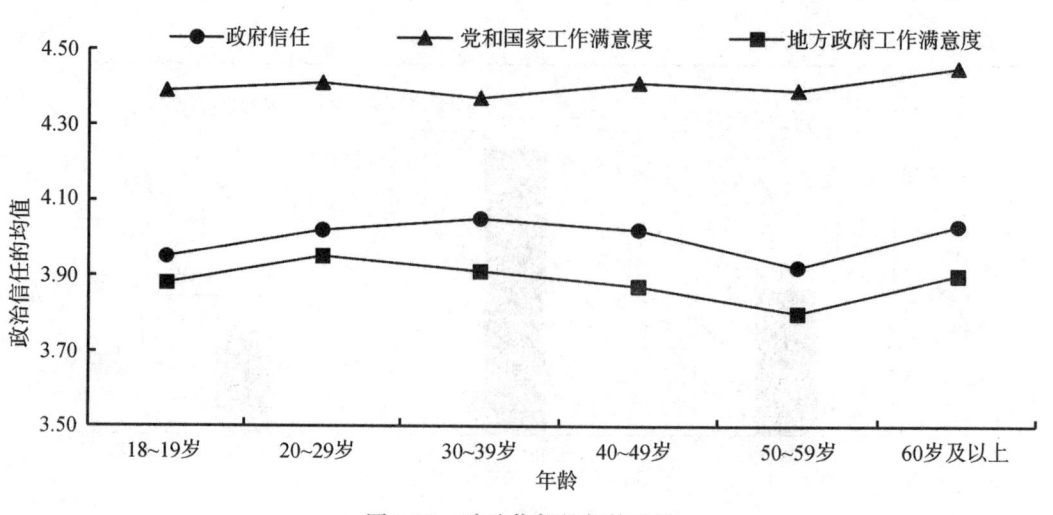

图 3-25 政治信任的年龄差异

(3) 政治信任在地区分布上的差异分析

采用单因素方差分析的方法,对政治信任在地区分布上的差异进行分析,由于和其他地区相比东北地区被试较少（$n=207$）,在此次差异分析中除去东北地区居民数据。结果显示（见表3-15、图3-26）,政府信任 [$F(2,4242)=1.41, p=0.24$]、党和国家工作满意度 [$F(2,4242)=1.49, p=0.23$] 和地方政府工作满意度 [$F(2,4242)=1.16, p=0.32$] 在不同地区居民间均不存在显著差异。

表3-15 政治信任在地区分布上的差异分析

省区分布	样本量 $N=4245$	政府信任			党和国家工作满意度			地方政府工作满意度		
		M	SD	排名	M	SD	排名	M	SD	排名
A 东部地区	1241	4.01	0.73	2	4.36	0.68	3	3.90	0.80	1
B 中部地区	1461	3.97	0.74	3	4.40	0.68	1	3.89	0.81	2
C 西部地区	1543	4.01	0.74	1	4.40	0.65	2	3.85	0.79	3
F		1.41			1.49			1.16		
p		0.24			0.23			0.32		

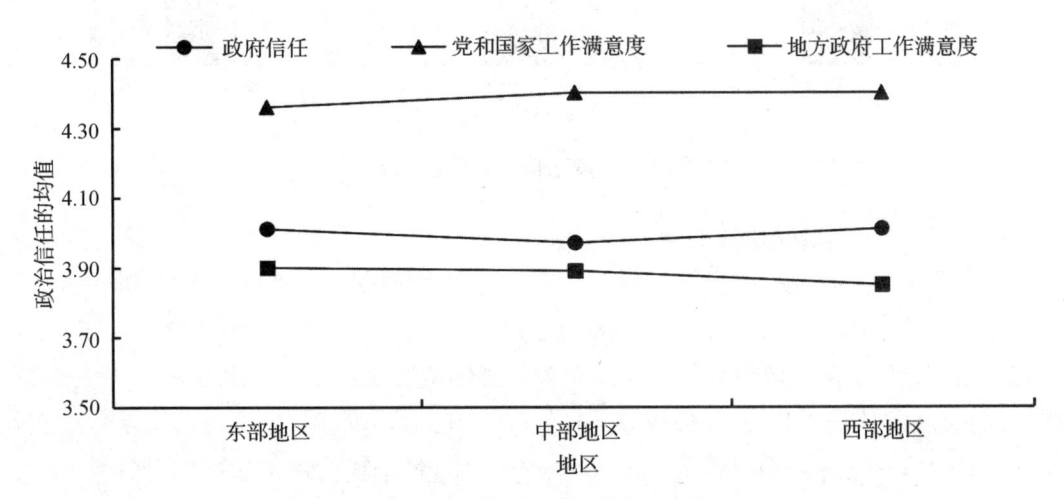

图3-26 政治信任在地区分布上的差异

(4) 政治信任的城乡差异

采用独立样本 t 检验的方法,检验居民政治信任方面的城乡差异。结果显示（见表3-16、图3-27）,党和国家工作满意度 [$t(4450)=-4.40, p<0.001$, Cohen's $d=0.14$] 和地方政府工作满意度 [$t(4450)=-2.29, p=0.02$, Cohen's $d=0.07$] 均存在城乡差异,农村居民的党和国家工作满意度、地方政府工作满意度显著高于城市居民。

表3-16 政治信任的城乡差异分析

政治信任	城镇户口（$n=2746$）		农村户口（$n=1706$）		独立样本 t 检验	
	M	SD	M	SD	t	p
政府信任	4.01	0.74	4.01	0.73	−0.30	0.77
党和国家工作满意度	4.36	0.68	4.45	0.64	−4.40	<0.001
地方政府工作满意度	3.87	0.80	3.93	0.81	−2.29	0.02

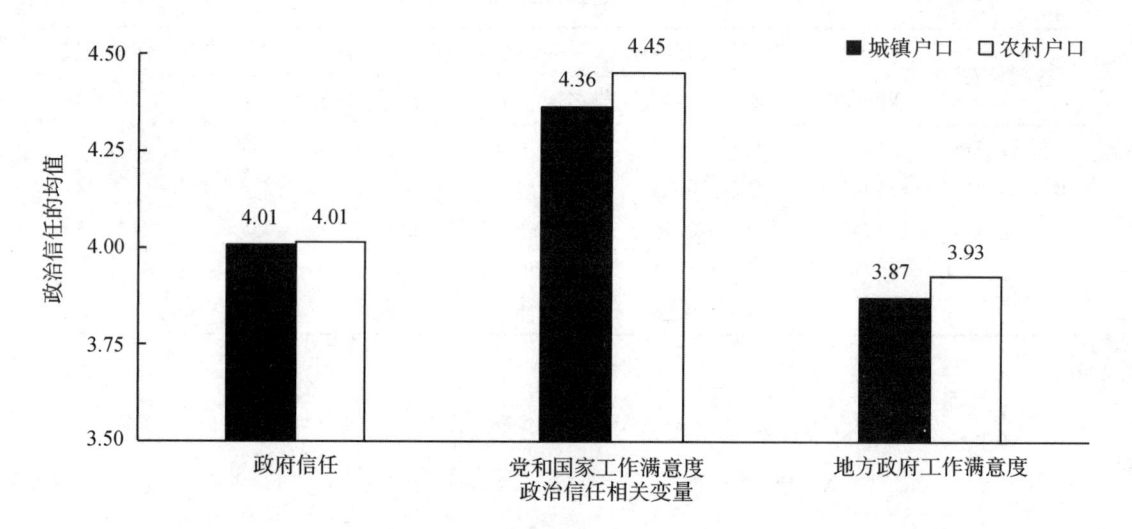

图3-27 政治信任的城乡差异

（5）政治信任在政治面貌上的差异分析

采用单因素方差分析的方法，对政治信任在政治面貌上的差异进行分析，由于和中共党员、共青团员、群众相比，政治面貌为民主党派和其他的被试较少（$n=87$），在此次差异分析中除去政治面貌为民主党派和其他的居民数据。结果显示（见表3-17、图3-28），政府信任 [$F(2,4362)=7.44$，$p<0.001$，$\eta_p^2=0.003$]、党和国家工作满意度 [$F(2,4362)=3.32$，$p=0.04$，$\eta_p^2=0.002$] 均在不同政治面貌居民间存在显著差异。具体而言，在政府信任、党和国家工作满意度上，中共党员的得分显著高于政治面貌为共青团员、群众的居民。整体来看，政治信任3个维度在政治面貌上的排序模式均为中共党员、群众、共青团员。

表3-17 政治信任在政治面貌上的差异分析

政治面貌	样本量 $N=4365$	政府信任			党和国家工作满意度			地方政府工作满意度		
		M	SD	排名	M	SD	排名	M	SD	排名
A 中共党员	1060	4.08	0.72	1	4.44	0.63	1	3.92	0.79	1
B 共青团员	740	3.94	0.72	3	4.38	0.67	3	3.85	0.83	3

(续表)

政治面貌	样本量 N=4365	政府信任 M	SD	排名	党和国家工作满意度 M	SD	排名	地方政府工作满意度 M	SD	排名
C 群众	2565	4.00	0.75	2	4.39	0.68	2	3.89	0.81	2
F		7.44			3.32			1.81		
p		<0.001			0.04			0.16		
η_p^2		0.003			0.002					
事后分析		A>B, C			A>B, C					

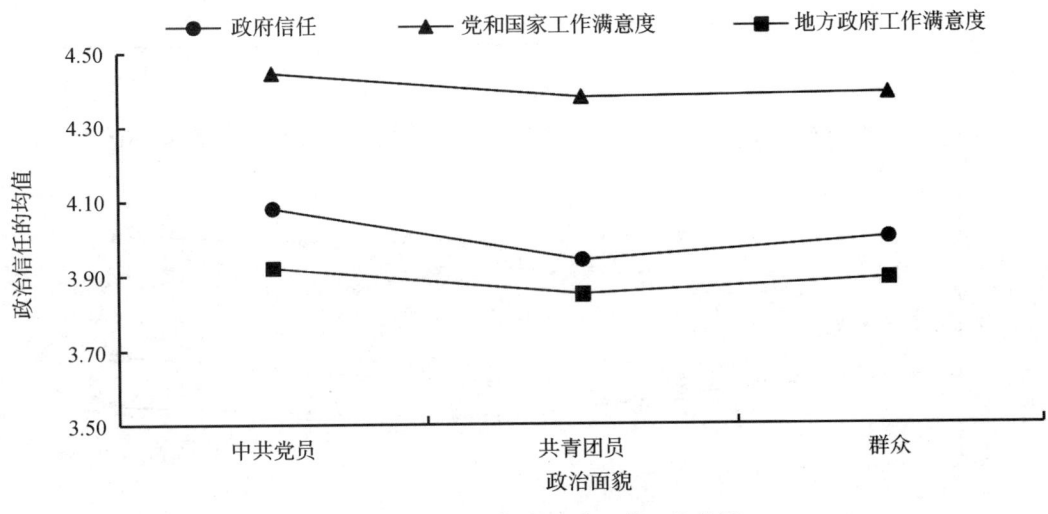

图 3-28 政治信任在政治面貌上的差异

(6) 政治信任在受教育水平上的差异分析

采用单因素方差分析的方法，对政治信任在受教育水平上的差异进行分析。结果显示（见表 3-18、图 3-29），政府信任 [$F(4,4447)=4.16$, $p=0.002$, $\eta_p^2=0.004$] 在不同受教育水平的居民间存在显著差异。具体而言，在政府信任上，受教育水平为小学及以下的居民得分显著高于初中、高中/中专、大专毕业的居民，受教育水平为本科及以上的居民得分显著高于初中、高中/中专毕业的居民。整体来看，小学及以下毕业的居民政治信任最高。

表 3-18 政治信任在受教育水平上的差异分析

受教育水平	样本量 N=4452	政府信任 M	SD	排名	党和国家工作满意度 M	SD	排名	地方政府工作满意度 M	SD	排名
A 小学及以下	276	4.13	0.59	1	4.50	0.55	1	3.98	0.67	1
B 初中	662	3.96	0.75	4	4.40	0.67	3	3.92	0.82	2

(续表)

受教育水平	样本量 $N=4452$	政府信任 M	SD	排名	党和国家工作满意度 M	SD	排名	地方政府工作满意度 M	SD	排名
C 高中/中专	790	3.96	0.80	5	4.38	0.70	4	3.85	0.87	5
D 大专	766	3.99	0.75	3	4.38	0.66	5	3.87	0.82	4
E 本科及以上	1958	4.04	0.73	2	4.40	0.67	2	3.89	0.79	3
F		4.16			1.92			1.63		
p		0.002			0.11			0.17		
η_p^2		0.004								
事后分析	A>B, C, D; E>B, C									

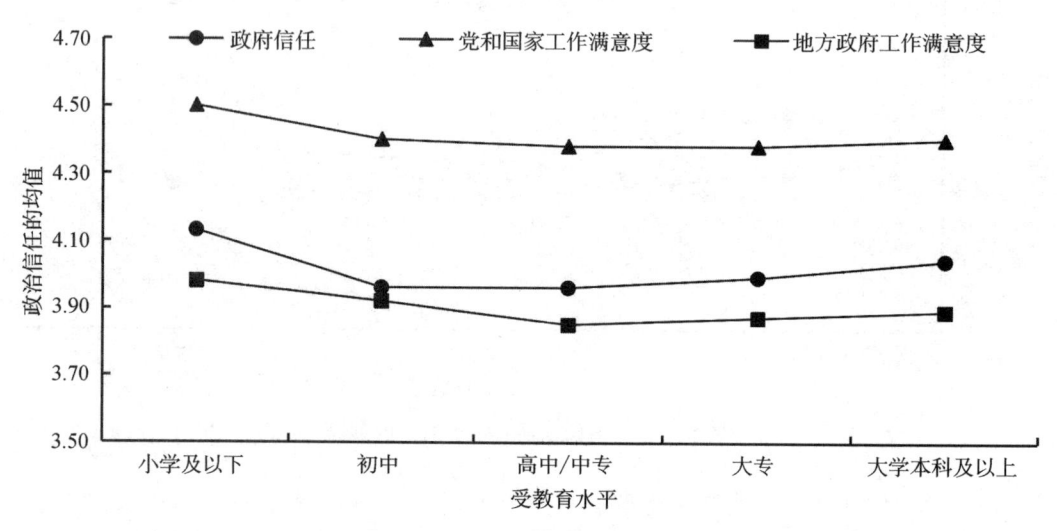

图 3-29 政治信任在受教育水平上的差异

（7）政治信任在婚姻状况上的差异分析

采用独立样本 t 检验的方法，对政治信任在婚姻状况上的差异进行分析，由于和未婚、已婚相比，婚姻状况为离异（$n=99$）、丧偶（$n=67$）和其他（$n=29$）的被试较少，在此次差异分析中除去婚姻状况为离异、丧偶和其他的居民数据。结果显示（见表 3-19、图 3-30），政府信任 [$t(4255)=-1.69, p=0.09$]、党和国家工作满意度 [$t(4255)=-1.26, p=0.21$] 和地方政府工作满意度 [$t(4255)=1.01, p=0.31$] 在不同婚姻状况居民间均不存在显著差异。

表 3-19 政治信任在婚姻状况上的差异分析

政治信任	未婚（$n=1217$）		已婚（$n=3040$）		独立样本 t 检验	
	M	SD	M	SD	t	p
政府信任	3.98	0.74	4.02	0.74	-1.69	0.09
党和国家工作满意度	4.38	0.68	4.41	0.66	-1.26	0.21
地方政府工作满意度	3.91	0.79	3.89	0.81	1.01	0.31

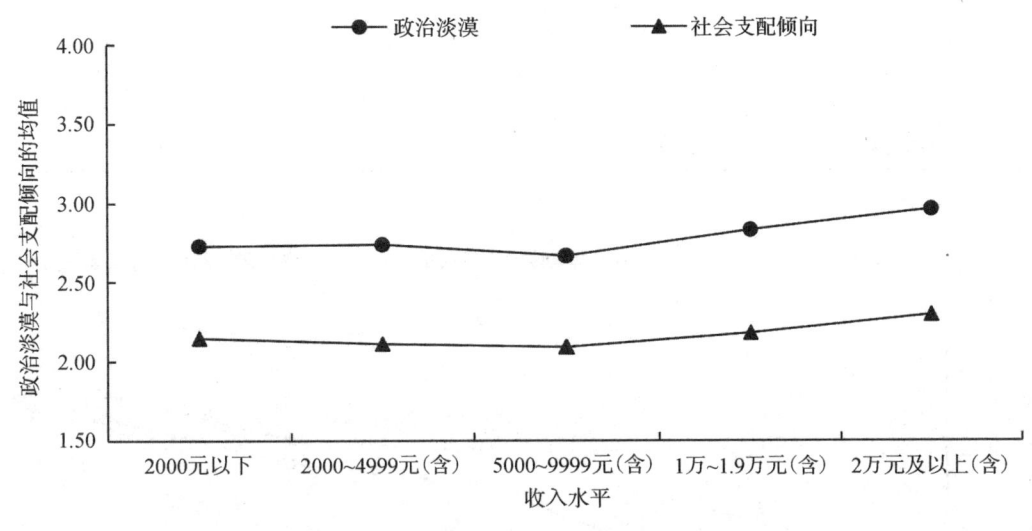

图 3-30 政治信任在婚姻状况上的差异

（8）政治信任在主观社会阶层上的差异分析

采用单因素方差分析的方法，对政治信任在主观社会阶层上的差异进行分析。结果显示（见表 3-20、图 3-31），政府信任 $[F(4,4447)=17.60, p<0.001, \eta_p^2=0.02]$、党和国家工作满意度 $[F(4,4447)=5.38, p<0.001, \eta_p^2=0.005]$ 和地方政府工作满意度 $[F(4,4447)=25.82, p<0.001, \eta_p^2=0.02]$ 均在不同主观社会阶层居民间存在显著差异。具体而言，在政府信任和地方政府工作满意度上，中层、中高阶层、高阶层居民得分显著高于中低阶层和低阶层；在党和国家工作满意度上，中层居民得分显著高于中低阶层和低阶层。整体来看，高阶层居民的政治信任最高，低阶层居民的政治信任最低。

表 3-20 政治信任在主观社会阶层上的差异分析

主观社会阶层	样本量 $N=4452$	政府信任			党和国家工作满意度			地方政府工作满意度		
		M	SD	排名	M	SD	排名	M	SD	排名
A 低阶层	626	3.84	0.87	5	4.31	0.78	5	3.96	0.95	5
B 中低阶层	1683	3.69	0.72	4	4.38	0.67	3	3.81	0.80	4

(续表)

主观社会阶层	样本量 $N=4452$	政府信任 M	SD	排名	党和国家工作满意度 M	SD	排名	地方政府工作满意度 M	SD	排名
C 中层	1947	4.09	0.71	3	4.44	0.62	2	4.00	0.75	3
D 中高阶层	162	4.12	0.66	2	4.37	0.72	4	4.05	0.74	2
E 高阶层	34	4.23	0.68	1	4.47	0.61	1	4.16	0.94	1
F		17.60			5.38			25.82		
p		<0.001			<0.001			<0.001		
η_p^2		0.02			0.005			0.02		
事后分析		C, D, E>B>A			C>B>A			C, D, E>B>A		

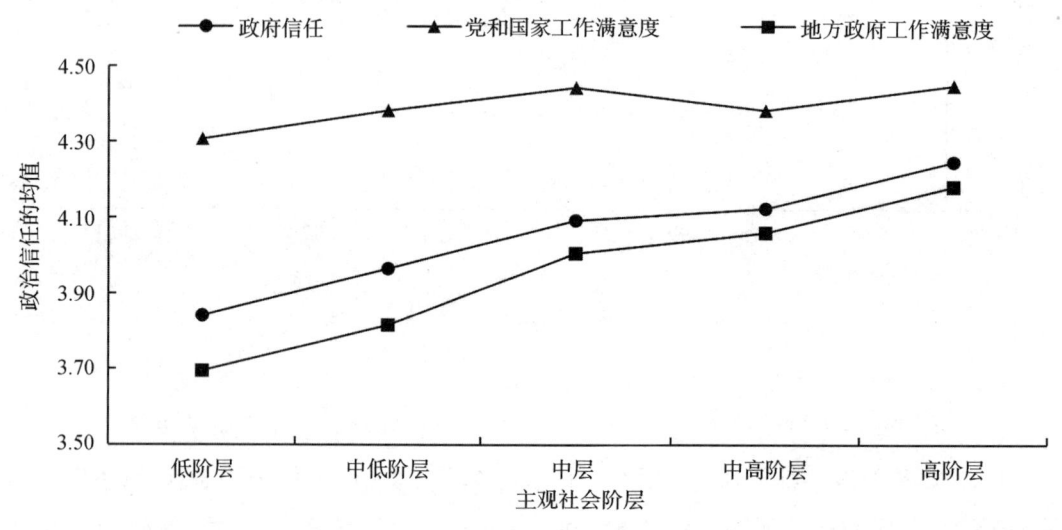

图 3-31 政治信任在主观社会阶层上的差异

(9) 政治信任在收入水平上的差异分析

采用单因素方差分析的方法，对政治信任在收入水平上的差异进行分析。结果显示（见表 3-21、图 3-32），政府信任 $[F(4,4447)=3.59, p=0.006, \eta_p^2=0.003]$、党和国家工作满意度 $[F(4,4447)=3.87, p=0.004, \eta_p^2=0.003]$ 和地方政府工作满意度 $[F(4,4447)=3.75, p=0.005, \eta_p^2=0.003]$ 均在不同收入水平居民间存在显著差异。具体而言，在政府信任上，中低收入、中等收入水平的居民得分显著高于中高收入水平居民；在党和国家工作满意度和地方政府工作满意度上，低收入、中低收入、中等收入水平的居民得分显著高于中高收入水平居民。整体来看，中高收入水平居民的政治信任最低。

表 3-21 政治信任在收入水平上的差异分析

收入水平	样本量 $N=4452$	政府信任 M	SD	排名	党和国家工作满意度 M	SD	排名	地方政府工作满意度 M	SD	排名
A 2000 元以下	1049	3.97	0.75	3	4.37	0.69	3	3.87	0.84	3
B 2000~4999 元	1812	4.01	0.75	2	4.42	0.66	1	3.92	0.79	1
C 5000~9999 元	1291	4.06	0.71	1	4.41	0.65	2	3.90	0.80	2
D 1 万~1.9 万元	215	3.91	0.73	5	4.27	0.69	5	3.72	0.77	5
E 2 万元及以上	85	3.92	0.81	4	4.30	0.70	4	3.76	0.82	4
F		3.59			3.87			3.75		
p		0.006			0.004			0.005		
η_p^2		0.003			0.003			0.003		
事后分析		C>A; B, C>D			B>A; A, B, C>D			A, B, C>D		

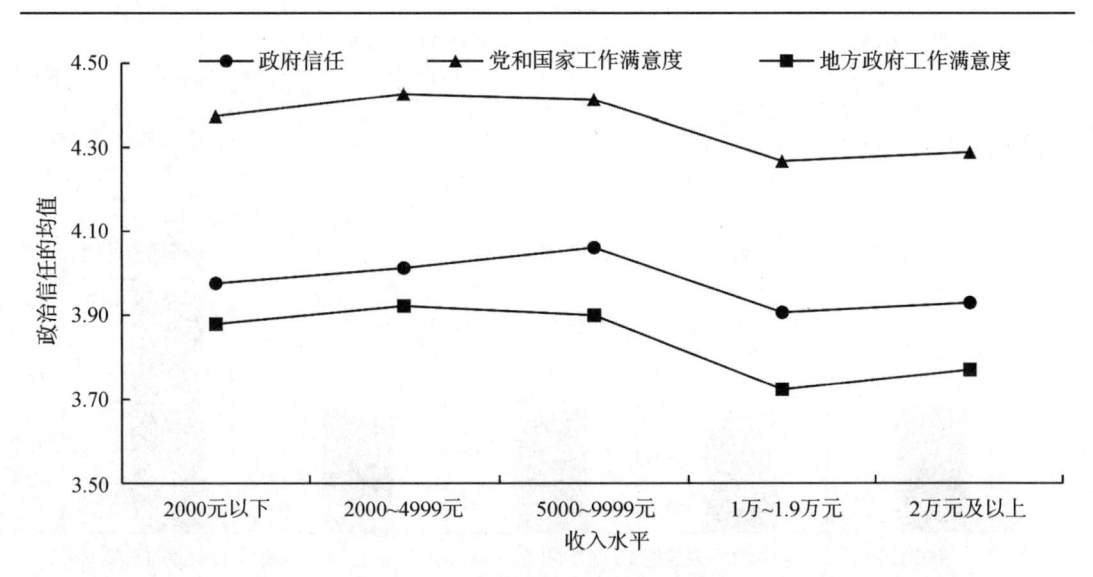

图 3-32 政治信任在收入水平上的差异

3.2.3 政治参与

在政治参与模块，政治和社会团体参与和参政议政为多选题，总体情况分析显示，选择"校友会（校友群等）"、"文体娱乐等兴趣组织"、"参加社区组织或者自发组织的社会公益活动"、"与他人或网友讨论政治问题"的人次较多，故对其进行进一步的差异分析。同时，"了解时政要闻"、"参加思政学习"、"主动了解政策"合并为"时政与政策学习"进行分析，在制图时为使纵轴尺度一致，将时政与政策学习的得分 X 转换为 $0.25*(X-1)$。

(1) 政治参与的性别差异

采用独立样本 t 检验的方法，检验居民政治参与方面的性别差异。结果显示（见表 3-22、图 3-33），在讨论政治问题 [$t(4450)=6.42, p<0.001$, Cohen's $d=0.20$] 和时政与政策学习 [$t(4450)=9.89, p<0.001$, Cohen's $d=0.29$] 上均存在性别差异，男性在这 2 个方面的政治参与得分显著高于女性。

表 3-22 政治参与的性别差异分析

政治参与	男性（$n=1922$） M	男性 SD	女性（$n=2530$） M	女性 SD	独立样本 t 检验 t	p
参加校友会	0.26	0.44	0.24	0.43	1.70	0.09
参加文娱兴趣组织	0.25	0.43	0.26	0.44	−1.11	0.27
参加社会公益活动	0.28	0.45	0.28	0.45	−0.46	0.65
讨论政治问题	0.25	0.43	0.17	0.37	6.42	<0.001
时政与政策学习	3.39	0.95	3.11	0.95	9.89	<0.001

注：为使作图尺度一致，将政治参与意愿的得分 X 转换为 0.25 * (X−1)，下同。

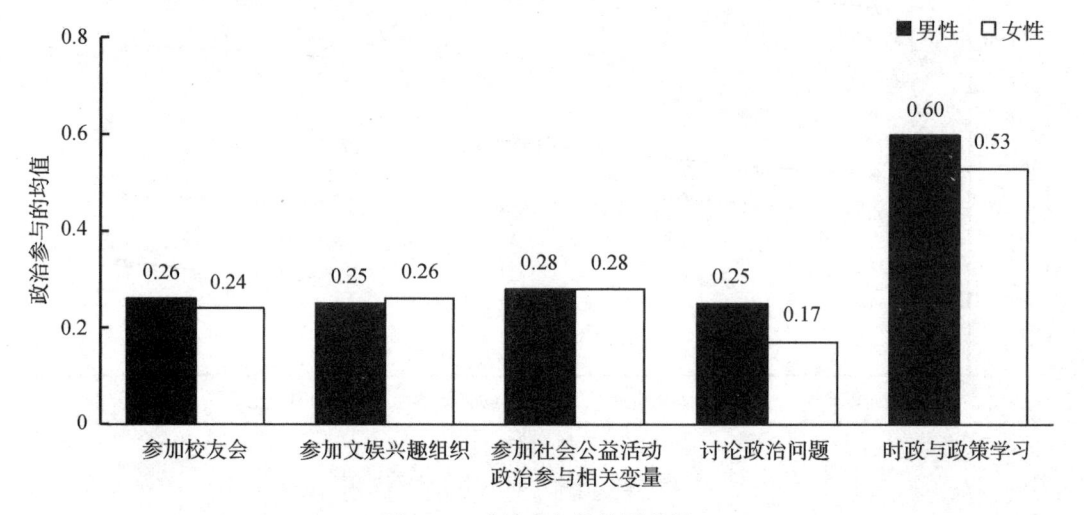

图 3-33 政治参与的性别差异

(2) 政治参与在年龄阶段上的差异分析

采用单因素方差分析的方法，对政治参与在年龄阶段上的差异进行分析。结果显示（见表 3-23、图 3-34），参加校友会 [$F(5,4446)=24.98, p<0.001, \eta_p^2=0.027$]、参加文娱兴趣组织 [$F(5,4446)=34.70, p<0.001, \eta_p^2=0.038$]、参加社会公益活动 [$F(5,4446)=8.26, p<0.001, \eta_p^2=0.009$]、讨论政治问题 [$F(5,4446)=44.30, p<0.001, \eta_p^2=0.047$] 和时政与政策学习 [$F(5,4446)=8.74, p<0.001, \eta_p^2=0.010$] 均

在不同年龄段个体间存在显著差异。具体而言，在参加校友会上，18~19 岁的居民得分显著高于 20~29 岁的居民，显著高于 30~39 岁、40~49 岁、50~59 岁的居民，显著高于 60 岁及以上的居民；在参加文娱兴趣组织上，18~19 岁的居民得分显著高于 20~29 岁的居民，显著高于 30~39 岁、40~49 岁、50~59 岁、60 岁及以上的居民；在参加社会公益活动上，60 岁及以上的居民得分显著低于其他年龄阶段的居民；在讨论政治问题上，18~19 岁的居民得分显著高于 20~29 岁的居民，显著高于 30~39 岁、40~49 岁、50~59 岁、60 岁及以上的居民；在政治参与意愿上，60 岁及以上的居民得分显著低于其他年龄阶段的居民。整体来说，随着年龄的增长，居民的政治参与频率和主动性有所降低。

表 3-23 政治参与的年龄差异分析

年龄段	样本量 $N=4452$	参加校友会 M	SD	排名	参加文娱兴趣组织 M	SD	排名	参加社会公益活动 M	SD	排名	讨论政治问题 M	SD	排名	时政与政策学习 M	SD	排名
A18~19 岁	271	0.46	0.50	1	0.49	0.50	1	0.30	0.46	3	0.48	0.50	1	3.34	0.81	1
B20~29 岁	1045	0.31	0.46	2	0.34	0.47	2	0.30	0.46	2	0.28	0.45	2	3.23	0.85	4
C30~39 岁	980	0.21	0.41	4	0.23	0.42	3	0.27	0.44	4	0.16	0.37	3	3.25	0.95	3
D40~49 岁	1198	0.24	0.43	3	0.20	0.40	4	0.33	0.47	1	0.15	0.36	4	3.29	0.99	2
E50~59 岁	672	0.20	0.40	5	0.20	0.40	5	0.24	0.43	5	0.14	0.35	5	3.16	1.02	5
F60 岁及以上	286	0.14	0.34	6	0.15	0.36	6	0.16	0.37	6	0.14	0.35	6	2.91	1.11	6
F		24.98			34.70			8.26			44.30			8.74		
p		<0.001			<0.001			<0.001			<0.001			<0.001		
η_p^2		0.027			0.038			0.009			0.047			0.010		
事后分析		A>B>C,D,E>F			A>B>C,D,E,F C,D>F			A,B,C,D,E>F B>E;D>C,E			A>B>C,D,E,F			A,B,C,D,E>F A,D>E		

（3）政治参与在地区分布上的差异分析

采用单因素方差分析的方法，对政治参与在地区分布上的差异进行分析，由于和其他地区相比东北地区被试较少（$n=207$），在此次差异分析中除去东北地区居民数据。结果显示（见表 3-24、图 3-35），参加文娱兴趣组织 [$F(2,4242)=3.75$, $p=0.02$, $\eta_p^2=0.002$]、讨论政治问题 [$F(2,4242)=7.07$, $p<0.001$, $\eta_p^2=0.003$] 和时政与政策学习 [$F(2,4242)=6.39$, $p=0.002$, $\eta_p^2=0.003$] 均在不同地区居民间存在显著差异。具体而言，在参加文娱兴趣组织上，西部地区居民得分显著高于中部地区居民；在讨论政治问题上，东部、中部地区居民得分显著高于西部地区居民；在政治参与意愿上，中部地区居民得分显著高于东部、西部地区居民。

图 3-34 政治参与的年龄差异

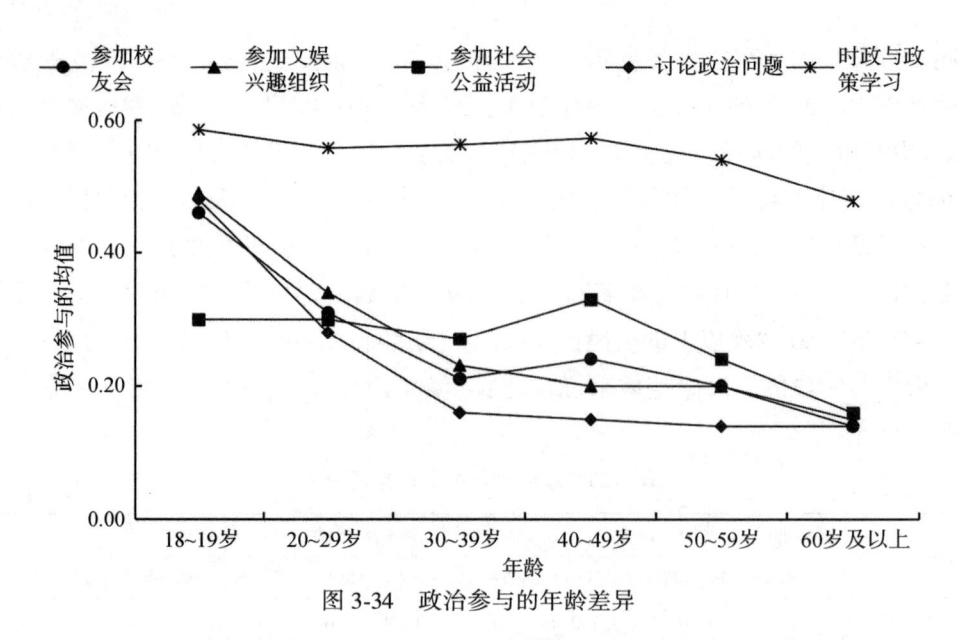

表 3-24 政治参与在地区分布上的差异分析

省区分布	样本量 N=4245	参加校友会 M	SD	排名	参加文娱兴趣组织 M	SD	排名	参加社会公益活动 M	SD	排名	讨论政治问题 M	SD	排名	时政与政策学习 M	SD	排名
A 东部地区	1241	0.25	0.43	2	0.25	0.43	2	0.29	0.45	1	0.20	0.40	2	3.18	0.94	3
B 中部地区	1461	0.26	0.44	1	0.23	0.42	3	0.28	0.45	2	0.22	0.41	1	3.29	0.94	1
C 西部地区	1543	0.24	0.43	3	0.27	0.44	2	0.28	0.45	3	0.17	0.37	3	3.18	0.97	2
F		0.64			3.75			0.37			7.07			6.39		
p		0.53			0.02			0.69			<0.001			0.002		
η_p^2					0.002						0.003			0.003		
事后分析					C>B						A, B>C			B>A, C		

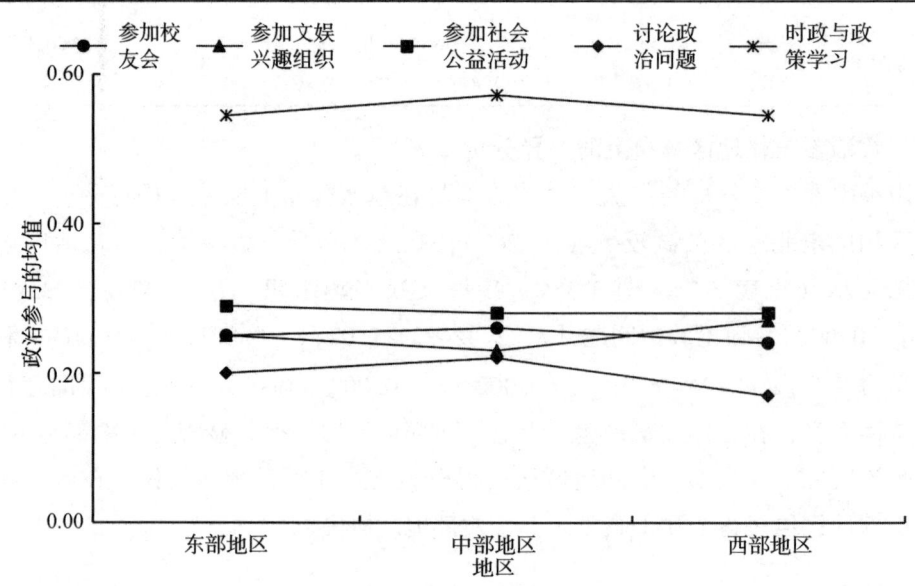

图 3-35 政治参与在地区分布上的差异

(4) 政治参与的城乡差异

采用独立样本 t 检验的方法，检验居民政治参与方面的城乡差异。结果显示（见表3-25、图3-36），在参加校友会 [$t(4450)=5.98$，$p<0.001$，Cohen's $d=0.19$]、参加文娱兴趣组织 [$t(4450)=3.77$，$p<0.001$，Cohen's $d=0.11$]、参加社会公益活动 [$t(4450)=3.61$，$p<0.001$，Cohen's $d=0.11$]、讨论政治问题 [$t(4450)=3.43$，$p<0.001$，Cohen's $d=0.10$]、了解时政要闻 [$t(4450)=11.41$，$p<0.001$，Cohen's $d=0.35$]、参加思政学习 [$t(4450)=13.85$，$p<0.001$，Cohen's $d=0.42$] 和主动了解政策 [$t(4450)=11.91$，$p<0.001$，Cohen's $d=0.37$] 上均存在城乡差异，城镇居民在这7个方面的政治参与得分显著高于农村居民。

表3-25 政治参与的城乡差异分析

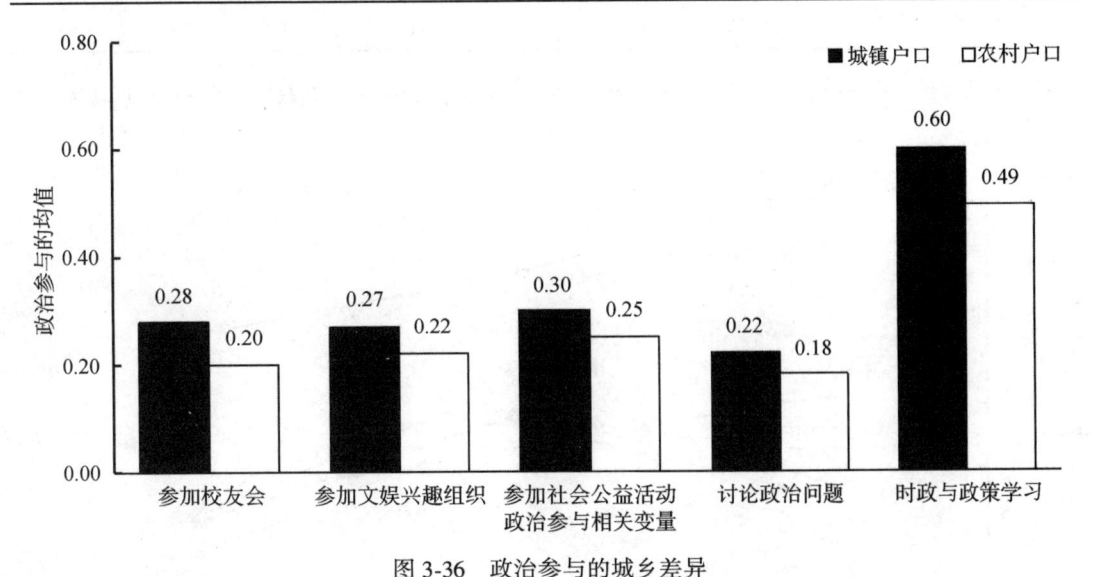

政治参与	城镇户口（$n=2746$） M	SD	农村户口（$n=1706$） M	SD	独立样本 t 检验 t	p
参加校友会	0.28	0.45	0.20	0.40	5.98	<0.001
参加文娱兴趣组织	0.27	0.45	0.22	0.42	3.77	<0.001
参加社会公益活动	0.30	0.46	0.25	0.44	3.61	<0.001
讨论政治问题	0.22	0.41	0.18	0.38	3.43	<0.001
时政与政策学习	3.39	0.94	2.97	0.92	14.65	<0.001

图3-36 政治参与的城乡差异

(5) 政治参与在政治面貌上的差异分析

采用单因素方差分析的方法，对政治参与在政治面貌上的差异进行分析，由于和中共党员、共青团员、群众相比，政治面貌为民主党派和其他的被试较少（$n=87$），在此次差异分析中除去政治面貌为民主党派和其他的居民数据。结果显示（见表3-26、

图3-37），参加校友会[$F(2,4362)=52.90$, $p<0.001$, $\eta_p^2=0.02$]、参加文娱兴趣组织[$F(2,4362)=67.74$, $p<0.001$, $\eta_p^2=0.03$]、参加社会公益活动[$F(2,4362)=49.56$, $p<0.001$, $\eta_p^2=0.02$]、讨论政治问题[$F(2,4362)=76.62$, $p<0.001$, $\eta_p^2=0.03$]和时政与政策学习[$F(2,4362)=409.63$, $p<0.001$, $\eta_p^2=0.16$]均在不同政治面貌居民间存在显著差异。具体而言，在参加校友会、参加文娱兴趣组织和讨论政治问题上，共青团员的得分显著高于中共党员，并显著高于政治面貌为群众的居民；在参加社会公益活动和时政与政策学习上，中共党员的得分显著高于共青团员，显著高于政治面貌为群众的居民得分。整体来说，政治面貌为群众的居民在政治参与上的得分最低。

表3-26 政治参与在政治面貌上的差异分析

政治面貌	样本量 $N=4365$	参加校友会 M	SD	排名	参加文娱兴趣组织 M	SD	排名	参加社会公益活动 M	SD	排名	讨论政治问题 M	SD	排名	时政与政策学习 M	SD	排名
A 中共党员	1060	0.30	0.46	2	0.25	0.43	2	0.39	0.49	1	0.23	0.42	2	3.86	0.84	1
B 共青团员	740	0.36	0.48	1	0.41	0.49	1	0.31	0.47	2	0.35	0.48	1	3.31	0.82	2
C 群众	2565	0.20	0.40	3	0.21	0.40	3	0.23	0.42	3	0.15	0.36	3	2.95	0.91	3
F		52.90			67.74			49.56			76.62			409.63		
p		<0.001			<0.001			<0.001			<0.001			<0.001		
η_p^2		0.02			0.03			0.02			0.03			0.16		
事后分析		B>A>C			B>A>C			A>B>C			B>A>C			A>B>C		

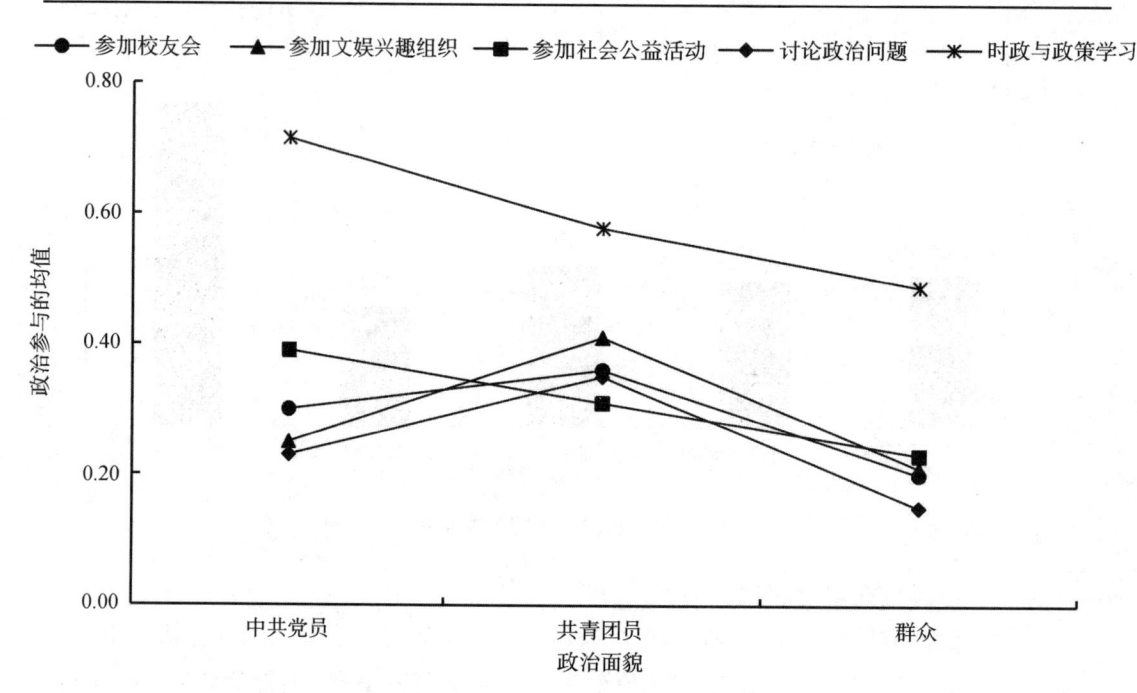

图3-37 政治参与在政治面貌上的差异

(6) 政治参与在受教育水平上的差异分析

采用单因素方差分析的方法，对政治参与在受教育水平上的差异进行分析。结果显示（见表3-27、图3-38），参加校友会 [$F(4,4447)=45.39, p<0.001, \eta_p^2=0.04$]、参加文娱兴趣组织 [$F(4,4447)=19.79, p<0.001, \eta_p^2=0.02$]、参加社会公益活动 [$F(4,4447)=19.17, p<0.001, \eta_p^2=0.02$]、讨论政治问题 [$F(4,4447)=24.77, p<0.001, \eta_p^2=0.02$] 和政治参与意愿 [$F(4,4447)=197.68, p<0.001, \eta_p^2=0.15$] 均在不同受教育水平个体间存在显著差异。具体而言，在参加校友会上，受教育水平为本科及以上的居民得分显著高于高中/中专、大专毕业的居民，显著高于初中毕业的居民，显著高于小学及以下毕业的居民；在参加文娱兴趣组织上，受教育水平为本科及以上的居民得分显著高于高中/中专、大专毕业的居民，显著高于初中、小学及以下毕业的居民；在参加社会公益活动上，受教育水平为高中/中专、大专、本科及以上的居民得分显著高于小学及以下、初中毕业的居民；在讨论政治问题上，受教育水平为本科及以上的居民得分显著高于小学及以下、初中、高中/中专、大专毕业的居民；在时政与政策学习上，受教育水平为本科及以上的居民得分显著高于大专毕业的居民，显著高于高中/中专毕业的居民，显著高于初中毕业的居民，显著高于小学及以下毕业的居民。

表 3-27 政治参与在受教育水平上的分析

受教育水平	样本量 N=4452	参加校友会 M	SD	排名	参加文娱兴趣组织 M	SD	排名	参加社会公益活动 M	SD	排名	讨论政治问题 M	SD	排名	时政与政策学习 M	SD	排名
A 小学及以下	276	0.05	0.22	5	0.14	0.35	5	0.14	0.35	5	0.09	0.29	5	2.34	0.82	5
B 初中	662	0.12	0.32	4	0.17	0.38	4	0.19	0.39	4	0.13	0.34	4	2.72	0.89	4
C 高中/中专	790	0.25	0.44	2	0.25	0.43	2	0.28	0.45	2	0.18	0.39	2	3.08	0.93	3
D 大专	766	0.25	0.43	2	0.24	0.42	3	0.31	0.46	2	0.16	0.37	3	3.31	0.92	2
E 本科及以上	1958	0.32	0.47	1	0.31	0.46	1	0.32	0.47	1	0.26	0.44	1	3.55	0.86	1
F		45.39			19.79			19.17			24.77			197.68		
p		<0.001			<0.001			<0.001			<0.001			<0.001		
η_p^2		0.04			0.02			0.02			0.02			0.15		
事后分析		E>C, D>B>A			E>C, D>B, A			C, D, E>A, B; E>C			E>A, B, C, D; C>A, B; D>A			E>D>C>B>A		

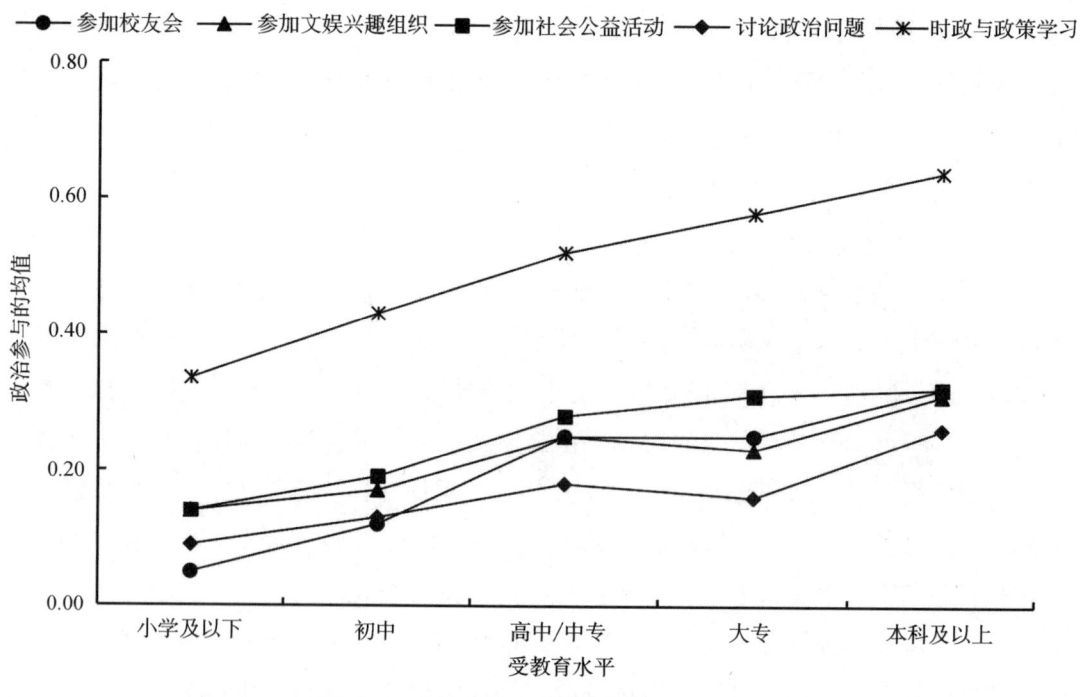

图 3-38 政治参与在受教育水平上的差异

(7) 政治参与在婚姻状况上的差异分析

采用独立样本 t 检验的方法，对政治参与在婚姻状况上的差异进行分析，由于和未婚、已婚相比，婚姻状况为离异（$n=99$）、丧偶（$n=67$）和其他（$n=29$）的被试较少，在此次差异分析中除去婚姻状况为离异、丧偶和其他的居民数据。结果显示（见表 3-28、图 3-39），参加校友会 [$t(4255)=8.50, p<0.001$]、参加文娱兴趣组织 [$t(4255)=1087, p<0.001$]、讨论政治问题 [$t(4255)=11.26, p<0.001$] 和时政与政策学习 [$t(4255)=2.58, p=0.01$] 均在不同婚姻状况个体间存在显著差异。具体而言，在参加校友会、参加文娱兴趣组织、讨论政治问题和时政与政策学习上，未婚居民的得分显著高于已婚居民。

表 3-28 政治参与在婚姻状况上的差异分析

政治参与	未婚（$n=1217$）		已婚（$n=3040$）		独立样本 t 检验	
	M	SD	M	SD	t	p
参加校友会	0.35	0.48	0.21	0.41	8.50	<0.001
参加文娱兴趣组织	0.38	0.48	0.20	0.40	10.87	<0.001
参加社会公益活动	0.30	0.46	0.27	0.45	1.89	0.06
讨论政治问题	0.33	0.47	0.16	0.37	11.26	<0.001
时政与政策学习	3.29	0.86	3.21	0.99	2.58	0.01

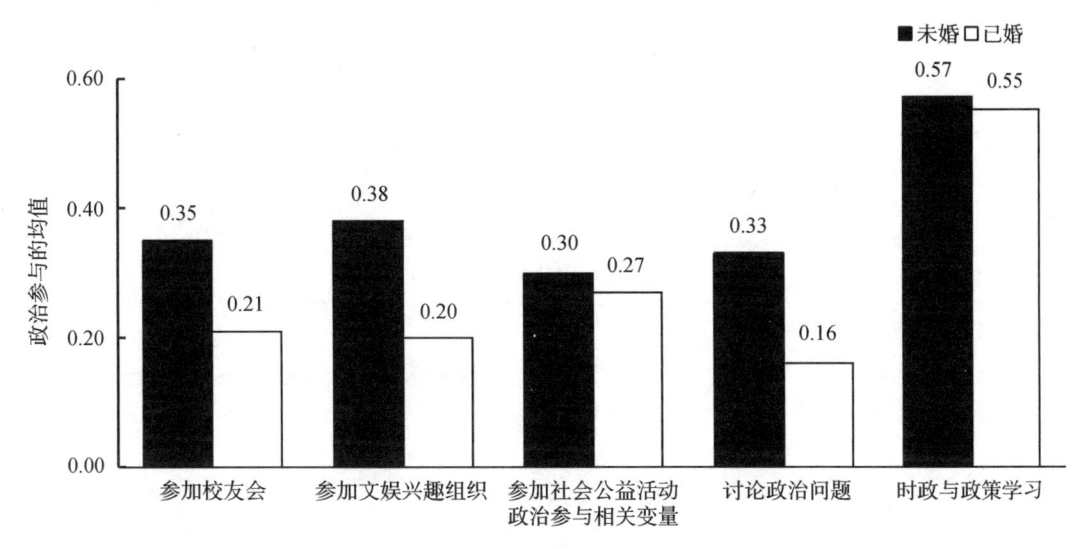

图 3-39 政治参与在婚姻状况上的差异

(8) 政治参与在主观社会阶层上的差异分析

采用单因素方差分析的方法,对政治参与在主观社会阶层上的差异进行分析。结果显示(见表 3-29、图 3-40),参加校友会 [$F(4,4447) = 10.76$, $p < 0.001$, $\eta_p^2 = 0.01$]、参加文娱兴趣组织 [$F(4,4447) = 8.99$, $p < 0.001$, $\eta_p^2 = 0.01$]、参加社会公益活动 [$F(4,4447) = 2.74$, $p = 0.03$, $\eta_p^2 = 0.002$]、讨论政治问题 [$F(4,4447) = 5.79$, $p < 0.001$, $\eta_p^2 = 0.01$] 和时政与政策学习 [$F(4,4447) = 22.20$, $p < 0.001$, $\eta_p^2 = 0.02$] 均在不同主观社会阶层个体间存在显著差异。具体而言,在参加校友会和时政与政策学习上,低阶层、中低阶层、中层、中高阶层和高阶层居民的得分依次显著提高;在参加文娱兴趣组织上,中高阶层、高阶层居民的得分显著高于中低阶层居民,显著高于低阶层居民;在参加社会公益活动和讨论政治问题上,中层居民的得分显著高于低阶层、中低阶层居民。

表 3-29 政治参与在主观社会阶层上的差异分析

社会阶层	样本量 N=4452	参加校友会 M	SD	排名	参加文娱兴趣组织 M	SD	排名	参加社会公益活动 M	SD	排名	讨论政治问题 M	SD	排名	时政与政策学习 M	SD	排名
A 低阶层	626	0.18	0.39	5	0.18	0.38	5	0.26	0.44	5	0.16	0.37	5	2.98	0.98	5
B 中低阶层	1683	0.23	0.42	4	0.24	0.43	4	0.26	0.44	3	0.18	0.38	4	3.17	0.97	4
C 中层	1947	0.28	0.45	3	0.29	0.45	2	0.31	0.46	1	0.23	0.42	2	3.33	0.93	2
D 中高阶层	162	0.36	0.48	1	0.31	0.47	1	0.30	0.46	2	0.22	0.42	3	3.54	0.94	1
E 高阶层	34	0.32	0.47	2	0.29	0.46	3	0.26	0.45	4	0.26	0.45	1	3.26	0.99	3

(续表)

社会阶层	样本量 $N=4452$	参加校友会			参加文娱兴趣组织			参加社会公益活动			讨论政治问题			时政与政策学习		
		M	SD	排名	M	SD	排名	M	SD	排名	M	SD	排名	M	SD	排名
F		10.76			8.99			2.74			5.79			22.20		
p		<0.001			<0.001			0.03			<0.001			<0.001		
η_p^2		0.01			0.01			0.002			0.01			0.02		
事后分析		D>C>B>A			C, D>B>A			C>A, B			C>A, B			D>C>B>A		

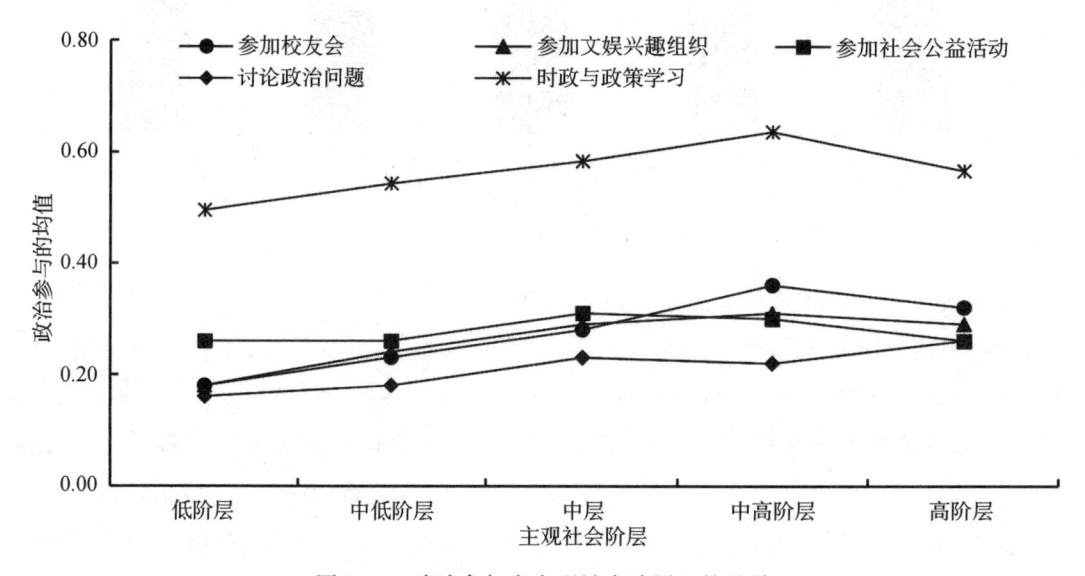

图 3-40 政治参与在主观社会阶层上的差异

(9) 政治参与在收入水平上的差异分析

采用单因素方差分析的方法，对政治参与在收入水平上的差异进行分析。结果显示（见表 3-30、图 3-41），参加校友会 [$F(4,4447)=5.48, p<0.001, \eta_p^2=0.005$]、参加文娱兴趣组织 [$F(4,4447)=5.87, p<0.001, \eta_p^2=0.005$]、参加社会公益活动 [$F(4,4447)=3.63, p=0.006, \eta_p^2=0.003$]、讨论政治问题 [$F(4,4447)=9.19, p<0.001, \eta_p^2=0.008$] 和时政与政策学习 [$F(4,4447)=44.05, p<0.001, \eta_p^2=0.04$] 均在不同收入水平的个体间存在显著差异。具体而言，在参加校友会上，中低收入居民的得分显著高于低收入、中收入和中高收入居民；在参加文娱兴趣组织上，低收入居民的得分显著高于中低收入、中收入和中高收入居民；在参加社会公益活动上，低收入、中低收入和中收入居民的得分显著高于高收入居民；在讨论政治问题上，低收入、中收入和中高收入居民的得分显著高于中低收入居民；在时政与政策学习上，中收入、中高收入、高收入居民的得分显著高于中低收入居民，显著高于低收入居民。

表 3-30 政治参与在收入水平上的差异分析

收入水平	样本量 N=4452	参加校友会 M	SD	排名	参加文娱兴趣组织 M	SD	排名	参加社会公益活动 M	SD	排名	讨论政治问题 M	SD	排名	时政与政策学习 M	SD	排名
A2000元以下	1049	0.26	0.44	4	0.31	0.46	1	0.27	0.44	3	0.25	0.44	1	2.99	0.92	5
B2000~4999元	1812	0.22	0.41	5	0.23	0.42	4	0.28	0.45	2	0.16	0.37	5	3.16	0.95	4
C5000~9999元	1291	0.28	0.45	3	0.25	0.43	3	0.31	0.46	1	0.21	0.41	4	3.47	0.94	2
D1万~1.9万元	215	0.30	0.46	2	0.23	0.42	5	0.23	0.42	4	0.23	0.42	2	3.43	1.00	3
E2万元及以上	85	0.31	0.46	1	0.26	0.44	2	0.16	0.37	5	0.22	0.42	3	3.50	0.88	1
F		5.48			5.87			3.63			9.19			44.05		
p		<0.001			<0.001			0.006			<0.001			<0.001		
η_p^2		0.005			0.005			0.003			0.008			0.04		
事后分析		A，C，D>B			A>B，C，D			A，B，C>E；C>A，D			A，C，D>B；A>C			C，D，E>B>A		

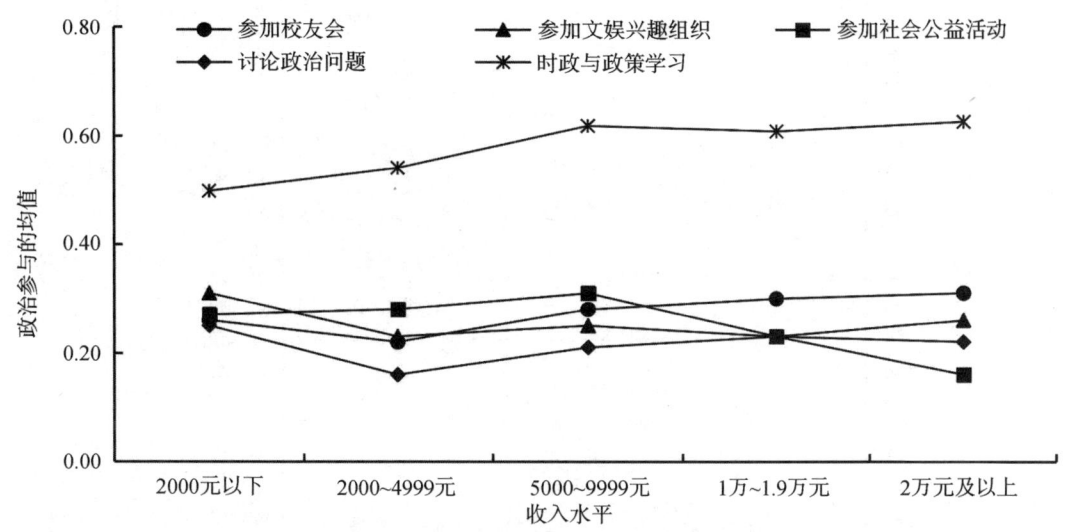

图 3-41 政治参与在收入水平上的差异

3.3 居民政治态度、政治信任与政治参与相关分析

对政治态度、政治信任、政治参与各维度进行相关分析，结果显示（见表 3-31），除社会支配倾向和选举参与二者外，所有维度均两两显著相关（$r=-0.28\sim0.76$，$ps<0.001$）。除政治淡漠、社会支配倾向与其他维度呈负相关关系外，其他均为正相关关系。整体来看，各模块内部部分变量间相关水平较高，如国家认同与共同体意识、政府信任与党和国家工作满意度与地方政府工作满意度、了解时政要闻、参加思政学习及主动了解政策；各模块变量之间基本为弱相关关系，但国家认同和共同体意识与政治信任各层面间的相关水平较高。

表 3-31　政治态度、政治信任、政治参与各层面的相关分析

变量	A1	A2	A3	A4	B1	B2	B3	C1	C2	C3	C4
A1 政治淡漠	1										
A2 社会支配倾向	0.28***	1									
A3 国家认同	-0.19***	-0.29***	1								
A4 共同体意识	-0.19***	-0.32***	0.76***	1							
B1 政府信任	-0.14***	-0.11***	0.32***	0.27***	1						
B2 党和国家工作满意度	-0.17***	-0.18***	0.44***	0.40***	0.52***	1					
B3 地方政府工作满意度	-0.10***	-0.06***	0.28***	0.23***	0.60***	0.59***	1				
C1 了解时政要闻	-0.26***	-0.12***	0.11***	0.13***	0.06***	0.09***	0.05***	1			
C2 参加思政学习	-0.25***	-0.05***	0.09***	0.09***	0.17***	0.15***	0.14***	0.50***	1		
C3 主动了解政策	-0.28***	-0.11***	0.14***	0.13***	0.16***	0.16***	0.13***	0.67***	0.64***	1	
C4 选举参与	-0.14***	-0.03	0.14***	0.10***	0.16***	0.15***	0.17***	0.16***	0.24***	0.24***	1

注：A 代表政治态度模块，B 代表政治信任模块，C 代表政治参与模块。C4 选举参与由居民选举参与经历和参与意愿情况赋分后加和得出，参与经历中投过票=2，没投过票=1，没有投票资格=0；参与意愿中愿意参与=1，不愿意参与=0。

*$p<0.05$，**$p<0.01$，***$p<0.001$，下同。

3.4 居民政治态度、政治信任对政治参与的预测

为进一步探究居民的政治态度、政治信任、政治参与间的关系,对数据进行回归分析。以政治信任为因变量,以政治态度为自变量,以基础人口学变量为控制变量建立回归模型,结果显示(见表3-32),居民的政治淡漠显著负向预测政府信任($\beta = -0.06$, $p<0.001$)、党和国家工作满意度($\beta=-0.05$, $p<0.001$)和地方政府工作满意度($\beta=-0.04$, $p<0.001$);居民的国家认同、共同体意识显著正向预测政府信任($\beta=0.28$, $p<0.001$;$\beta=0.07$, $p=0.01$)、党和国家工作满意度($\beta=0.30$, $p<0.001$;$\beta=0.16$, $p<0.001$)和地方政府工作满意度($\beta=0.28$, $p<0.001$;$\beta=0.06$, $p=0.048$)。

表3-32 政治态度和政治信任回归模型结果

预测变量	政府信任 β	SE	t	党和国家工作满意度 β	SE	t	地方政府工作满意度 β	SE	t
政治淡漠	-0.06	0.01	-5.00***	-0.05	0.01	-5.62***	-0.04	0.01	-3.47***
社会支配倾向	0.01	0.02	0.48	-0.02	0.02	-1.50	0.03	0.02	1.66
国家认同	0.28	0.02	12.09***	0.30	0.02	15.09***	0.28	0.03	11.10***
共同体意识	0.07	0.03	2.55*	0.16	0.02	7.08***	0.06	0.03	2.16*
性别	0.07	0.02	3.28**	-0.002	0.02	-0.12	0.01	0.02	0.23
年龄	-0.002	0.001	-2.27*	0.000	0.001	-0.54	-0.003	0.001	-2.89**
地区	0.04	0.01	3.28**	0.04	0.01	3.89***	0.02	0.01	1.84
户口状况	-0.02	0.01	-1.84	0.01	0.01	1.25	0.01	0.01	0.71
政治面貌	-0.02	0.01	-1.66	-0.02	0.01	-1.84	-0.01	0.01	-0.76
受教育水平	-0.02	0.01	-2.16*	-0.02	0.01	-2.54*	-0.04	0.01	-3.67***
婚姻状况	0.02	0.02	0.98	-0.004	0.02	-0.24	-0.03	0.02	-1.25
主观社会阶层	0.11	0.01	7.90***	0.06	0.01	4.70***	0.16	0.02	10.62***
收入水平	0.003	0.01	0.21	-0.01	0.01	-0.94	-0.03	0.01	-1.92
R		0.36			0.47			0.33	
R^2		0.13			0.22			0.11	
F		50.62***			97.05***			42.92***	

以时政与政策学习(了解时政要闻、参加思政学习、主动了解政策)为政治参与因变量的指标,分别以政治态度、政治信任为自变量,以基础人口学变量为控制变量建立回归模型,结果显示(见表3-33),居民的政治淡漠显著负向预测时政与政策学习($\beta=-0.21$, $p<0.001$),居民的国家认同显著正向预测其时政与政策学习($\beta=0.11$, $p<0.001$);居民的政治信任、党和国家工作满意度显著正向预测其时政与政策学习(β

= 0.10, p < 0.001；β = 0.15, p < 0.001）。将政治态度和政治信任同时纳入模型中后，关键变量间的关系模式不变。

表 3-33 政治态度、政治信任和政治参与回归模型的非标准化系数结果

预测变量	时政与政策学习 β	SE	t	时政与政策学习 β	SE	t	时政与政策学习 β	SE	t
政治淡漠	-0.21	0.01	-16.41***				-0.20	0.01	-15.72***
社会支配倾向	0.01	0.02	0.71				0.01	0.02	0.71
国家认同	0.11	0.03	4.16***				0.06	0.03	2.18*
共同体意识	0.06	0.03	1.86				0.04	0.03	1.25
政府信任				0.10	0.02	4.81***	0.08	0.02	3.52***
党和国家工作满意度				0.15	0.02	6.41***	0.07	0.02	2.95**
地方政府工作满意度				0.02	0.02	1.14	0.03	0.02	1.63
性别	-0.25	0.03	-9.81***	-0.24	0.03	-9.52***	-0.25	0.03	-10.08***
年龄	0.003	0.001	2.62**	0.004	0.001	2.97**	0.003	0.001	2.90**
地区	0.003	0.01	0.25	-0.01	0.01	-0.74	-0.003	0.01	-0.22
户口状况	-0.07	0.02	-5.04***	-0.06	0.02	-4.13***	-0.07	0.02	-5.04***
政治面貌	0.23	0.02	-15.52***	-0.24	0.02	-16.09***	-0.22	0.02	-15.39***
受教育水平	0.18	0.01	15.37***	0.21	0.01	17.29***	0.19	0.01	15.84***
婚姻状况	0.003	0.02	0.14	-0.004	0.03	-0.16	0.003	0.02	0.13
主观社会阶层	0.07	0.02	4.09**	0.05	0.02	2.99**	0.05	0.02	2.98**
收入水平	0.05	0.02	3.56***	0.05	0.02	2.93**	0.05	0.02	3.68***
R		0.55			0.51			0.56	
R^2		0.30			0.27			0.31	
F		146.86***			133.16***			125.24***	

以选举参与（居民选举参与经历和参与意愿情况赋分后加和得出）为政治参与因变量的指标，分别以政治态度、政治信任为自变量，以基础人口学变量为控制变量建立回归模型，结果显示（见表 3-34），居民的政治淡漠显著负向预测选举参与（β = -0.16, p < 0.001），居民的社会支配倾向和国家认同显著正向预测其选举参与（β = 0.10, p < 0.001；β = 0.30, p < 0.001）；居民的政府信任、党和国家工作满意度、地方政府工作满意度显著正向预测其时政与政策学习（β = 0.11, p = 0.001；β = 0.09, p = 0.01；β = 0.16, p < 0.001）。将政治态度和政治信任同时纳入模型中后，居民的共同体意识显著负向预测其时政与政策学习（β = -0.10, p = 0.03），党和国家工作满意度的预测作用不再显著（β = 0.02, p = 0.61）。

表 3-34　政治态度、政治信任和选举参与回归模型的非标准化系数结果

预测变量	选举参与 β	SE	t	选举参与 β	SE	t	选举参与 β	SE	t
政治淡漠	-0.16	0.02	-8.07***				-0.15	0.02	-7.49***
社会支配倾向	0.10	0.03	3.25***				0.10	0.03	3.11**
国家认同	0.30	0.04	7.22***				0.23	0.04	5.38***
共同体意识	-0.08	0.05	-1.74				-0.10	0.05	-2.13*
政府信任				0.11	0.03	3.23**	0.08	0.03	2.31*
党和国家工作满意度				0.09	0.04	2.53*	0.02	0.04	0.52
地方政府工作满意度				0.16	0.03	4.97***	0.16	0.03	5.03***
性别	-0.08	0.04	-2.07*	-0.07	0.04	-1.91	-0.09	0.04	-2.24*
年龄	0.01	0.002	6.47***	0.01	0.002	6.99***	0.01	0.002	6.90***
省区	0.00	0.02	-0.12	-0.02	0.02	-0.97	-0.01	0.02	-0.48
户口状况	-0.06	0.02	-2.45*	-0.04	0.02	-1.81	-0.06	0.02	-2.47*
政治面貌	-0.26	0.02	-11.32***	-0.26	0.02	-11.52***	-0.25	0.02	-11.25***
受教育水平	0.02	0.02	0.84	0.04	0.02	2.18*	0.02	0.02	1.32
婚姻状况	0.07	0.04	1.87	0.07	0.04	1.96	0.07	0.04	1.97*
主观社会阶层	0.17	0.02	6.76***	0.14	0.03	5.47***	0.13	0.03	5.32***
收入水平	-0.01	0.02	-0.54	-0.02	0.02	-0.68	-0.01	0.02	-0.36
R		0.33			0.32			0.35	
R^2		0.11			0.10			0.12	
F		40.31***			42.10***			38.13***	

4 讨论

4.1 居民政治心理的基本特征

本研究将政治心理区分为政治态度、政治信任和政治参与三个方面，其中政治态度又分为个体性态度（包括政治淡漠、社会支配倾向）和群体性态度（国家认同、共同体意识），政治信任又分为对各级政府的信任和工作满意度，政治参与又分为政治和社会团队参与、时政与政策学习、选举行为及意愿。总体来看，在群体性政治态度上，我国居民的国家认同和共同体意识水平非常高，表现为绝大多数人都在高分一端，平均分接近满分；在个体性政治态度上，不管是政治淡漠还是社会支配倾向，我国居民的得分接近中位数，也基本呈正态分布。这表明个体性态度和群体性态度对描述我国

居民的政治态度具有不同的意义。相较于个人主义的个体性政治态度，国家认同和共同体意识这样的群体性政治态度更能体现中国居民具有家国情怀的政治心理特点。在政治信任上，我国居民的政治信任水平较高，存在差序政治信任，即对中央政府的信任和满意度明显高于对地方政府（及更低层级政府）的信任和满意度，该结果重现了以往大量研究的发现（王正绪，2022），表明即使我国居民在现代化进程中变得更有批判性的背景下，总体的政治信任仍然延续了中国的本土特征。在政治参与上，中国居民的拥护性参与高于批判性参与，基层选举的参与意愿比实际的选举参与行为还要高。这些特征既是我国基本政治制度与规范的反映，又是居民所具有的以家国情怀为核心的政治态度在政治参与上的表现。综上，如果将我国居民各个层面的政治心理看作一个总体的"民心"，那么这种"民心"反映了居民对我国的政治制度和政治实践具有较高的认同，国家和政府所推行的"民心政治"经得起检验并得到拥护（刘伟，肖舒婷，2023；张良驯，郭元凯，2020）。

4.2 居民政治心理的群体差异

我国居民政治心理的各个方面在不同的人口学变量上存在群体差异。在性别差异方面，不管是国家认同和共同体意识水平两种群体性政治态度，还是政治信任，虽然男性和女性都处于很高的水平，但女性均高于男性，而在讨论政治问题和了解时政要闻等参政议政的政治参与方面，男性高于女性，这可能反映了男女在家国情怀具体表现上的差异，女性注重情感和归属，男性注重理性和认知。在政治面貌差异方面，相对于团员和群众，党员政治淡漠得分更低，社会支配倾向得分更低，国家认同水平更高，他们也有更高的政治信任和政府工作满意度，并且更多地参加公益，更多地进行时政与政策学习；而团员的国家认同相对低一些，但在社会团队参与方面更多，这反映了青年的特点。在年龄差异方面，18~19岁群体的政治淡漠和社会支配倾向得分更低，国家认同和政治信任得分也较低，但政治参与（除参加社会公益外）得分较高，与团员的特点一样，可能反映了青年的特点，他们更具有权利意识和批判性，政治参与意识高涨；40~49岁群体具有较高的政治参与水平，50~59岁群体具有较低的政治信任水平；除此以外，如果不考虑差异的显著性，在年龄的总体趋势上，呈现出较高年龄的群体政治态度较积极、政治信任水平较高，但政治参与水平较低的情况。在户口和婚姻状况的群体差异方面，农村和已婚群体的国家认同和政治信任水平较高，城市和未婚群体的政治参与水平较高。地区差异方面，不同地区几乎不存在有意义的政治心理差异。

最值得讨论的群体差异出现在社会阶层这一综合性变量上，包括收入水平和受教育水平这两个客观社会阶层指标，以及主观社会阶层指标。首先，在个体性政治态度方面，综合社会阶层（收入和主观阶层）越高，越表现出政治淡漠，社会支配倾向也越高，但受教育水平越高，政治淡漠越低，这可能反映了不同受教育群体在政治意识上的差异。其次，在群体性政治态度方面，客观的中间阶层（中高受教育水平和中低收入）比高阶层国家认同水平更高，且主观阶层最高的一组国家认同明显更低，这反映了中间阶层对国家有更强的归属感和认同感。再次，在政治信任方面，客观社会阶层越高对政府工作满意度越低，主观阶层越高对政府工作满意度越高，这可能是由于客观社会阶层越高对政府工作越具有监督意识和批判性，而主观阶层越高越能够将自我发展和生活的满意度扩展到或归因为社会发展因素和政府的工作成效方面。最后，在政治参与方面，不管是受教育水平，还是主观社会阶层，都是阶层越高，社会和政治参与越多（个别指标存在低阶层高参与及高阶层参与降低），这可能反映了一种综合的政治参与效能感。综上，社会阶层对政治心理的影响，是批判性公民与政治效能感两方面相结合的产物，即高阶层更具有政治意识和对政治的批判性，但同时高阶层具有更强的政治效能感。这些政治心理的阶层差异与以往的研究存在一致，如中间阶层的居民在政治心理上存在矛盾性，他们既是社会稳定和政治认同的主要群体，但又因为权利意识和生活压力而对政治治理有更高的期待（邹宇春等，2020）。因此，虽然他们的国家认同水平高，但政治参与却不高。

4.3 居民政治态度对政治信任和政治参与，及政治信任对政治参与的预测作用

如前所述，基于对政治态度、政治信任和政治参与的区分，本研究基于民本主义的理论框架预测政治态度总体上预测政治信任和政治参与，政治信任预测政治参与，但群体性的政治态度比个体性政治态度对政治信任和政治参与的预测作用更大。结合差序政治信任的理论，进一步假设群体性政治态度对宏观的政治信任（对中央政府的信任）和制度性政治参与预测作用更大，个体性政治态度对地方政府的政治信任和非制度性政治参与的预测作用更大。

研究发现，我国居民政治态度对政治信任和政治参与，以及政治信任对政治参与均有显著的预测作用。具体来说，在政治态度对政治信任的预测作用方面，作为群体性政治态度的国家认同和共同体意识对政治信任的各个指标均有显著的预测作用，尤其是国家认同的预测作用都很大，而作为个体性政治态度的政治淡漠对政治信任的各个指标虽然预测作用也显著，但具体数值并不大，作为个体性政治态度的社会支配倾向对政治信任的各个指标预测作用则均不显著。

在政治态度对政治参与的预测作用方面，作为个体性政治态度的政治淡漠比作为群体性政治态度的国家认同对非制度性政治参与（时政与政策学习）的预测作用更大；对于制度性政治参与（选举参与的意愿和行为），所有个体性政治态度和群体性政治态度四种指标的预测作用均显著，其中作为群体性政治态度的国家认同预测作用最大，

作为群体性政治态度的共同体意识和个体性政治态度的政治淡漠预测作用也比较大。最后，地方政府工作满意度对制度性政治参与（选举参与的意愿和行为）预测作用较大。这些研究发现总体上支持了假设，表明我国居民的政治心理可以从政治态度、政治信任和政治参与三个方面，以及宏观和微观两个层次进行差序分析。具体而言，群体性的政治态度预测中央政府信任和制度性政治参与；个体性的政治态度预测地方政府信任进而预测非制度性政治参与。如果把前者称为宏观群体性政治心理机制，后者称为微观个体性政治心理机制，那么宏观群体性政治心理机制对我国居民是更基础更重要的政治心理机制。

4.4 基于家国情怀的中国居民政治心理机制

本研究的结果在总体上支持了基于民本主义理论框架对我国居民政治心理的系统理论建构。该理论表明，虽然我国居民的政治心理也可以看作一个个具有内在政治倾向性的独立个体，采用西方政治心理研究的方式进行研究（马得勇，王丽娜，2015），但更应该看到我国居民的政治生活首先是基于群体性家国情怀的独特特征。相比于个体的政治倾向性，我国居民在群体上的政治认同更能代表他们的政治心理。

为了与西方个人主义的政治心理理论相区分，我们把本研究所建构并得到初步检验的中国政治心理理论框架称为"基于家国情怀的中国居民政治心理机制"理论，该理论主要包括以下内容：（1）中国居民的政治心理包括政治态度、政治信任和政治参与三个方面，每个方面都可以从宏观和微观两个角度进行分析。政治态度有群体性的政治态度，如国家认同和共同体意识等，也有个体性的政治态度，如政治淡漠和社会支配倾向等；政治信任有宏观的政治信任，表现为对中央政府的信任和对中央政府的工作满意度，也有微观的政治信任，表现为对各种地方政府和公共部门的信任及其工作的满意度；政治参与有制度性的政治参与，如选举参与，也有非制度性的政治参与，如自主的时政与政策学习。（2）中国居民具有厚重的家国情怀，在宏观的政治心理上表现为较高的政治认同，包括在群体性政治态度上具有较高的国家认同和共同体意识，对中央政府及其工作有较高的信任和满意度，在制度性政治参与上有较高的参与意愿和拥护性行为。（3）中国居民的政治心理机制包括宏观和微观两个层面，宏观层面为主，微观层面为辅。在宏观层面上，群体性政治态度（即国家认同）是政治信任（尤其是宏观的政治信任）和制度性政治参与的基础，它的高水平奠定了中国居民政治认同和政治治理卓有成效的主旋律。在微观层面上，个体性政治态度（如政治淡漠）对微观政治信任（地方政府信任和地方政府工作满意度）和非制度性政治参与具有一定的影响，加之现代化和西方政治文化的影响，出现了注重政治权利意识和侧重批判性监督的政治意识和心理，但这个成分仍然是以宏观上的高政治认同和政治信任为基础的，中国居民的政治心理不能以西方式的批判性公民理论来理解（王正绪，2022；王正绪，赵建池，2021）。

4.5 基于居民政治心理对政治治理的政策建议

"民心是最大的政治"，这是中国共产党治国理政实践中总结出来的最核心的政治文化与政治智慧（刘伟，肖舒婷，2023），它与中国传统民本主义政治文化一脉相承（王正绪，赵建池，2021）。新时代居民的政治心理调查是当前中国居民"民心"在政治生活方面的现状系统描述，为政府理解和把握"民心"提供了科学依据，对政府的政治治理具有一定的借鉴意义。在上述我国居民政治心理的理论建构与调查结果分析的基础上，本研究提出如下政策建议：

首先，坚决落实"执政为民"的政治治理理念。虽然我国居民具有高水平的国家认同和政治信任，以及高水平的拥护性政治参与，并且这种高政治认同非常坚固不易动摇，但这些高水平的政治认同恰恰是以"执政为民"为前提的。因此，必须始终将"民心所向"作为执政目标，切实把老百姓的利益放在第一位，切实解决好老百姓的需求。

其次，协调好民族复兴的伟业与美好生活的志业之间的关系。中国居民的政治心理具有宏观与微观两个层面，且宏观层面为主，微观层面为辅。在宏观层面，我国居民具有较高水平的国家认同、共同体意识和中央政府信任。因此，国家要在宏观层面继续高举民族复兴的伟大旗帜，铸牢中华民族共同体意识，尽早实现祖国统一大业，在国际更好地树立中国的和平大国形象。在微观层面，我国居民对更低层级的政府信任逐级降低，但批判性政治参与较少，表明越是低层级政府部门的治理越需要细化，越是基层老百姓的民生需求越应得到充分的满足。因此，地方政府要把保障民生和惠民政策落到实处，切实满足人民群众的美好生活需求，坚决持续打击腐败，增加居民监督地方政府的渠道。

最后，随着现代化和政治文化变迁，中国居民在保持高政治认同的同时，越来越多的居民个体权利意识加强，政治参与意识高涨，批判性政治参与增强，这种特点需要给予重视和正确对待。要看到绝大多数居民的政治参与意识是以高认同和积极拥护为主的，批判性的政治参与不是为了与政府对抗，而是一种家国情怀的理性表现，因此政府要对此保持一种虚心和开放的心态，主动倾听老百姓的心声，为老百姓的参政议政（尤其是批评性的监督）提供更多的支持、机会和保护。

参考文献

陈立鹏，薛璐璐. (2021). 基于心理测量学的中华民族共同体意识量表的编制. *中南民族大学学报（人文社会科学版）, 41*(2), 30-38.

胡荣，段晓雪. (2023). 农民的民生保障获得感、政府信任与公共精神. *西北农林科技大学学报（社会科学版),23(2),103-112.

李炜. (2018). 中等收入群体的价值观与社会政治态度. 华中科技大学学报(社会科学版),32(6),1-10.

李文岐,张梦园,寇彧. (2018). 个体的政治倾向及其变化机制. 心理科学进展,26(3),549-559.

林健,肖唐镖. (2021). 社会公平感是如何影响政治参与的?——基于CSS2019全国抽样调查数据的分析. 华中师范大学学报(人文社会科学版),60(6),10-20.

刘建平,杨钺. (2018). 政治信任:心理学视角下的前因后果. 心理学探新,38(2),171-177.

刘取芝,孙其昂,施春华,陈友庆. (2013). 政治意识形态:影响因素、心理机制及作用. 心理科学进展,21(11),2073-2081.

刘伟,彭琪. (2021). 政府满意度、生活满意度与基层人大选举参与——基于2019年"中国民众政治心态调查"的分析. 政治学研究,(2),53-65.

刘伟,肖舒婷. (2023). "民心政治"的实践与表达——兼论中国政治心理学研究的拓展. 政治学研究,(2),99-114.

马得勇,王丽娜. (2015). 中国网民的意识形态立场及其形成:一个实证的分析. 社会,35(5),142-167.

斯达纽斯,普拉图. (2011). 社会支配论(刘爽,罗涛,译). 北京:中国人民大学出版社.

王沛,吴薇,谈晨皓. (2017). 社会支配倾向研究的回顾与展望. 心理科学,40(4),992-996.

王正绪. (2022). 政治信任研究:民本主义的理论框架. 开放时代,(2),179-193.

王正绪,赵健池. (2021). 民本贤能政体与大众政治心理:以政治信任为例. 开放时代,(4),139-156.

张海东,刘晓瞳. (2019). 我国居民阶层地位认同偏移对社会政治态度的影响. 福建论坛·人文社会科学版,(9),80-94.

张良驯,郭元凯. (2020). 青年政治认同与政治参与研究. 人民论坛(6月下),76-79.

张跃,丁毅,杨沈龙,解晓娜,郭永玉. (2022). 社会不平等如何影响低地位者的系统合理信念. 心理科学进展,30(7),1627-1650.

邹宇春,李建栋,张丹. (2020). 主观中间阶层的各级政府信任与主观幸福感的关系研究. 华中科技大学学报(社会科学版),34(6),18-29.

Li, L. (2004). Political trust in rural China. *Modern China, 30*(2), 228-258.

Li, L. (2013). The magnitude and resilience of trust in the center: Evidence from interviews with petitioners in Beijing and a local survey in Rural China. *Modern China, 39*(1), 3-36.

Li, L. (2016). Reassessing trust in the central government: Evidence from five national surveys. *The China Quarterly, 225*, 100-121.

第四章　新时代居民文化心理报告

陈文锋　谢灏

摘要：文化价值观是文化心理的核心。过往研究普遍认为经济增长带来个人主义的上升与集体主义的下降，也有研究指出集体主义在中国文化价值观中仍然保留。但是国内目前对此研究尚不深入。本研究在规范性与个人主义—集体主义双维度文化价值观的视角下考察了中国新时代居民的文化心理。基于全国29个省市自治区的文化价值观调查结果，我们发现：（1）中国整体上为有较高集体主义的文化和紧文化，在教育上倾向于培养独立性等特质；（2）文化价值观的双维度模型得到验证；（3）文化价值观具有显著的区域、年龄和经济发展水平差异；（4）文化价值观能够显著预测居民的文化认同和传统文化实践活动。这些结果为相关领域提供了可供参考的指标，对进一步认识、探析中国人心理具有一定的启示意义。

关键词：文化价值观，自我建构，权威主义，文化松紧性，区域文化差异

1 研究背景

1.1 引子：文化心理的层次与变迁

文化是指一个相对稳定的、由社会成员共有的价值观、信仰、规范、传统和器物所组成的多层次结构（朱秀梅等，2022）。文化心理指文化条件下独特的心理行为表现（田浩，2006；钟年，谢莎，2014）。从社会心理学视角看，不同民族国家的文化心理有其固有的文化心理结构。这种结构的核心在于文化价值观，即为社会大多数成员所信奉和倡导的信念（赵向阳等，2015）。文化价值观是一个从国家层面到群体、团体层面的多层次概念（Hutzschenreuter et al.，2020），并且能够在个体层面上体现出来（Triandis，2001）。因此，本报告主要以文化价值观作为主要内容并结合个体的文化认同和文化实践作为文化心理的测量指标，换言之，这里考察的是个体层面的文化心理，而非国家层面的文化心理。

文化价值观可被划分为各种维度。其中，发端于现代化理论的个人主义－集体主义维度在文化心理学，尤其是社会变迁领域有很大影响（蔡华俭等，2020）。一般认为，集体主义主要流行于传统社会，而个人主义主要流行于现代社会。但是研究也表明，传统和现代并非绝对对立，传统性的很多方面在现代社会同样存在（高旭繁，杨国枢，2011）。传统上一般将西方社会与东亚社会分别视为个人主义与集体主义文化原型。随着近几十年来全球化和互联网带来的广泛社会变迁，个人主义－集体主义不再是东西方泾渭分明的特征，甚至在同一个文化下不同区域也表现出不同的变迁。

文化价值观的维度理论更多地关注于宏观层面的共同价值观，而文化价值观同时也存在国家内部地区间的差异（朱秀梅等，2022）以及个体差异（苏红，任孝鹏，2014）。从社会进化的角度来看，人类文化是人类社会适应环境的结果。例如，在相对恶劣的环境下，有利于集体力量应对恶劣环境的集体主义文化会占据优势（Chiao & Blizinsky，2010）。因此，环境的变化，特别是长期变化，会带来文化的变迁，这是文化变迁研究的基本前提。环境的变化既包括历史意义上的时代变迁，也包括历时相对较短的关键事件（如生态灾难、流行病以及政治、经济事件等）带来的波动。这种短期的环境变化也会引起人类文化的短期调整（Hills et al.，2019）。例如，1929—1933 年大萧条时期的美国青少年表现出集体主义的增加，而个人主义（如物质主义）减少（Park et al，2014）。Wu 等人（2018）基于 2010—2016 年期间新浪微博活跃用户的行为足迹的大数据分析，发现微博用户的集体主义在 2011—2012 年的经济衰退期表现出峰值；而在 2013—2016 年经济回到常态时，集体主义也回到了常态。

病原体假说指出，传染病的发生能够促进群体性的增强（Schaller & Murray，2008），从而促进集体主义的上升。这提醒我们新冠疫情可能对文化变迁有影响。随着疫情防控告一段落，中国居民的文化价值观模式可能较以往存在一定的变化。因此，及时考察中国居民的文化价值观结构形态尤具意义。这是因为新冠疫情还带来经济形势的变化，而文化价值观的转变也可能来自于经济形势变化的影响：经济增长带来个人需求的上升，相对应地提高了个人主义水平；与之相反，经济资源不充分时则会促进集体主义的增强（van de Vliert et al.，2013）。这种文化价值观会有随经济变化的趋势，而且它也可能体现为不同经济发展水平区域间的文化差异（马欣然等，2016）。

疫情前的研究表明，世界范围内的变迁趋势体现为个人主义上升、集体主义下降（蔡华俭等，2020）。那么疫情后是否仍然是这样的模式呢？本报告以近 30 年文化心理学领域中最受关注的个人主义－集体主义维度作为指标，基于普通民众的个体微观层面探讨疫情后我国居民的文化价值观特点及其相关因素。

1.2 个人主义－集体主义文化维度

个人主义－集体主义维度是很多文化理论衡量文化差异的最重要维度之一（黄梓航

等，2018；Hofstede，2001)，它强调社会中个人与群体的关系，主要反映出个体如何处理个人目标和群体目标的关系。个人主义强调个体独立于集体，个人目标优先于他人目标；集体主义认为集体由紧密联系的个体组成，更重视集体，优先考虑集体目标。

Hofstede（1980，2001）的文化维度理论提供了一个框架来描述国家文化对其成员价值观的影响及其与文化中的个体行为的关系，侧重于从群体层面分析个人主义–集体主义。Triandis（2001）综合前人的观点，将个人主义–集体主义概念从群体拓展到个体层面，用它来描述个体的文化价值观，而非国家或民族的文化，强调个人主义–集体主义是与个人–群体关系有关的人格结构。个体层面上个人主义–集体主义的常见测量工具是自我建构量表（SCS）（Singelis，1994）。

自我建构（Self-Construal）是对自我与他人和周围世界的关系的感知。自我建构包含两个方面：独立我（独立型自我建构）和互依我（依存型自我建构）。前者强调自身独特性，追求个人独立，而后者强调自身与他人的联系，追求良好的人际关系（Markus & Kitayama，1991）。传统观点认为，西方是个人主义盛行的地方，个体拥有更多的独立型自我建构，而东亚则更多为互依型自我建构。研究普遍发现，随着时代的变化，中国人的独立型自我建构不断上升（徐江等，2015；Hamamura & Xu，2015；Yu et al.，2016）。但是，在这些研究中，并没有观察到普遍的互依我下降的趋势（徐江等，2015）。

个体层面上的集体主义往往与个体的权威观念密切相关（陆铭，陆屹洲，2023）。权威观念是权威主义取向的表现，这种取向甚至被认为是中国人的国民性（Chien，2016）。杨国枢认为权威主义取向被定义为下属服从、合作或融入权威人物的倾向。高权威主义者倾向于服从当局，对失范者采取攻击性态度并坚持传统价值观（Altemeyer，1998）。中国人的权威取向常表现为权威敏感、权威崇拜和权威依赖（刘文丽，2019）。中国整体上是权威主导的，同时能够保留强烈的个体意识（Dien，1999）。部分研究显示了权威主义的积极作用，如，权威主义领导对创造力的积极影响（Zhao et al.，2022），尤其关注到了权威主义在中国组织中的积极作用（Chen & Farh，2010）。

1.3 个人主义–集体主义文化的多维结构

Triandis 综合前人的观点，在个人主义–集体主义概念上又提出包含垂直–平行维度的多维结构观，将个人主义、集体主义进一步细分为四因素（Singelis et al.，1995；Triandis，2001；Triandis & Gelfand，1998）。这是垂直–平行个人主义–集体主义量表（Horizontal and Vertical Individualism and Collectivism Scale，HVIC）（Triandis & Gelfand，1998）的理论基础，HVIC 也是个体层面上的个人主义–集体主义的常见测量工具。在垂直–平行个人主义–集体主义量表中，不同的个人主义、集体主义文化内又通过社会关系进行区分，即"垂直"对应的等级森严的社会关系，和"平行"对应的平等的社会关系。本研究认同多维结构观，但侧重于不同于垂直-平行维度的规范维度。这是另一个可能对个人主义-集体主义细分的文化维度，强调社会规范对个人的约束。

规范维度主要来自松紧文化或文化松紧性的概念（Tight-loose Culture 或 Cultural Tightness and Looseness，Embree，1950）。松紧文化中，"紧"代表规范强，对偏差行为包容度低（惩罚强）；"松"则相反，规范弱，对偏差行为包容度高（惩罚弱）（Gelfand et al.，2011）。可以看到，松紧文化包含两个方面：规范的强弱和惩罚的程度（Gelfand et al.，2006）。传统研究观点认为，松紧文化与个人主义-集体主义文化存在显著关系（Carpenter，2000）。研究表明，文化越紧，集体主义越强；文化越松，个人主义更盛（Gelfand，2012；Gelfand et al.，2011）。但是二者并非等同，在跨文化研究中存在集体主义松文化国家（巴西）和个人主义紧文化国家（德国、澳大利亚）（Gelfand，2012）。一项数据收集于2014—2017年的调查描绘了中国的松紧文化的省区分布地图，显示了紧文化与城市化、经济增长、包容性、创造性间存在正相关（Chua et al.，2019）。

人类学家Douglas（1970）提出了"格-群"（Grid-Group）理论。该理论反映社会应当如何组织的特定偏好，其核心是对文化世界观的类型进行划分（Douglas & Wildavsky，1982；Thompson et al.，1990），某种程度上也反映了社会规范对个人的约束。在这里，"格"衡量社会的制度化程度和一致性程度；而"群"衡量社会群体对个体的影响程度（陈锐钢，2015）。两个维度具有高低两个水平，构成了四个组合，即等级主义（高格-高群）、平等主义（低格-高群）、个人主义（低格-低群）和宿命论（高格-低群）（Dake，1992）。有研究者认为，四分类是对于"个人-集体主义"视角的进一步划分（Yuan & Swedlow，2022）。当前，格-群理论的研究主要集中在美国，主要反映的是西方视角的文化分类和差异感知（van der Linden，2015）。国内研究使用翻译后的格-群理论量表进行测量与整合（崔小倩等，2022；Xue et al.，2015；Yuan & Swedlow，2022），结果支持了对四个分类进行测量的量表结构（Xue et al.，2015）。但也有研究者指出需要进一步考虑翻译后的格-群理论量表的文化适用性问题（汪新建等，2017）。

1.4 文化价值观在特定行为上的表现

儿童教养能够在一定程度上反映社会文化形态。中国父母的教养方式通常被认为是以高控制型、高温暖的"严父慈母"形态为主（谷传华等，2003）。而随着社会变迁和经济发展，这一特点可能发生改变（蔡华俭等，2020；黄梓航等，2018）。来自城镇户口家庭的孩子比来自农村户口家庭的孩子有更强的主动性（Chen，2012）。在教育中，年轻一代家长更多采用促进导向的教养而非预防导向（即批评与控制）（Zhou et al.，2018）。在其他发展中国家的研究中也发现，人们越来越注重自主和独立品格的培养（Greenfield et al.，2003；Kagitcibasi & Ataca，2005）。这些研究意味着，随着社会文化的变迁，儿童变得更加倾向于个人主义（蔡华俭等，2020）。

文化认同是指个人对所属群体的共同文化的确认，包括共同文化符号的使用、共同文化理念的遵循和思维模式、行为规范的相似等（范红，崔贺轩，2023）。对中国传统文化的认同包括对中华文化的认知偏好、情感归属与依附以及生活实践等（孙琼如，2023）。中国文化价值观具有复杂的结构和一定程度的内部差异（朱秀梅等，2020）。研究表明，个体自我建构与文化模式的匹配程度对文化认同的形成有积极影响（孙琼如，2023）。因此，个体的文化价值观可能会影响其对自身所处文化的认同感，即拥有更符合中国整体文化价值观的个体也会有更高的文化认同感，这又会促使个体参与到更多的传统文化活动中去。

1.5 文化价值观的差异与变迁

中国不同地域的自然地理环境、历史传承、经济发展等方面均有较大差异，这会导致不同地区的文化价值观存在差异（赵向阳等，2015）。对于中国的区域划分，存在不同的标准。经典研究基于自然地理与人文经济进行划分，典型的如胡焕庸线（1935）、秦岭-淮河南北分界线、水稻小麦分界线（Talhelm et al., 2014）等，细致的划分则包括吴必虎（1996）的八大文化区和许倬云（2006）的 7 种基本地域类型。另一种划分思路基于文化特质聚类，这类划分较好地描绘了中国的地域文化地图，但其更多关注于聚合层面的文化价值观，而非个体微观层面（朱秀梅等，2020）。过往研究显示，来自水稻种植区的学生相较于来自小麦种植区的学生具有更高的整体性思维和互依我水平（Talhelm et al., 2014），但该研究受到了一定的质疑（汪凤炎，2018；Ruan et al., 2015）。而以南北分界线为界或以胡焕庸线为界，均发现了在价值观维度上的差异（黄河，2014）。

风险事件同样会对文化价值观变迁产生重要影响。尽管处于现代社会之中，生物学压力仍然是影响文化的重要因素（Fincher & Thornhill, 2008）。流行病学观点认为，疾病流行会导致集体主义上升（Fincher & Thornhill, 2012）。研究表明，对传统主义的认可与是否遵循疫情防控行为呈正相关（Samore et al., 2023）。与之类似，中国个体对紧文化的高度觉知正向预测遵循政府建议的防护行为（Liu & Jiang, 2023）。

1.6 研究目的与意义

个人主义-集体主义维度及其作为一种文化综合征在自我、思维、情感等方面的属性都是过往文化研究的重点关注对象（蔡华俭等，2020）。尽管如此，随着新冠疫情告一段落，当前经济形势进入新常态的情况下，考察中国居民在个人主义-集体主义维度上的文化价值观取向依然具有重要意义，这不仅能够帮助我们进一步了解、认识中国人的文化心理取向，也能为变迁理论提供崭新的事实依据。除此之外，我们关心规范性维度能否和个人主义-集体主义维度进行良好的结合以帮助我们识别、剖析中国人的文化价值观。

鉴于此，本研究考察了基于个体的文化价值观维度，测量了自我建构、权威主义人格、格-群维度以及文化松紧性，并验证了文化价值观的双维度结构（集体主义和规范性）。研究探讨了不同人口学变量带来的文化价值观差异，并从经济发展的不同水平入手，考察了经济差异带来的文化差异。为更好地说明中国人的文化价值观，同时测量了其教养方式偏好、文化认同和文化实践，探讨了文化价值观对文化认知的影响。

2 研究方法

2.1 被试

本次调查主要覆盖了29个省、自治区、直辖市（不含港澳台、海南省、内蒙古自治区），各省份样本数量在33~478之间不等，平均每个省份收集问卷161份，合并数据后共计收集4684份问卷，其中15名被试因年龄不足18周岁而被排除，65份问卷因结果异常值而排除（数值大于给定选项），最后样本量共4604人。最终样本中男性共1991名（43.3%），女性2611名（56.7%），2名被试未报告性别。共4555人报告了出生年月，整体样本的年龄区间为18~101岁，平均年龄为38.77岁（$SD=13.68$）。

2.2 调查工具

（1）自我建构量表。该量表选自Singelis（1994）的自我建构量表。量表有6道题目，前三道题衡量独立我倾向（"我喜欢标新立异，与众不同"；"我觉得，做一个独立的人对我是意义重大的"；"和刚接触的人交往时，我喜欢采取直接、坦率的方式"），分数越高代表个人主义倾向越强；后三道题衡量互依我倾向（"我会为了所在团体的利益而牺牲自己的利益"；"我常常觉得保持和别人的良好关系比我自己的成功更重要"；"遵从团队的决定对我是重要的"），分数越高代表集体主义倾向越强。量表为7点评分，1=非常不同意，7=非常同意。本调查中，自我建构量表信度$\alpha=0.71$（独立我维度信度$\alpha=0.51$，互依我维度信度$\alpha=0.76$）。

（2）权威主义量表。该量表改编自权威主义人格量表（Altemeyer，1998），共六项，分别衡量被试权威服从（"我们应该讲究尊卑长幼，大事应该听从领导或长辈的安排"；"要避免发生错误，最好的办法是听从领导的建议"），权威传统性（"我觉得在现实生活中，社会经济地位比其他任何东西都重要"；"我发现身边有很多人想要努力进入上流社会"）和权威依赖性（"科学家在他们专业之外的非科学领域仍然是权威的"；"如果我有事情涉及到朋友所在单位，我觉得朋友在任何事情上都能帮上忙"）。采用7点评分，1=非常不同意，7=非常同意。本调查中，权威主义量表信度$\alpha=0.71$，分数越高代表权威主义倾向越强。

（3）格-群理论量表。该量表考察格-群维度，原名文化理论量表（Douglas & Wildavsky，1982）。为了避免混淆，本报告采用格-群理论量表的名称。该量表共12个项目，每3道题衡量一个格-群分类得分。一是等级主义（"努力做大家认为都该做的事，是在生活中获得成功的最好方法"；"如果不服从政府、领导的安排，社会就会出问题"；"对违法违规的人进行严厉的处罚，会让社会变得更好"），分数越高代表等级主义倾向越强。二是平等主义（"社会财富分布均衡会使社会变得更好"；"实现人人平等的社会最好"；"缩小贫富收入差距，实现共同富裕是我们每个人的责任"），分数越高代表平等主义倾向越强。三是宿命论（"人生中绝大多数事情的发生是无法控制的"；"无论我们如何努力，命运很大程度上都是上天注定的"；"人这辈子获得成功是需要机遇的"），分数越高代表宿命主义倾向越强。四是个人主义，该维度三道题由于信度低而在后续分析中被排除。采用4点评分，1＝非常不同意，2＝部分不同意，3＝部分同意，4＝非常同意。本调查中，总量表信度$\alpha=0.73$（等级主义维度信度$\alpha=0.68$，平等主义维度信度$\alpha=0.71$，宿命论维度信度$\alpha=0.58$）。

（4）松紧文化量表。所用一般性松紧文化量表（Leng et al.，2023）共4个项目，衡量被试对文化规范性和惩罚性的认知（"在我的生活中有很多我应该遵守的规则"；"在我的生活中，我在大多数情况下对应该如何行动都有非常明确的预期"；"在我的生活中，如果我不遵守规则，就会受到严厉的惩罚"；"我的生活很有条理，我知道我该做什么，不该做什么"）。采用4点评分，1＝非常不同意，2＝部分不同意，3＝部分同意，4＝非常同意，分数越高代表个体认为社会规范越紧。本调查中，松紧文化量表信度$\alpha=0.69$。

（5）期望儿童品质调查。该题为自编，共11项，被试要选择其中5项最希望自己的孩子学习培养的品质，分别为有礼貌、独立性、勤奋、责任感、有想象力、对别人宽容和尊重、节俭、坚韧、虔诚的宗教信仰、不自私、服从。

（6）文化认知量表。该量表共5项，参照孙琼如（2023）所编制量表，分为文化实践和文化认同两个维度，分别衡量被试对传统文化项目的参与度["我喜欢参观历史文化古迹"；"我喜欢过传统节日"；"我时常接触中国传统文化（如传统琴棋书画等）"]和对中华文化的认同感（"我认为多元一体化融合与求大同是中华民族文化伟大的原因"；"我认为包容性是中华文化的优点"）。采用7点评分，1＝非常不同意，7＝非常同意，分数越高代表参与度和认同度越强。本调查中，文化认知量表信度$\alpha=0.76$。

本次调查还收集了被试的性别、年龄、省份、学历、收入及主观社会阶层等人口学信息。

3 结果

3.1 描述统计及相关分析

文化价值观各指标描述统计及相关分析结果见表 4-1,其中问卷中为 7 点计分的,均统一换算为 4 点计分。所得结果具有一定全国参考价值。除部分结果(宿命论与互依我的相关;文化认同和宿命论的相关)外,各变量间均呈显著相关,值得注意的是,独立我和互依我间相关显著($r=0.39,p<0.001$)。

表 4-1 文化价值观维度描述统计及相关分析

变量	M	SD	1	2	3	4	5	6	7	8
1 独立我	2.65	0.72								
2 互依我	2.68	0.79	0.39***							
3 权威主义	2.55	0.65	0.31***	0.49***						
4 等级主义	3.13	0.62	0.08***	0.24***	0.29***					
5 平等主义	3.29	0.60	0.07***	0.20***	0.19***	0.52***				
6 宿命论	2.84	0.63	0.07***	-0.01	0.12***	0.15***	0.15***			
7 松紧文化	3.13	0.53	0.10***	0.19***	0.19***	0.46***	0.41***	-0.27***		
8 文化实践	2.86	0.78	0.33***	0.39***	0.33***	0.13***	0.12***	-0.05**	0.15***	
9 文化认同	3.21	0.77	0.29***	0.33***	0.32***	0.18***	0.19***	0.03	0.18***	0.46***

注:** 表示 $p<0.01$,*** 表示 $p<0.001$。

3.2 个人主义-集体主义文化的多维结构检验

对使用多维度构成的权威主义量表和格-群理论量表进行结构效度检验。权威主义量表三维度检验中,$\chi^2/df=2.92$,CFI=1.00,TLI=0.99,RMSEA=0.02,SRMR=0.01,模型拟合良好。格-群理论四类型结构检验中,$\chi^2/df=23.88$,CFI=0.84,TLI=0.78,RMSEA=0.07,SRMR=0.05,模型拟合情况较差。进一步对格-群理论各项进行两维度检验(即按照"群"维度进行区分,合并等级主义和平等主义,并且合并个人主义和宿命论),结果显示模型拟合情况得到了优化:$\chi^2/df=12.20$,CFI=0.92,TLI=0.89,RMSEA=0.05,SRMR=0.03。

格-群理论的检验结果表明本次调查数据不适用于格-群理论四类型结构。为探究文化价值观维度的潜在结构及其分布模式的人群差异,采用 Triandis 的多维理论思路探索了个人主义-集体主义文化的多维结构。将数据进行随机分半处理成样本 1($n=2299$)和样本 2($n=2333$),分别进行探索性因子分析和验证性因子分析。为了统一不同量表的量尺,将 7 点量尺的自我建构和权威主义统一为 4 点量尺(原始得分 * 4/7)。探索性因子分析因子数目估计技术并行分析(Parallel Analysis)和极简结构法(Very

Simple Structure)(Courtney，2013) 建议探索性因子分析的因子数目为 2，也与双维理论假设相符合。因此，采用双维结构的探索性因子分析，总解释方差 49.29%；正交最大方差旋转法后的载荷结果如表 4-2 所示，

表 4-2 文化价值观旋转后因子载荷

项目	因子载荷 集体主义	因子载荷 规范性
互依我	0.75	
权威服从	0.72	
权威依赖	0.67	
权威地位追求	0.64	
独立我	0.62	
松紧文化		0.77
等级主义		0.77
平等主义		0.76
宿命论		0.45
方差解释量	26.32%	22.97%
总解释量	49.29%	

表明两因子模型解释力良好。进一步使用另一半数据进行验证性因子分析，结果显示，$\chi^2/df = 12.83$，CFI = 0.95，TLI = 0.89，RMSEA = 0.07。双维模型拟合结果较为良好，"集体主义"和"规范性"的两因子模型得到了验证。

3.3 基于文化价值观的潜在剖面分析分类

基于文化价值观结构的得分对样本 1（去掉缺失值样本后 $n=2288$）进行潜在剖面分析（Latent Profile Analysis, LPA），样本被分为 3 类（图 4-1 上，各占 23%、40% 和 37%），AIC = 41203.98；aBIC = 41301.19；Entropy 指数为 0.71，LMR = 609.09，$p<0.001$，bLRT = 616.96，$p<0.001$。同时为了验证三类适用于更多人群，同样对样本 2（去掉缺失值样本后 n = 2312）进行了 LPA 分析，得到类似的结果（图 4-1 中，各占 34%、35% 和 31%），AIC = 41437.49；aBIC = 41535.10；Entropy 指数为 0.68，LMR = 599.76，$p<0.001$，bLRT = 607.50，$p<0.001$。图 4-1 给出 3 类人群在集体主义文化和规范维度典型特征的得分，可以看出 2 个样本的模式相似，图 4-1 下为两个样本合并后的结果（28%、38%、34%）。所有维度上三类之间存在显著差异 [$Fs\,(2,4596)>76$，$ps<0.001$]；独立我、互依我、权威主义和等级主义维度：类 3>2>1，平等主义、宿命论：类 3=1>2，松紧文化和文化认同：类 3>1>2，文化实践：类 3>2=1。总体上规范知觉

较高，集体主义和个人主义有较强的共变关系；不管集体主义和个人主义是双高（3类，$n=1581$）还是双低（1类，$n=1276$）的两类人群都有很高的规范知觉，从分数分布看并未出现典型的双维度正交四分类模式，这可能源于当前中国人群较明显的高规范特点；但也存在中等规范知觉、集体主义和个人主义特征的人群（2类，$n=1743$）。

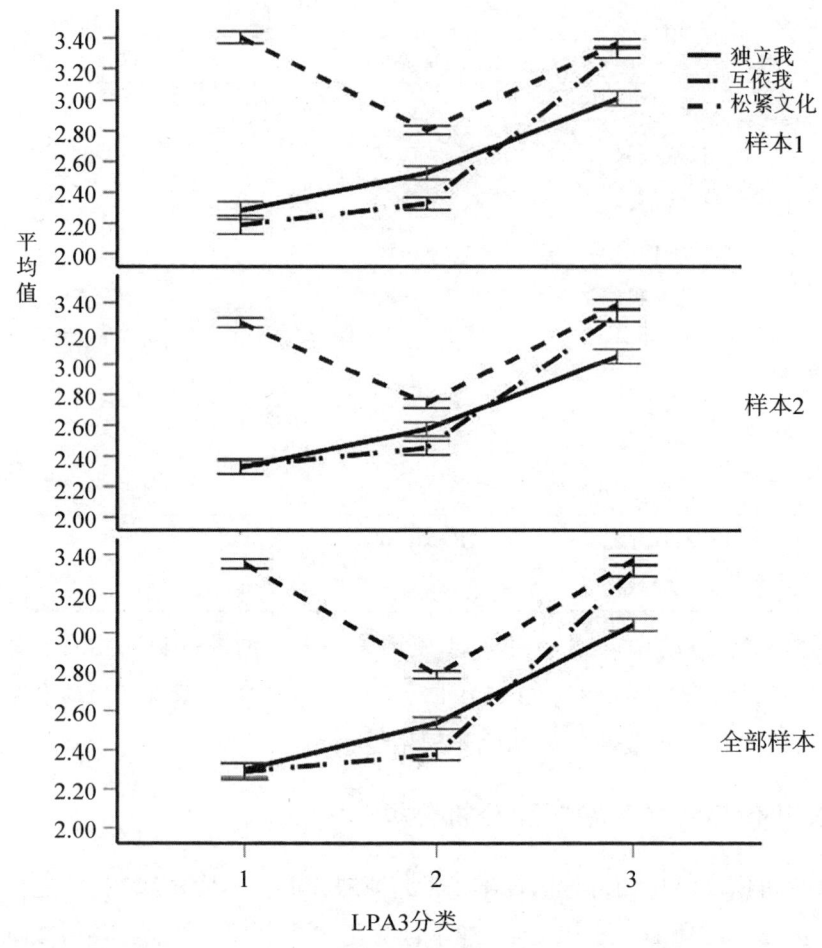

图 4-1 基于文化价值观的潜在剖面分析（LPA）分类

注：误差条代表95%置信区间

三类人群儿童品质偏好的差异分析如表4-3所示，所有人都看重责任感，没有显著差异；但独立性方面2类显著高于另外2类；有礼貌、勤奋、坚韧、节俭方面3类高于2类，2类高于1类；对别人宽容和尊重方面2类低于另2类。全国范围内，选择超过80%的特质分别是责任感（83%）和独立性（82%），超过70%的品质是有礼貌（75%）和勤奋（71%），最少的则是虔诚的宗教信仰（3%）和服从（7%）；其他品质的选择比例分别是对别人宽容与尊重（52%）、坚韧（45%）、有想象力（39%）、节俭（34%）和不自私（27%）。

表 4-3　各人群期望儿童品质的选择比例

	1	2	3	总计	$F(2,4512)$	p
有礼貌	74%	70%	80%	75%	19.86	<0.001
独立性	81%	85%	80%	82%	7.12	0.001
勤奋	72%	65%	77%	71%	22.99	<0.001
责任感	82%	83%	84%	83%	0.54	0.583
有想象力	37%	45%	34%	39%	21.04	<0.001
对别人宽容与尊重	47%	55%	52%	52%	6.98	0.001
节俭	35%	28%	39%	34%	22.17	<0.001
坚韧	46%	52%	37%	45%	34.19	<0.001
虔诚的宗教信仰	3%	3%	3%	3%	0.13	0.883
不自私	26%	24%	30%	27%	7.21	0.001
服从	7%	6%	8%	7%	1.52	0.218

3.4 地区差异

有效样本中，被试报告了有效省份信息（其中排除了仅有一人的内蒙古、海南和澳门被试）。单因素方差分析结果显示，每个文化价值观指标的省区差异均显著，且均具有一定的解释力。各省份内的自我建构水平基本保持了共同的变化趋势，即基本呈现双高（高互依我-高独立我）或双低（低互依我-低独立我）的现象（图 4-2）。

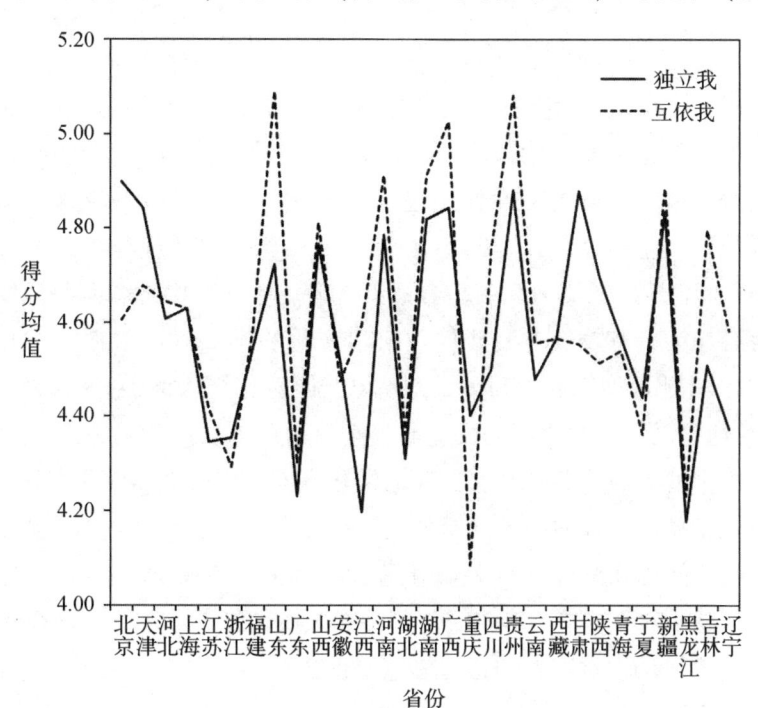

图 4-2　自我建构的省份差异

根据国家统计局东部、中部、西部和东北的大地区划分，探讨了不同潜在剖面分析（LPA）人群与大地区的交互作用。列联表分析表明人群分布受地区的影响［图4-3，$\chi^2(6)=77.47, p<0.001$］，东北地区高规范而集体主义和个人主义双低的比例更高，中等规范而集体主义和个人主义中等的比例较低；东部地区高规范而集体主义和个人主义双低的比例更低，中等规范而集体主义和个人主义中等的比例较高。

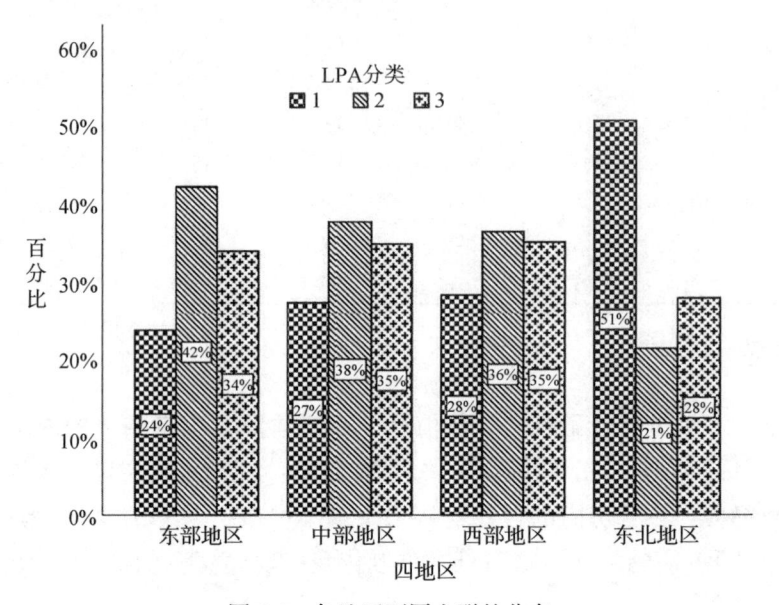

图4-3 各地区不同人群的分布

各地区被试文化价值观得分描述统计见表4-4。方差分析结果表明，整体上分类人群之间差异明显，部分维度的地区差异虽然显著，但效应量不高。对独立我、宿命论、文化认同和实践等维度显著的交互作用进一步分析发现，独立我在东北地区类2和3没有差异，其他地区差异显著；东部地区1和2两类具有低规范性的人群，其宿命论水平低于类3，东北地区三类之间的宿命论没有显著差异，中部和西部地区的三类之间两两差异显著且均为具有较低自我建构及松紧文化的类2人群最低；东北地区的文化实践类1<2<3，其他地区则类1和类2无差异，但显著低于类3；东部地区的文化认同类1=2<3，其他地区则三类之间两两差异显著。总的来说，在各地区，具有高自我建构及高紧文化水平的类3人群也具有更高的文化认同和文化实践水平。

各地区对儿童品质偏好的差异分析如表4-5所示，责任感、对别人宽容与尊重、坚韧和服从四个品质倾向在各地区间差异显著，其他品质没有地区差异。这主要表现为东北地区对责任感、对别人宽容与尊重、坚韧的选择更少，对服从选择更多，而东部地区人群比其他地区认为对别人宽容与尊重更重要。

表 4-4 各地区的文化价值观得分

文化维度	LPA	东部地区 M	东部地区 SD	中部地区 M	中部地区 SD	西部地区 M	西部地区 SD	东北地区 M	东北地区 SD	地区主效应 p	地区主效应 η_p^2	分类主效应 p	分类主效应 η_p^2	交互作用 p	交互作用 η_p^2
独立我	1	2.35	0.67	2.32	0.62	2.31	0.66	2.16	0.57						
	2	2.52	0.69	2.50	0.64	2.62	0.67	2.70	0.62	0.489	0.001	<0.001	0.094	0.001	0.005
	3	2.99	0.64	3.08	0.65	3.01	0.64	2.89	0.66						
互依我	1	2.32	0.71	2.29	0.66	2.24	0.74	2.27	0.61						
	2	2.35	0.65	2.39	0.62	2.41	0.67	2.43	0.73	0.484	0.001	<0.001	0.199	0.159	0.002
	3	3.31	0.51	3.37	0.52	3.27	0.61	3.24	0.62						
权威主义	1	2.14	0.48	2.18	0.47	2.23	0.52	2.23	0.39						
	2	2.23	0.51	2.27	0.45	2.31	0.53	2.21	0.40	<0.001	0.006	<0.001	0.296	0.78	0.001
	3	3.09	0.44	3.14	0.46	3.20	0.43	3.22	0.41						
等级主义	1	3.37	0.44	3.35	0.48	3.38	0.44	3.44	0.33						
	2	2.61	0.50	2.66	0.44	2.63	0.54	2.53	0.51	0.869	0	<0.001	0.229	0.169	0.002
	3	3.52	0.45	3.51	0.45	3.48	0.47	3.49	0.44						
平等主义	1	3.59	0.41	3.66	0.39	3.59	0.39	3.57	0.36						
	2	2.76	0.54	2.83	0.48	2.78	0.49	3.00	0.58	0.001	0.004	<0.001	0.206	0.006	0.004
	3	3.63	0.44	3.61	0.43	3.54	0.45	3.59	0.42						
宿命论	1	2.85	0.65	3.05	0.62	2.89	0.63	2.88	0.59						
	2	2.67	0.54	2.74	0.50	2.66	0.56	2.77	0.50	<0.001	0.004	<0.001	0.010	0.008	0.004
	3	2.90	0.74	2.93	0.68	2.96	0.66	2.87	0.69						
松紧文化	1	3.33	0.42	3.31	0.45	3.29	0.48	3.49	0.34						
	2	2.79	0.46	2.80	0.38	2.75	0.46	2.74	0.44	0.038	0.002	<0.001	0.140	0.094	0.002
	3	3.40	0.46	3.38	0.47	3.35	0.48	3.36	0.41						
文化实践	1	2.65	0.80	2.60	0.84	2.73	0.75	2.37	0.65						
	2	2.73	0.69	2.67	0.72	2.66	0.77	2.70	0.73	0.163	0.001	<0.001	0.063	<0.001	0.006
	3	3.16	0.68	3.31	0.64	3.19	0.73	3.14	0.61						
文化认同	1	3.02	0.90	3.23	0.82	3.12	0.70	2.50	0.70						
	2	3.01	0.78	2.98	0.73	3.02	0.78	3.03	0.88	<0.001	0.006	<0.001	0.054	<0.001	0.010
	3	3.51	0.59	3.58	0.55	3.54	0.54	3.44	0.85						

3.5 城乡差异

有效样本中，有4569名有效被试报告了其城乡户籍归属，表4-6显示了文化价值观各124指标的城乡得分分布及差异。方差分析显示，互依我、权威主义、文化实践、文化认同、宿命论及松紧文化均在城乡分布上具有显著差异。其中，文化实践的城乡差异贡献率为0.9%，城镇（$M=2.92$）的文化实践水平显著高于乡村（$M=2.76$）水平，其他维度贡献率均相当低。这表明在全国范围内探讨城乡差异可能没有实际意义。

表 4-5　各地区儿童品质偏好的选择比例

	东部地区	中部地区	西部地区	东北地区	全国	$F(3,4467)$	p
有礼貌	72%	76%	76%	74%	75%	1.89	0.130
独立性	82%	82%	83%	75%	82%	1.75	0.154
勤奋	72%	69%	72%	67%	71%	0.82	0.484
责任感	85%	82%	84%	76%	83%	3.72	0.011
有想象力	39%	37%	41%	39%	39%	0.94	0.422
对别人宽容与尊重	57%	51%	50%	40%	52%	9.25	<0.001
节俭	34%	34%	34%	36%	34%	0.34	0.799
坚韧	46%	47%	45%	32%	45%	5.26	0.001
虔诚的宗教信仰	3%	2%	3%	4%	3%	1.09	0.350
不自私	25%	26%	27%	35%	27%	2.38	0.068
服从	6%	6%	7%	19%	7%	9.82	<0.001

表 4-6　文化价值观的城乡差异

	城镇（$n=2835$）		农村（$n=1761$）		$t(4594)$	p
	M	SD	M	SD		
独立我	2.66	0.71	2.63	0.73	1.64	0.101
互依我	2.70	0.78	2.64	0.81	2.44	0.015
权威主义	2.52	0.65	2.59	0.64	−3.34	0.001
等级主义	3.14	0.60	3.14	0.64	−0.06	0.954
平等主义	3.28	0.61	3.31	0.59	−1.75	0.080
宿命论	2.82	0.63	2.87	0.65	−2.54	0.011
松紧文化	3.15	0.53	3.10	0.53	3.11	0.002
文化实践	2.92	0.77	2.76	0.78	6.62	<0.001
文化认同	3.20	0.78	3.23	0.77	1.64	0.101

3.6 受教育程度差异

有效样本中，有 4577 名被试报告了自身的最高学历，表 4-7 显示了文化价值观各指标的受教育水平得分及差异。方差分析显示，各变量在受教育程度上存在显著差异。其中，权威主义 [$F(5,4571)=27.83$, $p<0.001$]、平等主义 [$F(5,4571)=11.94$, $p<0.001$] 和文化实践 [$F(5,4571)=12.76$, $p<0.001$] 具有较高的效应量（3.0%，

1.4%，1.3%），进一步的事后检验结果表明，权威主义和平等主义随学历的提升呈下降趋势，而文化实践则呈上升趋势（低学历组得分显著低于其他组）。

表 4-7　文化价值观的受教育程度差异

	小学及以下		初中		高中/中专		大专		大学本科		研究生及以上		$F(4,4571)$	p
	M	SD	M	SD	M	SD	M	SD	M	SD	M	SD		
独立我	2.48	0.69	2.60	0.77	2.66	0.74	2.64	0.76	2.68	0.68	2.67	0.65	4.81	<0.001
互依我	2.57	0.94	2.71	0.83	2.74	0.78	2.68	0.82	2.65	0.74	2.61	0.71	2.64	0.022
权威主义	2.83	0.56	2.65	0.64	2.59	0.66	2.59	0.70	2.45	0.62	2.36	0.60	27.83	<0.001
等级主义	3.25	0.65	3.16	0.61	3.13	0.64	3.17	0.60	3.10	0.61	3.01	0.61	5.30	<0.001
平等主义	3.44	0.55	3.34	0.59	3.30	0.61	3.33	0.58	3.26	0.61	3.04	0.69	12.76	<0.001
宿命论	3.00	0.62	2.89	0.67	2.81	0.66	2.82	0.65	2.82	0.60	2.82	0.60	5.71	<0.001
松紧文化	3.21	0.53	3.13	0.55	3.10	0.54	3.17	0.53	3.12	0.52	3.08	0.51	2.95	0.012
文化实践	2.63	0.81	2.73	0.81	2.86	0.76	2.92	0.80	2.91	0.75	2.91	0.74	11.94	<0.001
文化认同	3.26	0.73	3.14	0.83	3.16	0.81	3.18	0.81	3.27	0.72	3.17	0.77	4.74	<0.001

表 4-8　文化价值观各指标的收入水平差异

	2000元以下		2000~4999元		5000~9999元		1万~1.9万元		2万元及以上		$F(4,4448)$	p
	M	SD	M	SD	M	SD	M	SD	M	SD		
独立我	2.69	0.69	2.64	0.73	2.61	0.71	2.68	0.71	2.81	0.74	3.11	0.015
互依我	2.57	0.77	2.68	0.82	2.72	0.76	2.76	0.75	2.75	0.72	5.86	<0.001
权威主义	2.46	0.64	2.59	0.66	2.55	0.64	2.59	0.63	2.52	0.66	6.74	<0.001
等级主义	3.04	0.64	3.16	0.62	3.18	0.59	3.14	0.62	3.09	0.74	8.60	<0.001
平等主义	3.23	0.62	3.34	0.59	3.32	0.58	3.22	0.60	3.11	0.78	7.92	<0.001
宿命论	2.94	0.62	2.85	0.65	2.76	0.62	2.81	0.61	2.87	0.75	10.31	<0.001
松紧文化	3.05	0.54	3.14	0.53	3.17	0.52	3.15	0.54	3.29	0.48	9.61	<0.001
文化实践	2.80	0.78	2.85	0.80	2.89	0.76	2.90	0.75	3.00	0.75	2.72	0.028
文化认同	3.23	0.75	3.20	0.79	3.21	0.77	3.25	0.75	3.15	0.72	0.62	0.648

3.7 收入差异

有效样本中，有 4521 名被试报告了自身的收入水平，表 4-8 显示了文化价值观各指标的收入水平得分及差异。方差分析显示，除文化认同 [$F(4,4448) = 0.62$，$p = 0.648$] 外，其余指标均在收入分组上表现出了显著差异。其中，仅有宿命论和松紧文

化 [$Fs(4,4448) > 9.5$, $ps < 0.001$] 具有稍高的效应量（0.9%），事后检验结果表明，最低收入组具有最高的宿命论得分（2.94分），但相对低的紧文化得分。

3.8 性别差异

有效样本中，有4602名被试报告了自己的性别，其中男性1991人，女性2611人，表4-9显示了文化价值观各指标的性别得分及差异。方差分析显示，女性（$M=2.67$）的独立我水平显著高于男性（$M=2.62$），男性（$M=3.16$）的紧文化水平显著高于女性（$M=3.11$），但均只存在一个较小的效应（0.1%，0.2%），可以认为，性别差异所带来的文化差异并没有很好的解释力度。

表4-9 文化价值观各指标的性别差异

	男 M	男 SD	女 M	女 SD	$F(1,4600)$	p
独立我	2.62	0.75	2.67	0.69	4.06	0.044
互依我	2.70	0.81	2.66	0.77	3.27	0.071
权威主义	2.56	0.65	2.54	0.65	2.59	0.108
等级主义	3.13	0.62	3.13	0.62	0.00	0.987
平等主义	3.29	0.62	3.29	0.59	0.05	0.817
宿命论	2.82	0.65	2.85	0.63	2.87	0.091
松紧文化	3.16	0.53	3.11	0.53	7.16	0.007
文化实践	2.88	0.79	2.84	0.77	3.67	0.056
文化认同	3.21	0.79	3.21	0.77	0.01	0.942

3.9 年龄差异

有效样本中，有4562名被试报告了自己的出生年月，据此计算得到被试的年龄，表4-10显示了文化价值观各指标的年龄分组得分及差异。方差分析显示，除文化实践外，所有指标均存在显著差异，且大部分指标具有一个较高的效应量。可以看出各指标随年龄提升的变化趋势，整体上来看，集体主义关联维度呈上升趋势，包括互依我、权威主义、等级主义、平等主义和松紧文化，而个人主义相关的独立我则呈下降趋势，格-群理论中的宿命论尽管具有显著差异，但效应量较小（0.4%），且较难说明变化趋势。

表 4-10　文化价值观各指标的年龄分组差异

	18~19 岁		20~29 岁		30~39 岁		40~49 岁		50~59 岁		60 岁以上		$F(5,4556)$	p
	M	SD	M	SD	M	SD	M	SD	M	SD	M	SD		
独立我	2.81	0.67	2.74	0.69	2.64	0.71	2.61	0.73	2.61	0.72	2.42	0.74	13.43	<0.001
互依我	2.40	0.70	2.55	0.72	2.68	0.77	2.77	0.79	2.79	0.83	2.78	0.89	20.26	<0.001
权威主义	2.29	0.60	2.45	0.62	2.53	0.65	2.59	0.66	2.70	0.63	2.70	0.62	28.01	<0.001
等级主义	2.87	0.61	3.01	0.62	3.14	0.61	3.21	0.60	3.24	0.60	3.25	0.64	28.45	<0.001
平等主义	3.10	0.62	3.19	0.62	3.28	0.60	3.34	0.58	3.39	0.58	3.46	0.55	22.60	<0.001
宿命论	2.89	0.58	2.87	0.61	2.86	0.63	2.80	0.65	2.78	0.65	2.87	0.68	3.35	0.005
松紧文化	3.02	0.51	3.01	0.52	3.14	0.52	3.19	0.53	3.22	0.52	3.20	0.53	20.88	<0.001
文化实践	2.85	0.80	2.83	0.77	2.84	0.76	2.87	0.77	2.88	0.79	2.86	0.86	0.56	0.730
文化认同	3.33	0.76	3.21	0.75	3.17	0.78	3.18	0.79	3.23	0.76	3.30	0.82	3.11	0.008

3.10 社会阶层差异

调查测量了被试的主观社会阶层，有效样本中报告了自身主观社会阶层的有 4566 人，表 4-11 显示了文化价值观各指标的社会阶层得分及差异。方差分析显示，除文化认同、等级主义和平等主义外，其余各指标均具有显著差异，但仅有宿命论具有较高的效应量（0.9%）。事后分析显示，低阶层和高阶层所报告的宿命论水平显著高于其他阶层。同时注意到，主观社会阶层分布极不对称，低阶层占 14%，中高阶层也只占总体的 4.5%。总体来说，主观社会阶层所解释的文化差异较小。

表 4-11　文化价值观各指标的社会阶层差异

	低阶层		中低阶层		中层		中高阶层		$F(3,4563)$	p
	M	SD	M	SD	M	SD	M	SD		
独立我	2.59	0.78	2.63	0.69	2.66	0.70	2.85	0.81	6.97	<0.001
互依我	2.61	0.88	2.65	0.80	2.72	0.74	2.75	0.81	4.24	0.005
权威主义	2.53	0.68	2.55	0.64	2.54	0.63	2.72	0.69	5.29	0.001
等级主义	3.12	0.65	3.12	0.60	3.14	0.62	3.21	0.67	1.55	0.200
平等主义	3.34	0.60	3.30	0.60	3.28	0.59	3.22	0.73	2.47	0.060
宿命论	2.98	0.63	2.84	0.62	2.80	0.63	2.84	0.73	13.52	<0.001
松紧文化	3.10	0.53	3.10	0.54	3.16	0.52	3.23	0.60	7.31	<0.001
文化实践	2.83	0.81	2.83	0.78	2.87	0.76	3.07	0.78	6.81	<0.001
文化认同	3.17	0.82	3.24	0.76	3.20	0.77	3.22	0.85	1.45	0.227

3.11 经济发展水平差异的影响

上述研究表明，文化价值观具有显著的、可被解释的地区差异，但具有一定的解释难度，同时，城乡的差异可能与不同地区的乡村发展水平混淆。因此，我们以经济发展水平为划分依据，结合城乡差异，考察中国文化价值观的经济地图分布。

高质量发展指数是基于新发展理念的省区综合发展得分，涵盖创新发展、协调发展、绿色发展、开放发展、共享发展五个维度（孙豪等，2020）。以2021年各省高质量发展指数为准，不考虑北京市、天津市和上海市（三个直辖市所含样本量较少且难以体现城乡差异），对其余26个省、区、市进行K均值聚类，得到两组地区。其中，较高发展水平区域包括江苏、浙江、安徽、福建、山东、湖北、广东、广西、重庆、四川、陕西和辽宁；较低发展水平区域则为河北、山西、江西、河南、湖南、贵州、云南、西藏、甘肃、青海、宁夏、新疆、吉林和黑龙江。

以城乡差异、发展水平为分类依据，以文化价值观得分为因变量，多变量方差分析（表4-12）显示，独立我中，低发展地区高于高发展地区 $[F(1,4235)=21.28, p<0.001]$，城乡分类主效应不显著 $[F(1,4235)=1.83, p=0.176]$，交互作用显著 $[F(1,4235)=5.26, p=0.022]$，高发展地区农村低于城镇（$p=0.017$），低发展农村和城镇无显著差异（$p=0.443$）；互依我中，低发展地区高于高发展地区 $[F(1,4235)=22.88, p<0.001]$，城镇高于农村 $[F(1,4235)=7.53, p=0.006]$，交互作用显著 $[F(1,4235)=11.01, p<0.001]$，高发展地区农村低于城镇（$p<0.001$），低发展地区农村和城镇无显著差异（$p=0.657$）；权威主义中，高发展地区低于低发展地区 $[F(1,4235)=6.01, p=0.014]$，农村高于城镇 $[F(1,4235)=16.31, p<0.001]$，交互作用显著 $[F(1,4235)=11.64, p<0.001]$，高发展地区城镇低于农村（$p<0.001$），低发展地区农村和城镇没有显著差异（$p=0.628$）；等级主义中，区域分类主效应不显著 $[F(1,4235)=0.742, p=0.389]$，城乡分类主效应不显著 $[F(1,4235)=0.420, p=0.517]$，交互作用显著 $[F(1,4235)=13.37, p<0.001]$，低发展地区农村和高发展地区城镇低于其他两个区域（$ps<0.05$）；平等主义中，区域分类主效应不显著 $[F(1,4235)=0.177, p=0.674]$，农村高于城镇 $[F(1,4235)=2.86, p=0.091]$，交互作用显著 $[F(1,4235)=8.35, p=0.004]$，高发展地区城镇低于农村，低发展地区农村和城镇没有显著差异（$p=0.353$）；宿命论中，区域分类主效应不显著 $[F(1,4235)<0.001, p=0.991]$，农村高于城镇 $[F(1,4235)=6.54, p=0.011]$，交互作用不显著 $[F(1,4235)=0.84, p=0.359]$；松紧文化中，区域分类主效应不显著 $[F(1,4235)=1.55, p=0.213]$，城镇高于农村 $[F(1,4235)=7.05, p=0.008]$，交互作用显著 $[F(1,4235)=7.81, p=0.005]$，低发展地区农村显著低于高发展地区农村（$p=0.009$），但不同城镇之间没有差异（$p=0.222$）。

表 4-12 文化价值观各指标的经济发展水平差异

	较高发展地区 城镇		较高发展地区 农村		较低发展地区 城镇		较低发展地区 农村		地区主效应		城乡主效应		交互作用	
	M	SD	M	SD	M	SD	M	SD	p	η_p^2	p	η_p^2	p	η_p^2
独立我	2.62	0.69	2.53	0.71	2.67	0.71	2.69	0.74	<0.001	0.005	0.176	0.000	0.022	0.001
互依我	2.68	0.78	2.53	0.85	2.71	0.77	2.73	0.76	<0.001	0.005	0.006	0.002	0.001	0.003
权威主义	2.45	0.65	2.61	0.62	2.57	0.65	2.58	0.62	0.014	0.001	<0.001	0.004	0.001	0.003
等级主义	3.11	0.61	3.19	0.62	3.16	0.59	3.10	0.66	0.335	0.000	0.451	0.000	<0.001	0.003
平等主义	3.26	0.60	3.35	0.58	3.32	0.60	3.30	0.59	0.765	0.000	0.073	0.001	0.006	0.002
宿命论	2.81	0.61	2.88	0.65	2.83	0.63	2.86	0.64	0.916	0.000	0.008	0.002	0.414	0.000
松紧文化	3.14	0.51	3.15	0.54	3.16	0.54	3.08	0.55	0.173	0.000	0.012	0.001	0.008	0.002
文化实践	2.89	0.74	2.67	0.81	2.91	0.79	2.82	0.75	0.001	0.003	<0.001	0.009	0.006	0.002
文化认同	3.20	0.76	3.20	0.79	3.18	0.79	3.25	0.75	0.594	0.000	0.196	0.000	0.192	0.000

总体来说，低发展地区农村呈现出较高的集体主义和松文化模式，而在高发展地区城镇则观察到了集体主义的下降。但是，需要注意，差异分析的效应量均不高，该经济地区差异划分很难直接作为有效的解释文化差异分布的依据。

以同样划分依据对儿童品质偏好进行了分层卡方检验。其中，独立性（$\chi^2=11.87$，$p=0.001$）、有想象力（$\chi^2=9.38$，$p=0.002$）、节俭（$\chi^2=31.71$，$p<0.001$）、不自私（$\chi^2=16.89$，$p<0.001$）在整体上均存在显著城乡差异，其中城镇被试倾向于培养独立性、有想象力，而乡村被试倾向于培养节俭和不自私。值得注意的是，责任感（$\chi^2=7.09$，$p=0.008$）、对别人的宽容与尊重（$\chi^2=14.35$，$p<0.001$）和坚韧（$\chi^2=5.75$，$p=0.016$）仅在高发展地区中存在城镇偏好。

3.12 价值观影响文化认同行为的回归分析

为探究文化价值观是否会影响居民对中国文化的认同感和实际的传统文化活动，我们以文化价值观变量为预测变量，对文化认同和文化实践进行了回归分析。多元回归分析结果表明，以文化认同为结果变量，以文化价值观各指标为预测变量，采用逐步回归法时，独立我（$\beta=0.17$，$t=11.71$，$p<0.001$）、互依我（$\beta=0.15$，$t=8.99$，$p<0.001$）、权威主义（$\beta=0.17$，$t=10.94$，$p<0.001$）、平等主义（$\beta=0.09$，$t=6.26$，$p<0.001$）、宿命论（$\beta=-0.04$，$t=-2.90$，$p=0.004$）和松紧文化（$\beta=0.08$，$t=5.10$，$p<0.001$）能够显著预测文化认同，模型能够解释文化认同18.4%的变异量；当以文化实践为结果变量，以文化价值观各指标和文化认同为预测变量，采用逐步回归法时，独立我（$\beta=0.15$，$t=10.62$，$p<0.001$）、互依我（$\beta=0.17$，$t=11.24$，$p<0.001$）、权威主义（$\beta=0.09$，$t=6.45$，$p<0.001$）、宿命论（$\beta=-0.09$，$t=-6.86$，$p<0.001$）、松紧文化（$\beta=0.05$，$t=4.03$，$p<0.001$）和文化认同（$\beta=0.32$，$t=23.82$，$p<0.001$）能够

显著预测文化实践，模型能够解释文化实践 30.5% 的变异量，其中文化认同的解释率 21%。将各变量按照双维结构计算集体-个人主义维度分和规范性维度分，再作为自变量对文化认同和文化实践进行回归分析，得到类似的结果：两个维度对文化认同的解释率为 16.4%；对文化实践的解释率为 28%，其中文化认同的解释率 21%。

总的来说，在对文化认同和文化实践的预测中，集体-个人主义维度上的自我建构和权威主义起到了更强的预测作用，自我建构水平和权威主义水平越高，文化认同和文化实践的水平就越高；在规范性维度上，越偏向于紧文化，则具有越高的文化认同和文化实践水平；宿命论水平则负向预测了文化认同，越高的宿命论水平预测了越低的文化认同和文化实践得分；并且化简后的两个维度也能够达到差不多的解释率；最后，在对文化实践的预测中，最有效的预测因子是文化认同，这意味着对中华文化的强烈认同感更直接地影响人们参与实际的文化活动。

4 讨论

本报告主要围绕个人主义-集体主义维度和规范性维度，探讨了中国文化价值观结构及群体差异。总体而言，本报告提供了可供参考的文化价值观全国常模，有助于我们在横断角度认识中国在当前发展阶段中的文化价值观模式：独立我和互依我自我建构水平都较高，并且表现出高权威主义紧文化特点；但整体上不同群体差异（如性别、地区等）的影响并不特别明显。从儿童教养的调查中来看，中国整体上已经更加偏向于培养儿童的独立、创新能力，而传统所要求的优秀品质已经不是最重要的品质。

一方面来说，这一结果与过往研究相吻合。这一点同样体现在两方面：其一，结果符合传统的文化心理学研究，认为中国具有典型的东方儒教文化（杨国枢，2004），即高集体主义和紧文化的特征；其二，结果体现了本土研究中的特别发现，个人主义水平的提升不总是伴随着集体主义的下降，而是反映为二者的双高（杨国枢，2004）。另一方面，不能简单认为全国样本一致地反映了中国文化价值观结构的整体模式。事实上，潜在剖面分析结果表明全国至少存在 3 类人群，在文化维度表现出不同的模式。中国面积广大、人口众多、民族错综、历史复杂，只有强调区域研究，才能够更好地认识中国的文化价值观结构（朱秀梅等，2022）。

调查发现了地区及年龄分组带来的显著差异，这进一步验证了经济发展能够带来显著的文化差异。从地区角度来说，各地区间的差异来自于经济差异及历史传统差异（尽管这同样可以解释为长期生产方式的累积结果）；而年龄差异则更直接展示了中国在几十年来的发展过程中，代际更迭带来的文化价值观的变迁模式。

传统的文化心理学观点认为，经济增长带来现代性的增强，即个人主义的上升和集体主义的下降（蔡华俭等，2020）。从本调查得到的纯粹的代际结果来看，独立我水平随年龄上升而下降、互依我水平随年龄上升而上升，同时，权威主义随年龄上升并逐渐偏向于紧文化，这些变化均符合现代性理论。但是代际差异的影响是复杂而综合的，不能简单地将其与经济发展等价。

地区差异所反应的经济差异也能够在一定程度上反映经济发展过程中的文化变迁模式。但是结果显示，独立我得分最高的三个地区分别为新疆、北京和贵州，其中两个不是经济发达地区，这可能说明历史因素的重要影响，即非传统农耕文明区具有更高的个人主义文化。城乡差异同样是经济区域差异的表现形式，但是在本调查中城乡差异所带来的影响并不大，简单来说，一个东部的乡村和一个西部欠发达地区的城镇相比可能并没有明显的经济差异，甚至东部农村的经济发展水平会高于西部城镇。于是，将按一定标准划分的经济地带和城乡差异综合起来看待是考察经济差异影响的重要手段。

以高质量发展指数作为划分依据，结合城乡差异对文化价值观进行的差异研究得到了一定结果，即：低发展地区农村呈现出较高的集体主义和松文化模式，而在高发展地区城镇则观察到了集体主义的下降。可以看到，低发展地区农村的文化模式更接近于非传统农业区的前现代状态，这在一定程度上凸显了中国文化分布的深度并不局限于传统与现代，更要考虑自然地理历史因素下，由千百年来的生产模式所塑造的文化的稳定性。同时能够看到，在高发展地区的城镇中观察到了符合经典的文化变迁研究的结果，即集体主义的下降。另外，该划分帮助我们看到了不同经济发展水平下对儿童品质的期望差异，城镇倾向于培养创新能力，而乡村则偏爱有利于集体的品质，较为独特的发现是，高发展地区的城镇被试更加注重儿童的责任感、坚韧和对他人的宽容，这可能是出于对儿童个人能力的要求。但是综合来看，该结果的效应量偏低，且没有体现出一个整体的变迁趋势，这可能要求未来研究进一步考虑更加精细的区域划分，或专注于某一特定区域的研究。

本调查同时考察了性别、受教育水平、个人收入和主观社会阶层的差异影响。这为后续研究提供了可供参考的结果，但同样也并没有得到一个综合性的结果。可以粗略认为，受教育水平的提升带来了集体主义层面（主要表现为权威主义和平等主义）的下降；收入的提升主要降低了宿命论的认知水平（具体来说，低收入群体的宿命论水平显著高于其他群体）；而相应地，主观社会阶层带来了宿命论的差异分布（低阶层和高阶层对应更高的宿命论水平）。以上结果说明社会经济地位及阶层在文化认知中的复杂作用，未来研究应当尝试进一步明确不同社会群体或在某一群体内部开展针对性研究以探索这一作用的具体机制。

文化价值观是文化群体的共同规范，不同的文化价值观模式是否影响居民对中华文化的认同感是直观反映文化价值观作用的重要指标。本研究发现，高水平的自我建构（包括独立我和互依我）和权威主义，以及紧文化水平均正向影响居民的文化认同感，这些又会同时促进居民进行更多的文化活动。可以看到，传统上被认为与集体主义有关的指标促进了对中华文化的认同与实践，但是，独立我的显著正向预测作用表明这一过程的复杂性（因为这在传统上被认为是集体主义的反面），再次体现了自我建构在互依我与独立我两方面同时增长过程中的一致性变化趋势，而这一趋势正向促进了文化认同感。总的来说，个人文化价值观模式与整体文化价值观模式越匹配，文化认同和文化实践得分就会越高。宿命论思维在这里起到的负向预测作用是一个值得讨论的话题，这可能体现了宿命论得分的实际含义，即对普遍群体和规则的质疑与排斥，也可能反映了宿命论思维与中华文化的不适配。但是本研究所得结论并非严格的因果推论，需要后续研究的进一步验证。

在传统的文化价值观变量以外，本调查在全国范围内考察了基于"格-群"理论的分类划分。结果发现，在研究调查得到的文化心理变量中，个人主义-集体主义维度和规范性维度相结合，共同描绘了中国居民文化价值观的潜在结构。这有助于对中国居民文化心理的进一步区分，鼓励未来研究从双维结构的角度入手，探索、剖析深层次的中国文化价值观。

近年来，部分研究考察了不同文化价值观模式对疫情传播的影响（崔小倩等，2022；Yuan & Swedlow，2022）。在过去的疫情防控时期，也能够观察到不同文化价值观的人群对政策的不同态度。从这些研究中，可以看到准确把握不同群体的文化价值观结构对制定政策、执行政策以及在与群众的沟通中应当采取怎样的方式、手段具有重要的指导作用；同样，对于企业及其他社会组织来说，准确把握群体的文化认知模式也有助于开展商业活动、公共活动等；这当然也有助于个体在面对来自其他群体中的个人时能够快速判断其可能的文化价值观，采取符合其文化传统的沟通、交流方式。

在当前复杂多变的国际形势下，在面对当前新发展格局时，及时准确地把握我国文化价值观的分布及群体差异具有重要的研究意义。过往的文化变迁研究主要关注于对文化心理变化的描述，而本报告从现代性理论出发，试图探索社会变迁，尤其是经济发展所能够带来的文化心理变化模式。报告在一定程度上展示了经济发展程度所能够带来的影响，但同时注意到本报告中所使用的经济学指标可能还不足以很好地说明具体的文化差异来源。这一方面要求在未来的研究中应当注意对中国特有的文化理论的构建，另一方面则提示未来研究中可以考虑更为有效的经济划分办法或针对某一具体的经济群体进行考察。

总的来说，本报告考察了一个全国性样本中的文化价值观分布情况，及不同群体划分标准下的差异研究。认识、探索、描述这些指标正是我们认识、理解中国社会变迁过程中，中国人的文化、心理如何变化的过程。我们期望未来研究能够持续关注这一主题，不仅仅关注中国人文化心理中最核心的构成元素，也要关注在微观层面上，中国人的文化价值观如何、为何发生改变或为何存在差异。希望本报告能为试图了解、探索这一领域的研究者提供帮助。

参考文献

蔡华俭, 黄梓航, 林莉, 张明杨, 王潇欧, 朱慧珺, 谢怡萍, 杨盈, 杨紫嫣, 敬一鸣. (2020). 半个多世纪来中国人的心理与行为变化——心理学视野下的研究. *心理科学进展*, 28 (10), 1599-1688.

崔小倩, 郝艳华, 樊凯盛, 唐思雨, 唐雨蓉, 吴群红, 宁宁. (2022). 新型冠状病毒肺炎疫情下公众文化世界观负面情绪与第三人效果的关系. *中国预防医学杂志*, 23 (2), 98-103.

范红, 崔贺轩. (2023). 从文化认同到跨文化认同：中华文化对外传播的交际伦理转变. *对外传播*, (3), 52-55.

高旭繁, 杨国枢. (2011). 华人心理传统性与心理现代性研究之回顾与前瞻. *彰化师大教育学报*, 100 (19), 1-11.

谷传华, 陈会昌, 许晶晶. (2003). 中国近现代社会创造性人物早期的家庭环境与父母教养方式. *心理发展与教育*, 19 (4), 17-22.

胡焕庸. (1935). *中国人口之分布*. 钟山书局.

黄河. (2014). *Hofstede 文化价值维度在中国地域文化中表现度的实证研究*(硕士学位论文). 华东师范大学, 上海.

黄梓航, 敬一鸣, 喻丰, 古若雷, 周欣悦, 张建新, 蔡华俭. (2018). 个人主义上升, 集体主义式微？——全球文化变迁与民众心理变化. *心理科学进展*, 26 (11), 2068-2080.

刘文丽. (2019). *概念与测量：威权主义人格研究之比较*. (硕士学位论文). 南京大学, 南京.

陆铭, 陆屹洲. (2023). 大变局时代中美民众的文化价值观与外交态度——基于两国网民政治态度调查的对比研究. *当代亚太*, (1), 45-69.

马欣然, 任孝鹏, 徐江. (2016). 中国人集体主义的南北方差异及其文化动力. *心理科学进展*, 24 (10), 1551-1555.

苏红, 任孝鹏. (2014). 个人主义的地区差异和代际变迁. *心理科学进展*, 22 (6), 1006-1015.

孙豪, 桂河清, 杨冬. (2020). 中国省域经济高质量发展的测度与评价. *浙江社会科学* (8), 4-14+155.

孙琼如. (2023). 解码内地高校港澳台生的中华文化认同. *华侨大学学报（哲学社会科学版）*, (3), 23-33.

田浩. (2006). 文化心理学的双重内涵. *心理科学进展*, 14 (5), 795~800.

汪凤炎. (2018). 对水稻理论的质疑：兼新论中国人偏好整体思维的内外因. *心理学报*, 50 (5), 572-582.

汪新建, 张慧娟, 武迪, 吕小康. (2017). 文化对个体风险感知的影响：文化认知理论的解释. *心理科学进展*, 25 (8), 1251-1260.

吴必虎. (1996). 中国文化区的形成和划分. *学术月刊*, (3), 10-15.

许倬云. (2006). *万古江河：中国历史文化的转折与开展*. 上海：上海文艺出版社.

徐江, 任孝鹏, 苏红. (2015). 中国人独立性自我构建和依存性自我构建的代际变迁. *心理学进展*, 5 (2), 67-74.

杨国枢. (2004). *中国人的心理与行为：本土化研究*. 北京：中国人民大学出版社.

钟年, 谢莎. (2014). 建设有文化的文化心理学. *苏州大学学报（教育科学版）*, 2 (02), 1-10+12.

赵向阳, 李海, 孙川. (2015). 中国区域文化地图: "大一统" 抑或 "多元化"? 管理世界, 2, 101-119.

朱秀梅, 郑雪娇, 许海, 徐艳梅. (2022). 国家内部地域文化差异及其对组织的影响. 心理科学进展, 30(7), 1651-1666.

Altemeyer, B. (1998). The other "authoritarian personality". Advances in Experimental Social Psychology, 30, 47-91.

Carpenter, S. (2000). Effects of cultural tightness and collectivism on self-concept and causal attributions. Cross-Cultural Research, 34(1), 38-56.

Chen, C. C., & Farh, J. L. (2010). Developments in understanding Chinese leadership: Paternalism and its elaborations, moderations, and alternatives. In M. H. Bond (Eds.), Oxford handbook of Chinese psychology (pp. 599-622). Oxford: Oxford University Press.

Chen, X. Y. (2012). Human development in the context of social change: Introduction. Child Development Perspectives, 6(4), 321-325.

Chiao, J. Y., & Blizinsky, K. D. (2010). Culture-genecoevolution of individualism-collectivism and the serotonin transporter gene. Proceedings of the Royal Society B: Biological Sciences, 277(1681), 529-537.

Chien, CL. (2016). Beyond authoritarian personality: The culture-inclusive theory of Chinese authoritarian orientation. Frontiers in Psychology, 7, 924.

Chua, R. Y. J., Huang, K. G., & Jin, M. (2019). Mapping cultural tightness and its links to innovation, urbanization, and happiness across 31 provinces in China. Proceedings of the National Academy of Sciences, 116(14), 6720-6725.

Courtney, M. (2013). Determining the number of factors to retain in EFA: Using the SPSS R-Menu v2 0 to make more judicious estimations. Practical Assessment, Research and Evaluation, 18, 8.

Dake, K. (1992). Myths of nature: Culture and social construction of risk. Journal of Social Issues, 48(4), 21-37.

Dien, D. S. F. (1999). Chinese authority-directed orientation and Japanese peer-group orientation: Questioning the notion of collectivism. Review of General Psychology, 3(4), 372-385.

Douglas, M. (1970). Natural symbols: Explorations in cosmology. London: Barrie & Rockliff.

Douglas, M., & Wildavsky, A. (1982). Risk and culture: An essay on the selection of technological and environmental dangers. Berkeley: University of California Press.

Embree, J. F. (1950). Thailand-a loosely structured social system. American Anthropologist, 52(2), 181-193.

Fincher, C. L., & Thornhill, R. (2008). Assortative sociality, limited dispersal, infectious disease and the genesis of the global pattern of religion diversity. Proceedings of the Royal Society of London B: Biological Sciences, 275(1651), 2587-2594.

Fincher, C. L., & Thornhill, R. (2012). Parasite-stress promotes in-group assortative sociality: The cases of strong family ties and heightened religiosity. Behavioral and Brain Sciences, 35(2), 61-79.

Gelfand, M. J. (2012). Culture's constraints: International differences in the strength of social norms. Current Directions in Psychological Science, 21(6), 420-424.

Gelfand, M. J., Nishii, L. H., & Raver, J. L. (2006). On the nature and importance of cultural tightness-looseness. *Journal of Applied Psychology, 91*(6), 1225-1244.

Gelfand, M. J., Raver, J. L., Nishii, L., Leslie, L. M., Lun, J., Lim, B. C., ... Yamaguchi, S. (2011). Differences between tight and loose cultures: A 33-nation study. *Science, 332*(6033), 1100-1104.

Greenfield, P. M., Maynard, A. E., & Childs, C. P. (2003). Historical change, cultural learning, and cognitive representation in Zinacantec Maya children. *Cognitive Development, 18*(4), 455-487.

Hamamura, T., & Xu, Y. (2015). Changes in Chinese culture as examined through changes in personal pronoun usage. *Journal of Cross-Cultural Psychology, 46*(7), 930-941.

Hills, T. T., Proto, E., Sgroi, D., & Seresinhe, C. I. (2019). Historical analysis of national subjective well-being using millions of digitized books. *Nature human behaviour, 3*(12), 1271-1275.

Hofstede, G. J. (1980). *Culture's consequences: International differences in work-related values*. London: Sage Publication Press.

Hofstede, G. J. (2001). *Cultures' consequences* (2nd. ed.). Beverly Hills, CA: Sage.

Hutzschenreuter, T., Matt, T., & Kleindienst, I. (2020). Going subnational: A literature review and research agenda. *Journal of World Business, 55*(4), 1-14.

Kagitcibasi, C., & Ataca, B. (2005). Value of children and family change: A three decade portrait from Turkey. *Applied Psychology, 54*(3), 317-337.

Leng, J., Ma, H., Lv, X., & Hu, P. (2023). Validation of the Chinese cultural tightness-looseness scale and general tightness-looseness scale. *Frontiers in Psychology, 14*, 1131868.

Liu, Y., & Jiang, X. (2023). Application of protection motivation theory and cultural tightness-looseness for predicting individuals' compliance with the government's recommended preventive measures during regular prevention and control of the COVID-19 pandemic in China. *Frontiers in Public Health, 11*, 1043247.

Markus, H. R., & Kitayama, S. (1991). Culture and the self: Implication for cognition, emotion and motivation. *Journal of Personality and Social Psychology, 98*(2), 224-253.

Park, H., Twenge, J. M., & Greenfield, P. M. (2014). The great recession: Implications for adolescent values and behavior. *Social Psychological and Personality Science, 5*(3), 310-318.

Ruan, J., Xie, Z., & Zhang, X. (2015). Does rice farming shape individualism and innovation? *Food Policy, 56*, 51-58.

Samore, T., Fessler, D. M., Sparks, A. M., Holbrook, C., Aarøe, L., Baeza, C. G., ... & Wang, X. T. (2023). Greater traditionalism predicts COVID-19 precautionary behaviors across 27 societies. *Scientific Reports, 13*(1), 4969.

Schaller, M., & Murray, D. R. (2008). Pathogens, personality, and culture: disease prevalence predicts worldwide variability in sociosexuality, extraversion, and openness to experience. *Journal of personality and social psychology, 95*(1), 212.

Singelis, T. M. (1994). The measurement of independent and interdependent self-construals. *Personality and Social Psychology Bulletin, 20*, 580-591.

Singelis, T. M., Triandis, H. C., Bhawuk, D. P., & Gelfand, M. J. (1995). Horizontal and Vertical Dimensions of Individualism and Collectivism: A Theoretical and Measurement Refinement. *Cross-Cultural Research, 29*, 240-275.

Talhelm, T., Zhang, X., Oishi, S., Shimin, C., Duan, D., Lan, X., & Kitayama, S. (2014). Large-scale psychological differences within China explained by rice versus wheat agriculture. *Science, 344* (6184), 603-608.

Thompson, M., Ellis, R., & Wildavsky, A. (1990). *Cultural theory. Boulder*, Colorado: Westview Press.

Triandis, H. C. (2001). Individualism-collectivism and personality. *Journal of personality, 69* (6), 907-924.

Triandis, H. C., & Gelfand, M. J. (1998). Converging measurement of horizontal and vertical individualism and collectivism. *Journal of Personality and Social Psychology, 74*, 118-128.

Van der Linden, S. (2016). A conceptual critique of the cultural cognition thesis. *Science Communication, 38* (1), 128-138.

van de Vliert, E., Yang, H. D., Wang, Y. L., & Ren, X. P. (2013). Climato-economic imprints on Chinese collectivism. *Journal of Cross-Cultural Psychology, 44* (4), 589-605.

Wu, M. S., Zhou, C., Chen, H., Cai, H., & Sundararajan, L. (2018). Cultural value mismatch in urbanizing China: A large-scale analysis of collectivism and happiness based on social media and nationwide survey. *International Journal of Psychology, 53* (52), 54-63.

Xue, W., Hine, D. W., Marks, A. D., Phillips, W. J., & Zhao, S. (2016). Cultural worldviews and climate change: A view from China. *Asian Journal of Social Psychology, 19* (2), 134-144.

Yu, F., Peng, T., Peng, K. P., Tang, S., Chen, C. S., Qian, X. J., … Chai, F. Y. (2016). Cultural value shifting in pronoun use. *Journal of Cross-Cultural Psychology, 47* (2), 310-316.

Yuan, M., & Swedlow, B. (2022). Chinese cultural biases, value congruence, and support for and compliance with protective policies during the COVID-19 pandemic. *Review of Policy Research*.

Zhao, H., Su, Q., Lou, M., Hang, C., & Zhang, L. (2022). Does authoritarianism necessarily stifle creativity? The role of discipline-focused authoritarian leadership. *Frontiers in Psychology, 13*, 1037102.

Zhou, C., Yiu, W. Y. V., Wu, M. S., & Greenfield, P. M. (2018). Perception of cross-generational differences in child behavior and parent socialization: A mixed-method interview study with grandmothers in China. *Journal of Cross-Cultural Psychology, 49* (1), 62-81.

第五章 新时代居民社会文明发展报告

张登浩 闫宜人

摘要： 2017年10月党的十九大报告提出，到21世纪中叶，"我国物质文明、政治文明、精神文明、社会文明、生态文明将全面提升"，这是首次在党的大会报告中提出社会文明这一概念，并将其与其他四大文明形态并列作为国家发展的目标。当前，中国特色社会主义进入新时代，人民群众对美好生活的渴求更加强烈。本研究以狭义社会文明的三维结构（社会主体文明、社会关系文明和社会环境文明）为基础，依托中国人民大学心理学系2023年暑期开展的新时代居民社会心理调查，对来自我国29个省市自治区的4662名被试的数据进行分析。结果发现，当前我国居民的社会文明发展水平整体较高，但社会文明发展水平不平衡的状况依然比较突出。未来需要继续加强社会主义核心价值观涵养，不断增进民生福祉，提高人民生活品质，特别是要聚焦重点群体，促进社会公平正义，推动社会文明发展水平不断提高。

关键词： 社会文明，社会主义核心价值观，一般信任，心理测量

1 引言

1.1 社会文明概念的提出

社会文明是中国特色社会主义文明体系的重要组成部分（董宁，2009；罗浩波，2012）。物质文明、政治文明、精神文明、社会文明、生态文明这"五大文明"互为条件，相互促进，形成了充满活力的中国特色社会主义文明这一有机系统。"五大文明"构成的文明体系是我们党在探索"什么是社会主义，怎样建设社会主义"，"坚持和发展什么样的中国特色社会主义、怎样坚持和发展中国特色社会主义"的伟大实践中逐步形成、发展和完善的。2017年10月习近平总书记在党的十九大报告中提出，"从二〇三五年到本世纪中叶，在基本实现现代化的基础上，再奋斗十五年，把我国建成富强民主文明和谐美丽的社会主义现代化强国。到那时，我国物质文明、政治文明、精

神文明、社会文明、生态文明将全面提升，实现国家治理体系和治理能力现代化，成为综合国力和国际影响力领先的国家，全体人民共同富裕基本实现，我国人民将享有更加幸福安康的生活，中华民族将以更加昂扬的姿态屹立于世界民族之林"。这是首次在党的大会报告中提出社会文明这一概念，并将其与其他四大文明形态并列作为国家发展的目标。十九届五中全会将"社会文明程度得到新提高"作为"十四五"时期经济社会发展的六大主要目标之一，同时再次强调将"社会文明程度达到新高度"作为2035年基本实现社会主义现代化的远景目标之一。2022年召开的党的二十大再次强调要"提高全社会文明程度"。

1.2 社会文明的内涵要义

关于社会文明的内涵，研究者普遍认为有广义和狭义之分。广义的社会文明指的是人类在社会实践过程中所取得的一切积极成果（刘辉，2018），是一个由多方面文明综合构成的整体（于建荣，2007）。根据对广义社会文明的测量，向勇（2021）认为，应该按照联合国大会第七十届会议上通过的《变革我们的世界：2030年可持续发展议程》所提出的17项可持续发展目标，结合我国新发展阶段社会经济发展的新要求，从社会生活、经济发展、生态环境三个维度构建社会文明的衡量标准和指标体系。尽管研究者对于广义的社会文明理解比较一致，但这种对于"社会"的理解包含了经济、政治、文化等领域的概念（刘辉，2018；罗振建，2006；向勇，2021），范围过于宽泛，不符合当前中央关于"五位一体"的中国特色社会主义事业总体布局的提法，容易造成理解上的混乱。

关于狭义社会文明的内涵和结构，研究者从不同角度给出了不同看法。萧君和（2004）认为狭义社会文明就是社会生活文明的简称，是社会生活的进步状态，具体包括社会要素文明、社会环境文明、社会实体文明和社会过程文明，其中社会要素文明就是社会关系和社会生活方式文明，社会环境文明包括自然生态环境文明、社会秩序文明和精神生态环境文明，社会实体文明包括社会个体文明、社会群体文明、社会组织文明、家庭文明以及社区文明，社会过程文明指的是社会要素、社会环境、社会实体在变迁、发展过程中的进步状态。罗浩波（2012）也持有完全相同的观点，并在此基础上探讨了中国特色社会主义文明的科学体系。罗振建（2006）认为，所谓狭义社会文明是指与物质文明、政治文明、精神文明并列的社会领域的进步程度和社会建设的积极成果，包括社会主体文明、社会关系文明、社会观念文明、社会制度文明、社会行为文明等方面的总和。任鹏和李毅（2022）与罗振建（2006）的观点基本一致，但是将社会观念文明替换成了社会意识文明。于建荣（2007）以《人民日报》为例，对从1946年到2006年4月7日，共751篇文章中使用的社会文明的概念进行了实证分析，大致将其分为社会生活文明、社会关系文明、社会意识文明、社会生活环境文明和社会管理文明五个方面。肖陆军和赵昕（2008）认为社会文明就是人类在改造社会、完善自身过程中创造和积累的所有的积极的社会管理体制改革成果以及与社会生产力相适应的社会进步状态，包括所有积极的社会管理体制改革成果，涉及社会效率、社会稳定、社会公平、社会自治、社会文化等社会现象的文明。刘辉（2018）在回顾了一系列关于狭义社会文明的定义之后，认为社会文明是指人类在从事社会关系实践的过程中取得的一切积极成果，是社会生活进步的标志，是与物质文明、政治文明、精神文明、生态文明相并列的一种文明形态，包括社会事业文明、社会实体文明、社会关系文明、社会制度文明、社会结构文明、社会行为文明、社会环境文明以及社会治理文明八个方面。

总的来看，研究者对于狭义社会文明内涵的理解存在共同之处。研究者基本都认可社会文明是人类在社会领域取得的积极成果，是与物质文明、政治文明、精神文明和生态文明相并列的一种文明形态。但对于狭义社会文明的概念结构具体包括哪些方面？研究者之间存在着相当多的交叉和不一致。综合之前研究者的不同观点，我们认为，社会文明是人们在社会领域所取得的积极成果，是与物质文明、政治文明、精神文明、生态文明相并列的一种文明形态，作为一个多维度的概念，社会文明包括社会主体文明、社会关系文明和社会环境文明。其中社会主体文明反映的是作为文明主体的人所达到的文明状态，主要体现为人们的思想觉悟和社会行为；社会关系文明反映的是人们在共同社会实践活动中所形成的人际关系方面的积极成果；社会环境文明反映的是人们在赖以生存和发展的社会环境方面的积极成果。与之前研究者对于狭义社会文明概念结构的理解相比，三维结构更为简洁，同时基本涵盖了之前研究者对于社会文明概念结构理解的共同之处，而且也能够和其他四种文明区分开来（刘辉，2018；罗浩波，2012；罗振建，2006；任鹏，李毅，2022；萧君和，2004；于建荣，2007）。

1.3 社会文明的心理测量指标

尽管对于社会文明概念的理论探讨十分重要，但同时也需要通过量化指标，对当前我国社会文明发展的程度进行测量，这既有利于对社会文明的深入理解，也可以为国家大政方针的制定提供科学的参考依据。但目前关于社会文明，包括社会建设等的评价指数更多侧重客观指标，特别是民生领域所取得的成就来加以衡量，比如脱贫人口数量、贫困发生率、人口预期寿命、人均卫生费用等（肖莺子，2020）。社会文明是社会建设所取得的积极成果，表征着社会生活的进步，这些积极成果既包括了作为社会文明主体的个人的思想观念和行为的进步（社会主体文明），也包括主体感知到的人际关系（社会关系文明）和社会环境方面（社会环境文明）所取得的进步。因此，除了民生领域所取得的成就以外，更应该关注社会文明的心理测量指标。同时，作为社会文明建设主体的思想观念和行为、感知到的人际关系和社会环境都属于心理学的范畴，反映了心理学所关注的个体心理与行为及其发生的人际和社会环境。本研究拟通过社会主义核心价值观、一般信任、社交回避、社会排斥、社会包容期望、相对剥夺感以及向上流动信念七个心理指标来测量我国社会文明发展的状况。

1.3.1 社会主义核心价值观

价值观是多种人文社会学科关注的一个问题（李德顺，1996）。20世纪30年代以来，价值观逐渐成为心理学研究的重要内容（姜永志，白晓丽，2015）。在心理学家看来，价值观是人们关于事物重要性的观念，是依据客体对于主体的重要性对客体进行价值评判和选择的标准（金盛华等，2009），是人区分好坏、善恶、美丑、损益、是非的信念系统，它不但引导着我们追寻自己的理想，还决定每个人在生活中的各种选择（黄希庭，2014）。社会主义核心价值观是当代中国精神的集中体现，凝结着全体人民共同的价值追求。党的十八大报告明确提出："倡导富强、民主、文明、和谐，倡导自由、平等、公正、法治，倡导爱国、敬业、诚信、友善，积极培育和践行社会主义核心价值观"。社会主义核心价值观是中华文明新形态的价值体现，同时也代表了人类文明进步的价值方向（宇文利，2022）。因此，本研究将社会主义核心价值观作为社会主体文明的心理测量指标。

1.3.2 一般信任

信任是指个体对他人的意图或者行为有积极的预期而愿意将自己置于风险的一种心理状态（曲佳晨，贡喆，2021；Rousseau et al., 1998）。从领域一般性与特殊性的角度看，信任可划分为一般信任（general trust）与特殊信任（specific trust）。一般信任是指个体普遍的、相对稳定的且不特定指向某个信任对象的信任倾向或特质，而特殊信任则是指向某个或某类具体信任对象的特定信任（贡喆等，2021）。信任是人际交往的基础，是促进合作行为的重要途径（Balliet & Van Lange, 2013），是减少冲突的重要缓冲机制（Curşeu & Schruijer, 2010），对于个体的生存与发展尤为重要（Rotter, 1971）。在经济、社会与政治领域，信任也是一种十分重要的社会资本，良好的信任有助于经济、商业、社会以及其他各种形式的互动交往。例如，研究发现信任可以促进陌生人之间的交往和交易，减少社会交换的成本，对于市场经济的发展具有一定的促进作用（辛自强，2019）。本研究将个体的一般信任水平作为社会关系文明的心理测量指标之一。

1.3.3 社交回避

社交回避是个体远离社交场合的倾向（Goossens, 2014），是一种由弱接近动机和强回避动机驱动的社会退缩类型（Bowker & Raja, 2011；Nelson, 2013），代表了个体在人际交往时的行为表现，是社交焦虑的主要指标（Watson & Friend, 1969）。倾向于社交回避的个体同伴接受度更低且易遭受同伴侵害和排斥（de Bruyn et al., 2010；

Flanagan et al., 2008; Siegel et al., 2009), 并容易导致抑郁 (Trew, 2011)。当个体倾向于反复回避社交场合时, 社交机会变得有限, 这可能导致长期的社交技能缺陷 (Greco & Morris, 2005), 可能会维持或加剧社交恐惧 (Hofmann & Hay, 2018; Wong & Rapee, 2016)。本研究将个体的社交回避水平作为社会关系文明的心理测量指标之一。

1.3.4 社会排斥

个体在人际交往中被他人所拒绝、贬低或排斥, 导致其建立社会联系的需求无法满足的现象称为社会拒绝或社会排斥 (Baumeister & Leary, 1995)。事实上, 社会排斥在不同的文化、国家和时代都是一种极其普遍的现象 (Gruter & Masters, 1986)。Williams (2007) 指出, 社会排斥会损害人们四种基本需要的满足, 即归属需要、控制需要、自尊需要和存在意义感。大量研究发现社会排斥会对被排斥者的行为、认知、情绪等方面产生负性影响 (杜建政, 夏冰丽, 2008)。此外, 社会排斥也具有重要的社会影响。例如, 社会排斥会加剧贫困人群的相对剥夺程度和贫困程度 (边恕, 纪晓晨, 2021)。社会排斥也可能会使得被排斥者为了满足归属需要, 而去加入任何愿意接纳他们的组织, 甚至包括一些极端组织或邪教组织; 另一方面当被排斥者的归属需要无法满足时, 可能会出现报复他人和伤害无辜, 社会弱势群体的情况, 对社会安全造成极大威胁 (Hales & Williams, 2018)。本研究将个体感知到的社会排斥作为社会关系文明的心理测量指标之一。

1.3.5 社会包容期望

社会包容作为一个社会政策概念, 是个体获得平等权利与价值的集中体现, 反映了人们在社会融入过程中遇到的系统性和非系统性障碍程度 (聂伟, 2018; Walker, 2009)。它包括了社会成员的社会参与, 差距和歧视感知, 以及社会保障满意程度等主观方面, 还包括了客观维度, 如落户政策和公共服务水平 (卢小君, 韩愈, 2018; Walker, 2009)。社会包容对于个体和社会都具有重要意义, 高包容度的社会有利于个人和社会的共同发展。根据 Combes 等人 (2013) 的研究, 严格的户籍制度可能导致外来人口在获取工作机会和享受公共服务方面更容易受到歧视, 从而妨碍职业发展, 而包容度较高的社会有助于减少这些障碍。从客观角度来看, 包容型社会的基本特征是公平享有社会福利, 但现行政策和服务壁垒可能导致部分人口无法公平享有公民权利, 从而妨碍了社会经济地位的提升 (聂伟, 蔡培鹏, 2021)。此外, 高社会包容度也意味着公平享有文化设施、卫生机构、城市低保公租房、子女教育等福利待遇, 可以吸引更多人在此施展抱负, 获得长足发展 (Florida, 2002)。社会包容期望反映的是个体对于所处社会的包容程度的期望。本研究将个体的社会包容期望作为社会环境文明的心理测量指标之一。

1.3.6 相对剥夺感

相对剥夺感是指个体在与参照对象进行比较后，感到自身基本权利被他人剥夺并处于劣势地位，进而产生愤怒和不满等负性情绪的一种主观认知和情绪体验（熊猛，叶一舵，2016；Merton，1957）。相对剥夺感是影响个体心理发展的重要因素，会使个体产生心理适应不良。经典相对剥夺理论认为，个体会经常通过与他人进行比较来评价自身的地位与处境，而弱势群体成员在比较过程中更容易产生相对剥夺感，这种不公平感会给他们的心理社会适应带来一定的负面影响（Mummendey et al.，1999；Smith et al.，2012）。例如，一项元分析结果发现，相对剥夺感可以预测个体的焦虑、抑郁等心理适应指标（Pettigrew，2015）。本研究将相对剥夺感作为社会环境文明的心理测量指标之一。

1.3.7 向上社会流动信念

向上社会流动信念是人们对其社会阶层或社会经济地位向上变化可能性的主观判断与预期（Day & Fiske，2017）。虽然社会流动信念是个体对客观社会流动的映射与表征，但并不一定以客观经济指标或数据为基础，在贫困或低社会经济地位群体中特指改变现状并向上流动的一种内在动力，是其面向未来的一种期望和信念（张凤，黄四林，2022）。向上社会流动信念可以促进个体的社会公平感知（Kelley & Kelley，1984），更愿意进行系统合理化（Schneider，2016），对收入不平等的忍耐度也更高（Liu et al.，2020）。我国大型数据库的追踪研究也表明向上社会流动信念可以显著正向预测我国成人群体的主观幸福感（Zhao et al.，2021）。高向上社会流动信念可以有效缓解个体处于经济相对剥夺环境下的敌意情绪体验（Sagioglou et al.，2019），对成功机会的担忧更少（McCall et al.，2017），在收入不平等处境中仍能有更多的幸福体验（Alesina et al.，2004）。本研究将向上社会流动信念作为社会环境文明的心理测量指标之一。

综上所述，本研究将以狭义社会文明的三维结构（社会主体文明、社会关系文明和社会环境文明）为基础，通过对个体的社会主义核心价值（社会主体文明）、一般信任（社会关系文明）、社交回避（社会关系文明）、社会排斥（社会关系文明）、社会包容期望（社会环境文明）、相对剥夺感（社会环境文明）以及向上社会流动信念（社会环境文明）等七个心理测量指标的大规模问卷调查，考察我国社会文明发展的状况并提出相应的对策建议。

2 研究方法

2.1 调查对象

本次调查覆盖了我国的 29 个省、直辖市、自治区（不含港澳台、海南省、内蒙古自治区），共收集问卷 4684 份，各地区样本数量在 33~478 之间不等，平均每个省份收集问卷 161.41 份（$SD = 101.96$）。合并数据后共计收集 4684 份问卷，其中 22 名被试因数据缺失率大于 30% 而被排除。剔除无效问卷后，有效问卷 4662 份，有效回收率 99.53%，调查对象平均年龄为 38.51±13.58 岁。调查对象基本情况如表 5-1 所示。

表 5-1 调查对象基本情况

省区	样本量	性别 男	性别 女	年龄 M	年龄 SD	户口状况 城镇	户口状况 农村	个人月收入 M	个人月收入 SD
北京	184	36.96%	61.96%	33.32	15.44	81.52%	17.39%	6121.87	7653.36
天津	55	43.64%	56.36%	38.24	12.26	92.73%	7.27%	5960.00	4875.85
河北	354	40.40%	59.60%	37.16	11.75	54.80%	45.20%	4251.66	3482.73
上海	46	47.83%	52.17%	40.05	13.29	84.78%	13.04%	19200.00	42252.23
江苏	86	48.84%	51.16%	37.73	13.18	60.47%	38.37%	6603.70	9747.86
浙江	33	57.58%	42.42%	38.33	16.55	63.64%	33.33%	7496.97	7000.78
福建	137	37.96%	60.58%	39.20	11.65	77.37%	19.71%	6823.32	9602.62
山东	274	47.08%	52.92%	43.00	13.91	34.67%	65.33%	4090.22	3783.51
广东	133	43.61%	56.39%	38.32	14.51	61.65%	38.35%	7206.61	5302.72
山西	235	49.79%	50.21%	38.94	14.22	53.62%	46.38%	3490.63	2705.72
安徽	250	52.40%	47.20%	37.99	15.14	59.20%	40.80%	5111.65	7243.95
江西	91	56.04%	43.96%	43.04	11.78	75.82%	24.18%	4798.40	3013.23
河南	477	42.77%	57.02%	37.78	14.43	50.73%	48.85%	3862.33	6254.73
湖北	227	45.81%	54.19%	40.38	16.22	58.15%	41.85%	4168.22	7119.08
湖南	228	44.74%	55.26%	39.07	13.50	55.70%	43.86%	4146.98	6535.74
广西	172	33.72%	66.28%	38.29	12.02	77.33%	22.67%	4829.90	4604.16
重庆	218	48.17%	51.83%	39.17	13.60	55.96%	44.04%	5353.33	3952.80
四川	142	25.35%	73.94%	38.18	11.35	65.49%	33.80%	3204.28	3076.09
贵州	217	26.73%	72.81%	35.31	12.90	53.46%	46.54%	4188.07	5909.98
云南	160	46.88%	53.13%	38.79	14.71	42.50%	57.50%	3624.13	4338.87
西藏	134	35.82%	64.18%	33.67	12.40	40.30%	59.70%	3760.02	3543.86
陕西	96	44.79%	55.21%	37.34	14.94	62.50%	37.50%	5024.33	4440.51
甘肃	137	54.74%	45.26%	41.01	11.69	83.21%	16.79%	4519.57	2125.78
青海	48	47.92%	52.08%	36.23	14.36	91.67%	8.33%	4199.98	3157.81
宁夏	48	20.83%	79.17%	33.81	10.44	83.33%	16.67%	6642.38	11901.14
新疆	264	42.05%	57.58%	37.27	12.33	75.38%	23.86%	4333.74	2860.71
黑龙江	94	55.32%	44.68%	41.75	10.58	96.81%	3.19%	4921.60	1557.08
吉林	82	39.02%	60.98%	47.02	13.35	73.17%	26.83%	3605.59	2661.60
辽宁	35	28.57%	71.43%	40.08	18.18	88.57%	11.43%	5533.33	3386.76
合计	4657	43.05%	56.79%	38.60	13.48	67.12%	32.44%	5418.14	6391.21

注：本次调查还收集到内蒙古、海南、澳门被试各一位，由于数量太少不具有代表性，具体数据未呈现于主表内，也未纳入后续的分析之中。

2.2 变量与工具

(1) 受教育程度。询问"您的受教育程度是?"选项为小学及以下、初中、高中/中专、大专、大学本科、研究生。

(2) 婚姻状况。询问"您的婚姻状况是?"选项为未婚、已婚、离异、丧偶。

(3) 主观社会阶层。询问"人们有时会把自己划分到高低不同的阶层,您认为自己在社会上属于哪一个阶层?"选项为低阶层、中低阶层、中层、中高阶层、高阶层。

(4) 收入。询问"您个人的月收入是?"选项为2000元以下、2000~4999元(含)、5000~9999元(含)、1万~1.9万元(含)、2万元及以上(含)。

(5) 社会主义核心价值观。采用邓明智(2017)所编制的社会主义核心价值观量表,评估居民的社会主义核心价值观。该量表包括国家价值观、社会价值观和个人价值观三个分量表。本次调查选取个人价值观(爱国、敬业、诚信和友善)的11个题目,包括"我做有利于社会的事情"、"我关心和帮助周围的人"等。采用7点计分(1=完全不同意,7=完全同意),得分越高表明调查对象对社会主义核心价值观的践行水平越高。在本次调查中,该量表的内部一致性系数为0.78。

(6) 一般信任。采用美国密歇根数据调查中心编制的信任他人问卷的中文版,评估居民的一般信任水平。题目为:在与他人进行交往时,您会"非常谨慎",还是"非常信任"呢?采用10点计分(1=非常谨慎,10=非常信任),得分越高代表居民的一般信任水平越高。

(7) 社交回避。采用社交回避量表(Social Avoidance Scale, SAS)评估居民的社交回避情况(Bowker et al., 2017)。共2道题目:"我尽量避免与其他人共处"、"比起与其他人待在一起,我更喜欢独处",5点计分(1=完全不同意,5=完全同意),得分越高表明居民的社交回避水平越强。在本次调查中,该量表的内部一致性系数为0.77。

(8) 社会排斥。采用社会排斥简式量表(the Ostracism Experience Scale, OES)评估居民遭受社会排斥的情况(Rudert et al., 2020)。共2道题目:"别人经常忽视我"、"别人经常不关注我",5点计分(1=完全不同意,5=完全同意),得分越高表明居民受到社会排斥的程度越强。在本次调查中,该量表的内部一致性系数为0.92。

(9) 社会包容期望。采用自编的综合性题目测量居民对于社会包容的整体期望。题目为"我认为我们的社会应该更加包容",5点计分(1=完全不同意,5=完全同意),得分越高代表居民对社会包容的整体期望越高。

(10) 相对剥夺感。采用个体相对剥夺感问卷(Personal Relative Deprivation Scale, PRDS)评估居民的相对被剥夺感水平(Callan, 2011)。共2道题目:"当我看到别人很富有时,我感到很愤怒"、"与周围其他人相比,我对自己所拥有的不满意",5点计分(1=完全不同意,5=完全同意),得分越高表明居民的相对剥夺感水平越强。在本次调查中,该量表的内部一致性系数为 0.74。

(11) 向上社会流动信念。采用明朗(2013)编制的社会流动信念问卷,评估居民对社会流动的主观感知水平。该量表共包括 6 道题目,例如,"与周围同龄人相比,我未来的社会地位会比他们高"、"与上辈人相比,我将来的社会地位比他们要高很多"等。采用 5 点计分(1=非常不赞同,5=非常赞同),得分越高代表居民的向上社会流动信念越强。在本次调查中,该量表的内部一致性系数为 0.83。

3 研究结果

3.1 社会主义核心价值观

3.1.1 总体状况

党的二十大报告指出,"广泛践行社会主义核心价值观,弘扬以伟大建党精神为源头的中国共产党人精神谱系,深入开展社会主义核心价值观宣传教育,深化爱国主义、集体主义、社会主义教育,着力培养担当民族复兴大任的时代新人"。社会主义核心价值观有助于培养个人内在道德秩序,为个体塑造健全的人格提供情感支持和道德准则(柏路,乔庄,2023)。本次调查结果显示,在 1~7 的 7 点量尺上,居民个人的社会主义核心价值观平均得分为 5.06,标准差为 0.84。得分在中间值 4 分以下者 348 人,占被调查对象的 7.46%;得分为 4 分者共有 119 人,占被调查对象的 2.55%;得分在 4 分以上者 4195 人,占被调查对象的 89.98%,具体如图 5-1 所示。

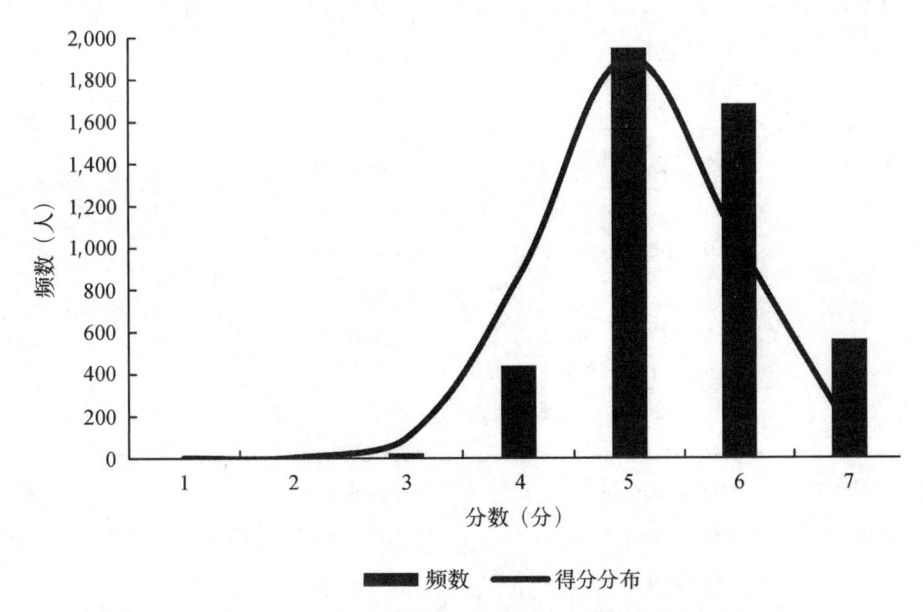

图 5-1 居民个人的社会主义核心价值观得分分布

3.1.2 婚姻状况差异：丧偶者社会主义核心价值观的践行水平更低，离异者社会主义核心价值观的践行水平更高

我们分析了社会主义核心价值观的各种人口学特征差异。统计显示，社会主义核心价值观得分在性别、户口、受教育程度等方面不存在显著差异，但在其他方面存在显著差异（见表5-2）。婚姻状况差异分析显示，社会主义核心价值观的践行水平受到婚姻状况的影响，但效应量很小，$F(4,4640)=2.84$，$p=0.02$，$\eta_p^2=0.002$。丧偶居民的社会主义核心价值观得分显著低于离异居民（$p=0.04$），见图5-2。

表5-2 社会主义核心价值观的人口统计学差异

人口统计学变量		$M\pm SD$	t/F	Cohen's d/η_p^2
性别	男性	5.05±0.84	-0.78	-0.02
	女性	5.07±0.84		
户口	城镇	5.08±0.84	1.70	0.06
	农村	5.03±0.84		
婚姻状况	未婚	5.11±0.83	2.84*	0.002
	已婚	5.04±0.84		
	离婚	5.19±0.82		
	丧偶	4.92±0.86		
主观社会阶层	低阶层	4.99±0.92	14.85***	0.01
	中低阶层	5.00±0.81		
	中层	5.10±0.82		
	中高阶层	5.31±0.80		
	高阶层	5.73±0.80		
受教育程度	小学及以下	4.96±0.81	1.91	0.002
	初中	5.04±0.89		
	高中/中专	5.09±0.84		
	大专	5.10±0.90		
	大学本科	5.06±0.80		
	研究生及以上	4.98±0.76		
收入	2000元以下	5.06±0.86	2.32*	0.002
	2000~4999元	5.09±0.83		
	5000~9999元	5.01±0.83		
	1万~1.9万元	5.10±0.79		
	2万元及以上	5.16±0.95		

（续表）

人口统计学变量		$M \pm SD$	t/F	Cohen's d/η_p^2
年龄	18~19 岁	5.10±0.75	4.55***	0.005
	20~29 岁	5.11±0.88		
	30~39 岁	5.09±0.86		
	40~49 岁	5.05±0.82		
	50~59 岁	5.03±0.80		
	60 岁以上	4.86±0.83		

注：* $p<0.5$，** $p<0.01$，*** $p<0.001$，下同。

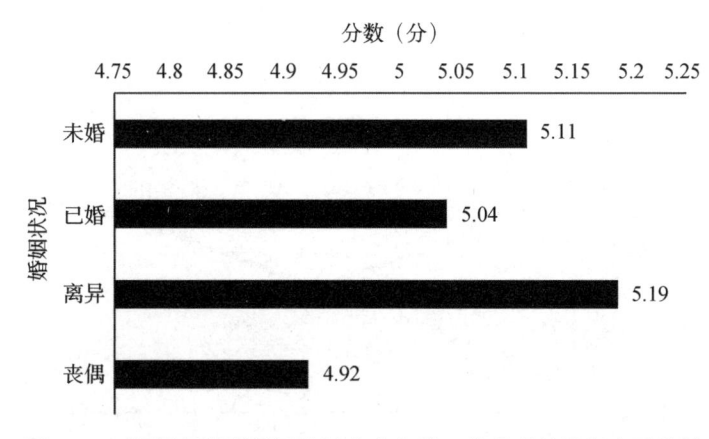

不同婚姻状况的得分：
- 未婚：5.11
- 已婚：5.04
- 离异：5.19
- 丧偶：4.92

图 5-2　不同婚姻状况居民的社会主义核心价值观的践行水平情况

3.1.3 主观社会阶层差异：主观社会阶层越高，社会主义核心价值观的践行水平越高

方差分析结果表明，社会主义核心价值观的践行水平受到主观社会阶层的影响，$F(2,4619)=14.85$，$p<0.001$，$\eta_p^2=0.1$。主观社会阶层越高，居民的社会主义核心价值观得分越高（见图5-3）。

不同主观社会阶层的得分：
- 低阶层：5.06
- 中低阶层：5.03
- 中层：5.08
- 中高阶层：5.11
- 高阶层：5.42

图 5-3　不同主观社会阶层居民的社会主义核心价值观的践行水平情况

3.1.4 收入差异：社会主义核心价值观践行水平的收入组差异呈 Z 字形模式

方差分析结果表明，社会主义核心价值观的践行水平受到个人月收入状况的影响，但效应量很小，$F(4,4595)=2.32$，$p=0.06$，$\eta_p^2=0.002$。具体来说，个人月收入状况与社会主义核心价值观得分呈现 Z 字形模式：其中个人月收入在 2000 元以下与 2000～4999 元（含）的居民社会主义核心价值观得分无显著差异（$p=0.41$）；个人月收入在 2000～4999 元（含）的居民的社会主义核心价值观得分显著高于个人月收入在 5000～9999 元（含）的居民（$p=0.006$）；个人月收入在 5000～9999 元（含）的居民社会主义核心价值观得分最低，之后随着个人月收入的增加，居民社会主义核心价值观得分也相应增加（见图 5-4）。

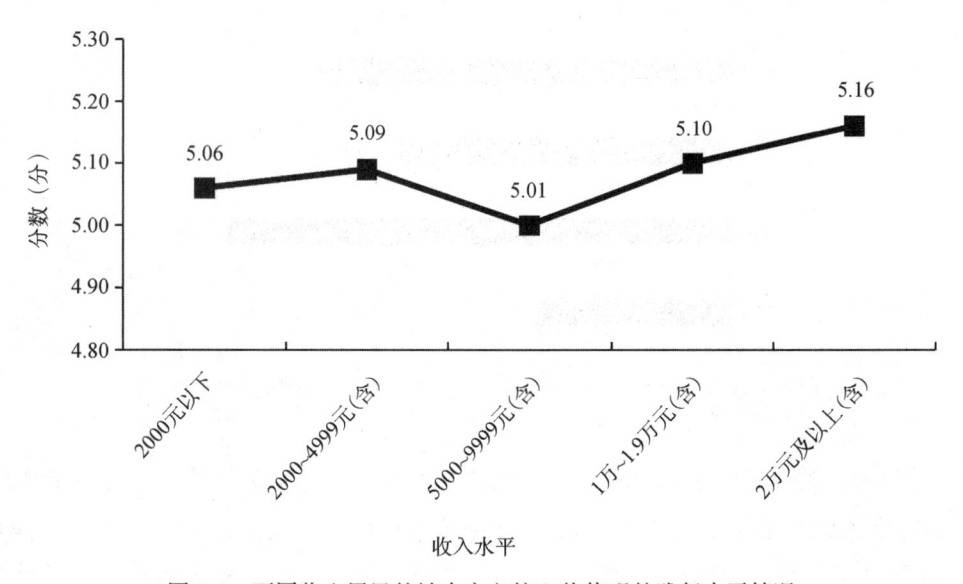

图 5-4 不同收入居民的社会主义核心价值观的践行水平情况

3.1.5 年龄差异：年龄越大，社会主义核心价值观的践行水平越低

我们将调查对象按照年龄分成六个"年龄组"：18～19 岁（315 人）、20～29 岁（1087 人）、30～39 岁（1009 人）、40～49 岁（1225 人）、50～59 岁（680 人）、60 岁以上（283 人）。方差分析结果表明，社会主义核心价值观的践行水平受到年龄的影响，$F(5,4593)=4.55$，$p<0.001$，$\eta_p^2=0.005$。随着年龄的增长，社会主义核心价值观得分随之降低（见图 5-5）。

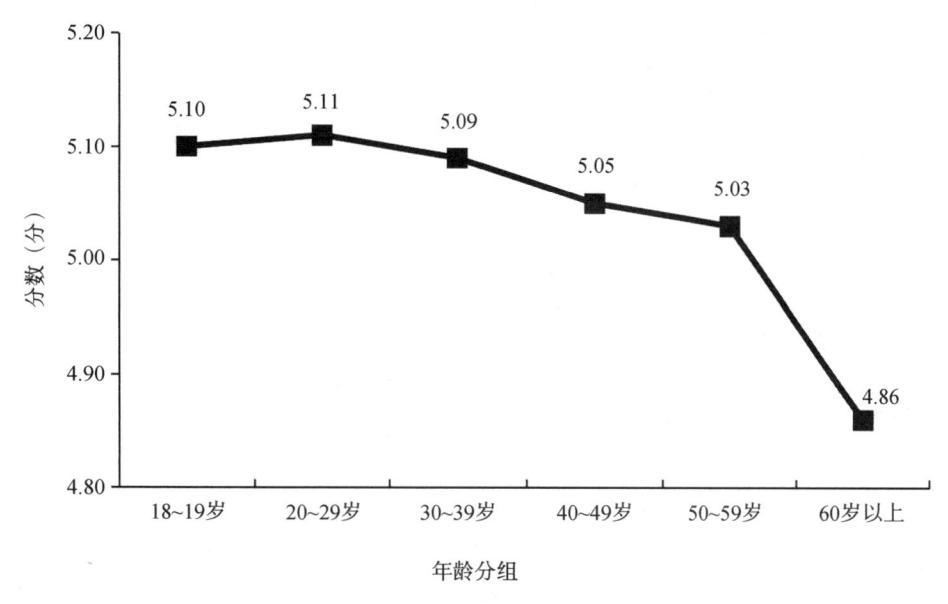

图 5-5　社会主义核心价值观的践行水平的年龄变化

3.2 一般信任

3.2.1 总体状况

信任作为一种社会资源，在社会运行和人际关系的建立中起着至关重要的作用（辛自强，2019；Balliet & Van Lange，2013）。本次调查结果显示，在 1~10 的 10 点量尺上，居民一般信任的平均得分为 5.76，标准差为 2.52。得分在中间值 5.5 分以下者 2069 人，占被调查对象的 44.38%；得分在中间值 5.5 分以上者 2593 人，占被调查对象的 55.62%。具体得分如图 5-6 所示。

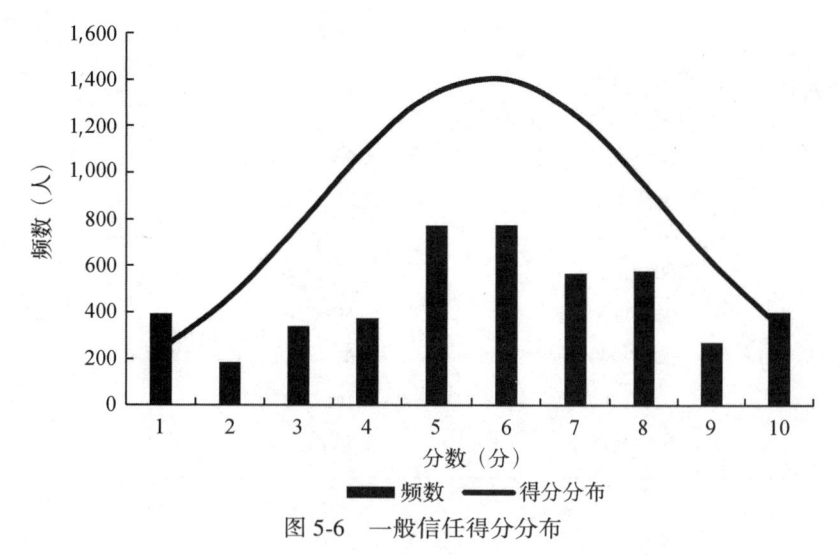

图 5-6　一般信任得分分布

3.2.2 户口差异：城镇居民的一般信任水平更高

我们分析了一般信任的各种人口学特征差异。统计显示，除了不存在性别、婚姻状况、收入差异外，在其他方面均存在显著差异（见表5-3）。户口差异分析显示，城镇居民的一般信任得分显著高于农村居民，$t(3691) = 2.73$，$p = 0.006$，Cohen's $d = 0.08$。

表5-3 一般信任的人口统计学差异

人口统计学变量		$M \pm SD$	t/F	Cohen's d/η_p^2
性别	男性	5.77±2.54	0.06	0.004
	女性	5.76±2.51		
户口	城镇	5.84±2.48	2.73**	0.08
	农村	5.63±2.58		
婚姻状况	未婚	5.86±2.30	0.85	0.001
	已婚	5.72±2.60		
	离婚	5.94±2.57		
	丧偶	5.69±2.72		
主观社会阶层	低阶层	5.48±2.62	5.80***	0.005
	中低阶层	5.78±2.44		
	中层	5.77±2.53		
	中高阶层	6.15±2.74		
	高阶层	7.11±2.59		
受教育程度	小学及以下	5.50±2.75	8.24***	0.009
	初中	5.26±2.82		
	高中/中专	5.79±2.59		
	大专	5.80±2.50		
	大学本科	5.93±2.34		
	研究生及以上	6.00±2.32		
收入	2000元以下	5.76±2.61	1.48	0.001
	2000~4999元	5.69±2.49		
	5000~9999元	5.81±2.52		
	1万~1.9万元	6.10±2.37		
	2万元及以上	5.74±2.63		

(续表)

人口统计学变量		$M \pm SD$	t/F	Cohen's d/η_p^2
年龄	18~19 岁	5.76±2.21	3.07**	0.003
	20~29 岁	5.97±2.29		
	30~39 岁	5.81±2.50		
	40~49 岁	5.59±2.62		
	50~59 岁	5.73±2.70		
	60 岁以上	5.55±2.75		

3.2.3 受教育程度差异：从初中之后，随着学历提升，一般信任水平不断升高

方差分析结果表明，一般信任水平受到受教育程度的影响，$F(5,4655)=8.24$，$p<0.001$，$\eta_p^2=0.009$。受教育程度为初中的居民的一般信任得分最低，受教育程度为研究生的居民的一般信任得分最高，并且从初中学历开始，随着学历提升，居民的一般信任水平不断升高（见图 5-7）。

受教育程度	分数（分）
小学及以下	5.50
初中	5.26
高中/中专	5.79
大专	5.80
大学本科	5.93
研究生	6.00

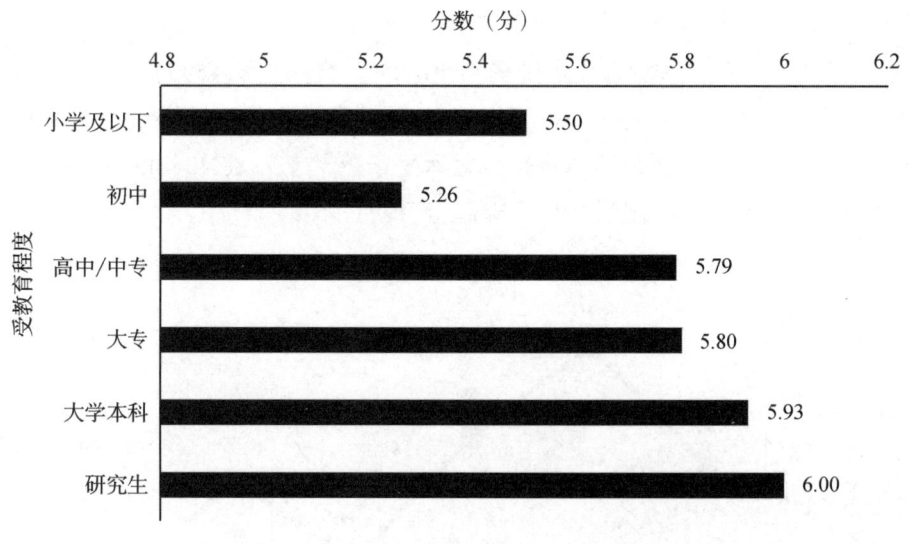

图 5-7 不同受教育程度居民的一般信任情况

3.2.4 主观社会阶层差异：主观社会阶层越高，一般信任水平越高

方差分析结果表明，一般信任水平受到主观社会阶层的影响，$F(4,4619)=5.80$，$p<0.001$，$\eta_p^2=0.005$。低阶层居民的一般信任得分最低，且显著低于其他阶层（$ps<0.01$）；高阶层居民的一般信任得分最高，且显著高于其他阶层（$ps<0.03$）。随着主观社会阶层的提升，居民的一般信任水平不断升高（见图 5-8）。

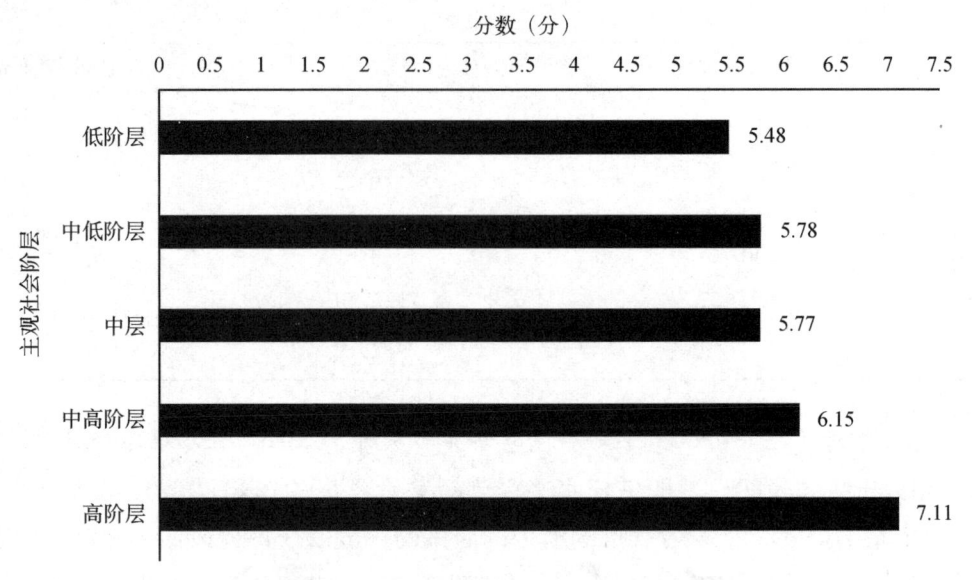

图 5-8 不同主观社会阶层居民的一般信任情况

3.2.5 年龄差异：一般信任的年龄组差异呈 M 形模式

方差分析结果表明，一般信任水平受到年龄的影响，$F(5,4593)=3.07$，$p=0.009$，$\eta_p^2=0.003$。具体来说，年龄与一般信任得分呈现 M 形模式：一般信任得分从 18~19 岁之后呈上升趋势；在 20~29 岁达到最高，之后呈下降趋势；在 40~49 岁最低，之后上升；在 50~59 岁出现拐点，之后呈现下降趋势（见图 5-9）。

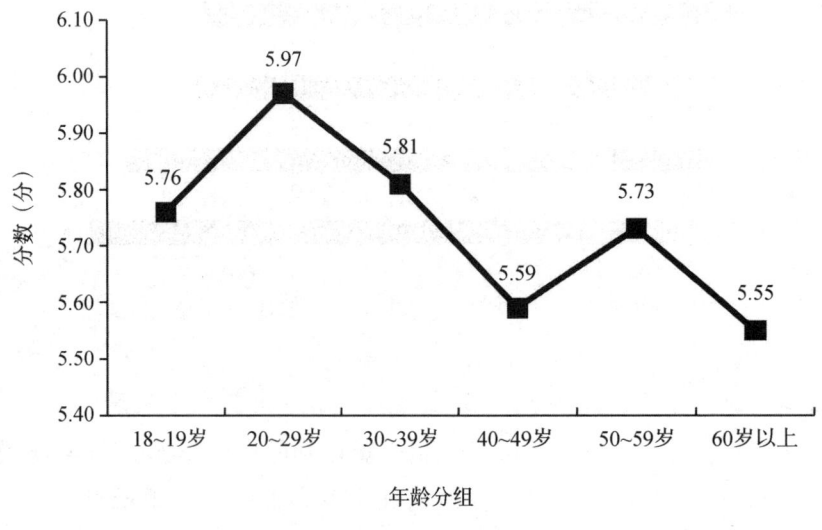

图 5-9 一般信任的年龄变化

3.3 社交回避

3.3.1 总体状况

本次调查结果显示，在 1~5 的 5 点量尺上，居民社交回避平均得分为 2.80，标准差为 1.11。得分在中间值 3 分以下者 2155 人，占被调查对象的 46.22%；得分为 3 分者共有 975 人，占被调查对象的 20.91%；得分在 3 分以上者 1532 人，占被调查对象的 32.86%，具体如图 5-10 所示。

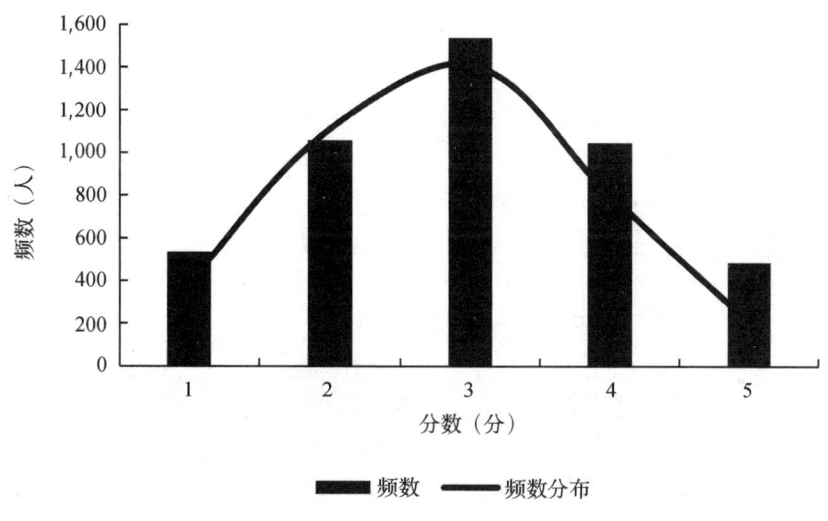

图 5-10 社交回避得分分布

3.3.2 户口差异：城镇居民的社交回避水平更高

我们分析了社交回避的各种人口学特征差异。统计显示，除了不存在性别、收入差异外，在其他方面均存在显著差异（见表 5-4）。户口差异分析显示，城镇居民的社交回避得分显著高于农村居民，$t(3582)=3.09$，$p=0.002$，Cohen's $d=0.09$。

表 5-4 社交回避的人口统计学差异

人口统计学变量		$M±SD$	t/F	Cohen's d/η_p^2
性别	男性	2.79±1.14	-0.74	-0.009
	女性	2.81±1.09		
户口	城镇	2.84±1.08	3.09**	0.09
	农村	2.74±1.16		
婚姻状况	未婚	2.96±1.06	9.94***	0.008
	已婚	2.73±1.13		
	离婚	2.84±1.16		
	丧偶	2.76±1.08		

(续表)

人口统计学变量		$M\pm SD$	t/F	Cohen's d/η_p^2
主观社会阶层	低阶层	2.91±1.13	6.62***	0.006
	中低阶层	2.78±1.08		
	中层	2.77±1.13		
	中高阶层	2.71±1.12		
	高阶层	3.54±1.24		
受教育程度	小学及以下	2.53±1.28	5.37***	0.006
	初中	2.72±1.19		
	高中/中专	2.88±1.11		
	大专	2.80±1.13		
	大学本科	2.83±1.04		
	研究生及以上	2.87±1.07		
收入	2000元以下	2.86±1.13	1.61	0.001
	2000~4999元	2.80±1.12		
	5000~9999元	2.75±1.08		
	1万~1.9万元	2.79±1.09		
	2万元及以上	2.71±1.21		
年龄	18~19岁	2.94±1.03	9.05***	0.01
	20~29岁	2.94±1.09		
	30~39岁	2.82±1.14		
	40~49岁	2.72±1.09		
	50~59岁	2.73±1.12		
	60岁以上	2.56±1.20		

3.3.3 受教育程度差异：学历为小学及以下的居民的社交回避水平最低

方差分析结果表明，社交回避水平受到受教育程度的影响，$F(5,4655)=5.37$，$p<0.001$，$\eta_p^2=0.006$。受教育程度为小学及以下的居民的社交回避得分最低，且显著低于其他受教育程度的居民（$ps<0.02$），见图5-11。

3.3.4 婚姻状况差异：未婚者社交回避水平最高，已婚者社交回避水平最低

方差分析结果表明，社交回避水平受到婚姻状况的影响，$F(4,4640)=9.94$，$p<0.001$，$\eta_p^2=0.008$。未婚者社交回避水平最高，已婚居民的社交回避水平最低，且未婚居民的社交回避水平显著高于已婚居民（$p<0.001$），见图5-12。

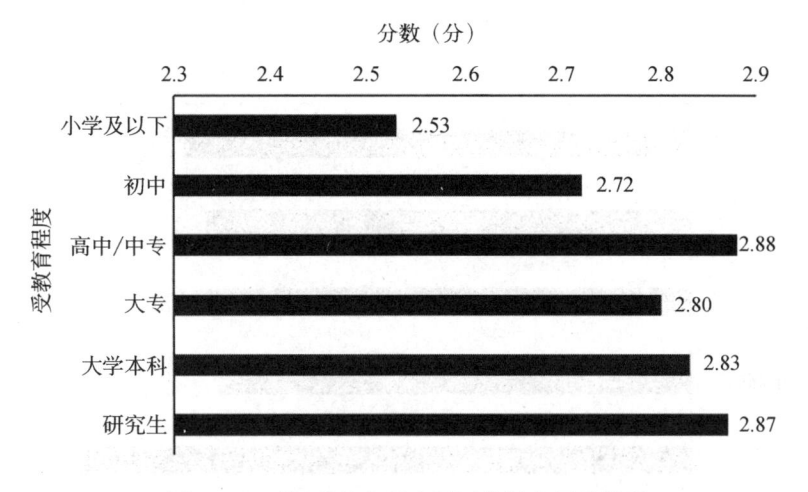

图 5-11 不同受教育程度居民的社会回避情况

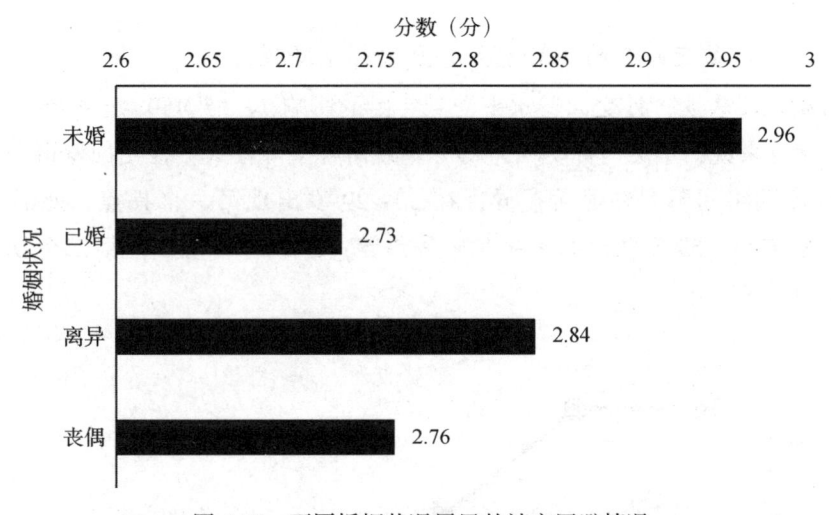

图 5-12 不同婚姻状况居民的社交回避情况

3.3.5 主观社会阶层差异：高阶层居民的社交回避水平最高

方差分析结果表明，社交回避水平受到主观社会阶层的影响，$F(4,4619)=6.62$，$p<0.001$，$\eta_p^2=0.006$。高阶层居民的社交回避得分最高，且显著高于其他阶层居民（$ps<0.001$），见图 5-13。

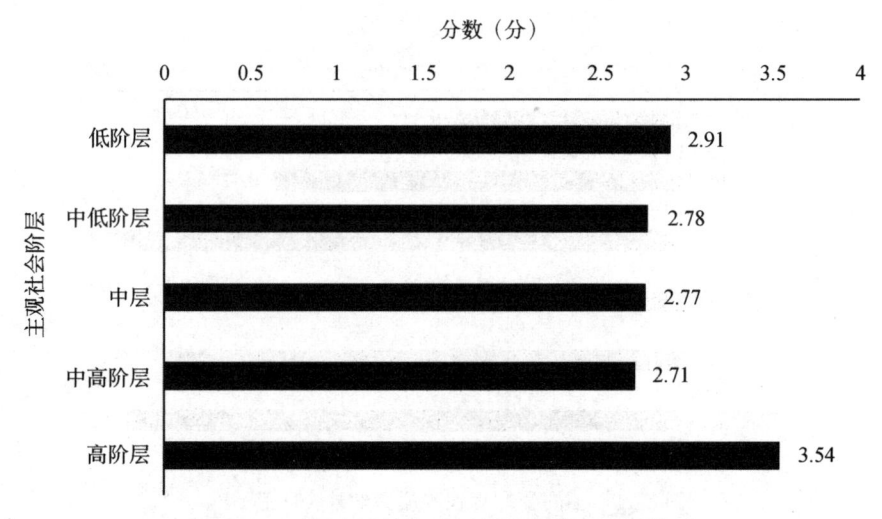

图 5-13　不同主观社会阶层居民的社交回避情况

3.3.6 年龄差异：社交回避的年龄组差异呈阶梯下降模式

方差分析结果表明，社交回避水平受到年龄的影响，$F(5,4593)=9.05$，$p<0.001$，$\eta_p^2=0.01$。具体来说，年龄与社交回避得分呈现阶梯下降模式：社交回避得分在 18~19 岁与 20~29 岁两组间不存在显著差异，在 20~29 岁出现第一个拐点，此后呈下降趋势，40~49 岁与 50~59 岁两组间不存在显著差异，在 50~59 岁出现第二个拐点，之后呈下降趋势（见图 5-14）。

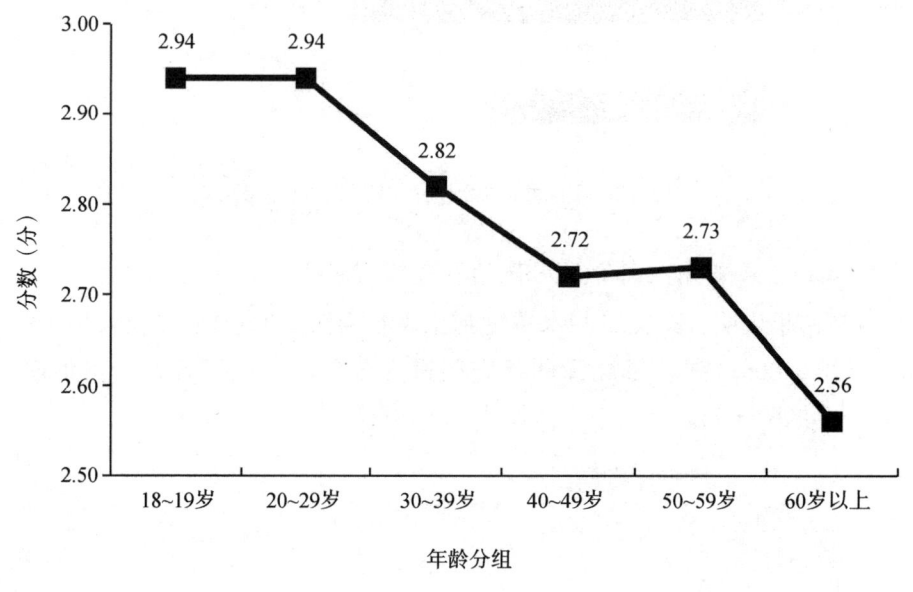

图 5-14　社交回避的年龄变化

3.4 社会排斥

3.4.1 总体状况

本次调查结果显示,在1~5的5点量尺上,居民社会排斥的平均得分为2.45,标准差为0.98。得分在中间值3分以下者2502人,占被调查对象的53.67%;得分为3分者共有1494人,占被调查对象的32.05%;得分在3分以上者666人,占被调查对象的14.29%,具体如图5-15所示。

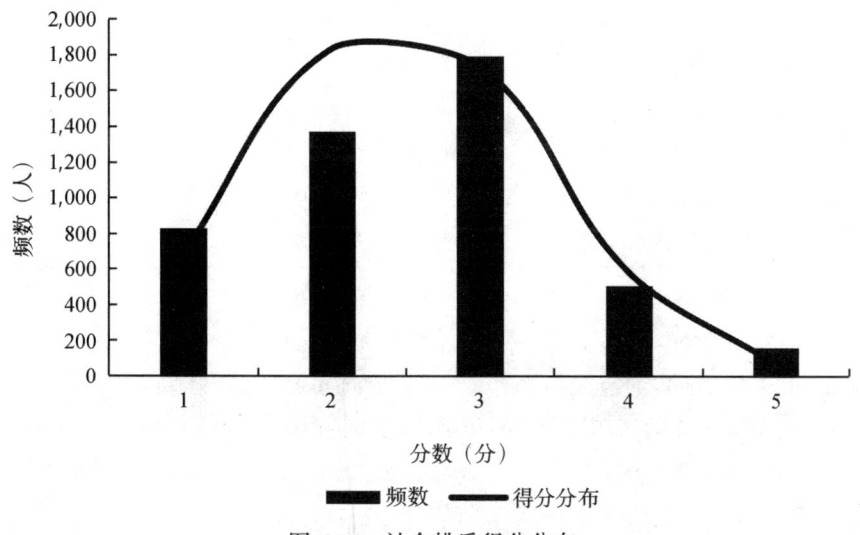

图5-15 社会排斥得分分布

3.4.2 性别差异:男性感受到的社会排斥水平更高

我们分析了社会排斥的各种人口学特征差异。统计显示,除了不存在婚姻状况、年龄差异外,在其他方面均存在显著差异(见表5-5)。性别差异分析显示,男性在社会排斥上的得分边缘显著高于女性,$t(4157)=1.93$, $p=0.05$, Cohen's $d=0.06$。

表5-5 社会排斥的人口统计学差异

人口统计学变量		$M\pm SD$	t/F	Cohen's d/η_p^2
性别	男性	2.48±1.02	1.93*	0.06
	女性	2.42±0.95		
户口	城镇	2.42±0.95	-2.09*	-0.06
	农村	2.49±1.02		
婚姻状况	未婚	2.45±0.95	1.17	0.001
	已婚	2.44±0.99		
	离婚	2.42±0.84		
	丧偶	2.63±1.12		

（续表）

人口统计学变量		$M \pm SD$	t/F	Cohen's d/η_p^2
主观社会阶层	低阶层	2.61±1.01	13.72***	0.01
	中低阶层	2.49±0.94		
	中层	2.35±0.97		
	中高阶层	2.29±1.04		
	高阶层	2.89±1.40		
受教育程度	小学及以下	2.32±1.09	6.50***	0.007
	初中	2.48±1.04		
	高中/中专	2.56±0.98		
	大专	2.50±1.03		
	大学本科	2.37±0.92		
	研究生及以上	2.53±0.89		
收入	2000元以下	2.46±1.00	2.51*	0.002
	2000~4999元	2.48±0.97		
	5000~9999元	2.39±0.97		
	1万~1.9万元（含）	2.56±0.94		
	2万元及以上	2.39±1.12		
年龄	18~19岁	2.38±0.94	0.83	0.001
	20~29岁	2.48±0.96		
	30~39岁	2.46±0.98		
	40~49岁	2.44±0.98		
	50~59岁	2.46±0.98		
	60岁以上	2.37±1.07		

3.4.3 户口差异：农村居民感受到的社会排斥水平更高

独立样本 t 检验表明，城镇居民感受到的社会排斥得分显著低于农村居民，$t(3606)=-2.09$，$p=0.04$，Cohen's $d=-0.06$。

3.4.4 受教育程度差异：学历为小学及以下与大学本科的居民感受到的社会排斥水平最低

方差分析结果表明，社会排斥水平受到受教育程度的影响，$F(5,4655)=6.50$，$p<0.001$，$\eta_p^2=0.007$。受教育程度为小学及以下与大学本科的居民的社会排斥得分最低，且显著低于其他受教育程度的居民（$ps<0.03$），见图5-16。

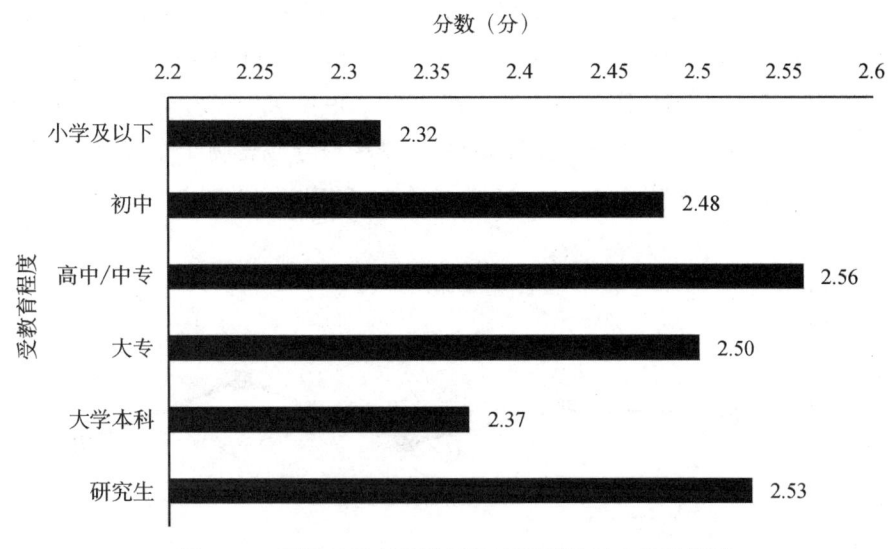

图 5-16 不同受教育程度居民感受到的社会排斥情况

受教育程度：
- 小学及以下：2.32
- 初中：2.48
- 高中/中专：2.56
- 大专：2.50
- 大学本科：2.37
- 研究生：2.53

3.4.5 主观社会阶层差异：高阶层居民感受到的社会排斥水平最高

方差分析结果表明，社会排斥水平受到主观社会阶层的影响，$F(4,4619)=13.72$，$p<0.001$，$\eta_p^2=0.01$。高阶层居民的社会排斥得分最高，且显著高于中低阶层、中层与中高阶层居民（$ps<0.01$），见图 5-17。

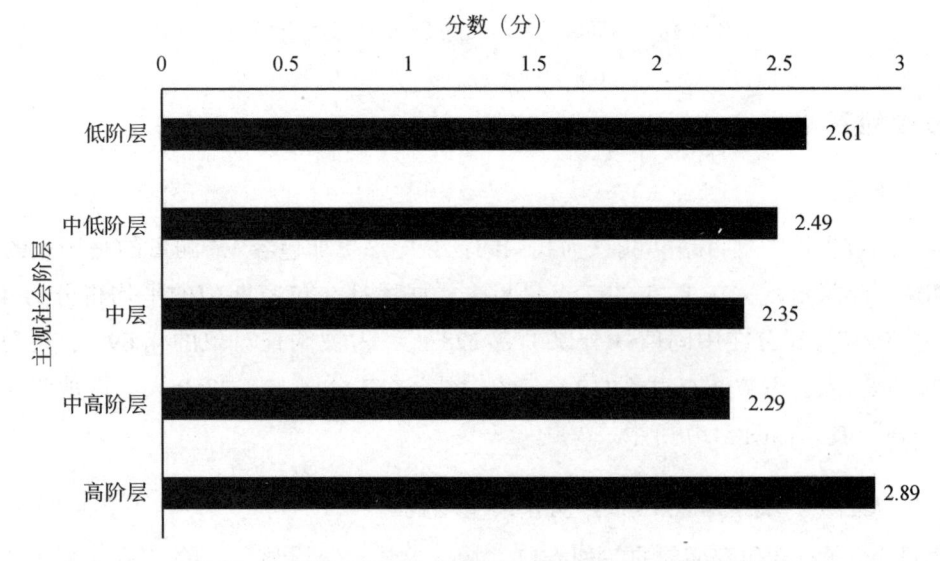

主观社会阶层：
- 低阶层：2.61
- 中低阶层：2.49
- 中层：2.35
- 中高阶层：2.29
- 高阶层：2.89

图 5-17 不同主观社会阶层居民感受到的社会排斥情况

3.4.6 收入差异：社会排斥的收入组差异呈 M 形模式

方差分析结果表明，居民感受到的社会排斥受到个人月收入状况的影响，$F(4,4595)=2.51$，$p=0.04$，$\eta_p^2=0.002$。具体来说，个人月收入状况与社会排斥得分呈现 M 形模式：其中个人月收入在 2000 元以下与 2000~4999 元（含）的居民感受到的社会排斥得分无显著差异（$p=0.06$）；个人月收入在 5000~9999 元（含）的居民感受到的社会排斥得分显著低于个人月收入在 2000~4999 元（含）的居民（$p=0.01$）；个人月收入 1 万~1.9 万元（含）的居民的社会排斥得分显著高于个人月收入在 5000~9999 元（含）与 2 万元及以上（含）的居民（$ps<0.01$），见图 5-18。

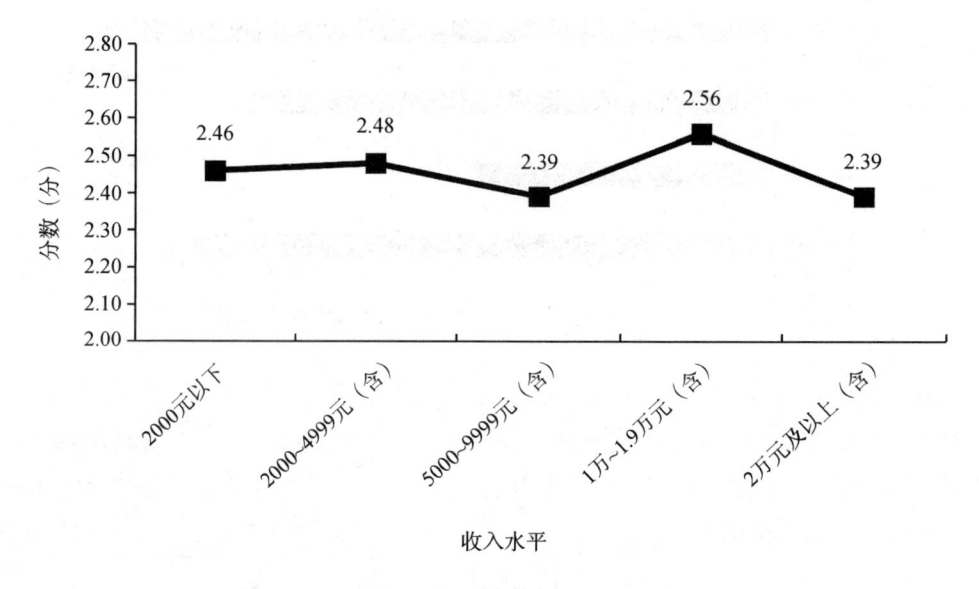

图 5-18　不同收入的居民感受到的社会排斥情况

3.5 社会包容期望

3.5.1 总体状况

本次调查采用的题目是"我认为我们的社会应该更加包容"，测量的是居民的社会包容期望。结果显示，在 1~5 的 5 点量尺上，居民社会包容期望的平均得分为 4.12，标准差为 0.87。得分在中间值 3 分以下者 228 人，占被调查对象的 4.89%，得分为 3 分者共有 684 人，占被调查对象的 14.67%，得分在 3 分以上者 3750 人，占被调查对象的 80.44%，具体如图 5-19 所示。

3.5.2 户口差异：城镇居民的社会包容期望更高

我们分析了社会包容期望的各种人口学特征差异。统计显示，除了不存在性别、主观社会阶层差异外，在其他方面均存在显著差异（见表 5-6）。户口差异分析显示，城镇居民的社会包容期望显著高于农村居民，$t(4651)=2.00$，$p=0.05$，Cohen's $d=0.06$。

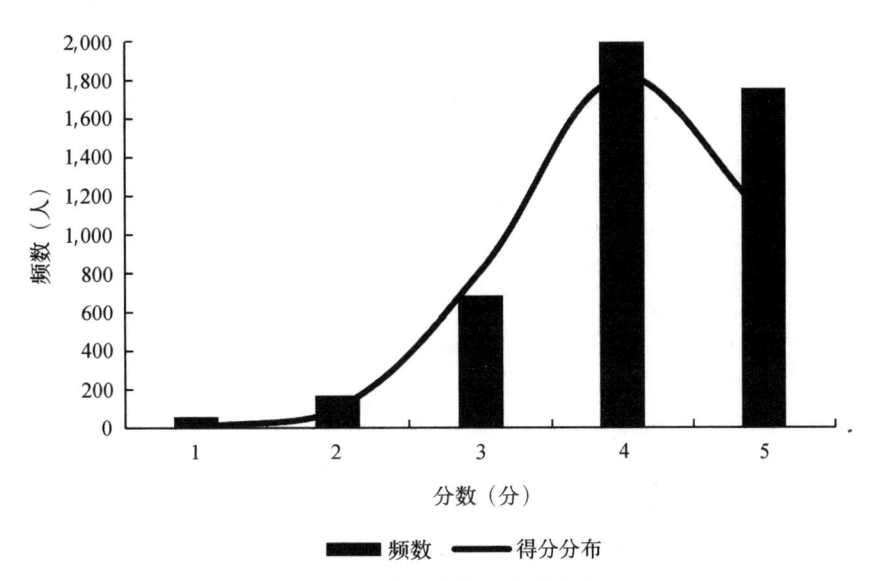

图 5-19 社会包容期望得分分布

表 5-6 社会包容期望的人口统计学差异

人口统计学变量		$M±SD$	t/F	Cohen's d/η_p^2
性别	男性	4.10±0.90	-1.07	-0.03
	女性	4.13±0.85		
户口	城镇	4.14±0.85	2.00*	0.06
	农村	4.09±0.91		
婚姻状况	未婚	4.19±0.80	3.27*	0.003
	已婚	4.09±0.90		
	离婚	4.17±0.96		
	丧偶	4.00±1.03		
主观社会阶层	低阶层	4.14±0.91	0.95	0.001
	中低阶层	4.09±0.87		
	中层	4.14±0.84		
	中高阶层	4.10±1.00		
	高阶层	4.26±0.95		
受教育程度	小学及以下	4.07±0.94	7.95***	0.008
	初中	4.01±0.99		
	高中/中专	4.03±0.94		
	大专	4.10±0.85		
	大学本科	4.21±0.79		
	研究生及以上	4.14±0.83		

（续表）

人口统计学变量		$M \pm SD$	t/F	Cohen's d/η_p^2
收入	2000 元以下	4.15±0.88	2.86*	0.002
	2000~4999 元	4.09±0.90		
	5000~9999 元	4.11±0.86		
	1万~1.9万元	4.14±0.80		
	2万元以上	4.37±0.68		
年龄	18~19 岁	4.29±0.74	3.49***	0.004
	20~29 岁	4.15±0.83		
	30~39 岁	4.10±0.86		
	40~49 岁	4.08±0.89		
	50~59 岁	4.12±0.90		
	60 岁以上	4.06±1.05		

3.5.3 受教育程度差异：学历为大学本科的居民对社会包容的期望最高

方差分析结果表明，社会包容期望受到受教育程度的影响，$F(5,4655)=7.95$，$p<0.001$，$\eta_p^2=0.008$。受教育程度为本科的居民对社会包容的期望最高，且显著高于受教育程度为大专及以下学历的居民（$ps<0.01$），见图 5-20。

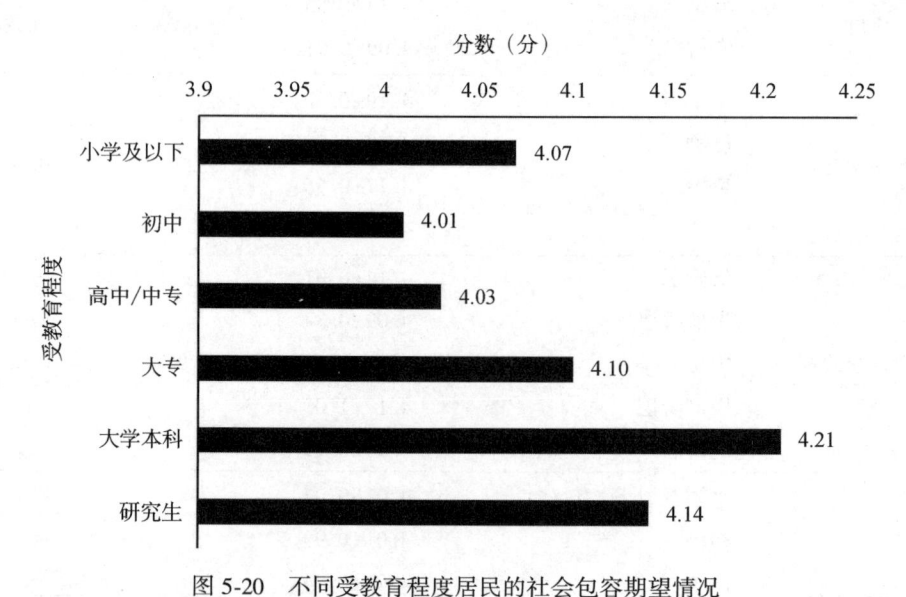

图 5-20 不同受教育程度居民的社会包容期望情况

- 小学及以下：4.07
- 初中：4.01
- 高中/中专：4.03
- 大专：4.10
- 大学本科：4.21
- 研究生：4.14

3.5.4 婚姻状况差异：丧偶者对社会包容期望最低，未婚者对社会包容期望最高

方差分析结果表明，社会包容期望受到婚姻状况的影响，$F(4,4640)=3.27$，$p=$

0.01，$\eta_p^2=0.003$。丧偶者对社会包容的期望最低，未婚者对社会包容的期望最高，见图 5-21。

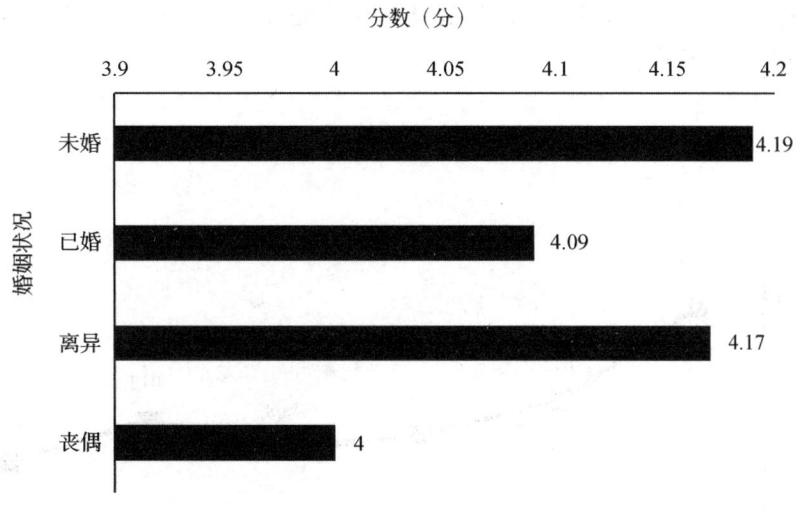

图 5-21　不同婚姻状况居民的社会包容期望情况

3.5.5 收入差异：居民收入越高，对社会包容的期望越高

方差分析结果表明，居民对社会包容的期望存在明显的收入差异，$F(4,4595)=2.86$，$p=0.02$，$\eta_p^2=0.002$，虽偶有波动，但总体呈现线性关系：居民个人月收入越高，其对社会包容的期望越高（见图 5-22）。

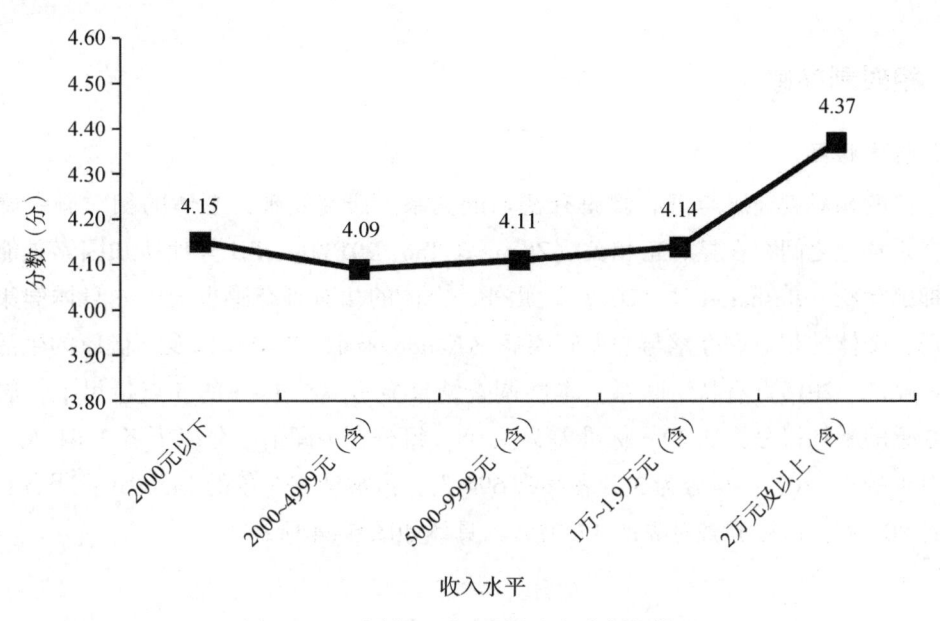

图 5-22　不同收入居民的社会包容期望情况

3.5.6 年龄差异：年龄越大，对社会包容的期望越低

方差分析结果表明，居民对社会包容的期望存在明显的年龄差异，$F(5,4593)=3.49$，$p=0.004$，$\eta_p^2=0.004$，虽偶有波动，但总体呈现线性关系：居民年龄越大，其对社会包容的期望越低（见图5-23）。

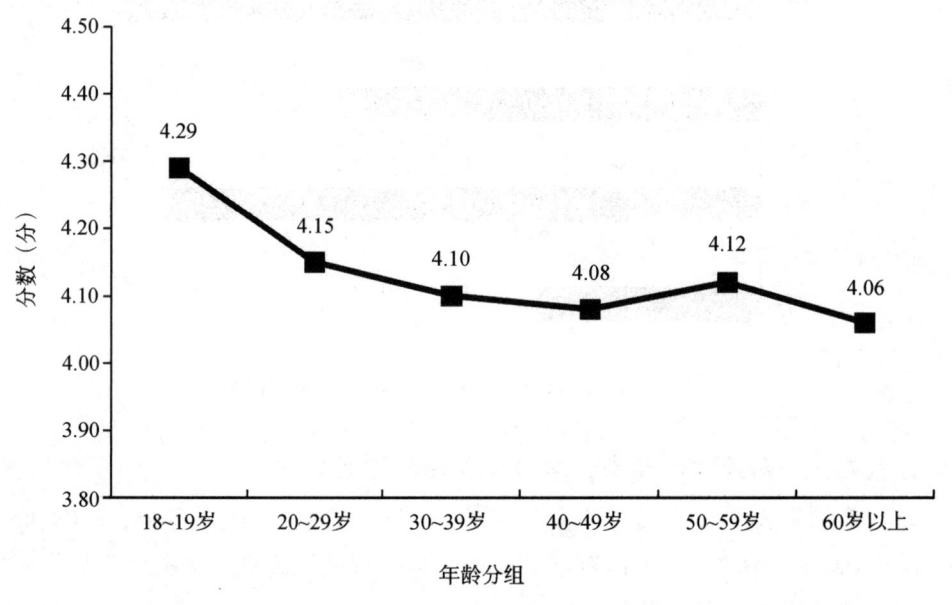

图 5-23 社会包容期望的年龄变化

3.6 相对剥夺感

3.6.1 总体状况

个体的相对剥夺感与身心健康有密切的关系。研究发现，个体的相对剥夺感与抑郁、自杀意念之间存在显著正相关（Zhang & Tao, 2013），且比其他认知因素更能有效预测抑郁症状（Beshai et al., 2017）。此外，个体的相对剥夺感也会影响身体健康。研究发现，个体的相对剥夺感与心血管疾病（Kondo et al., 2015）以及不健康的生活方式（Elgar et al., 2016）有特定联系。本次调查结果显示，在 1~5 的 5 点量尺上，居民相对剥夺感的平均得分为 2.29，标准差为 1.05。得分在中间值 3 分以下者 3161 人，占被调查对象的 67.80%；得分为 3 分者共有 694 人，占被调查对象的 14.89%；得分在 3 分以上者 807 人，占被调查对象的 17.31%，具体如图 5-24 所示。

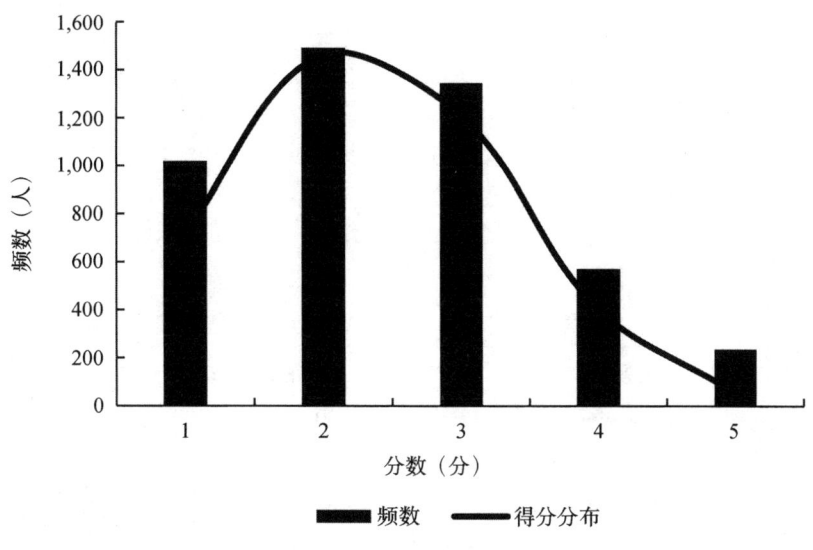

图 5-24 相对剥夺感得分分布

3.6.2 性别差异：男性的相对剥夺感更强

我们分析了相对剥夺感的各种人口学特征差异。统计显示，除了不存在户口差异外，在其他方面均存在显著差异（见表 5-7）。性别差异分析显示，男性在相对剥夺感上的得分显著高于女性，$t(4657)=5.54$，$p<0.001$，Cohen's $d=0.17$。

表 5-7 相对剥夺感的人口统计学差异

人口统计学变量		$M\pm SD$	t/F	Cohen's d/η_p^2
性别	男性	2.39±1.06	5.54***	0.17
	女性	2.21±1.04		
户口	城镇	2.27±1.03	−1.74	−0.05
	农村	2.32±1.08		
婚姻状况	未婚	2.42±1.04	7.58***	0.006
	已婚	2.24±1.05		
	离婚	2.24±1.06		
	丧偶	2.17±1.01		
主观社会阶层	低阶层	2.41±1.03	11.38***	0.01
	中低阶层	2.23±1.01		
	中层	2.26±1.06		
	中高阶层	2.49±1.14		
	高阶层	3.09±1.45		

（续表）

人口统计学变量		$M \pm SD$	t/F	Cohen's d/η_p^2
受教育程度	小学及以下	2.31±1.11	4.63***	0.005
	初中	2.38±1.08		
	高中/中专	2.37±1.08		
	大专	2.29±1.10		
	大学本科	2.21±1.00		
	研究生及以上	2.35±1.03		
收入	2000元以下	2.39±1.05	6.00***	0.005
	2000~4999元	2.30±1.07		
	5000~9999元	2.18±1.01		
	1万~1.9万元	2.35±1.05		
	2万元及以上	2.28±1.02		
年龄	18~19岁	2.40±0.95	6.47***	0.007
	20~29岁	2.41±1.08		
	30~39岁	2.30±1.07		
	40~49岁	2.21±1.04		
	50~59岁	2.23±1.04		
	60岁以上	2.15±1.00		

3.6.3 受教育程度差异：受教育程度为大学本科的居民相对剥夺感最低

方差分析结果表明，相对剥夺感受到受教育程度的影响，$F(5,4655)=4.63$，$p<0.001$，$\eta_p^2=0.005$。受教育程度为大学本科的居民的相对剥夺感得分最低，且显著低于受教育程度为初中与高中/中专的居民（$ps<0.001$），见图5-25。

受教育程度	分数（分）
小学及以下	2.31
初中	2.38
高中/中专	2.37
大专	2.29
大学本科	2.21
研究生	2.35

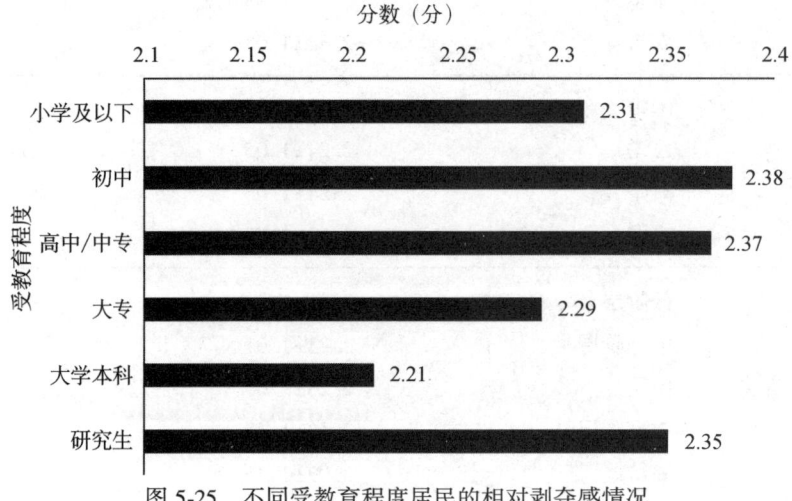

图5-25 不同受教育程度居民的相对剥夺感情况

3.6.4 婚姻状况差异：未婚者相对剥夺感最高

方差分析结果表明，相对剥夺感受到婚姻状况的影响，$F(4,4640)=7.58$，$p<0.001$，$\eta_p^2=0.006$。未婚者相对剥夺感得分最高，且显著高于其他婚姻状况的居民（$ps<0.05$），见图 5-26。

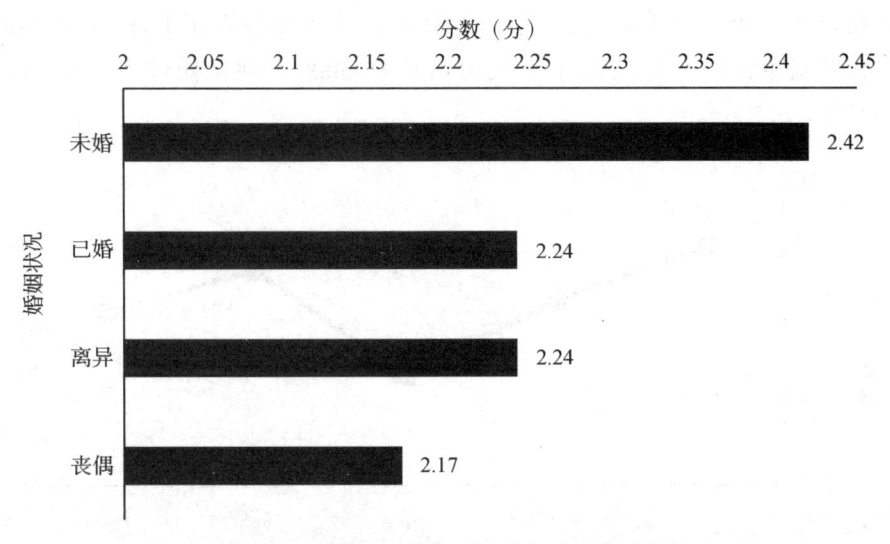

图 5-26 不同婚姻状况居民的相对剥夺感情况

3.6.5 主观社会阶层差异：高阶层居民的相对剥夺感最高

方差分析结果表明，相对剥夺感受到主观社会阶层的影响，$F(4,4619)=11.38$，$p<0.001$，$\eta_p^2=0.01$。高阶层居民的相对剥夺感得分最高，且显著高于其他阶层的居民（$ps<0.001$），见图 5-27。

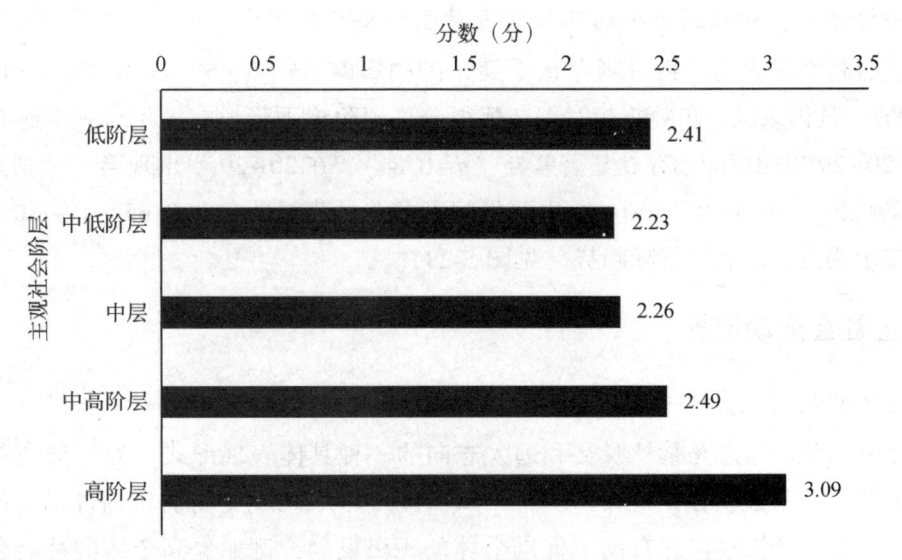

图 5-27 不同主观社会阶层居民的相对剥夺感情况

3.6.6 收入差异：相对剥夺感的收入差异呈 N 形模式

方差分析结果表明，相对剥夺感受到个人月收入状况的影响，$F(4,4595)=6.00$，$p<0.001$，$\eta_p^2=0.005$。具体来说，个人月收入状况与相对剥夺感得分呈现 N 形模式：其中个人月收入在 5000~9999 元（含）的居民的相对剥夺感得分最低，且显著低于个人月收入在 4999（含）以下的居民（$ps<0.002$）。个人月收入在 1 万~1.9 万元（含）的居民的相对剥夺感得分显著高于个人月收入在 5000~9999 元（含）的居民（$p=0.03$），见图 5-28。

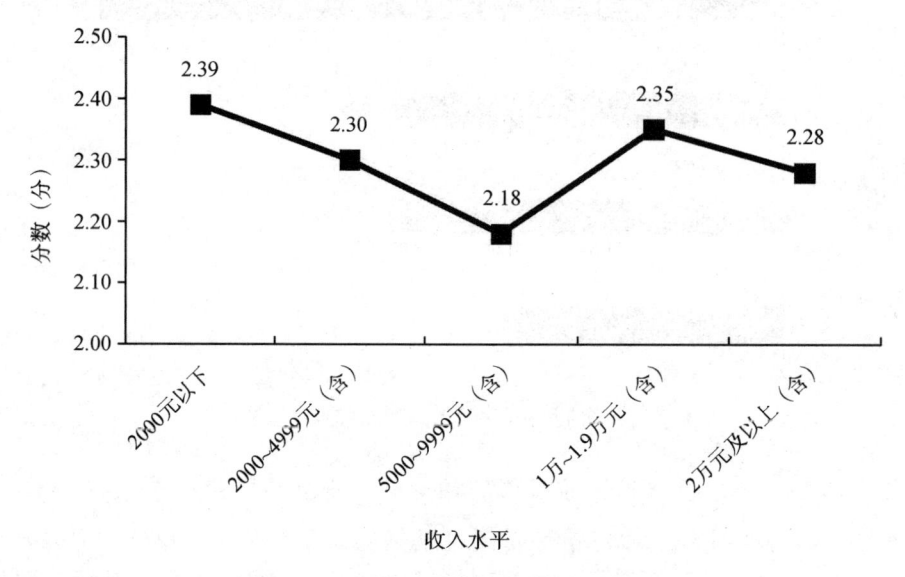

图 5-28 不同收入居民的相对剥夺感情况

3.6.7 年龄差异：相对剥夺感的年龄组差异呈阶梯下降模式

方差分析结果表明，相对剥夺感受到年龄的影响，$F(5,4593)=6.47$，$p<0.001$，$\eta_p^2=0.007$。具体来说，年龄与相对剥夺感得分呈现阶梯下降模式：相对剥夺感在 18~19 岁与 20~29 岁两组间不存在显著差异（$p=0.84$），在 20~29 岁出现第一个拐点，此后呈下降趋势，40~49 岁与 50~59 岁两组间不存在显著差异（$p=0.65$），在 50~59 岁出现第二个拐点，之后呈下降趋势（见图 5-29）。

3.7 向上社会流动信念

3.7.1 总体状况

向上社会流动信念是精神脱贫和远大志向的一种具体表现形式，为打破"贫困陷阱"及巩固和拓展脱贫成果持续护航（张凤，黄四林，2022）。综合国内外已有研究证据显示，向上社会流动信念有助于促进个体的积极发展，例如提高个体的社会公平认知（Day & Fiske，2017），增强主观幸福感（Huang et al.，2017），提升控制感（Wein-

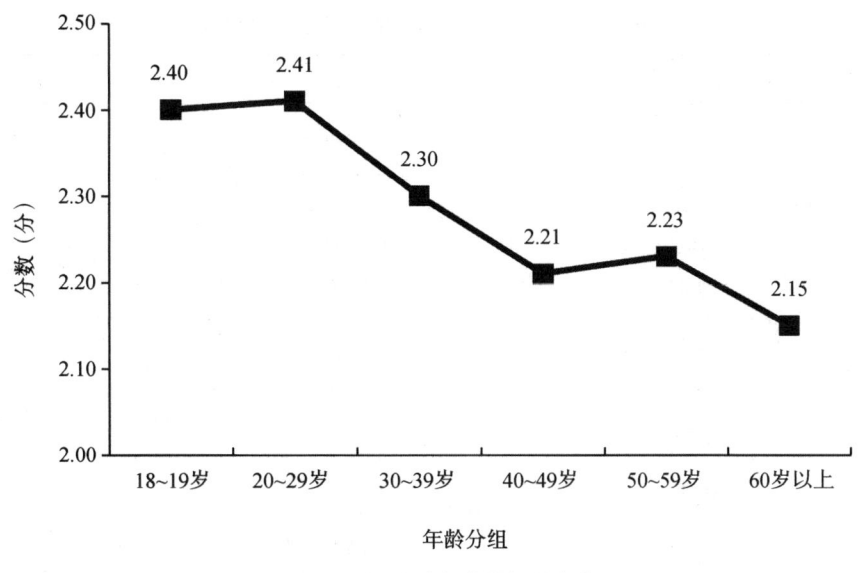

图 5-29　相对剥夺感的年龄变化

traub et al.，2015）。本次调查的结果显示，在 1~5 的 5 点量尺上，居民的向上社会流动信念平均得分为 3.11，标准差为 0.79。得分在中间值 3 分以下者 1540 人，占被调查对象的 33.03%；得分为 3 分者共有 619 人，占被调查对象的 13.28%；得分在 3 分以上者 2503 人，占被调查对象的 53.69%，具体如图 5-30 所示。

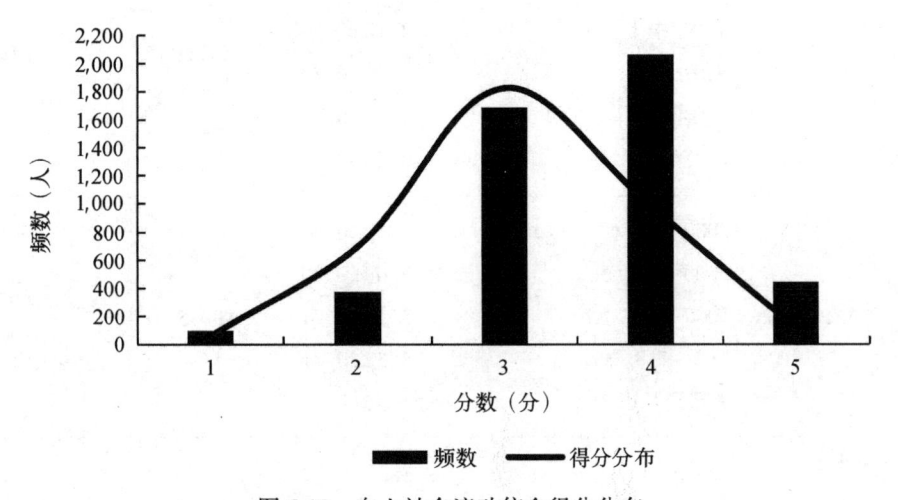

图 5-30　向上社会流动信念得分分布

3.7.2 性别差异：男性的向上社会流动信念更强

我们分析了向上流动信念的各种人口学特征差异（见表 5-8）。性别差异分析显示，男性的向上社会流动信念得分显著高于女性，$t(4146)=2.72$，$p=0.007$，Cohen's $d=0.09$。

表5-8 向上社会流动信念的人口统计学差异

人口统计学变量		$M\pm SD$	t/F	Cohen's d/η_p^2
性别	男性	3.15±0.83	2.72**	0.09
	女性	3.08±0.77		
户口	城镇	3.14±0.76	2.55*	0.09
	农村	3.07±0.85		
婚姻状况	未婚	3.26±0.71	19.94***	0.02
	已婚	3.06±0.82		
	离婚	3.02±0.78		
	丧偶	2.70±0.89		
主观社会阶层	低阶层	2.86±0.91	73.20***	0.06
	中低阶层	2.98±0.79		
	中层	3.24±0.71		
	中高阶层	3.58±0.78		
	高阶层	4.06±0.79		
受教育程度	小学及以下	2.69±1.02	21.50***	0.02
	初中	3.05±0.86		
	高中/中专	3.12±0.80		
	大专	3.19±0.77		
	大学本科	3.15±0.72		
	研究生	3.28±0.68		
收入	2000元以下	3.10±0.86	9.45***	0.008
	2000~4999元	3.07±0.80		
	5000~9999元	3.12±0.74		
	1万~1.9万元	3.32±0.71		
	2万元及以上	3.45±0.78		
年龄	18~19岁	3.33±0.72	32.48***	0.03
	20~29岁	3.23±0.71		
	30~39岁	3.20±0.75		
	40~49岁	3.04±0.78		
	50~59岁	2.98±0.85		
	60岁以上	2.72±1.00		

3.7.3 户口差异：城镇居民的向上社会流动信念更强

独立样本 t 检验表明，城镇居民的向上社会流动信念得分显著高于农村居民，$t(3457) = 2.55$，$p = 0.01$，Cohen's $d = 0.09$。

3.7.4 受教育程度差异：受教育程度越高，向上社会流动信念越强

方差分析结果表明，向上社会流动信念受到受教育程度的影响，$F(5,4655) = 21.50$，$p < 0.001$，$\eta_p^2 = 0.02$。受教育程度为小学及以下的居民向上社会流动信念得分最低，受教育程度为研究生的居民向上社会流动信念得分最高，随着学历的提升，居民的向上流动信念得分不断升高（见图5-31）。

受教育程度	分数（分）
小学及以下	2.69
初中	3.05
高中/中专	3.12
大专	3.19
大学本科	3.15
研究生	3.28

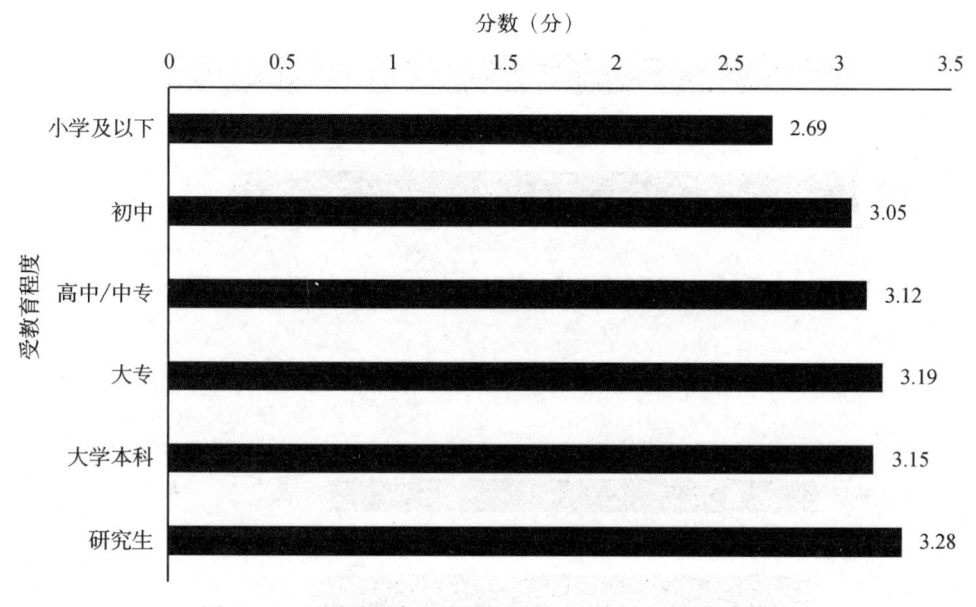

图5-31　不同受教育程度居民的向上社会流动信念情况

3.7.5 婚姻状况差异：丧偶者向上社会流动信念最低，未婚者向上社会流动信念最高

方差分析结果表明，向上社会流动信念受到婚姻状况的影响，$F(4,4640) = 19.94$，$p < 0.001$，$\eta_p^2 = 0.02$。丧偶居民的向上社会流动信念得分最低，且显著低于其他婚姻状况的居民（$ps < 0.009$），未婚居民的向上社会流动信念得分最高，且显著高于其他婚姻状况的居民（$ps < 0.004$），见图5-32。

3.7.6 主观社会阶层差异：主观社会阶层越高，向上社会流动信念越强

方差分析结果表明，向上社会流动信念受到主观社会阶层的影响，$F(4,4619) = 73.20$，$p < 0.001$，$\eta_p^2 = 0.06$。高阶层居民的向上社会流动信念得分最高，且显著高于其他阶层的居民（$ps < 0.001$）；低阶层居民的向上社会流动信念得分最低，且显著低于其

他阶层的居民（$ps < 0.001$）。主观社会阶层越高，向上社会流动信念得分越高，见图 5-33。

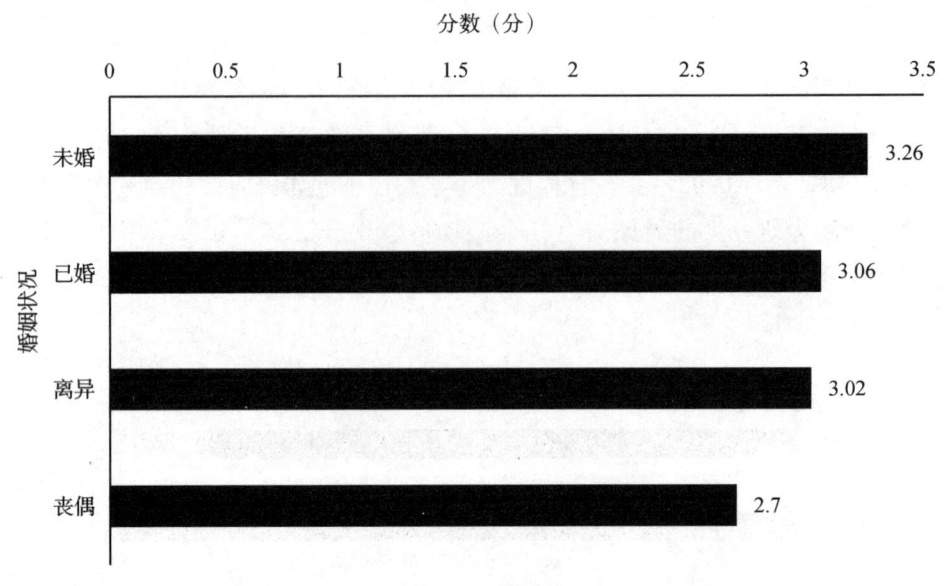

图 5-32 不同婚姻状况居民的向上社会流动信念情况

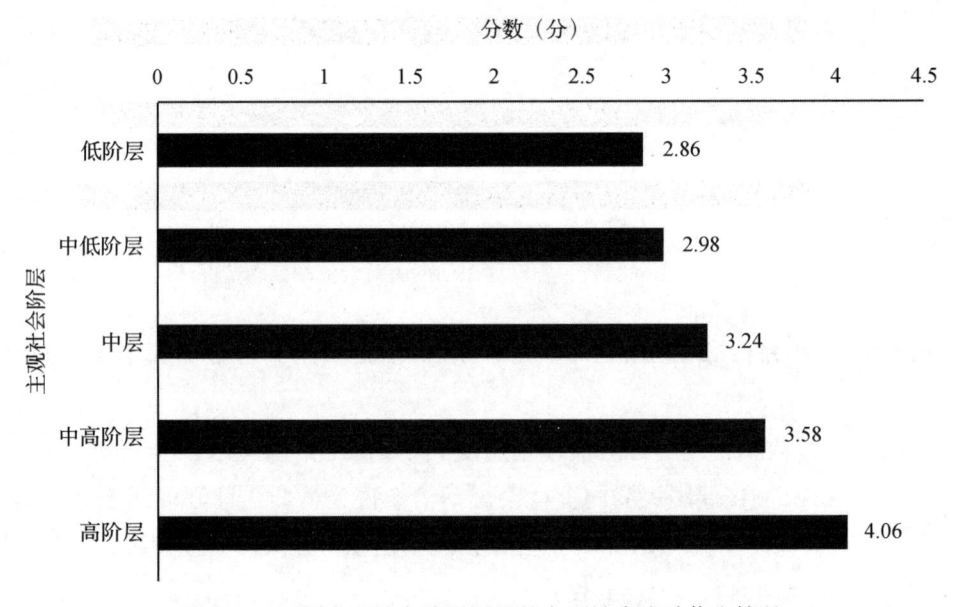

图 5-33 不同主观社会阶层居民的向上社会流动信念情况

3.7.7 收入差异：居民收入越高，向上社会流动信念越强

方差分析结果表明，居民的向上社会流动信念存在明显的收入差异，$F(4,4595) = 9.48$，$p < 0.001$，$\eta_p^2 = 0.008$，虽偶有波动，但总体呈现线性关系：居民个人月收入越

高，其向上社会流动信念越强（见图5-34）。

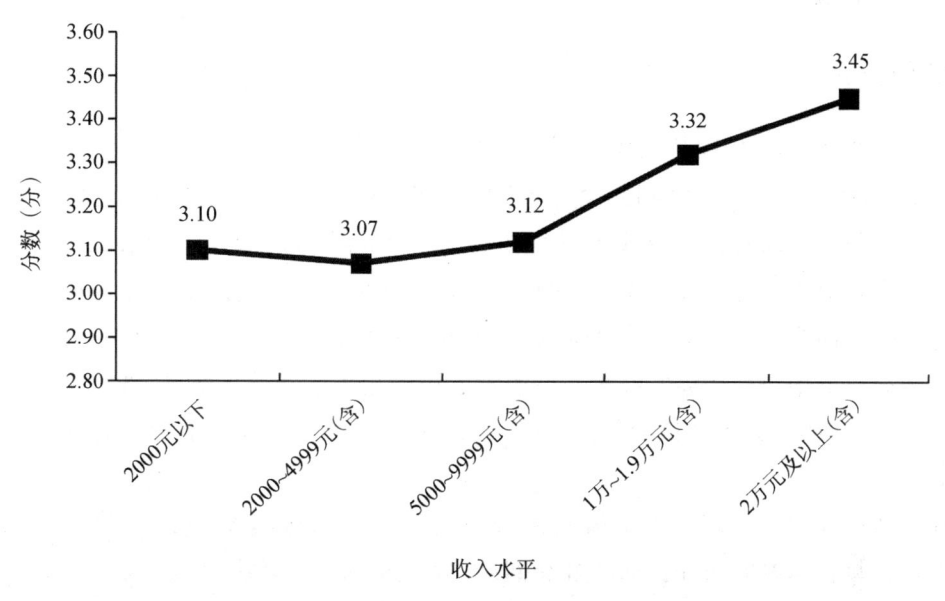

图 5-34　不同收入居民的向上社会流动信念情况

3.7.8 年龄差异：年龄越大，向上社会流动信念越低

方差分析结果表明，居民的向上社会流动信念存在明显的年龄差异，$F(5,4593)=32.48$，$p<0.001$，$\eta_p^2=0.03$，虽偶有波动，总体呈现线性关系：居民年龄越大，其向上社会流动信念越低（见图5-35）。

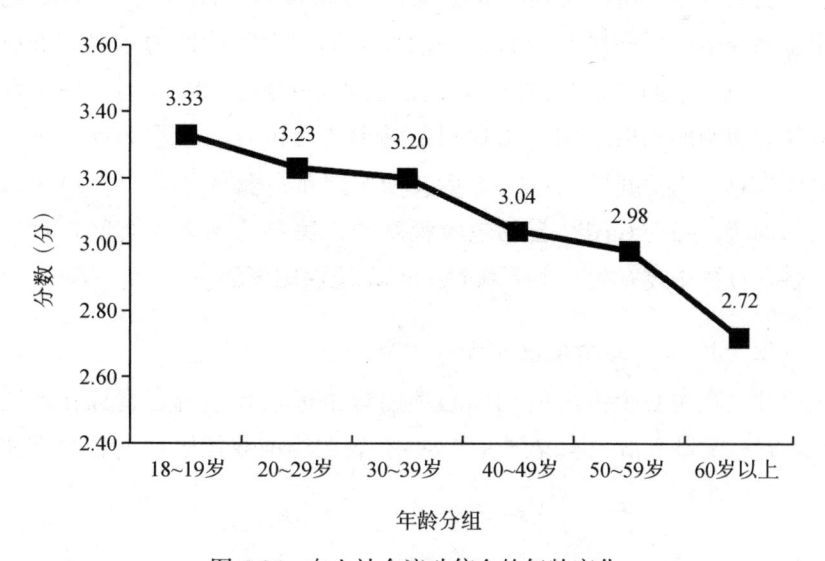

图 5-35　向上社会流动信念的年龄变化

4 分析与建议

4.1 结果分析

4.1.1 当前我国居民社会文明发展水平整体较高

从调查的社会文明三个维度（社会主体文明、社会关系文明和社会环境文明）的七个心理测量指标来看，当前我国居民在社会主义核心价值观、一般信任和社会流动信念等三个正向指标上总体得分均高于中间值，而在社交回避、社会排斥以及相对剥夺感等三个负向指标上总体得分均低于中间值，总体来看，当前我国社会文明发展水平整体较高。其中，在社会主义核心价值观上得分超过中间值的为4195人，占总人数的89.98%，表明社会主义核心价值观得到了广泛的认可与践行，社会主体文明发展水平较高。

在一般信任上得分超过中间值的为2593人，占总人数的55.62%，表明居民对他人、对社会具备基本的信任；而在社交回避上得分高于中间值的为1532人，只占总人数的32.86%，表明大多居民愿意积极主动地参与社会交往；在社会排斥上得分超过中间值的为666人，只占总人数的14.29%，表明居民较少感受到来自他人或其他群体的拒绝与忽视。一般信任作为社会关系文明的积极指标，社交回避和社会排斥作为社会关系文明的消极指标，这些结果表明，当前我国的社会关系文明发展水平整体较高。

在1~5的5点量尺上，居民的向上社会流动信念平均得分为3.11，表明大多数居民对其社会阶层或社会经济地位向上变化具有较高的认可与信心；在1~5的5点量尺上，居民相对剥夺感的平均得分为2.29，表明居民有中等偏低的相对剥夺感。在社会包容期望上得分高于中间值的为3750人，占被调查对象的80.44%。向上社会流动信念作为社会环境文明的积极指标，相对剥夺感和社会包容期望作为社会环境文明的消极指标，整体来看，当前我国的社会环境文明发展水平整体较高，但居民对于社会包容存在较高的期待，当前我国社会的包容程度与人民群众的需求之间还存在一定的差距，在社会融入过程中还存着一些系统性和非系统性的障碍。

4.1.2 当前我国居民社会文明发展水平不平衡

从调查的社会文明三个维度的七个心理测量指标来看，所有指标在不同的人口统计学指标上均存在显著差异（如表5-9所示），表明当前我国居民的社会文明发展水平不平衡。

表 5-9　社会文明心理测量指标的具体人口统计学差异

人口统计学变量	心理测量指标	具体人口统计学特征差异
性别	社会排斥、相对剥夺感、向上社会流动信念	男性居民得分>女性居民得分
户口	一般信任、社交回避、社会包容期望、向上社会流动信念	城镇居民得分>农村居民得分
	社会排斥	农村居民得分>城镇居民得分
受教育程度	一般信任	从初中学历之后，得分不断升高
	社交回避	学历为小学及以下的居民得分最低
	社会排斥	学历为小学及以下的居民得分最低，学历为高中/中专的居民得分最高
	社会包容期望	学历为大学本科的居民得分最高
	相对剥夺感	学历为大学本科的居民得分最低
	向上社会流动信念	受教育程度越高，得分越高
婚姻状况	社会主义核心价值观	丧偶者得分更低
	社交回避、社会包容期望、相对剥夺感、向上社会流动信念	未婚者得分更高
主观社会阶层	社会主义核心价值观、一般信任、社交回避、社会排斥、相对剥夺感、向上社会流动信念	高阶层者得分最高
收入	社会主义核心价值观	呈 Z 形模式
	社会排斥	呈 M 形模式
	相对剥夺感	呈 N 形模式
	社会包容期望、向上社会流动信念	收入越高得分越高
年龄	一般信任	呈 M 形模式
	社会主义核心价值观、社交回避、社会包容期望、相对剥夺感、向上社会流动信念	年龄越大得分越低

4.2 对策建议

4.2.1 加强社会主义核心价值观涵养

社会是人类生活的共同体，作为主体的人是社会形成的基础条件，要达到高度的社会文明必须首先达到高度的社会主体文明。当前我国社会价值观领域存在着新自由主义和泛自由论、个人主义、历史虚无主义、拜金主义、官本位思想、平均主义等六种不良社会价值思潮（周丹，2015）。不良的价值观使得人们对于什么是好的什么是坏的、什么是美的什么是丑的、什么是正确的什么是错误的看法出现扭曲，无法理解什么是真正的自由、平等和成功，一些人追求所谓的绝对自由、平等，追求金钱至上、权力至上，出现很多不文明和丑恶的社会现象。社会主义核心价值观属于价值观的范畴，体现了社会主义文化精神和社会主义制度文明，支撑着社会主义社会的发展进步和人类文明新形态的构建（宇文利，2022）。社会主义核心价值观包括了国家价值目标、社会价值准则和公民价值行为三个层面，本次调查主要关注的是公民价值行为层面，是建设社会主体文明的根本价值遵循，也是社会主体文明的外在行为表现。我们要在全社会广泛践行社会主义核心价值观，深入开展社会主义核心价值观宣传教育，充分发挥社会主义核心价值观的价值引领作用，构筑全体人民的共同精神家园，建设高度的社会主体文明，才能将全国人民紧紧团结在一起，以中国式现代化全面推进中华民族伟大复兴（吴潜涛，潘一坡，2023）。

4.2.2 增进民生福祉，提高人民生活品质

建设社会文明，是"五位一体"中国特色社会主义事业总体布局的重要组成部分。社会文明与物质文明、政治文明、精神文明和生态文明等相互联系、相互影响、相互促进。"仓廪实而知礼节"，物质文明是建设社会文明的物质基础。生产力的发展、经济实力的增强是促进社会文明不断迈上新台阶的根本原因（刘辉，2018）。改革开放以来，特别是党的十八大以来，我国在民生领域取得了伟大的历史性成就，如期完成了新时代脱贫攻坚目标任务，近1亿贫困人口实现脱贫，取得了令全世界刮目相看的重大胜利。但现阶段，我国社会主要矛盾依然是人民日益增长的美好生活需要和不平衡不充分的发展之间的矛盾，民生领域还存在不少短板。民生问题是与广大人民群众生存和发展直接相关的问题，是其最关心、最直接、最现实的问题（任鹏，李毅，2022）。只有大力发展生产力，不断增进民生福祉，提高人民生活品质，推动高质量发展，才能最大限度激发建设社会文明的强大动力（沈建波，2021），促进社会主体文明、社会关系文明和社会环境文明的持续发展。

4.2.3 聚焦重点群体，促进社会公平正义

现阶段，我国社会主要矛盾不仅仅体现在人民日益增长的美好生活需要和发展不充分之间的矛盾，更体现在人民日益增长的美好生活需要和发展不平衡之间的矛盾。从我们的调查结果来看，60岁以上的居民在社会主义核心价值观、一般信任、向上社会流动信念等积极指标上得分更低，农村居民在一般信任和向上流动信念上得分均显著低于城镇居民。未婚者相对剥夺感得分最高，18~29岁居民的相对剥夺感更高。相对剥夺感反映的是个体在社会比较之后对于公平的感知（熊猛，叶一舵，2016；

Merton，1957）。习近平总书记曾深刻地指出："抓住人民最关心最直接最现实的利益问题，抓住最需要关心的人群，一件事情接着一件事情办、一年接着一年干，锲而不舍向前走。"只有聚焦重点群体，不断补齐民生短板，持续促进社会公平正义，才能降低人民群众的相对剥夺感、减少社会排斥、增强人与人之间的信任、坚定向上社会流动信念、鼓励社会参与、增强社会包容性。

参考文献

柏路, 乔庄. (2023). 社会主义核心价值观融入社会发展：推进中国式现代化的实践自觉. *思想理论教育, 39*(10), 18-25.

边恕, 纪晓晨. (2021). 社会排斥对中国相对贫困的影响效应研究——基于 CFPS 2018 的经验分析. *社会保障研究, 14*(3), 87-99.

邓明智. (2017). *大学生社会主义核心价值观量表的研究及编制*. (博士学位论文). 广西师范大学. 南宁.

董宁. (2009). 关于中国特色社会主义文明的思考. *山东社会科学*, (S1), 42-43.

杜建政, 夏冰丽. (2008). 心理学视野中的社会排斥. *心理科学进展, 26*(6), 151-156.

贡喆, 唐玉洁, 刘昌. (2021). 信任博弈范式真的能测量信任吗？ *心理科学进展, 29*(1), 19-30.

黄希庭. (2014). *探究人格奥秘*. 北京：商务印书馆.

姜永志, 白晓丽. (2015). 文化变迁中的价值观发展：概念、结构与方法. *心理科学进展, 23*(5), 888-896.

金盛华, 郑建君, 辛志勇. (2009). 当代中国人价值观的结构与特点. *心理学报, 41*(10), 1000-1014.

李德顺. (1996). 重视主导价值观的建设. *理论前沿, 1*(14), 5-7.

刘辉. (2018). *社会主义社会文明论*. 北京：社会科学文献出版社.

卢小君, 韩愈. (2018). 中国城市社会包容水平测度：以 48 个城市为例. *城市问题, 37*(12), 37-43.

罗浩波. (2012). 科学发展观与中国特色社会主义文明构建. *探索, 28*(6), 11-16.

罗振建. (2006). 论建设社会主义社会文明. *湖北省社会主义学院学报, 10*(4), 3-7.

明朗. (2013). *制度信任和社会流动信念的特征及其与学业投入的关系*(硕士学位论文). 中央财经大学, 北京.

聂伟, 蔡培鹏. (2021). 让城市对青年发展更友好：社会质量对青年获得感的影响研究. *中国青年研究, 33*(3), 53-60.

聂伟. (2018). 社会包容与农民工市民化研究. *社会科学辑刊, 40*(6), 102-112.

曲佳晨, 贡喆. (2021). 信任水平存在性别差异吗？ *心理科学进展, 29*(12), 2236-2245.

任鹏, 李毅. (2022). *共建共治共享的社会文明*. 北京：社会科学文献出版社.

肖莺子. (2020). *海南社会文明发展报告*. 北京：人民出版社.

吴潜涛, 潘一坡. (2023). 新时代社会主义核心价值观建设的成就、经验与展望. *社会主义核心价值观研究, 9*(2), 5-17.

沈建波. (2021). "四个全面"赋能中国式现代化高质量发展略论. *学校党建与思想教育, 41*(19), 22-32.

向勇. (2021). 社会文明程度的衡量标准及提升路径. *人民论坛, 30*(12), 98-101.

萧君和. (2004). 一种非常重要的文明——关于"社会文明"的思考. *贵州社会科学, 25*(6), 46-50.

肖陆军, 赵昕. (2008). 社会文明：内涵、特征与战略目标. *四川文理学院学报, 22*(1), 10-13.

辛自强. (2019). 市场化与人际信任变迁. *心理科学进展, 27*(12), 1951-1966.

熊猛, 叶一舵. (2016). 相对剥夺感：概念、测量、影响因素及作用. *心理科学进展, 24*(3), 438-453.

于建荣. (2007). *中国特色社会主义社会文明研究*(博士学位论文). 中共中央党校, 北京.

宇文利. (2022). 价值观与人类文明进步. *思想教育研究, 38*(11), 19-23.

张凤, 黄四林. (2022). 社会流动信念：脱贫家庭青少年发展的内生动力. *北京师范大学学报（社会科学版）, 66*(3), 140-150.

周丹. (2015). 当前我国社会价值观存在的主要问题、原因及解决对策. *经济研究参考, 33*(71), 66-71.

Alesina, A., Di Tella, R., & MacCulloch, R. (2004). Inequality and happiness: are Europeans and Americans different?. *Journal of Public Economics, 88*(9-10), 2009-2042.

Balliet, D., & Van Lange, P. A. (2013). Trust, conflict, and cooperation: A meta-analysis. *Psychological Bulletin, 139*(5), 1090-1112.

Baumeister, R. F., & Leary, M. R. (1995). The need to belong: Desire for interpersonal attachments as a fundamental human motivation. *Psychological Bulletin, 117*, 497-529.

Beshai, S., Mishra, S., Meadows, T. J. S., Parmar, P., & Huang, V. (2017). Minding the gap: Subjective relative deprivation and depressive symptoms. *Social Science & Medicine, 173*, 18-25.

Bowker, J. C., Stotsky, M. T., & Etkin, R. G. (2017). How BIS/BAS and psycho behavioral variables distinguish between social withdrawal subtypes during emerging adulthood. *Personality and Individual Differences, 119*, 283-288.

Bowker, J. C. & Raja, R. (2011). Social withdrawal subtypes during early adolescence in India. *Journal of Abnormal Child Psychology, 39*(2), 201-212.

Callan, M. J., Shead, N. W., & Olson, J. M. (2011). Personal relative deprivation, delay discounting, and gambling. *Journal of Personality and Social Psychology, 101*(5), 955-973.

Combes, P. P. Aylvie, D., Li, S. (2013). Urbanisation and migration externalities in China. *Social Science Electronic Publishing, 42*(2), 466-471.

Curşeu, P. L., & Schruijer, S. G. L. (2010). Does conflict shatter trust or does trust obliterate conflict? Revisiting the relationships between team diversity, conflict, and trust. *Group Dynamics: Theory, Research, and Practice, 14*(1), 66-79.

Day, M. V., & Fiske, S. T. (2017). Movin' on up? How perceptions of social mobility affect our willingness to defend the system. *Social Psychological and Personality Science, 8*(3), 267-274.

de Bruyn, E. H., Cillessen, A. H. N., & Wissink, I. B. (2010). Associations of peer acceptance and perceived popularity with bullying and victimization in early adolescence. *The Journal of Early Adolescence, 30*(4), 543-566.

Elgar, F. J., Xie, A., Pförtner, T. K., White, J., & Pickett, K. E. (2016). Relative deprivation and risk factors for obesity in Canadian adolescents. *Social Science & Medicine, 152*, 111-118.

Flanagan, K. S., Erath, S. A., & Bierman, K. L. (2008). Unique associations between peer relations and social anxiety in early adolescence. *Journal of Clinical Child and Adolescent Psychology, 37*(4), 759-769.

Florida, R. (2002). The Rise of the Creative Class, *Washington Monthly, 35*(5), 241-265.

Goossens, L. (2014). *Afinityfor aloneness in adolescence and preferencefor solitude in childhood*. In R. J. Coplan & J. C. Bowker (Eds.), The handbook of solitude: psychological perspectives on social isolation, social withdrawal, and being alone (pp. 150-166). West Sussex, UK: Wiley.

Greco, L. A., & Morris, T. L. (2005). Factors influencing the link between social anxiety and peer acceptance: Contributions of social skills and close friendships during middle childhood. *Behavior Therapy, 36*(2), 197-205.

Gruter, M. and Masters, R. D. (1986). 'Ostracism as a social and biological phenomenon: an introduction'. *Ethology and Sociobiology, 7*, 149-158.

Hales, A. H., & Williams, K. D. (2018). Marginalized individuals and extremism: The role of ostracism in openness to extreme groups. *Journal of Social Issues, 74*(1), 75-92.

Hofmann, S. G., & Hay, A. C. (2018). Rethinking avoidance: Toward a balanced approach to avoidance in treating anxiety disorders. *Journal of Anxiety Disorders, 55*, 14-21.

Huang, S., Hou, J., Sun, L., Dou, D., Liu, X., & Zhang, H. (2017). The effects of objective and subjective socioeconomic status on subjective well-being among rural-to-urban migrantsin China: The moderating role of subjective social mobility. *Frontiers in Psychology, 8*, Article 819.

Kelley, S. M., & Kelley, C. G. (2008). Subjective Social Mobility: Data from 30 Nations. *ERN: Behavioral Economics (Topic)*.

Kondo, N., Saito, M., Hikichi, H., Aida, J., Ojima, T., Kondo, K., & Kawachi, I. (2015). Relative deprivation in income and mortality by leading causes among older Japanese men and women: AGES cohort study. *Journal of Epidemiology and Community Health, 69*(7), 680-685.

Liu, J., Peng, P., & Luo, L. (2020). The relation between family socioeconomic status and academic achievement in China: A meta-analysis. *Educational Psychology Review, 32*, 49-76.

McCall, L., Burk, D., Laperrière, M., & Richeson, J. A. (2017). Exposure to rising inequality shapes Americans' opportunity beliefs and policy support. *Proceedings of the National Academy of Sciences, 114*(36), 9593-9598.

Merton, R. K. (1957). *Social theory and social structure* (Rev. ed.). New York, US: Free Press.

Mummendey, A., Kessler, T., Klink, A., & Mielke, R. (1999). Strategies to cope with negative social identity: Predictions by social identity theory and relative deprivation theory. *Journal of Personality and Social Psychology, 76*(2), 229-245.

Nelson, L. J. (2013). Going it alone: comparing subtypes of withdrawal on indices of adjustment and maladjustment in emerging adulthood. *Social Development, 22*(3), 522-538.

Pettigrew, T. F. (2015). Samuel Stouffer and relative deprivation. *Social Psychology Quarterly, 78*(1), 7-24.

Rotter, J. B. (1971). Generalized expectancies for interpersonal trust. *American Psychologist, 26*(5), 443-452.

Rousseau, D. M., Sitkin, S. B., Burt, R. S., & Camerer, C. (1998). Introduction to special topic forum: Not so different after all: A cross-discipline view of trust. *The Academy of Management Review, 23*(3),

393-404.

Rudert, S. C., Keller, M. D., Hales, A. H., Walker, M. & Greifeneder, R. (2020). Who gets ostracized? A personality perspective on risk and protective factors of ostracism. *Journal of Personality and Social Psychology, 118*(6), 1247-1268.

Sagioglou, C., Forstmann, M., & Greitemeyer, T. (2019). Belief in social mobility mitigates hostility resulting from disadvantaged social standing. *Personality and Social Psychology Bulletin, 45*(4), 541-556.

Schneider, S. M. (2016). Income inequality and subjective wellbeing: Trends, challenges, and research directions. *Journal of Happiness Studies, 17*, 1719-1739.

Siegel, R. S., la Greca, A. M., & Harrison, H. M. (2009). Peer victimization and social anxiety in adolescents: Prospective and reciprocal relationships. *Journal of Youth and Adolescence, 38*(8), 1096-1109.

Smith, H. J., Pettigrew, T. F., Pippin, G. M., & Bialosiewicz, S. (2012). Relative deprivation: Atheoretical and meta-analytic review. *Personality and Social Psychology Review, 16*(3), 203-232.

Trew, J. L. (2011). Exploring the roles of approach and avoidance in depression: An integrative model. *Clinical Psychology Review, 31*, 1156-1168.

Walker, A. (2009). The social quality approach: Bridging Asia and Europe. *Development and Society, 12*(2), 13-54.

Watson, D., & Friend, R. (1969). Measurement of social-evaluative anxiety. *Journal of Consulting and Clinical Psychology, 33*(4), 448-457.

Weintraub, M. L. R., Fernald, L. C. H., Adler, N., Bertozzi, S., & Syme, S. L. (2015). Perceptions of social mobility: Development of a new psychosocial indicator associated with adolescent risk behaviors. *Frontiers in Public Health, 3*, Article 62.

Williams, K. D. (2007). Ostracism. *Annual Review of Psychology, 58*, 425-452.

Wong, Q. J. J., & Rapee, R. M. (2016). The etiology and maintenance of social anxiety disorder: A synthesis of complimentary theoretical models and formulation of a new integrated model. *Journal of Afective Disorders, 203*, 84-100.

Zhang, J., & Tao, M. (2013). Relative deprivation and psychopathology of Chinese college students. *Journal of Afective Disorders, 150*(3), 903-907.

Zhao, S., Du, H., Li, Q., Wu, Q., & Chi, P. (2021). Growth mindset of socioeconomic status boosts subjective well-being: A longitudinal study. *Personality and Individual Differences, 168*, 110301.

第六章　新时代居民生态文明心理报告

张晶　郑诗雨　陈文锋　董妍　辛自强

摘要： 公众共同参与是新时代生态文明建设的重要组成，探明新时代居民生态文明心理特点对于生态文明建设具有重要意义。本研究基于自我一致性理论和自我决定论，探讨了民众绿色自我认知与环保政策支持度、环保行为的关系。研究对来自全国的 4444 名被试进行了生态文明心理问卷调查，包括民众绿色自我认知（绿色自我效能感、环保自我认同、绿色行为可塑性信念和生态环保自我联系感）、环保政策支持度和环保行为等。统计结果表明，民众的绿色自我效能感、环保自我认同、绿色行为可塑性信念和生态环保自我联系感越强，对环保政策的支持度越高、践行的环保行为也越强。本研究从自我认知理论的视角为提升民众环保政策支持度和助推共同践行环保行为提供了治理建议。

关键词： 生态文明，自我认知，环保政策支持度，环保行为

1 引言

1.1 背景

习近平生态文明思想强调"绿水青山就是金山银山"。党的十九大报告提出，要构建政府为主导、企业为主体、社会组织和公众共同参与的环境治理体系。党的二十大报告提出到二〇三五年，我国要广泛形成绿色生产生活方式，碳排放达峰后稳中有降，生态环境根本好转，美丽中国目标基本实现。当前，我国正围绕建设美丽中国的新发展理念，以高品质生态环境支撑高质量发展，加快推进人与自然和谐共生的现代化。如何引导民众共同参与环境保护，发挥群众主体作用是构建新时代环境治理体系的重要议题。

生态环境部发布的《公民生态环境行为调查报告（2020 年）》显示，在公民生态环境行为践行程度相对较弱的践行绿色消费、减少污染产生、关注生态环境和分类投放垃圾等行为领域，存在"高认知度、低践行度"的现象。有较多研究考察了居民对

环境知识的了解程度与环保行为的关系（崔珍珍等，2021；王玉君等，2016；施生旭等，2017）。然而，在环保行为"高知低行"的现状下，亟需从心理学的角度探寻促进民众参与环境保护的实践路径。近来，有研究关注了个体内在动机与民众亲环境行为的关系，从他人期望、大多数人行为和个人规范三个方面解释了民众环保动机和环保行为的机制（芦慧等，2020）。也有研究者从选择架构设计的角度探讨促进个体环保行为的策略（Bonini et al., 2018；Li et al., 2019）。但当前尚未有研究在自我认知视角下探讨促进民众生态环境保护行为的理论机制及实践思路。

1.2 绿色自我认知与环保政策支持度、环保行为的关系

自我一致性理论认为，个体为了获得心理上的协调感和愉悦感，会不断寻求与自我认知相一致的行为（Korman，1970）。基于自我一致性理论，当环保行为与自我认知的一致性较高时，实施环保会带来更强的内在奖励、正性情绪以及对未来积极的预期，从而强化个体的环保行为。那么，个体的自我认知在生态环保相关方面的延展，可能与个体的环保态度和环保行为存在关联。因而，从自我认知的角度探讨影响民众支持和践行环保的因素，可为提升民众生态文明心理水平和助推民众环保行为提供有价值的参考。

同时，自我决定理论认为自主、胜任和关系三种基本心理需要是个体心理成长和心理健康必备的条件（Ryan & Deci，2000）。"自主需要"指个体体验到依据自己的意志从事活动的心理自由感；"胜任需要"指个体体验到对自己所处环境的掌控和能力发展的感觉；"关系需要"指个体体验到与别人联系的感觉（Ryan & Deci，2017）。该理论认为，人类具有内生的吸收、同化和整合社会赞许的行为、价值观和规范的倾向（Ryan & Deci，2000）。因而，在生态文明为主流价值的社会情境下，人们的自我需要也包含了生态环保的成分。

首先，绿色自我效能感。这一概念是将自我效能引入环保领域而提出的。自我效能感（self-efficacy）指的是人们有能力实现预定目标和成功做好某事的信念，并被认为是人类特定行为的强大动机，是有关自我认知的重要概念（Bandura，1986）。自我效能感高的人，更相信自己能够实现目标，通常比自我效能感低的人更健康、更高效，也更成功（Bandura，1997）。绿色自我效能感指的是个体对自己完成环境保护目标所需要能力的推测和判断，高绿色自我效能感的个体相信自己有能力完成环境目标任务（Meinhold & Malkus，2005）。结合自我一致性理论（Korman，1970），由于高绿色自我效能感的个体认为自己是有能力满足自身环保目标的人，因而他们会在态度和行为上保持与自我认知相一致，进而表现出更为积极的环保政策支持度和更多的环保行为。以往研究发现，绿色自我效能感正向预测个体的亲环境行为（Guo et al., 2019；Meinhold & Malkus，2005；Yildirim et al., 2015）。一项对我国5家企业404名员工的问

卷调查发现，绿色自我效能感可以正向预测员工绿色创新行为（刘宗华等，2020）。

其次，环保自我认同。它指个体认为自己是一个保护环境的人的程度，对环保有强烈的自我认同可以促进个体做出对生态环境有利的行为（van der Werff et al., 2013）。根据社会身份理论，人们会对自己的身份标签进行自我认同，即个体的身份标签决定了其在特定环境中会以相应的策略行事，身份本身为个人提供了行为指南。如果个体认定自己"绿色消费者"的身份，那么为认同这个身份标签，个体在消费时就会考虑生产方式、使用结果等有关环境的要素（Sparks & Shepherd, 1992）。有研究发现，环保自我认同对可持续消费行为、碳中和、绿色出行等有利环境的行为有积极影响（Lavuri et al., 2023; Whitmarsh & O'Neill, 2010）。有研究者对荷兰学生（161 人）和中国学生（168 人）进行了问卷调查，结果发现环保自我认同能正向预测两国学生的亲环境行为（Wang et al., 2021）。

再次，绿色行为可塑性信念。基于内隐理论，绿色行为可塑性信念是指个体认为人们的环境保护特质和行为是可以发展、不断被塑造的，并非固定不变的。内隐理论是一种关于人们认为人类的属性（例如智力和社会特征）是否可以改变的信念，是对个人属性可塑性的核心假设（Dweck, 2013）。过去，大多数关于内隐理论的研究都集中在智力、道德、文化上。例如，智力的增长理论者持有智力可塑性信念，认为个体的智力是可改变和可控的，智力改变的程度取决于自己的努力程度。因而，在面对困难任务时，可塑性信念的个体往往拥有更积极的态度和正向情绪，更多地采取自我调节的策略、努力改变现状，因此学业成就更高。而智力的实体理论者认为智力是不可改变和不可控的，智力的高低与天赋有关，和个人努力无关。因此在面临困难时，持固定性信念的个体表现更加消极，学业成就更低（Blackwell et al., 2007）。基于内隐理论框架，持可塑性信念的个体在面对挑战时以改变和成功为导向，持固定性信念的个体在面对挑战时以逃避和失败为导向（Yeager et al., 2021）。由此，如果个体认为自己的环保行为是可以被改变的，那么他们在面对环境问题时将更倾向于控制利己的行为，做出亲环境的行为。如果个体认为自己的环保行为无法改变，那么来自外界的教育或施加的环境责任感可能效果甚微。相关研究发现，与对世界持固定心态（mindset）的个体相比，对世界持发展心态的被试对气候变化的接纳程度更高、对气候变化问题能够得到缓解的信念更强，同时也表现出更多的亲环境行为倾向（Duchi et al., 2020）。

最后，生态环保自我联系感。习近平生态文明思想提出"人与自然是生命共同体"的重要论断，创新发展了马克思主义"两个和解"思想，即人同自然的和解以及人同本身的和解。基于自然关联性理论（Capaldi et al., 2014），过往的实证研究发现自我和自然联系感越强，个体的情绪调节能力和幸福感越高（Bakir-Demir et al., 2021; Capaldi et al., 2015），并表现出更多的亲社会行为和环保行为（Barbaro & Pickett, 2016; Krettenauer et al., 2020）。同时，生态文明建设不仅关系到当下福祉，也关乎民族和人类的未来。在生态环保层面不仅需要考虑自我和自然的联系，还需要考虑个人当下的环保与后代生存、人类未来的关系。由此，本研究提出了生态环保自我联系感这一概念，从自然、后代和未来三方面表征个体将生态环保纳入自我图式的紧密程度。具体包括自我与自然的联系感、个人环保行为与后代生态环境的联系感、现在环保行为与未来生态环境的联系感。

基于以上论述，我们提出绿色自我认知是个体对自己生态环保相关的践行效能、身份认同、行为可塑性和关联性上的认知。可以推断，个体对自己践行生态环保的能力、对持有的生态环保身份的认同、对环保行为可塑性以及生态环保自我联系感的认知，能够预测其环保政策支持度与环保行为。

1.3 研究的目的及意义

综上，以往研究者从民众环保知识了解程度和个体内在动机的角度考察了环保行为的影响因素，也从选择架构设计方面提出了环保行为的助推策略。然而，人类的自我认知自上而下地影响个体的态度和行为，后者又会自下而上地作用于个体的自我认知。如果态度和行为与自我认知保持一致、能够满足自我的基本心理需要，那么这种态度和行为将会被强化并被巩固下来。然而，当前尚无研究探讨自我认知在推进民众共同参与生态文明建设中的作用。

本研究将回答民众绿色自我认知与环保政策支持度和环保行为践行的关系，并提出治理建议。绿色自我认知包括绿色自我效能感、环保自我认同、绿色行为可塑性信念和生态环保自我联系感。研究结果将描述人口学特征在各研究变量上的差异，并分析绿色自我认知与环保政策支持度、环保行为的关系，最终根据得出的结论提出相关建议。研究将不仅有助于深入诠释新时代生态文明理论的心理基础，也是自我一致性理论和自我决定论在人与自然领域的拓展。

2 研究方法

2.1 调查对象

研究数据来源于中国人民大学心理学系开展的全国大型调查项目"新时代居民社会心理调查"，调查时间为 2023 年 6 月至 9 月。对研究对象的描述详见本书第一章。

2.2 测量工具

2.2.1 绿色自我认知的测量

基于自我一致性理论和自我决定论，本研究中的绿色自我认知是个体对自己生态环保相关的践行效能、身份认同、行为可塑性和关联性上的认知。绿色自我认知的测量包括绿色自我效能感、环保自我认同、绿色行为可塑性信念和生态环保自我联系感四个量表的测量。本部分共11题。所有题目采用7点李克特量尺计分。

绿色自我效能感问卷选自Chen et al.（2015）的绿色自我效能问卷。使用其中2个题目，即"我觉得自己有能力践行环保行为"和"我能有效地履行环保责任"。量尺上1代表完全不同意，7代表完全同意。总分越高，环保自我效能度越高。本研究中，该问卷克伦巴赫α系数为0.79。

环保自我认同的测量选自van der Werff et al.（2014）的环境自我认同问卷，使用2个题目，即"我认为自己是一个保护环境的人"和"参与环境保护对我来说非常重要"。量尺上1代表完全不同意，7代表完全同意。总分越高，环保自我认同度越高。本研究中，该问卷克伦巴赫α系数为0.81。

绿色行为可塑性信念测量个体对生态环保行为是否可改变的内隐信念，改编自内隐智力量表（Dweck，2013）。问卷共有4个题目，即"只要愿意，人们可以改变自己的环境保护行为"；"无论多么努力，人们都很难真正改变自己的环境保护行为"；"让自己再多做一些环境保护行为，我会觉得很难"；"每个人都可以让自己做出更多的环境保护行为"。量尺上1代表完全不同意，7代表完全同意。其中1、2题需要先反向计分，然后合成4个题目的总分，总分越高表示可塑性信念越高，个体更倾向于认为生态环保行为是可改变的。本研究中，该问卷克伦巴赫α系数为0.80。

基于傅鑫媛等人（2019）的研究，并结合自然自我联系感问卷（Schultz，2002），本研究从自我、未来和社会三个维度对生态环保自我联系感进行了测量。共包括3题，即"目前您个人（自我）与自然的关系可以用哪组图表示"；"个人的环保行为和后代的生态环境的关系可以用哪组图表示"；"现在的环保行为和未来的生态环境的关联度如何"。每道题共七组"双圆图"，1为完全分离，7为完全重合。总分越高，表明自我与生态环保的关联度越高。本研究中，该问卷克伦巴赫α系数为0.77。

2.2.2 环保政策支持度的测量

结合当前环境保护政策自编4个题目测量民众对环保政策的支持程度，如"加快发展方式绿色转型""深入推进环境污染治理"等条目。问卷采用7点李克特量尺计分，1代表完全不支持，7代表完全支持。问卷总分越高，代表对环保政策的支持度越高。本研究中，该问卷克伦巴赫α系数为0.84。

2.2.3 环保行为的测量

基于生态环境部等五部门联合发布的《公民生态环境行为规范十条》，选取日常生活的7个环保行为，如"不浪费食物""节水节电""分类投放垃圾""少使用一次性塑料袋""拒食珍稀野生动植物""影响和带动其他人参加生态环境保护实践"以及"其他"环保行为进行测量。被试选择其中参与过的环保行为（可多选）。每项环保行为计1分。

2.3 数据处理

本研究采用 SPSS 26.0 对数据进行分析，主要分析方法包括描述统计、方差分析和回归分析等。其中，绿色自我效能感、环保自我认同、绿色行为可塑性信念和生态环保自我联系感、环保政策支持度使用平均分进行统计，环保行为使用总分进行统计。

3 研究结果

3.1 研究变量的人口学特征差异

3.1.1 性别差异：女性的生态文明心理水平更高

我们分析了绿色自我认知（绿色自我效能感、环保自我认同、绿色行为可塑性信念、生态环保自我联系感）和环保政策支持度与环保行为的人口学特征差异。以性别为自变量进行独立样本 t 检验。结果显示，在所有研究变量上，女性得分都显著高于男性（$ps<0.05$）（见表6-1、图6-1）。

表6-1 绿色自我认知、环保政策支持度与环保行为的性别差异

变量	男（$n=1921$） M	SD	女（$n=2523$） M	SD	$t_{(4442)}$	Cohen's d
绿色自我效能感	5.76	1.15	5.83	1.13	−2.21*	0.001
环保自我认同	5.75	1.19	5.89	1.14	−4.15**	0.004
绿色行为可塑性信念	5.17	1.11	5.24	1.05	−2.12*	0.001
生态环保自我联系感	4.95	1.44	5.04	1.37	−2.00*	0.001
环保政策支持度	6.27	1.01	6.37	0.94	−3.52***	0.003
环保行为	3.51	2.04	3.77	1.69	−4.51***	0.005

注：* 代表 $p<0.05$，** 代表 $p<0.01$，*** 代表 $p<0.001$。下同。

3.1.2 年龄差异：18~19岁和30~59岁人群，生态文明心理水平更高

以年龄段（18~19岁、20~29岁、30~39岁、40~49岁、50~59岁、60岁以上）为自变量进行单因素方差分析，除了生态环保自我联系感，其他研究变量都存在显著的年龄差异（$ps<0.05$）（见表6-2、图6-2）。事后多重比较分析发现，在绿色自我认知的三个方面（绿色自我效能感、环保自我认同、绿色行为可塑性信念）和环保政策支持度上，18~19岁人群以及30~59岁人群得分显著高于其他年龄人群。在环保行为上，得分呈现出随着年龄增长而下降的趋势，18~19岁得分最高，20~59岁居中且高于60岁及以上人群。

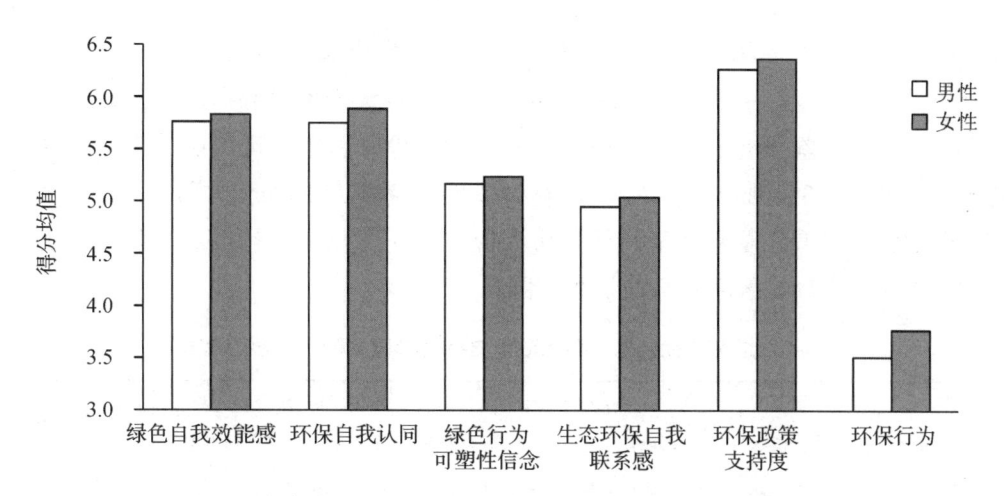

图 6-1　绿色自我认知、环保政策支持度与环保行为的性别差异

表 6-2　绿色自我认知、环保政策支持度与环保行为的年龄差异

变量	18~19 岁 (n=85) M	SD	20~29 岁 (n=1171) M	SD	30~39 岁 (n=979) M	SD	40~49 岁 (n=1165) M	SD	50~59 岁 (n=727) M	SD	60 岁及以上 (n=307) M	SD	方差分析 F(5,4439)	η^2
绿色自我效能感	5.94	1.10	5.67	1.13	5.89	1.10	5.83	1.16	5.90	1.12	5.66	1.25	6.46***	0.007
环保自我认同	5.81	1.23	5.64	1.16	5.91	1.11	5.90	1.16	5.96	1.13	5.71	1.34	10.68***	0.012
绿色行为可塑性信念	5.00	0.92	5.12	1.04	5.26	1.09	5.28	1.09	5.22	1.06	5.11	1.16	4.35***	0.005
生态环保自我联系感	5.06	1.24	4.91	1.37	4.99	1.40	5.02	1.41	5.12	1.43	5.00	1.47	2.18	
环保政策支持度	6.41	0.88	6.25	1.00	6.34	0.93	6.36	1.01	6.39	0.88	6.27	1.08	2.69*	0.003
环保行为	3.98	1.54	3.75	1.85	3.73	2.27	3.72	1.64	3.50	1.69	3.15	1.51	7.21***	0.008

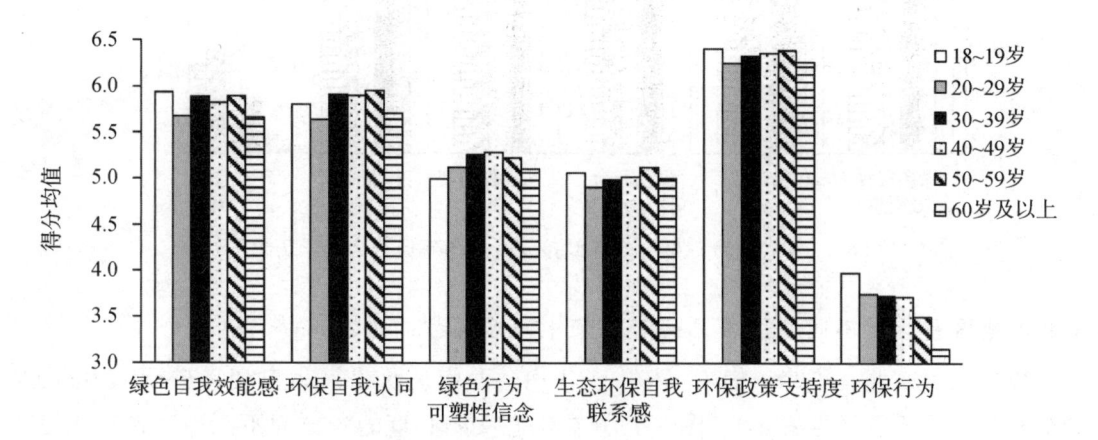

图 6-2　绿色自我认知、环保政策支持度与环保行为的年龄差异

3.1.3 学历差异：大专及以上学历，生态文明心理水平更高

以学历（小学及以下、初中、高中/中专、大专、大学本科和研究生及以上）为自变量进行单因素方差分析，结果显示各研究变量的得分总体表现出随着学历升高而升高的模式（见表6-3、图6-3）。具体而言，在绿色自我认知的四个方面，大专、大学本科及以上学历人群得分显著高于其他学历人群。在环保政策支持度和环保行为上，大学本科学历人群得分显著高于其他学历人群。

表6-3 绿色自我认知、环保政策支持度与环保行为的学历差异

变量	小学及以下 ($n=249$) M	SD	初中 ($n=645$) M	SD	高中/中专 ($n=792$) M	SD	大专 ($n=776$) M	SD	大学本科 ($n=1801$) M	SD	研究生及以上 ($n=182$) M	SD	方差分析 $F(5,4428)$	η^2
绿色自我效能感	5.50	1.21	5.66	1.20	5.79	1.17	5.86	1.20	5.88	1.06	5.78	1.10	7.78***	0.009
环保自我认同	5.55	1.30	5.70	1.31	5.86	1.19	5.95	1.13	5.86	1.09	5.76	1.10	6.85***	0.008
绿色行为可塑性信念	5.09	1.13	5.07	1.09	5.11	1.11	5.22	1.08	5.30	1.11	5.18	1.10	6.40***	0.007
生态环保自我联系感	4.81	1.36	4.88	1.53	4.97	1.47	5.06	1.46	5.05	1.31	5.12	1.28	2.83*	0.003
环保政策支持度	6.13	1.05	6.21	1.07	6.31	1.05	6.33	0.99	6.41	0.88	6.27	0.94	6.61***	0.007
环保行为	3.03	1.46	3.16	1.67	3.51	1.68	3.74	1.65	3.94	2.07	3.80	1.58	25.81***	0.028

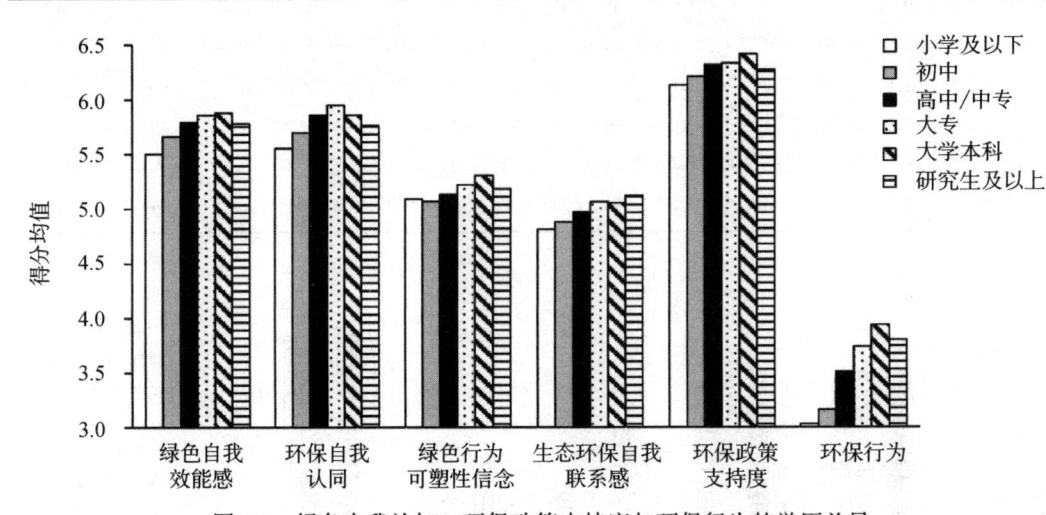

图6-3 绿色自我认知、环保政策支持度与环保行为的学历差异

3.1.4 地区差异：不同地区各具优势，华中地区各方面均有优势

以地区（东北、华北、华东、华中、华南、西南、西北）为自变量进行单因素方差分析，结果显示（见表6-4、图6-4），在生态文明心理的各方面不同地区各有优势，但华中地区各方面得分均较高。在绿色自我效能感方面，华中地区人群得分高于其他地区。在环保自我认同方面，华北、华东、华中、西南和西北地区人群得分显著高于东北、华南地区人群。在生态环保自我联系感方面，华北、华中、西南、东北和西北

地区人群得分显著高于华东、华南地区人群。在环保政策支持度方面，华中和西南地区人群得分显著高于华东地区人群。在环保行为方面，西北、华中地区人群得分显著高于东北、华北地区人群。

表6-4 绿色自我认知、环保政策支持度与环保行为的地区差异

变量	东北(n=202) M SD	华北(n=809) M SD	华东(n=888) M SD	华中(n=908) M SD	华南(n=298) M SD	西南(n=771) M SD	西北(n=568) M SD	方差分析 F(6,4437)	η²
绿色自我效能感	5.69 1.19	5.83 1.14	5.73 1.13	5.93 1.10	5.60 1.20	5.77 1.15	5.86 1.13	5.07***	0.007
环保自我认同	5.46 1.21	5.88 1.16	5.77 1.16	5.90 1.18	5.66 1.18	5.86 1.16	5.91 1.13	6.26***	0.008
绿色行为可塑性信念	5.26 1.03	5.16 1.11	5.16 1.08	5.28 1.06	5.23 0.99	5.26 1.08	5.14 1.1	1.91	
生态环保自我联系感	5.15 1.06	5.09 1.35	4.82 1.48	5.05 1.41	4.72 1.33	5.10 1.43	5.06 1.43	6.51***	0.009
环保政策支持度	6.32 0.74	6.33 0.98	6.20 1.03	6.42 1.01	6.32 0.89	6.40 0.90	6.28 1.02	5.10***	0.007
环保行为	3.37 1.48	3.46 1.56	3.59 1.75	3.78 1.61	3.76 1.81	3.63 1.56	3.94 2.93	5.60***	0.008

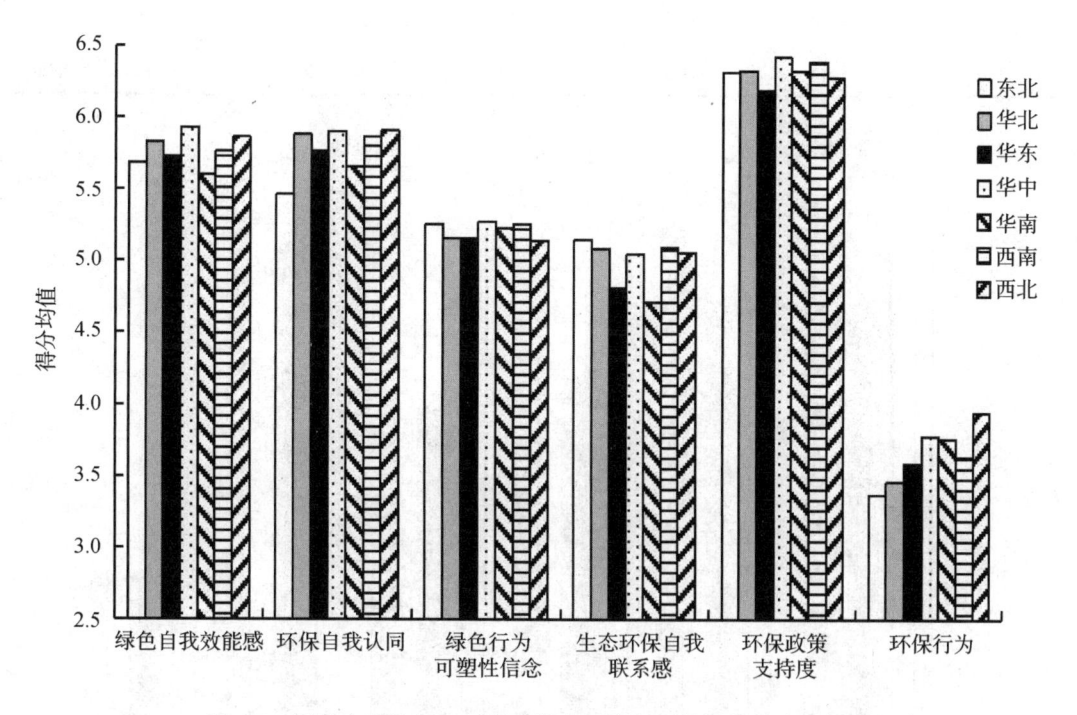

图6-4 绿色自我认知、环保政策支持度与环保行为的地区差异

3.1.5 主观社会阶层差异：绿色自我效能感和环保自我认同方面高阶层得分更高，其他方面中层得分更高

以主观社会阶层（低阶层、中低阶层、中层、中高阶层、高阶层）为自变量进行单因素方差分析，结果显示除了环保政策支持度方面，其他方面均存在差异（见表6-

5、图6-5)。在绿色自我效能感和环保自我认同方面，高阶层人群得分显著高于其他阶层。绿色行为可塑性信念的得分呈倒U形，中层和中低阶层得分显著高于其他阶层人群。在环保行为方面，中低阶层、中层、中高阶层得分均显著高于两端的低阶层和高阶层。在生态环保自我联系感和环保政策支持度方面，不同主观社会阶层人群得分无显著差异。

表6-5 绿色自我认知、环保政策支持度与环保行为的主观社会阶层差异

变量	低阶层 (n=614) M	SD	中低阶层 (n=1662) M	SD	中层 (n=1933) M	SD	中高阶层 (n=166) M	SD	高阶层 (n=35) M	SD	方差分析 $F(4,4410)$	η^2
绿色自我效能感	5.73	1.22	5.81	1.13	5.80	1.12	5.98	1.11	6.26	1.03	3.09*	0.003
环保自我认同	5.81	1.25	5.82	1.18	5.81	1.14	6.07	1.08	6.36	0.93	3.74**	0.003
绿色行为可塑性信念	5.05	1.07	5.28	1.08	5.22	1.07	5.09	1.10	4.78	1.12	7.08***	0.006
生态环保自我联系感	5.00	1.52	5.04	1.36	4.99	1.38	4.91	1.65	4.32	1.54	2.46*	0.002
环保政策支持度	6.30	1.12	6.37	0.89	6.30	1.00	6.42	0.88	6.33	0.87	1.52	
环保行为	3.35	1.79	3.67	2.06	3.75	1.67	4.02	1.81	2.94	1.86	8.21***	0.007

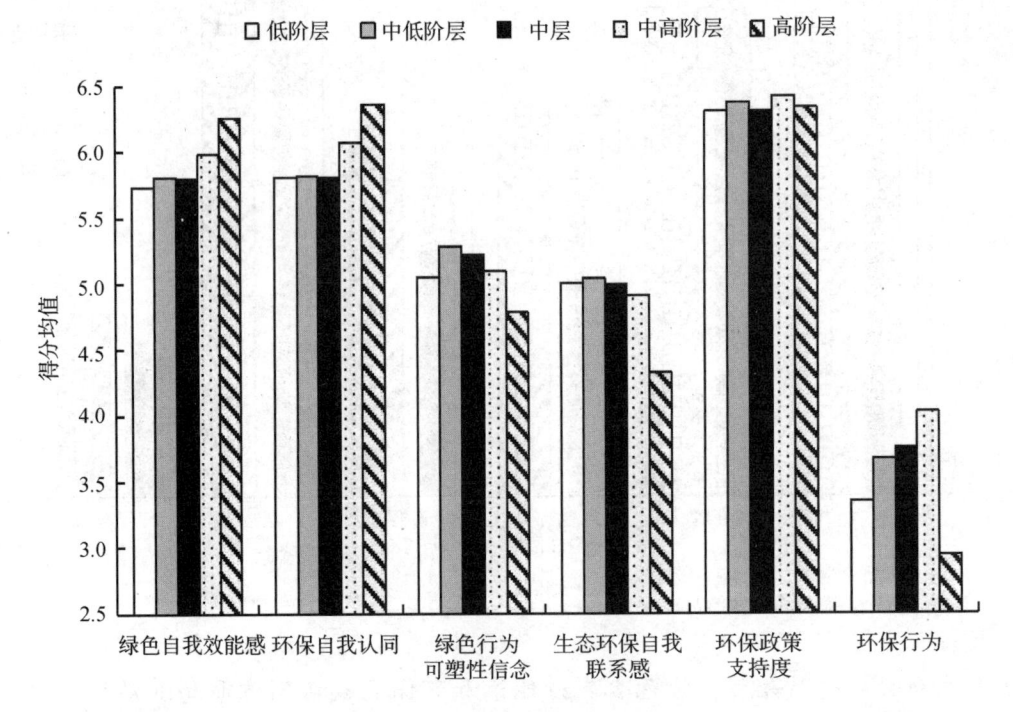

图6-5 绿色自我认知、环保政策支持度与环保行为的主观社会阶层差异

3.1.6 个人月收入水平差异：绿色自我效能感和环保自我认同上高收入水平人群得分更高，环保政策支持度和环保行为上各收入水平人群无差异

以个人月收入水平［2000元以下、2000~4999元（含）、5000~9999元（含）、1万~1.9万元（含）、2万元及以上］为自变量进行单因素方差分析。结果显示（见表6-6、图6-6），在绿色自我效能感和环保自我认同方面，2万元及以上收入人群得分显著高于其他收入人群。在绿色行为可塑性信念和生态环保自我联系感方面，5000~9999元（含）的中间收入人群得分较有优势。在环保政策支持度和环保行为方面，各收入水平人群得分差异不显著。

表6-6 绿色自我认知、环保政策支持度与环保行为在个人月收入水平上的差异

变量	2000元以下 ($n=1025$) M	SD	2000~4999元 ($n=1780$) M	SD	5000~9999元 ($n=1280$) M	SD	1万~1.9万元 ($n=222$) M	SD	2万元及以上 ($n=85$) M	SD	方差分析 $F(4,4387)$	η^2
绿色自我效能感	5.68	1.15	5.85	1.15	5.81	1.13	5.79	1.05	6.09	1.05	5.31***	0.005
环保自我认同	5.70	1.21	5.90	1.18	5.84	1.12	5.72	1.11	6.10	0.98	6.64***	0.006
绿色行为可塑性信念	5.05	1.06	5.24	1.06	5.30	1.08	5.15	1.12	5.18	1.21	8.89***	0.008
生态环保自我联系感	4.88	1.39	5.04	1.44	5.04	1.37	5.01	1.27	5.04	1.56	2.51*	0.002
环保政策支持度	6.30	1.04	6.32	0.98	6.35	0.95	6.34	0.86	6.51	0.68	1.24	
环保行为	3.57	1.72	3.62	1.73	3.74	2.10	3.74	1.93	3.59	1.91	1.51	

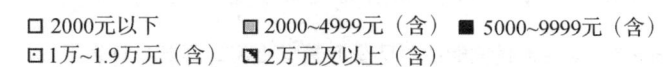

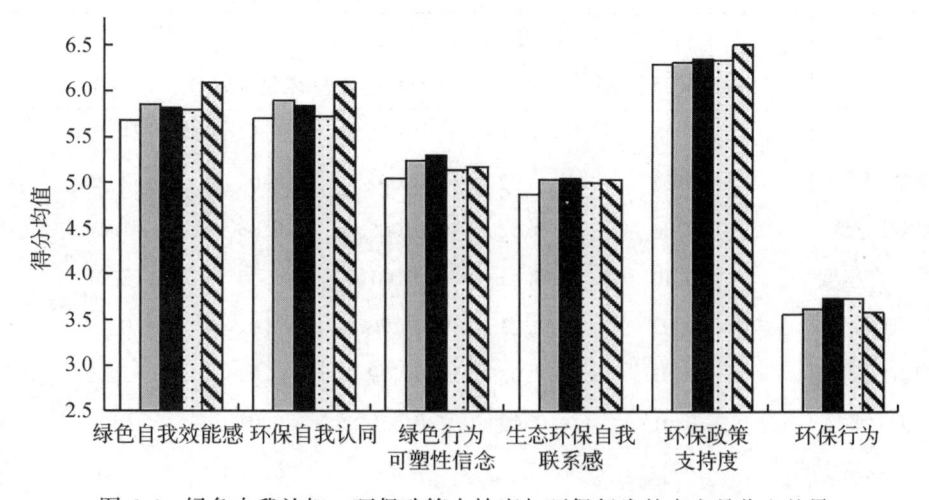

图6-6 绿色自我认知、环保政策支持度与环保行为的个人月收入差异

3.2 绿色自我认知与环保政策支持度、环保行为相关关系

通过皮尔逊相关分析，绿色自我效能感、环保自我认同、绿色行为可塑性信念、

生态环保自我联系感、环保政策支持度、环保行为两两正相关（$ps<0.05$）（见表6-7）。

表6-7 绿色自我认知与环保政策支持度、环保行为的相关分析结果

变量	M	SD	1	2	3	4	5	6
1 绿色自我效能	11.61	2.28	—					
2 环保自我认同	11.66	2.34	0.74**	—				
3 绿色行为可塑性信念	20.84	4.31	0.44**	0.38**	—			
4 生态环保自我联系感	15.00	4.22	0.19**	0.18**	0.24**	—		
5 环保政策支持度	6.33	0.97	0.44**	0.44**	0.30**	0.23**	—	
6 环保行为	3.66	1.85	0.22**	0.23**	0.17**	0.15**	0.14**	—

3.3 绿色自我认知正向预测环保政策支持度

3.3.1 绿色自我效能感正向预测环保政策支持度

以环保政策支持度（平均分，下同）为因变量，七项人口学变量作为控制变量，绿色自我效能感为自变量进行分层回归分析。结果显示（见表6-8），F值变化显著（$p<0.001$），绿色自我效能感增加了模型的解释力（$\Delta R^2=19.2\%$），对环保政策支持度有显著正向影响（$\beta=0.44$，$t=32.33$，$p<0.001$）。说明，当人们对自己完成绿色环保任务的能力更加肯定的时候，对环保政策的支持度也越高。

表6-8 绿色自我效能感对环保政策支持度的回归分析结果

变量	第一层 标准化系数 β	t	显著性	第二层 标准化系数 β	t	p
（常量）		46.72	<0.001		31.39	<0.001
性别	0.06	3.92	<0.001	0.04	3.20	0.001
年龄分组	0.06	3.52	<0.001	0.03	1.60	0.110
受教育程度	0.10	5.52	<0.001	0.05	3.02	0.003
地区	0.02	1.21	0.226	0.01	0.71	0.480
主观社会阶层	-0.02	-1.08	0.279	-0.03	-1.86	0.064
个人月收入	0.01	0.60	0.550	0.01	0.48	0.628
绿色自我效能感				0.44	32.33	<0.001
R^2		0.01			0.21	
ΔR^2		0.01			0.19	
ΔF		8.04***			1045.52***	

3.3.2 环保自我认同正向预测环保政策支持度

以环保政策支持度为因变量,七项人口学变量作为控制变量,环保自我认同为自变量进行分层回归分析。结果显示(见表6-9),F值变化显著($p<0.001$),环保自我认同增加了模型的解释力($\Delta R^2 = 19.1\%$),对环保政策支持度有显著正向影响($\beta = 0.441$,$t=32.265$,$p<0.001$)。当人们认为自己是一个环保的人,以及更加认同自己的环保身份时,其对环保政策的支持度也越高。

表6-9 环保自我认同对环保政策支持度的回归分析结果

变量	第一层 标准化系数 β	t	显著性	第二层 标准化系数 β	t	p
(常量)		46.72	<0.001		32.75	<0.001
性别	0.06	3.92	<0.001	0.03	2.11	0.035
年龄分组	0.06	3.52	<0.001	0.01	0.88	0.378
受教育程度	0.10	5.52	<0.001	0.05	3.41	0.001
地区	0.02	1.21	0.226	0.00	0.03	0.979
主观社会阶层	-0.02	-1.08	0.279	-0.03	-1.82	0.069
个人月收入	0.01	0.60	0.550	0.01	0.61	0.541
环保自我认同				0.44	32.27	<0.001
R^2		0.01			0.20	
ΔR^2		0.01			0.19	
ΔF		8.04***			1041.02***	

3.3.3 绿色行为可塑性信念正向预测环保政策支持度

以环保政策支持度为因变量,七项人口学变量作为控制变量,绿色行为可塑性信念为自变量进行分层回归分析。结果显示(见表6-10),F值变化显著($p<0.001$),绿色行为可塑性信念增加了模型的解释力($\Delta R^2 = 8.4\%$),与环保政策支持度显著正相关($\beta = 0.29$,$t=20.12$,$p<0.001$)。当人们相信个体的环保行为可被塑造,其对环保政策的支持度也越高。

表6-10 绿色行为可塑性信念对环保政策支持度的回归分析结果

变量	第一层 标准化系数 β	t	显著性	第二层 标准化系数 β	t	p
(常量)		46.72	<0.001		34.68	<0.001
性别	0.06	3.92	<0.001	0.05	3.36	0.001
年龄分组	0.06	3.52	<0.001	0.04	2.50	0.013
受教育程度	0.10	5.52	<0.001	0.70	4.04	<0.001
地区	0.02	1.21	0.226	0.01	1.01	0.314

(续表)

变量	第一层 标准化系数 β	t	显著性	第二层 标准化系数 β	t	p
主观社会阶层	-0.02	-1.08	0.279	-0.01	-0.96	0.337
个人月收入	0.01	0.60	0.550	0.001	0.06	0.952
绿色行为可塑性信念				0.29	20.12	<0.001
R^2		0.01			0.10	
ΔR^2		0.01			0.08	
ΔF		8.04***			404.70***	

3.3.4 生态环保自我联系感正向预测环保政策支持度

以环保政策支持度为因变量，七项人口学变量作为控制变量，生态环保自我联系感为自变量进行分层回归分析。结果显示（见表6-11），F 值变化显著（$p<0.001$），绿色行为可塑性信念增加了模型的解释力（$\Delta R^2=4.9\%$），对环保政策支持度有显著正向影响（$\beta=0.22$，$t=14.98$，$p<0.001$）。当人们对个人与自然、个人的环保行为与后代的生态环境、现在的环保行为与未来的生态环境之间的关系表征越紧密，其对环保政策的支持度也越高。

表6-11 生态环保自我联系感对环保政策支持度的回归分析结果

变量	第一层 标准化系数 β	t	显著性	第二层 标准化系数 β	t	p
（常量）		46.72	<0.001		39.83	<0.001
性别	0.06	3.92	<0.001	0.05	3.51	<0.001
年龄分组	0.06	3.52	<0.001	0.05	2.85	0.004
受教育程度	0.10	5.52	<0.001	0.08	4.59	<0.001
地区	0.02	1.21	0.226	0.02	1.11	0.266
主观社会阶层	-0.02	-1.08	0.279	0.01	-0.62	0.533
个人月收入	0.01	0.60	0.550	0.22	0.36	0.718
生态环保自我联系感				0.06	14.98	<0.001
R^2		0.01			0.05	
ΔR^2		0.01			0.05	
ΔF		8.04***			224.26***	

3.3.5 绿色自我认知正向预测环保政策支持度

以环保政策支持度为因变量，七项人口学变量作为控制变量，绿色自我认知的四个方面为自变量进行分层回归分析。结果显示（见表6-12），F 值变化显著（$p<0.001$），绿色自我认知加入后，模型对环保政策支持度的解释力提高（$\Delta R^2=25.7\%$）。

绿色自我效能感（β=0.22, t=10.72, p<0.001）、环保自我认同（β=0.23, t=11.69, p<0.001）、绿色行为可塑性信念（β=0.09, t=5.85, p<0.001）和生态环保自我联系感（β=0.122, t=9.01, p<0.001）能够显著正向预测环保政策支持度。该结果表明，绿色自我认知水平可以正向预测环保政策的支持度。

表6-12 绿色自我认知对环保政策支持度的回归分析结果

变量	第一层 标准化系数 β	t	显著性	第二层 标准化系数 β	t	p
（常量）		45.99	<0.001		39.83	<0.001
性别	0.06	4.18	<0.001	0.05	3.51	<0.001
年龄分组	0.08	4.32	<0.001	0.05	2.85	0.004
受教育程度	0.11	6.11	<0.001	0.08	4.59	<0.001
地区	0.02	1.20	0.232	0.02	1.11	0.266
主观社会阶层	-0.02	-1.22	0.223	-0.01	-0.62	0.533
个人月收入	0.01	0.51	0.608	0.01	0.36	0.718
绿色自我效能感				0.22	10.72	<0.001
环保自我认同				0.23	11.69	<0.001
绿色行为可塑性信念				0.09	5.85	<0.001
生态环保自我联系感				0.12	9.01	<0.001
R^2		0.01			0.26	
ΔR^2		0.01			0.26	
ΔF		10.40***			356.67***	

3.4 绿色自我认知正向预测环保行为

3.4.1 绿色自我效能正向预测环保行为

以环保行为（平均分，下同）为因变量，七项人口学变量作为控制变量，绿色自我效能为自变量进行分层回归分析。结果显示（见表6-13），F值变化显著（p<0.001），绿色自我效能感增加了模型的解释力（ΔR^2=4.2%），对环保行为有显著正向影响（β=0.21, t=13.98, p<0.001）。当人们认为自己完成绿色环保任务的能力越高时，践行的环保行为也越多。

表6-13 绿色自我效能感对环保行为的回归分析结果

变量	第一层 标准化系数 β	t	显著性	第二层 标准化系数 β	t	p
（常量）		8.30	<0.001		1.12	0.264
性别	0.06	4.06	<0.001	0.05	3.64	<0.001
年龄分组	0.01	0.64	0.522	-0.01	-0.35	0.727

(续表)

变量	第一层 标准化系数 β	t	显著性	第二层 标准化系数 β	t	p
受教育程度	0.16	9.26	<0.001	0.14	8.08	<0.001
地区	0.08	4.98	<0.001	0.07	4.81	<0.001
主观社会阶层	0.04	2.27	0.024	0.03	2.04	0.042
个人月收入	-0.01	-0.42	0.68	-0.01	-0.50	0.615
绿色自我效能感				0.21	13.98	<0.001
R^2		0.04			0.08	
ΔR^2		0.04			0.04	
ΔF		23.51***			195.43***	

3.4.2 环保自我认同正向预测环保行为

以环保行为为因变量，七项人口学变量作为控制变量，环保自我认同为自变量进行分层回归分析。结果显示（见表6-14），F值变化显著（$p<0.001$），环保自我认同增加了模型的解释力（$\Delta R^2=4.7\%$），对环保行为有显著正向影响（$\beta=0.22$，$t=14.93$，$p<0.001$）。当人们越肯定自己的环保身份时，践行的环保行为也越多。

表6-14 环保自我认同对环保行为的回归分析结果

变量	第一层 标准化系数 β	t	显著性	第二层 标准化系数 β	t	p
（常量）		8.299	<0.001		1.15	0.251
性别	0.06	4.06	<0.001	0.05	3.12	0.002
年龄分组	0.01	0.64	0.522	-0.01	-0.75	0.456
受教育程度	0.16	9.26	<0.001	0.14	8.20	<0.001
地区	0.08	4.98	<0.001	0.07	4.49	<0.001
主观社会阶层	0.04	2.27	0.024	0.03	2.04	0.042
个人月收入	-0.01	-0.42	0.688	-0.01	-0.45	0.652
环保自我认同				0.22	14.93	<0.001
R^2		0.04			0.08	
ΔR^2		0.04			0.05	
ΔF		23.51***			222.77***	

3.4.3 绿色行为可塑性信念正向预测环保行为

以环保行为为因变量，七项人口学变量作为控制变量，绿色行为可塑性信念为自变量进行分层回归分析。结果显示（见表6-15），F值变化显著（$p<0.001$），绿色行为可塑性信念增加了模型的解释力（$\Delta R^2=2.6\%$），对环保行为有显著正向影响（$\beta=$

0.16,$t=10.88$,$p<0.001$)。当人们对环保行为的发展持有更强的信念时,做出的环保行为也越多。

表6-15 绿色行为可塑性信念对环保行为的回归分析结果

变量	第一层			第二层		
	标准化系数β	t	显著性	标准化系数β	t	p
(常量)		8.30	<0.001		2.65	<0.001
性别	0.06	4.06	<0.001	0.06	3.71	<0.001
年龄分组	0.01	0.64	0.522	0.00	0.01	0.993
受教育程度	0.16	9.26	<0.001	0.15	8.42	<0.001
地区	0.08	4.98	<0.001	0.07	4.90	<0.001
主观社会阶层	0.04	2.27	0.024	0.04	2.39	0.017
个人月收入	-0.01	-0.42	0.678	-0.01	-0.73	0.467
绿色行为可塑性信念				0.16	10.88	<0.001
R^2		0.04			0.06	
ΔR^2		0.04			0.03	
ΔF		23.51***			118.35***	

3.4.4 生态环保自我联系感正向预测环保行为

以环保行为为因变量,七项人口学变量作为控制变量,生态环保自我联系感为自变量进行分层回归分析。结果显示(见表6-16),F值变化显著($p<0.001$),生态环保自我联系感增加了模型的解释力($\Delta R^2=1.9\%$),对环保行为有显著正向影响($\beta=0.14$,$t=9.39$,$p<0.001$)。如果自我与生态环保的关系更强,个体会做出更多的环保行为。

表6-16 生态环保自我联系感对环保行为的回归分析结果

变量	第一层			第二层		
	标准化系数β	t	显著性	标准化系数β	t	p
(常量)		8.30	<0.001		4.64	<0.001
性别	0.06	4.06	<0.001	0.06	3.78	<0.001
年龄分组	0.01	0.64	0.522	0.00	0.17	0.863
受教育程度	0.16	9.26	<0.001	0.15	8.66	<0.001
地区	0.08	4.98	<0.001	0.07	4.95	<0.001
主观社会阶层	0.04	2.27	0.02	0.04	2.59	0.010
个人月收入	-0.01	-0.42	0.68	-0.01	-0.58	0.563
生态环保自我联系感				0.14	9.39	<0.001
R^2		0.04			0.06	
ΔR^2		0.04			0.02	
ΔF		23.51***			88.22***	

3.4.5 绿色自我认知正向预测环保行为

以环保行为为因变量,七项人口学变量作为控制变量,绿色自我认知的四个方面为自变量进行分层回归分析。结果显示(见表6-17),F值变化显著($p<0.001$),绿色自我认知加入后,模型对环保行为的解释力提高($\Delta R^2 = 6.4\%$)。环保自我认同($\beta = 0.131$,$t = 6.08$,$p<0.001$)、生态环保自我联系感($\beta = 0.09$,$t = 5.98$,$p<0.001$)、绿色行为可塑性信念($\beta = 0.06$,$t = 3.91$,$p<0.001$)和绿色自我效能感($\beta = 0.07$,$t = 2.94$,$p<0.010$)能够显著正向预测环保行为。该结果表明,绿色自我认知水平可以正向预测个体的环保行为。

表6-17 绿色自我认知对环保行为的回归分析结果

变量	第一层 标准化系数β	t	显著性	第二层 标准化系数β	t	p
(常量)		9.29	<0.001		39.83	<0.001
性别	0.06	4.06	<0.001	0.04	3.51	<0.001
年龄分组	0.01	0.55	0.582	-0.02	2.85	0.004
受教育程度	0.16	9.27	<0.001	0.13	4.59	<0.001
地区	0.07	4.91	<0.001	0.07	1.11	0.266
主观社会阶层	0.03	2.16	0.031	0.04	-0.62	0.533
个人月收入	-0.01	-0.42	0.672	-0.01	0.36	0.718
绿色自我效能感				0.07	2.94	0.003
环保自我认同				0.13	6.08	<0.001
绿色行为可塑性信念				0.06	3.91	<0.001
生态环保自我联系感				0.09	5.98	<0.001
R^2		0.04			0.10	
ΔR^2		0.04			0.10	
ΔF		27.21***			48.06***	

4 讨论与结论

本研究从自我认知的角度探讨了影响民众支持环保政策和践行环保行为的因素。基于自我一致性理论和自我决定论,绿色自我认知是个体对自己生态环保相关的践行效能、身份认同、行为可塑性和关联性上的认知,包括绿色自我效能感、环保自我认同、绿色行为可塑性信念和生态环保自我联系感。本研究通过大型数据调查,考察了我国民众绿色自我认知与环保政策支持度、环保行为的关系,以及人口学特征在各研究变量上的差异。

4.1 民众的绿色自我认知积极，对生态环保政策支持度高

调查显示，民众绿色自我认知的绿色自我效能感、环保自我认同、绿色行为可塑性信念、生态环保自我联系感的得分超过中位数，处于良好状态。同时，环保政策支持度得分接近满分，说明民众对生态环保政策的认同度和支持度较高。在环保行为上，数据显示践行的环保行为项目数量超过提供选项数的一半。由此可见，推进生态文明建设为民众所期待和支持，同时也表明个体环保行为可以继续提升。

4.2 女性、30~59岁、高中及以上学历的人群，绿色自我认知较高

本次调查中，女性在绿色自我认知、环保政策支持度和环保行为上，得分均显著高于男性。由于不同性别的社会劳动分工不同，女性对环境问题造成的生活品质影响更加关注和敏感（洪大用等，2007）。同时，女性共情能力普遍强于男性，会更多选择合作而非资源竞争，因此在环境保护这场涉及政府、企业、群众多主体，以及经济发展、生活质量等多层次的博弈中，女性更多选择保护环境（Arnocky & Stroink，2010）。30~59岁的中青年群体和较高学历者在绿色自我认知上更积极。这可能是基于生理、认知和社会心理表现出的差异。该年龄段的人群生活更为独立，同时对自我的认知和自我控制也更加理性和成熟。较高学历者在获得环境知识、环保信息上的能力较强，从而促进了绿色自我认知。

4.3 在绿色自我效能感、环保自我认同感上，主观社会高阶层、高月收入水平人群得分较高；在环保行为践行上，中层得分更高，各收入水平之间无差异

对主观社会阶层的分析表明，主观社会高阶层的人群在绿色自我效能感、环保自我认同上得分较高，中层的环保行为得分最高。基于社会认知视角，客观物质资源和主观感知的社会地位差异导致了高低不同社会阶层的形成，处于同一社会阶层中的人们由于共享的经历，具有相对稳定的认知倾向（Kraus et al.，2012）。同时，在个人月收入水平上，2万元以上的高收入人群在绿色自我效能感、环保自我认同上得分较高，2000元以下收入人群在绿色自我认知的四个方面得分较低。高阶层的个体更多强调独立、独特和控制感（胡小勇等，2014）。因而在以生态文明风尚的背景下，高主观阶层的个体在看待自我时看重自己能够应对环保需求的能力，并强调自己独特的环保身份。

在环保政策支持度和环保行为上，个人收入水平无影响。这一结果与以往的研究相一致，即收入水平对个人环保行为并无影响（王凤，2008）。这可能是因为从自我到态度与行为是从内部加工到外在表现的过程，中间涉及社会氛围、自然环境和生活方式等多个因素的影响。以上结果提示，在实践中，需要引导主观社会低阶层人群在生

态环保方面更强的自我认知，同时倡导绿色环保价值观、营造绿色环保优先型社会环境，从而有效提升全民的生态文明心理水平。

4.4 通过增强民众绿色自我认知，提升环保政策支持度及环保行为

数据表明，民众的绿色自我效能感、环保自我认同、绿色行为可塑性信念和生态环保自我联系感，可以正向预测对环保政策的支持度及环保行为。这与我们的预期相一致。过往的实践大多通过经济奖励策略、宣传教育、法律规定等外部强化的方法促进民众的环保行为。但当经济支持政策取消后，公民的环保行为也会随之减少、消失甚至更糟，对环保政策的支持也仅仅停留在认知上。通过本研究，我们发现绿色自我认知可以正向预测民众的环保政策支持度及环保行为。高绿色自我效能感使得个体在面对环保和个人利益冲突时，具有克服困难支持和践行环保的信心；高环保自我认同能够让个体在面对多个选择时更多地做出符合环保身份的决策；更强的绿色行为可塑性信念则意味着个体相信自己的环保行为是可发展的和可提高的，这种信念会进一步使其预期自己会践行环保行为、支持环保政策；更强的生态环保自我联系感，使个体将自我及其环保行为更强地与自然、未来和后代联系起来，这种亲近感、未来连续感和繁衍感的获得提升了个体的生态环保动机，增强了环保政策的支持度及环保行为的践行。

因此，我们建议可以通过以下三个方面对公民生态文明心理进行教育和培养：（1）在街道与社区管理方面，以轻松有趣的形式（如趣味竞赛活动）推广能够有效解决生活环保困难的小妙招，增强居民在日常生活中保持绿色低碳生活方式的信心和乐趣，使其绿色自我效能感获得提升，从而助力居民的环保行为；同时通过鼓励社区居民在社区微信群和公众号晒一晒身边的环保新鲜事，引导民众领悟到自己的环保行为在提升，使其发现环保既能简化生活又能利于生态环境，从而培育和增强其绿色行为可塑性信念，更主动地践行环保行为。（2）在城市文明建设方面，通过与企业机构联动，将绿色身份标签融入民众参与广泛的集体活动中，包括体育赛事、平台购物、生态旅游等，强化民众在工作、学习、生活和社交中的绿色身份，从而提升并巩固其环保自我认同，促进环保行为的共同践行。（3）在文化宣传方面，相关部门可以通过视频、短剧与推文等网络文化作品传播人与自然和谐共生的佳话、生态环境破坏致使失去家园的案例，增强民众与生态环保的联系感。总之，通过积极提升民众绿色自我认知，有效推进生活方式绿色低碳转型，将助力人与自然和谐共生，最终推动美丽中国目标实现。

参考文献

崔珍珍, 李坚飞, 王海江. (2021). 城市环境质量感知对社区居民生态消费意愿的影响——基于环保知

识积累调节的中介效应模型. *消费经济*, 37(1), 68-77.

傅鑫媛, 辛自强, 楼紫茜, 高琰. (2019). 基于助推的环保行为干预策略. *心理科学进展*, 27(11), 1939-1950.

洪大用, 肖晨阳. (2007). 环境关心的性别差异分析. *社会学研究*, 22(2), 111-135.

胡小勇, 李静, 芦学璋, 郭永玉. (2014). 社会阶层的心理学研究: 社会认知视角. *心理科学*, 37(6), 1509-1517.

刘宗华, 李燕萍. (2020). 绿色人力资源管理对员工绿色创新行为的影响: 绿色正念与绿色自我效能感的作用. *中国人力资源开发*, 37(11), 75-88.

芦慧, 刘严, 邹佳星, 陈红, 龙如银. (2020). 多重动机对中国居民亲环境行为的交互影响. *中国人口·资源与环境*, 30(11), 160-169.

施生旭, 甘彩云. (2017). 环保工作满意度、环境知识与公众环保行为——基于CGSS2013数据分析. *软科学*, 31(11), 88-92.

王凤. (2008). 公众参与环保行为影响因素的实证研究. *中国人口·资源与环境*, 18(6), 30-35.

王玉君, 韩冬临. (2016). 经济发展、环境污染与公众环保行为——基于中国CGSS2013数据的多层分析. *中国人民大学学报*, 30(2), 79-92.

Arnocky, S., & Stroink, M. (2010). Gender differences in environmentalism: The mediating role of emotional empathy. *Current Research in Social Psychology*, 16(9), 1-14.

Bakir-Demir, T., Berument, S. K., & Akkaya, S. (2021). Nature connectedness boosts the bright side of emotion regulation, which in turn reduces stress. *Journal of Environmental Psychology*, 76, 101642.

Barbaro, N., & Pickett, S. M. (2016). Mindfully green: Examining the effect of connectedness to nature on the relationship between mindfulness and engagement in pro-environmental behavior. *Personality and Individual Differences*, 93, 137-142.

Bandura, A. *Social foundations of thought and action: A social cognitive theory*. Englewood Cliffs, New Jersey. Prentice Hall, 1986.

Bandura, A. (1997). Self-efficacy: the exercise of control. *Journal of Cognitive Psychotherapy*, 13, 158-166.

Blackwell, L., Trzesniewski, K., & Dweck, C. (2007). Implicit theories of intelligence predict achievement across an adolescent transition: a longitudinal study and an intervention. *Child Development*, 78, 246-263.

Bonini, N., Hadjichristidis, C., & Graffeo, M. (2018). Green nudging. *Acta Psychologica Sinica*, 50(8), 814-826.

Capaldi, C. A., Dopko, R. L., & Zelenski, J. M. (2014). The relationship between nature connectedness and happiness: a meta-analysis. *Frontiers in Psychology*, 5, 976.

Chen, Y. S., Chang, C. H., & Lin, Y. H. (2014). Green transformational leadership and green performance: the mediation effects of green mindfulness and green self-efficacy. *Sustainability*, 6, 6604-6621.

Capaldi, C. A., Nisbet, E. K., Zelenski, J. M., & Dopko, R. L. (2015). Flourishing in nature: a review of the benefits of connecting with nature and its application as a wellbeing intervention. *International Journal of Wellbeing*, 5(4), 1-16.

Duchi, L., Lombardi, D., Paas, F., & Loyens, S. M. (2020). How a growth mindset can change the climate: The power of implicit beliefs in influencing people's view and action. *Journal of Environmental Psychology, 70*, 101461.

Dweck, C. S. (2013). *Self-theories: Their role in motivation, personality and development*. New York: Taylor & Francis Group.

Guo, L., Xu, Y., Liu, G., Wang, T., & Du, C. (2019). Understanding firm performance on green sustainable practices through managers' ascribed responsibility and waste management: Green self-efficacy as moderator. *Sustainability, 11*(18), 4976.

Korman, A. K. (1970). Toward a hypothesis of work behavior. *Journal of Applied Psychology, 54*, 31–41.

Kraus, M. W., Piff, P. K., Mendoza-Denton, R., Rheinschmidt, M. L., & Keltner, D. (2012). Social class, solipsism, and contextualism: How the rich are different fromthe poor. *Psychological Review, 119*(3), 546–572.

Krettenauer, T. (2020). Moral Identity as a goal of moral action: A Self-Determination Theory perspective. *Journal of Moral Education, 49*, 330–345.

Lavuri, R., Akram, U., & Akram, Z. (2023). Exploring the sustainable consumption behavior in emerging countries: The role of pro-environmental self-identity, attitude, and environmental protection emotion. *Business Strategy and the Environment, 32*(8), 5174–5186.

Li, M., Sun, Y., & Chen, H. (2019). The decoy effect as a nudge: Boosting hand hygiene with a worse option. *Psychological Science, 30*(1), 139–149.

Meinhold, J. L., & Malkus, A. J. (2005). Adolescent environmental behaviors: Can knowledge, attitudes, and self-efficacy make a difference? *Environment and Behavior, 37*(4), 511–532.

Ryan R. M., Deci E. L. (2017). *Self-determination theory: Basic psychological needs in motivation development and wellness*. New York, NY: Guilford Press.

Ryan, R. M., & Deci, E. L. (2000). Self-determination theory and the facilitation of intrinsic motivation, social 201 development, and well-being. *The American Psychologist, 55*(1), 68–78.

Schultz, P. W. (2001). Assessing the structure of environmental concern: Concern for self, other people, and the biosphere. *Journal of Environmental Psychology, 21*, 327–339.

Sparks, P., & Shepherd, R. (1992). Self-identity and the theory of planned behavior: Assessing the Role of Identification with "Green Consumerism." *Social Psychology Quarterly, 55*(4), 388–399.

van der Werff, E., Steg, L., & Keizer, K. (2014). I am what I am, by looking past the present: The influence of biospheric values and past behavior on environmental self-identity. *Environment and Behavior, 46*, 626e657.

van der Werff, E., Steg, L., & Keizer, K. (2013). It is a moral issue: The relationship between environmental self-identity, obligation-based intrinsic motivation and pro-environmental behaviour. *Global Environmental Change, 23*(5), 1258–1265.

Wang, X., Van der Werff, E., Bouman, T., Harder, M. K., & Steg, L. (2021). I am vs. we are: How biospheric values and environmental identity of individuals and groups can influence pro-environmental behaviour. *Frontiers in Psychology, 12*, 618956.

Whitmarsh, L., & O'Neill, S. J. (2010). Green identity, green living? The role of pro-environmental self-identity in determining consistency across diverse pro-environmental behaviors. *Journal of Environmental Psychology, 30*, 305-314.

Yeager, D. S., Carroll, J. M., Buontempo, J., Cimpian, A., Woody, S., Crosnoe, R., ... Dweck, C. S. (2022). Teacher mindsets help explain where a growth-mindset intervention does and doesn't work. *Psychological Science, 33*(1), 18-32.

Yildirim, F., Isildar, G. A. Y., Erkoc, F., Onat, P., & Alparslan, Z. N. (2015). Examining impacts of natural sciences education in comparison with health and social sciences for pro-environmental behaviors in Turkey. *Journal of Integrative Environmental Sciences, 12*(3), 189-204.

第七章 新时代居民身心健康报告

董妍 赵敏翔 张兰心 刘亭滟 栗博洋 郝立荣

摘要：本研究基于生物—心理—社会模型和彩虹模型，招募了全国29个省（自治区、直辖市）4666名被试，调查我国新时代居民的生活方式、健康支持系统和身心健康的基本现状，并考察了各个变量在个体特征（性别、年龄、受教育程度、主观社会阶层）、家庭特征（婚姻状况、子女养育等）以及城乡方面的差异。结果表明居民的生活方式、健康支持系统和身心健康状况总体良好，并且在个体特征、家庭特征和城乡之间存在较为明显的差异。另外，个人生活方式和健康支持系统是影响个体健康状况的重要因素。本研究为理解新时代居民身心健康状况梳理了相应的理论框架，为助力健康中国建设提供了研究基础。

关键词：健康中国，身心健康，生活方式，健康支持，社交媒体

1 前言

新时代以来，我国在保障居民身心健康方面做出了一系列重大决策部署。党的十八大报告指出，"健康是促进人的全面发展的必然要求"，提出要"开展爱国卫生运动，促进人民身心健康"。2016年中共中央、国务院印发了《"健康中国2030"规划纲要》（以下简称《纲要》）。《纲要》指出，"把健康摆在优先发展的战略地位"，"加快形成有利于健康的生活方式"。在党的十九大报告中，进一步指出要"实施健康中国战略"，"倡导健康生活方式"。党的二十大报告中更是明确指出，要"推进健康中国建设"，到二〇三五年建成"健康中国"，并再次"倡导健康文明生活方式"。由此可见，提高居民的身心健康水平一直是党和政府关心的重要问题。

1.1 理论框架

本研究拟根据本次大型调查数据，对我国居民的身心健康状况进行分析，并从个人和环境两个方面，探索生活方式（个人）和健康支持系统（环境）对居民身心健康

状况的影响。本研究的理论框架源于两个经典的健康模型：生物—心理—社会（the biopsychosocial model）(Engel, 1977) 和 Dahlgren-Whitehead 健康模型（the Dahlgren-Whitehead model of health determinants）(Dahlgren & Whitehead, 1991)。健康的生物—心理—社会模型强调，个体的健康和疾病状况反映了一系列复杂的过程，健康或生病的结果不仅仅是由某种特殊的病因所造成，还应该考虑个体的生物、心理和社会因素。这一理论得到了研究者们的广泛认同，当前的生物—心理—社会模型主要强调生物因素（如基因和遗传）、心理因素（如情绪、人格特点）和社会因素（如文化规范、社会支持）之间的交互作用（Suls & Rothman, 2004）对个体健康状况的影响。

Dahlgren-Whitehead 健康模型由 Dahlgren 和 Whitehead (1991) 提出，它又被称为彩虹模型（见图 7-1）。该模型认为，健康是由一系列因素层层作用的结果，主要受到了从微观的个体因素到宏观的文化和社会因素的影响。首先，该模型强调健康不仅会受到性别、年龄和遗传因素的影响，也会受到生活方式的影响。其次，个体的社区和社会关系网络是影响健康的第二层因素。影响个体健康的第三层因素是外在的生活和工作条件，包括食品安全、医疗服务、工作环境、住房以及教育情况等。最后，宏观的经济、文化和社会环境也是影响健康的重要因素。

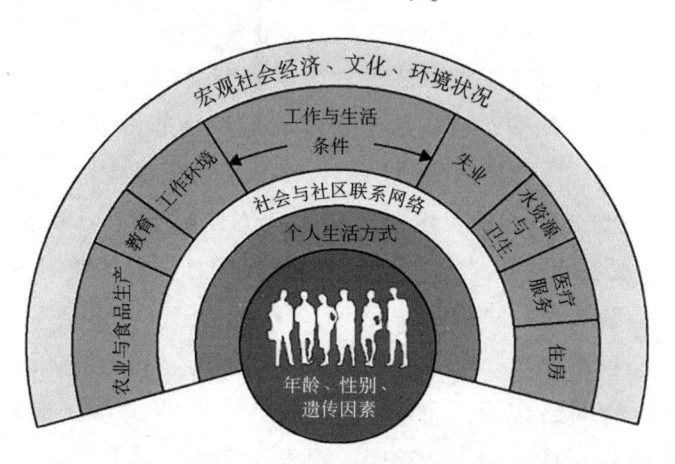

图 7-1 Dahlgren-Whitehead 健康模型 (1991)

借鉴上述两个模型的思路，本研究主要考察新时代中国居民身心健康的基本状况，并对影响身心健康的个人因素和环境因素进行探究。具体而言，个人因素中本研究重点关注个人的生活方式，包括生活习惯（睡眠时间、锻炼状况和饮食状况）和社交媒体使用状况（社交媒体使用倦怠和社交媒体自我表露）；环境因素中本研究重点关注健康的支持系统，包括社会支持和环境支持。本研究的理论框架如图 7-2 所示。

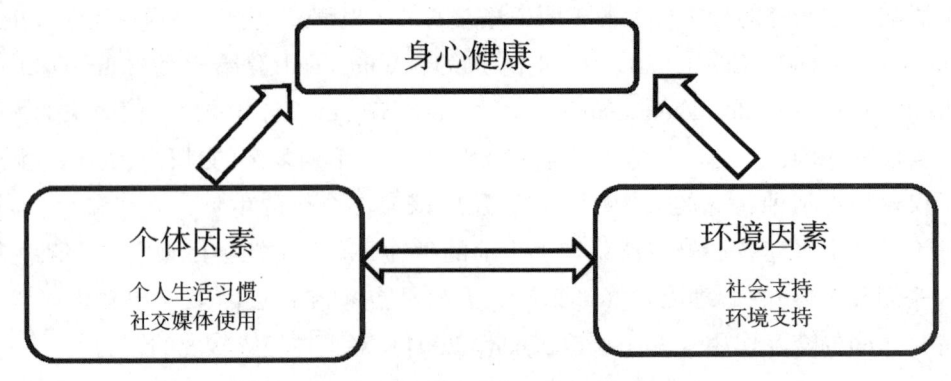

图 7-2 本研究的理论框架

1.2 相关概念简述

1.2.1 生活方式

生活方式是影响个体身心健康状况的重要决定因素，根据世界卫生组织（World Health Organization，WHO，1999）的定义，健康的生活方式是指定期进行体育锻炼或运动、不吸烟、节制饮酒、吃健康绿色食品，防止体重超标以保持健康。从身心健康角度出发，研究者构建了健康生活方式的六因素模型（Chan & Hazan，2022）。其中，持续良好且充足的睡眠、均衡膳食、适当正确的锻炼是非常重要的三个因素。此外，随着互联网技术的发展，社交媒体的使用极大改变了人们的生活方式，也对个体的健康状况产生了一定的影响。因此，本研究在生活方式部分除了考察个体的生活习惯（睡眠时间、锻炼状况和饮食状况）之外，还对居民的社交媒体使用状况（社交媒体使用倦怠和社交媒体自我表露）进行调查。

社交媒体是指以移动终端（如平板电脑、智能手机等）为载体，通过移动网络来实现社交应用功能的网络媒介（张铮等，2021），它使信息交流跨越了时空限制（Lutz，2014）。数据平台 Datareportal 近期的报告（2023）显示，全球超过一半以上的人（60%），也就是大约 48 亿人频繁使用社交媒体，他们平均每天使用社交媒体的时间为 2 小时 24 分钟。相关研究已经证明了社交媒体使用对心理健康的重要意义（Karim，2020）。然而，近年来，一种新的现象正在频繁出现——互联网用户在社交媒体使用的情境中体验到疲劳感（Islam et al.，2020），即社交媒体倦怠（social media fatigue）。它被定义为人们淹没于社交网站进而出现的消极态度（Lutz，2014）。目前学界普遍认为社交媒体倦怠是一种多维度的心理体验，包括了个体内部与社交媒体使用有关的各种不良感受，以及外在表现出的忽略、屏蔽、抵制、退出等消极行为（代宝等，2020）。社交媒体的使用还涉及一种自我表露的现象。例如，用户选择性构建个人资料、更新状态、照片和评论，从而在社交媒体上进行策略性自我表露（Islam et al.，

2019)。个体在社交媒体上呈现关于自我的形象既是虚拟身份，也是现实生活身份的延伸（曹银珠，2023），一方面它能够满足用户的社交需求，另一方面也可能出现更多的社交媒体成瘾和其他心理困扰（Islam et al.，2019）。

1.2.2 健康支持系统

生物—心理—社会模型（Engel，1977）和彩虹模型（Dahlgren & Whitehead，1991）均认为环境因素对个体的身心健康状况有重要影响。本研究主要关注环境因素中的健康支持系统，包括个人感知到的社会支持和相对客观的环境支持。

（1）社会支持

社会支持（social support）是一个广义的概念，指人们从人际交往中感知、表达和获得的社会利益（如情感、信息和工具帮助）(Buunk，1992）。社会支持对个体健康有重要影响。首先，社会支持理论认为个体所拥有的社会支持网络越强大，就越能够应对各种环境的挑战，因此，对脆弱性群体而言，社会支持是提升适应性的直接动力（Cohen，1985）。其次，"不适应"的直接后果是产生压力，而诸多研究证明社会支持在缓解压力上具有积极作用。从压力及其应对的观点来看，社会支持通过保护人们免受压力的不利影响进而促进健康（Mitchell et al.，1982），因此社会支持是健康的外部保护性因素。

（2）环境支持

影响健康的社会决定因素包含三大类：一是社会制度，包括文化和宗教制度、经济制度和政治结构；二是生活环境，包括社区、工作场所、城镇、城市和建筑环境；三是社会关系，包括在社会等级制度中的地位、社会群体的差别待遇和社交网络（Anderson et al.，2003）。本研究中，环境支持指对个体健康起到支持作用的环境因素。Morrill 等人（2021）发现中国老年移民的健康与建筑环境（例如绿地、街道、设施、安全和可达性）有关。良好的环境支持减轻了负面感知带来的压力（Stiffman et al.，1999）。在自然环境方面，另一些研究也提到，新鲜的空气、健康的环境和清洁的水能够影响老年移民的福祉（Da & Garcia，2015；Ip et al.，2007）。

1.2.3 身心健康

本研究采用自我报告的方法评估了个体的总体健康，并从自我认知、人生态度、情绪状态和问题行为几个方面评估个体的身心健康状况。

（1）身体健康

健康自评（self-rated health）是一种简单且便于分析的总体健康测量方式，被试根据感知自身健康的程度进行五点评分（1=非常不健康，5=非常健康）。大量实证研究表明，自评健康是一种有效且可靠的测量方法，尤其在预测死亡率方面具有独特的作用，其效果有时要好于客观的健康评估（Wuorela et al.，2020）。

（2）心理健康

世界卫生组织将心理健康定义为一种在身体、心理、社会方面适应良好的状态，体现在个体能够实现自身能力，应对日常生活中的压力，高效工作，并能够为自己所在社区或集体做出贡献，而不仅仅是没有疾病或体弱体虚的状况（World Health Organization，2018）。俞国良（2007）也认为，心理健康包括两个方面：一是没有心理疾病，二是拥有积极发展的心理状态，只有两者兼备才能说心理是健康的。本次调查从自我认知、人生态度、情绪状态和问题行为四个方面考察我国居民的心理健康情况。

第一，自我认知。是否有良好的自我意识一直是心理健康的标准之一，本研究中采用核心自我评价和个人对未来的看法（未来取向）作为自我认知的测量指标。核心自我评价（core self-evaluations）指的是个体对自我能力和价值所持有的最基本的评价和估计（Judge，1997）。核心自我评价更高的个体会体验到更多的幸福感、工作满意度和生活满意度（Heilmann & Jonas，2010；Judge et al.，2004；Piccolo et al.，2005）。

未来取向（future time orientation）是指个体的思想和行为偏好未来的倾向以及对未来的思考和规划过程（刘霞等，2010；Nurmi，1993）。未来取向反映的是个体在多大程度上考虑他们当下行为的潜在未来结果，以及在多大程度上受到这些潜在结果的影响（Strathman et al，1994）。未来取向可以看作是心理健康与良好生活习惯的保护性因素。研究表明，未来取向与抵制当前的诱惑，延迟满足的能力和坚持有关（李爱梅等，2018），并且能够显著预测健康风险行为（Murphy & Dockray，2018）、生活满意度、乐观情绪（Przepiorka et al.，2021）、主观幸福感（梁群君等，2017）。此外，研究发现未来取向还和一些适应不良的行为（如成瘾、拖延）存在负相关（Wojtkowska et al.，2019）。

第二，人生态度。研究发现，心理健康的人往往具有积极的人生态度。本研究中将人生态度分成生活感受和生活态度两个方面进行考察。生活感受方面，本次调查重点关注居民的获得感、幸福感和安全感。"三感"提升是党和国家为保障和改善民生而重点加强社会建设的重要工作。对获得感的定义有很多种，其中，丁元竹（2016）认为"获得感"是一项主观指标，它是对改革发展成果数量和享受的主观感受和满意程度；董洪杰（2019）等认为，获得感是个体对获取自身需求满足的内容、实现途径与所需条件的认知评价，以及在此过程中的心理体验。可以看出，学者都倾向于将获得感定义为一种对自身各方面获得感受的心理评价。关于幸福感的研究由来已久，本研究中主要采用自评方式测量被试的主观幸福感。主观幸福感是以快乐论作为基础，其最具代表性的人之一Diener（1984）将主观幸福感定义为"个体根据自定的标准对其生活质量的整体评估"。安全感的概念源于精神分析理论，马斯洛认为安全感是一种体现在需要被满足或将要被满足时的心理感受，是心理健康最重要的因素（Maslow，1942；Maslow et al.，1945）。安莉娟和丛中（2003）提出安全感由主观确定感和主观控制感两方面组成。研究者发现安全感能够预测生活满意度，并且，自我同情和幸福感都会受到安全感的影响（谭锦花等，2019）。

生活态度方面，本次调查主要从生命意义感和奋斗观两个方面进行调查。生命意义感指的是个体存在的意义感和对自我重要性的感知。Steger等人（2006）认为生命意义包括认知维度和动机维度。其中认知维度为"意义拥有"（present of meaning），指的是人们对生命意义的理解，包括他们一生中的目的感或使命感，以及人们体验自己生命意义的程度。动机维度是"意义追寻"（search for meaning），指的是人们试图追求或增加对生活意义和目标的理解，并积极寻求生活意义的态度。Wang等人（2016）证明生命意义感是心理健康和生活满意度的保护性因素。奋斗观是新时代的青年人和劳动者传承了中华民族艰苦奋斗精神基因的劳动观念。党的十八大以来，结合新时代的特征，习近平多次围绕青年奋斗问题提出殷切期望，形成了独特的青年奋斗观。习近平奋斗观从思想内涵看，包含着奋斗幸福观、奋斗价值观、奋斗实践观和奋斗本领观（谈传生，2018）。

第三，情绪状态。情绪是人对客观外界事物的态度的主观体验和相应的行为反应，它反映的是客观外界事物与主体需要之间的关系（彭聃龄，2012）。在情绪状态部分，本研究中主要考察常见的抑郁、焦虑和压力状况。抑郁是指以情绪低落、感到无望、缺乏精力或易疲劳等为主要特征的情绪问题（American Psychiatric Association，2013）。焦虑指对尚未发生的危险的恐惧，是一种弥散的负面情绪体验（Lang et al.，2000）。心理压力是外界环境的变化和个体内部因素所造成人的生理变化和情绪波动，是个体在适应生活过程中出现的身体和精神紧张状态（Turner et al.，2020）。

第四，问题行为。本次调查主要关注社交回避和疼痛困扰两个健康问题的外化表现。社交回避又被称为社交退缩（social withdraw），其定义是个体在与他人社会交往过程中出现回避社交的一系列心理或行为（Watson & Friend，1969）。社交回避具体包括三个方面：认知回避，即个体因主观感受而具有回避社会交往的倾向；行为回避，即个体表现出的回避社会交往的行为；情绪回避，即个体在回避中产生的情感体验。社交回避的人表现为不合群，他们缺乏强烈的社交意愿，表现出很强的回避动机更容易产生孤独的问题（Bowker et al.，2017）。

疼痛困扰这一概念最早出现于医疗健康领域，指个体受疼痛感所困扰的程度。Antunovich等人（2021）的横断研究表明患者负面的疾病感知与疼痛困扰程度呈现显著正相关关系，患者对疾病的负面认知越多，患者的疼痛就越严重。Castillo等人（2013）发现心理健康状况，如抑郁和焦虑水平，都会影响到下肢创伤患者对疼痛的感知，同时疼痛也会预测患者一年后的抑郁和焦虑水平。

1.3 本研究的问题和目的

本研究基于过往研究的理论和结果，借鉴生物—心理—社会模型和Dahlgren-

Whitehead健康模型提出了新时代居民身心健康的影响因素模型，力求全面地把握影响心理健康的风险因素和保护性因素，以实现对新时代以来我国居民身心健康状况的详尽描述。同时，考虑到不同群体的身心健康状况会呈现出不同的特点，本研究除了关注性别、年龄、受教育程度和主观社会阶层等个体特征方面的差异外，还关注婚姻状况、是否有子女等家庭结构对健康的解释力。本研究关注的内容和变量见表7-1。

表7-1 主要研究变量

变量类型	变量维度	具体变量
生活方式	个体生活习惯	睡眠时间、锻炼状况、饮食状况
	社交媒体使用状况	社交媒体倦怠、社交媒体自我表露
健康支持系统	社会支持	社会支持
	环境支持	疾病风险感知、环境健康支持
健康状况	自评总体健康	自评健康
	心理健康状况	自我认知：核心自我评价、未来取向 人生态度：生活感受、生活态度 情绪状态：抑郁、焦虑、压力 问题行为：社交回避、疼痛困扰

2 研究方法

2.1 样本基本情况

招募了全国29个省、自治区和直辖市4666名被试（详情见第一章）。

2.2 测量工具

2.2.1 生活方式的测量

（1）睡眠时间

睡眠时间选用匹兹堡睡眠日记（Monk et al., 2003）进行测量。测量工具由两道关于居民起居时间的填空题组成，要求被试填写自己在工作日和休息日通常的起居时间，以及自己在工作日和休息日理想的起居时间。

（2）锻炼状况

锻炼状况的测量工具由三道题目组成。一道测量每日锻炼时间的填空题，要求被试填写目前平均每天运动和锻炼的时间为多少分钟。一道测量锻炼频率的选择题，要求被试根据自己的锻炼情况，回答"大约多久进行一次运动和锻炼"，选项分别为"一个月以上"、"至少一个月"、"至少一周"、"至少三天"、"至少一天"。一道测量锻炼强度的选择题，要求被试根据自己的锻炼情况回答"平均每次锻炼的强度如何"，选项分别为"无锻炼"、"较低"、"中等"、"剧烈"。

(3) 饮食状况

饮食状况的测量工具改编自胡月琴等（2023）关于健康饮食意向的评估量表。量表包含三道评估被试饮食健康状况的选择题，题目分别是"您通常每天吃多少水果？"（1＝几乎不吃，5＝非常多）、"您通常每天吃多少蔬菜？"（1＝几乎不吃，5＝非常多）和"请问您的早中晚餐饮食规律如何？"（1＝不太规律，3＝非常规律）。

(4) 社交媒体使用状况

一道自编的多选题测量居民的智能手机使用状况。要求被试从"工作或学习""社交媒体使用（如微博、微信、QQ等）"、"网络购物"、"娱乐休闲（游戏、观看视频或短视频、音乐、拍照或拍视频、直播等）"、"查看新闻、天气、股票等实时信息"、"通信（电话、短信、邮件、在线聊天等）"中选择手机最主要的三项用途。

社交媒体使用倦怠的测量改编自 Whelan 等人（2020）编制的社交媒体倦怠问卷。该问卷包含三个项目，分别是"在使用社交媒体（如微博、微信、QQ等）的过程中，我经常感到太累而无法做好其他工作"、"使用社交媒体后，我很难集中精力"和"社交媒体上的大量信息资讯让我感到疲倦"，采用五点量尺计分（1＝完全不同意，5＝完全同意）。本研究中的 Cronbach's α＝0.85。

社交媒体自我表露的测量工具改编自 Islam 等人（2019）编制的自我表露问卷中的一个项目，即"在社交媒体上分享信息让我觉得自己很重要"，采用五点量尺计分（1＝完全不同意，5＝完全同意）。

2.2.2 健康支持系统的测量

(1) 社会支持

社会支持的测量工具改编自社会支持评定量表（肖水源，杨德森，1994）。题目包括两道测量客观社会支持的选择题：近一年与他人同住情况（1＝远离他人，且独居一室，2＝住处经常变动，多数时间和陌生人住在一起，3＝和同学、同事或朋友住在一起，4＝和家人住在一起）；在急难情况获得关心的来源数量，有几个来源便计几分。两道题目的总分被作为客观社会支持分数。

(2) 环境支持

疾病风险感知的测量工具为一道自编题目，被试将根据对未来一年内生病的担心程度进行五点评分（1＝非常担心，5＝非常不担心）。环境健康支持的测量工具改编自 WHOQOL Group（1994）中文版世界卫生组织生存质量测定简表（The World Health Organization Quality of Life，WHOQOL-BREF）。该测量工具由三道选择题组成，分别是"您看病是否方便"、"您的家里是否有健康急救包"和"您是否购买医疗保险"。若回答"是"则计1分，回答"否"不计分。计算三道题的总分作为环境健康支持的指标。

2.2.3 健康状况的测量

（1）自评身体健康状况

采用广泛运用的一道题测量居民的身体健康状况。健康自评（self-rated health）是一种简单且便于分析的总体健康方式，被试将根据感知自身健康的程度进行五点量尺计分（1=非常不健康，5=非常健康）。

（2）心理健康的测量

自我认知部分，核心自我评价的测量工具改编自核心自我评价量表（Judge et al., 2003），题目分别是"我相信自己在生活中能获得成功"和"我尽量避免与其他人共处"（1=完全不同意，5=完全同意），本研究中的 Cronbach's α=0.72。未来取向的测量工具改编自冯嘉溪等人（2020）编制的未来结果考虑量表的一道题目"相比于能够带来一些眼前利益的事情，我更愿意做那些能够带来更多长远利益的事情"，采用七点量尺计分（1=完全不同意，7=完全同意）。

人生态度部分，四个项目测量居民的生活感受：一道自编的获得感题目"社会的发展给我的生活带来了改善"（1=完全不符合，5=非常符合）测量居民的获得感。一道改编自丛中和安莉娟（2004）编制的安全感量表的题目"在日常生活中我感觉很安全"（1=完全不符合，5=完全符合）测量居民的安全感。两道改编自互依幸福感量表（The Interdependent Happiness Scale；Hitokoto & Uchida, 2015）的题目测量居民的幸福感，其中一道测量个人幸福感"综合来说，我认为自己是幸福的"（1=完全不同意，5=完全同意），一道测量互依幸福感"我想要亲朋好友感觉幸福"（1=完全不同意，5=完全同意）。本研究中幸福感测量工具的 Cronbach's α=0.64。

五个项目测量居民的生活态度：两道改编自生命意义感问卷（Steger et al., 2006）的题目测量生命意义感，包含一道意义拥有维度的题目"我明白自己生活的意义"（1=完全不同意，7=完全同意）和一道意义追寻维度的题目"我总在尝试找寻自己生活的目的"（1=完全不同意，7=完全同意）。本研究中的 Cronbach's α=0.60。三道自编的测量居民奋斗观的题目，分别为"国家发展和人民的美好生活，需要所有社会劳动者的共同奋斗"、"奋斗本身就是一种幸福"和"为了追求美好的生活和个人理想，我愿意努力奋斗"。这三个项目都采用七点量尺计分（1=完全不同意，7=完全同意）。本研究中的 Cronbach's α=0.86。

情绪状态部分，测量工具选自中文版抑郁焦虑压力量表（21-item Depression Anxiety Stress Scales；DASS-21；文艺等，2012）。包含两道选自压力分量表的题目"我感到忐忑不安"和"我感到很难放松自己"，两道选自焦虑分量表的题目"我感到恐慌"和"我无缘无故地感到害怕"，两道选自抑郁分量表的题目"我感到生命毫无意义"和"我觉得自己的将来没什么可盼望的"。这六个项目均采用五点量尺计分（1=完全不同意，5=完全同意）。本研究中的 Cronbach's α=0.90。

问题行为部分，社交回避的测量工具改编自 Bowker 等人(2017)编制的社交回避量表，题目分别是"我尽量避免与其他人共处"和"比起和其他人待在一起，我更喜欢独处"，采用五点量尺计分（1=完全不同意，5=完全同意）。本研究中的 Cronbach's α=0.77。疼痛困扰的测量改编自生活质量量表（Medical Outcomes Study 36 - Item Short Form Health Survey，SF-36），包含两道题目，分别为"躯体疼痛影响我的正常工作（包括上班工作和家务劳动）"和"我因躯体疼痛而感到烦恼"，采用五点量尺计分（1=完全不符合，5=完全符合）。本研究中的 Cronbach's α=0.86。

3 结果

3.1 生活方式

在生活方式部分，本研究关注中国居民的睡眠、饮食和锻炼情况。同时，本次调查还关注了中国居民的社交媒体使用倦怠和社交媒体自我表露。

3.1.1 睡眠情况

此次调查的中国居民睡觉时间情况如表 7-2 所示。总体而言，居民在工作日表现出晚睡早起的睡眠模式，休息日的睡觉时间点更靠后，但起床的时间也较晚。

表 7-2 居民的起居时间

（24 小时制）	工作日		休息日	
	N	时间点	N	时间点
实际就寝时间	4431	22 点 57 分	4466	23 点 12 分
实际起床时间	4431	6 点 50 分	4469	8 点 9 分
理想就寝时间	4467	22 点 13 分	4573	22 点 36 分
理想起床时间	4464	7 点 2 分	4575	8 点 12 分

不同年龄居民在工作日和休息日（见图 7-3）就寝时间呈现相同的趋势，年龄越小的居民就寝时间越晚。其中"18~19 岁"的居民就寝时间最晚，在休息日时他们甚至选择在 0 点（24 点）之后才开始准备入睡。

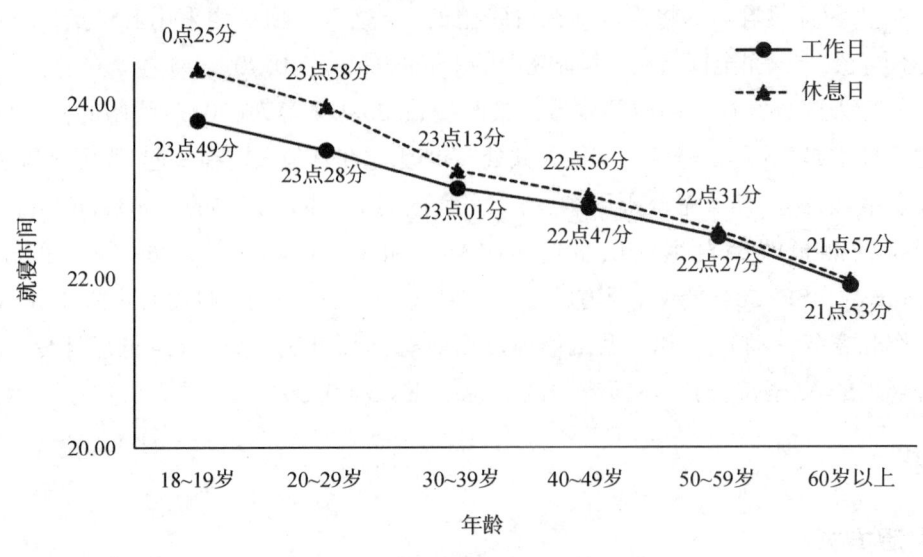

图 7-3 不同年龄居民的就寝时间

如表 7-3 所示,针对睡眠时长的调查结果表明:(1) 人们在休息日的睡眠时长显著长于工作日的睡眠时长:$t(4347) = -48.07$,$p < 0.001$,Cohen's $d = 0.73$。这说明受调查的居民能够在休息日有更充足的睡眠时间;(2) 无论是在工作日还是休息日,居民理想的就寝时间都早于实际的就寝时间,说明居民们睡眠拖延的现象比较普遍;(3) 在工作日时,人们的睡眠拖延情况相较休息日时更加严重:$t(4221) = 7.51$,$p < 0.001$,Cohen's $d = 0.12$。

表 7-3 居民的睡眠状况 (单位:h)

(24 小时制)	工作日			休息日		
	N	M	SD	N	M	SD
睡眠时长	4420	7.89	1.21	4462	8.95	1.42
理想睡眠时长	4459	9.19	1.29	4567	9.59	1.67
就寝拖延	4308	0.72	1.03	4405	0.58	1.07

在个体特征方面,工作日睡眠时长的性别差异不显著,$p > 0.05$,但在休息日时,女性居民($n = 2544$,$M \pm SD = 9.01 \pm 1.39$h)比男性居民($n = 1916$,$M \pm SD = 8.86 \pm 1.45$h)睡眠时间更长:$t(4023.06) = -3.61$,$p < 0.001$,Cohen's $d = 0.11$。随着年龄的增长(如图 7-4),居民的睡眠时长呈现出先增长后降低再增长的"S型"变化模式,工作日:$F(5,4386) = 12.26$,$p < 0.001$,$\eta^2 = 0.01$;休息日:$F(5,4427) = 11.96$,$p < 0.001$,$\eta^2 = 0.01$。如图 7-5 所示,在控制年龄的条件下,受教育程度越低的居民在工作日和休息日的睡眠时间都越长,工作日:$F(5,4384) = 27.41$,$p < 0.001$,$\eta^2 = 0.03$;休息日:$F(5,4425) = 26.34$,$p < 0.001$,$\eta^2 = 0.03$。

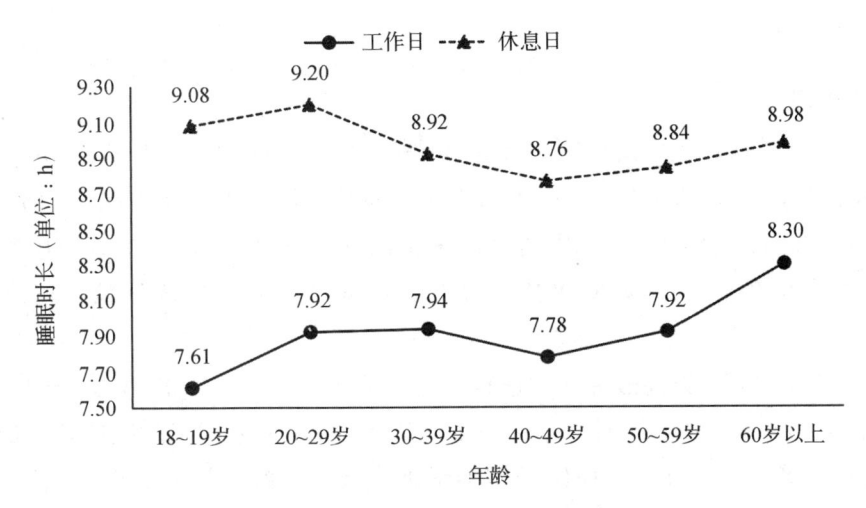

图 7-4　不同年龄居民的睡眠时长

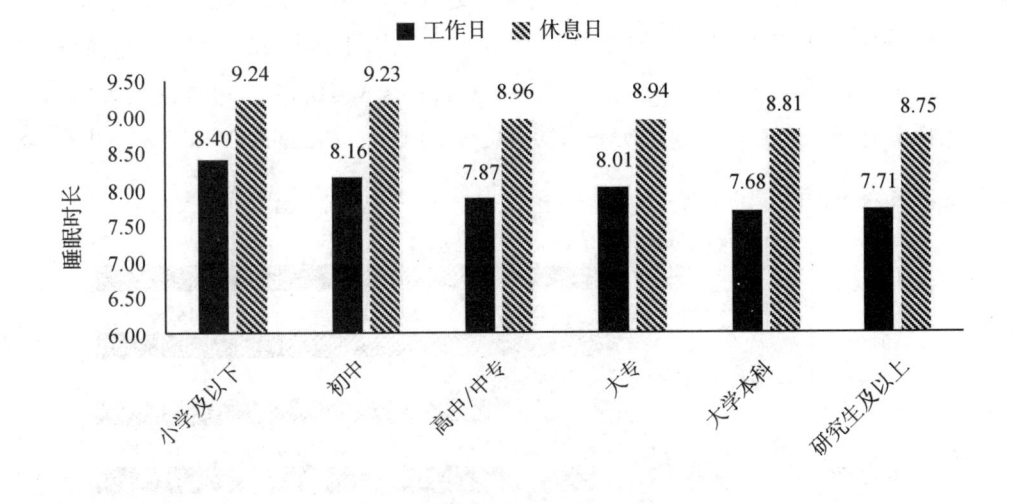

图 7-5　不同受教育程度居民的睡眠时长（单位：h）

在家庭特征方面，控制了年龄的条件下，在工作日，不同婚姻状况的差异不显著，$p > 0.05$。在休息日，未婚群体的睡眠时间更长：$F(3,4382) = 5.39$，$p = 0.001$，$\eta^2 < 0.01$。并且，只有在休息日时，无子女的居民（$n = 1412$，$M \pm SD = 9.18 \pm 1.38h$）比有子女的居民（$n = 3017$，$M \pm SD = 8.84 \pm 1.42h$）睡眠时间更长：$F(1,4426) = 26.09$，$p < 0.001$，$\eta^2 = 0.01$。在工作日的睡眠时长的差异不显著，$p > 0.05$。

在城乡差异方面，农村户口的居民（工作日：$n = 1704$，$M \pm SD = 8.10 \pm 1.23h$；休息日：$n = 1726$，$M \pm SD = 9.18 \pm 1.44h$）比城镇户口的居民（工作日：$n = 2707$，$M \pm SD = 7.77 \pm 1.18h$；休息日：$n = 2727$，$M \pm SD = 8.80 \pm 1.38h$）睡眠时间更长，工作日：$t(4409) = -9.00$，$p < 0.001$，Cohen's $d = 0.28$；休息日：$t(4451) = -8.95$，$p < 0.001$，

Cohen's $d = 0.27$。

3.1.2 锻炼状况

总体而言，此次调查中的中国居民的每日平均锻炼时间为40.55分钟，$SD = 33.47$。在锻炼强度方面，受调查的居民多数认为自身的锻炼强度为中等（占比45.18%）和较低（占比43.13%），极少数居民锻炼强度为剧烈（占比2.23%），少数居民平时不进行锻炼（占比9.46%），这说明多数居民能够根据自身的情况选择较为适当的运动强度。

在个体特征方面，男性锻炼活动进行得更频繁一些：$\chi^2 (4, N = 4638) = 43.83$，$p < 0.001$，Cramer's $V = 0.10$。同时，年龄的差异显著，30~39岁居民的锻炼频率最低，在此基准之上呈"U型"分布，居民的年龄增大或减小，锻炼都变得更频繁。如图7-6所示，60岁以上的居民锻炼频率最高：$\chi^2 (20, N = 4612) = 169.48$，$p < 0.001$，Cramer's $V = 0.10$。如图7-7所示，研究生及以上的居民更倾向于至少三天进行一次锻炼，初中至大学本科的居民倾向于至少一周锻炼一次，小学及以下的居民每次锻炼间隔一个月以上：$\chi^2 (20, N = 4612) = 169.48$，$p < 0.001$，Cramer's $V = 0.09$。同时，主观低阶层的居民锻炼频率更低：$\chi^2 (16, N = 4602) = 129.41$，$p < 0.001$，Cramer's $V = 0.08$（见图7-8）。

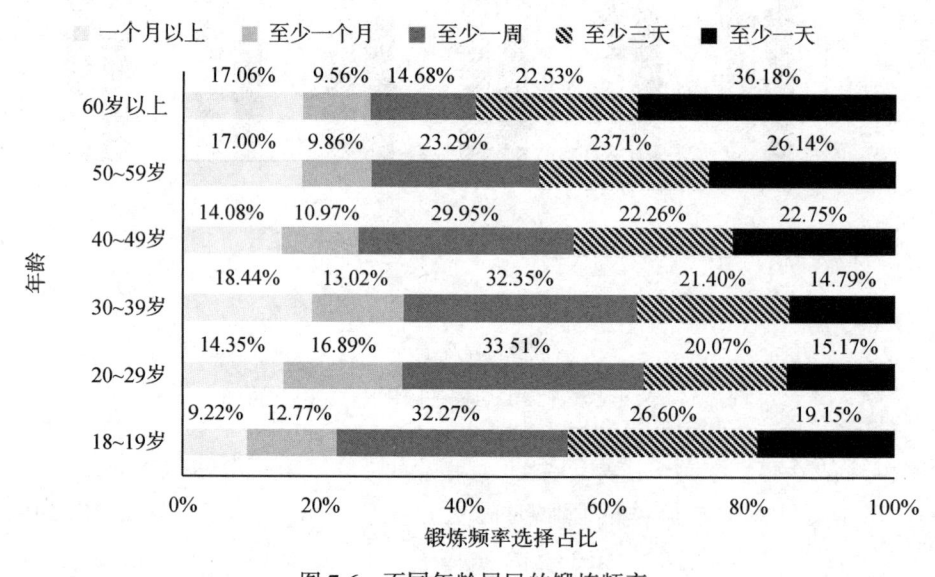

图7-6 不同年龄居民的锻炼频率

在家庭特征方面，丧偶的居民锻炼频率最高，未婚和已婚的居民群体更倾向于至少一周进行一次锻炼：$\chi^2 (12, N = 4519) = 50.31$，$p < 0.001$，Cramer's $V = 0.06$。有子女的居民愿意更频繁地进行锻炼：$\chi^2 (4, N = 4635) = 46.32$，$p < 0.001$，Cramer's $V = 0.10$。在城乡差异方面，城镇户口的居民锻炼频率更高：$\chi^2 (4, N = 4632) = 51.51$，$p < 0.001$，Cramer's $V = 0.11$。

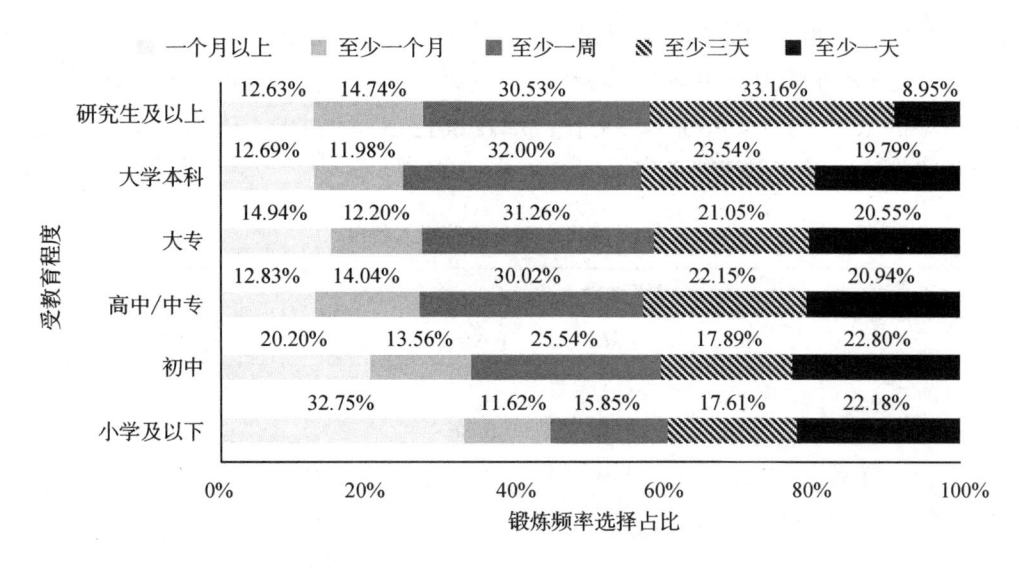

图 7-7　不同受教育程度居民的锻炼频率

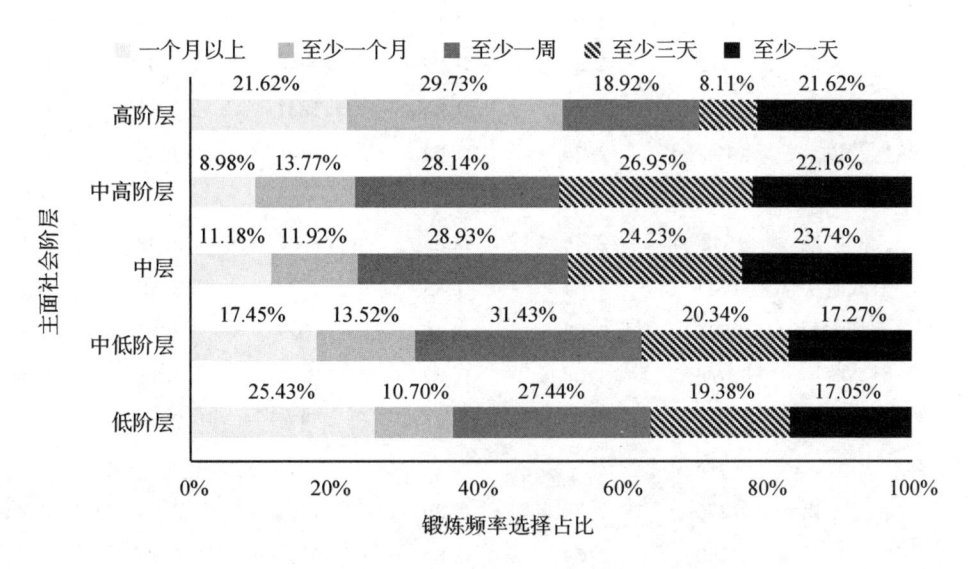

图 7-8　不同主观社会阶层居民的锻炼频率

3.1.3　饮食状况

(1) 水果和蔬菜摄入状况

本次调查居民每日水果和蔬菜的摄入量如图7-9所示，基本符合正态分布的情况。在个体特征方面，如表7-4所示，女性比男性摄入更多的水果：$t(4328.63)=-7.76$，$p<0.001$，Cohen's $d=0.23$，同时也摄入更多的蔬菜：$t(4400.20)=-3.87$，$p<0.001$，Cohen's $d=0.11$。年龄越大的居民每日摄入的水果越少：$F(5,4621)=5.38$，$p<0.001$，$\eta^2<0.01$，但摄入的蔬菜越多：$F(5,4622)=12.55$，$p<0.001$，$\eta^2=0.01$（见图7-10）。

同时，受教育程度越高的居民，每日摄入的蔬菜越少：$F(5,4650)=13.59$，$p<0.001$，$\eta^2=0.01$，摄入的水果差异不显著：$p>0.05$。此外，主观社会阶层的差异显著，中高阶层摄入最多的水果：$F(4,4612)=33.10$，$p<0.001$，$\eta^2=0.03$，中层摄入最多的蔬菜：$F(5,4650)=5.94$，$p<0.001$，$\eta^2<0.01$。

表7-4 居民水果和蔬菜摄入状况

人口统计学变量	水果摄入 n	M	SD	蔬菜摄入 n	M	SD
性别						
男性	2010	2.60	0.86	2009	3.06	0.80
女性	2643	2.80	0.86	2645	3.15	0.83
受教育程度						
小学及以下	287	2.69	1.01	285	3.41	0.87
初中	696	2.67	0.89	697	3.23	0.85
高中/中专	830	2.68	0.83	830	3.10	0.81
大专	802	2.69	0.85	804	3.04	0.81
大学本科	1850	2.76	0.85	1851	3.07	0.80
研究生及以上	190	2.75	0.94	189	3.02	0.82
主观社会阶层						
低阶层	648	2.46	0.85	648	2.99	0.84
中低阶层	1737	2.64	0.83	1737	3.10	0.80
中层	2026	2.83	0.86	2027	3.16	0.82
中高阶层	169	3.04	0.92	169	3.11	0.80
高阶层	37	2.73	1.22	37	2.84	1.17
婚姻状况						
未婚	1276	2.78	0.89	1277	2.98	0.84
已婚	3130	2.69	0.85	3130	3.16	0.80
离异	102	2.59	0.97	102	3.05	0.86
丧偶	69	2.54	0.87	69	3.36	0.77
有无子女						
无子女	1465	2.78	0.89	1466	2.98	0.83
有子女	3157	2.69	0.85	3157	3.17	0.81
城乡差异						
城镇户口	2864	2.74	0.86	2864	3.09	0.81
农村户口	1783	2.68	0.88	1784	3.15	0.83

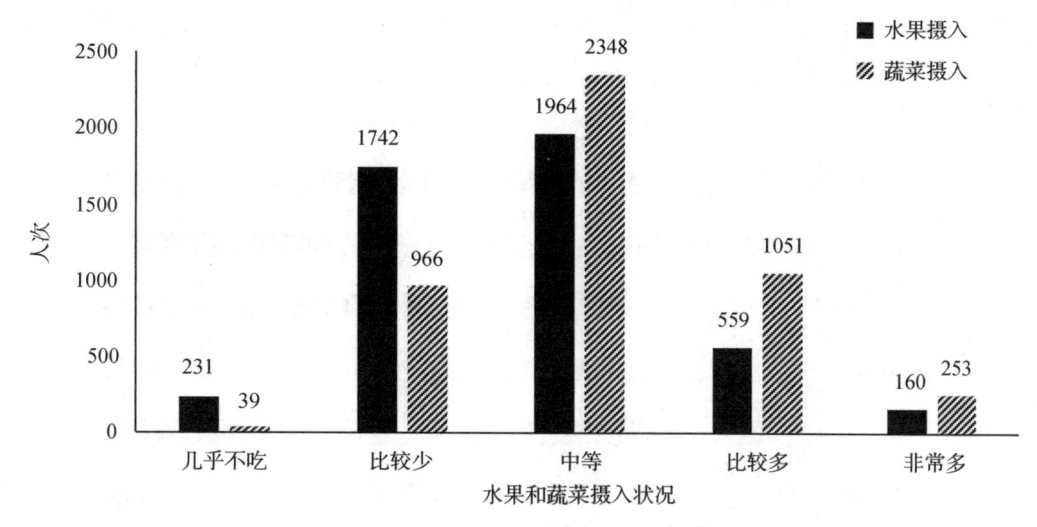

图 7-9 居民每日水果和蔬菜摄入量人次分布

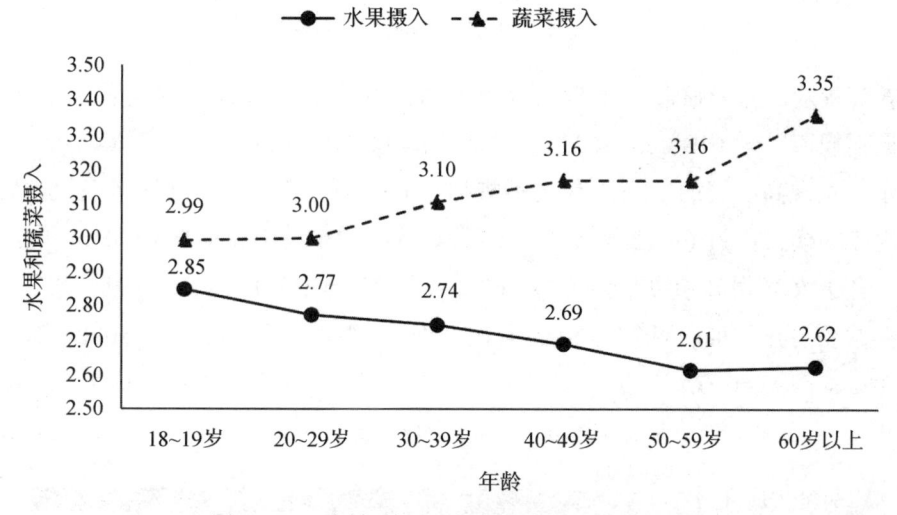

图 7-10 不同年龄居民的每日水果和蔬菜摄入

在家庭特征方面，控制年龄的条件下，不同婚姻状况的居民摄入的水果和蔬菜的差异不显著，$ps>0.05$。有子女的居民摄入更多的蔬菜：$F(1,4620)=9.88$，$p=0.002$，$\eta^2<0.01$，摄入的水果差异不显著，$p>0.05$。城乡差异方面，城镇居民摄入更多的水果：$t(4645)=2.45$，$p=0.01$，Cohen's $d=0.07$，农村居民摄入更多的蔬菜：$t(3724.84)=-2.28$，$p=0.02$，Cohen's $d=0.07$。

（2）饮食规律

在饮食规律方面，共 4623 人进行了自我报告。2745 人认为自己的一日三餐规律程度为一般（占比 59.38%），1254 人认为自己的一日三餐非常规律（占比 27.13%），624 人报告不太规律（占比 13.50%）。在个体特征方面，女性居民的饮食更规律：

χ^2 (2, N=4620)= 12.45，p=0.002，Cramer's V=0.05。年龄越大的居民饮食更加规律：χ^2 (10, N=4595)= 132.19，p<0.001，Cramer's V=0.12，见图 7-11。

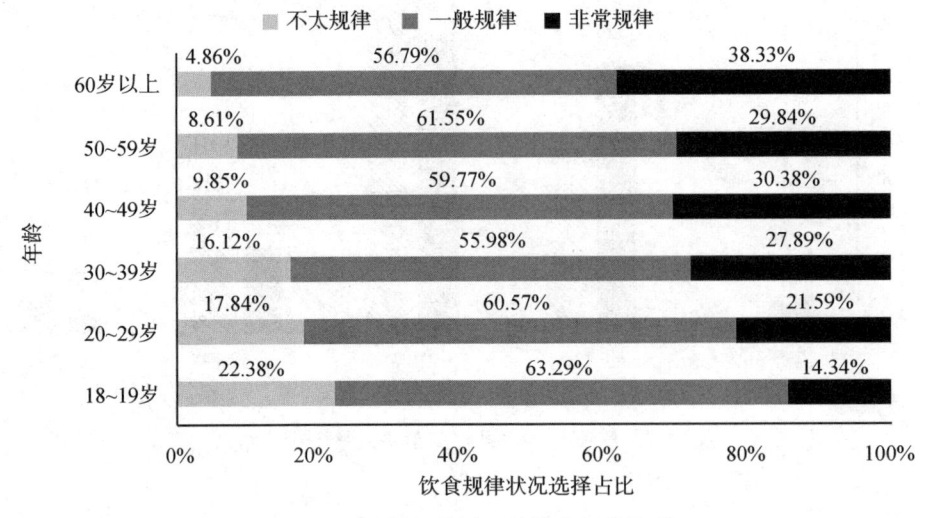

图 7-11 不同年龄居民的饮食规律状况

年龄	不太规律	一般规律	非常规律
60岁以上	4.86%	56.79%	38.33%
50~59岁	8.61%	61.55%	29.84%
40~49岁	9.85%	59.77%	30.38%
30~39岁	16.12%	55.98%	27.89%
20~29岁	17.84%	60.57%	21.59%
18~19岁	22.38%	63.29%	14.34%

受教育程度的差异显著，小学及以下的居民饮食最规律，研究生及以上学历的居民饮食最不规律：χ^2 (10, N=4622)= 30.11，p=0.001，Cramer's V=0.06。另外，如图 7-12 所示，主观高阶层的居民饮食最不规律，其他阶层则表现出感知阶层越高的居民饮食越规律的模式：χ^2 (8, N=4585)= 57.24，p<0.001，Cramer's V=0.08。在家庭特征方面，有子女居民饮食更规律：χ^2 (2, N=4617)= 99.03，p<0.001，Cramer's V=0.15。在城乡差异方面，城镇户口的居民饮食更规律：χ^2 (1, N=4614)= 21.22，p<0.001，Cramer's V=0.07。

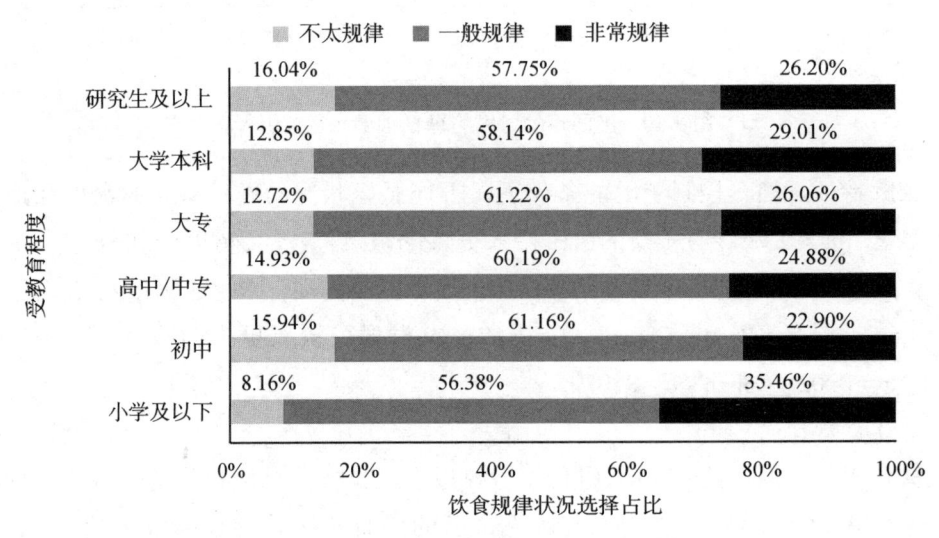

图 7-12 不同受教育程度居民的饮食规律状况

受教育程度	不太规律	一般规律	非常规律
研究生及以上	16.04%	57.75%	26.20%
大学本科	12.85%	58.14%	29.01%
大专	12.72%	61.22%	26.06%
高中/中专	14.93%	60.19%	24.88%
初中	15.94%	61.16%	22.90%
小学及以下	8.16%	56.38%	35.46%

3.1.4 社交媒体使用状况

(1) 智能手机的主要用途

本研究采用多选题的方式询问居民智能手机的主要使用用途。结果如图 7-13 所示，受调查的居民表示社交媒体使用（如微博、微信、QQ 等）、工作或学习（选择比重）、娱乐休闲（游戏、观看视频或短视频、音乐、拍照或拍视频、直播等）是智能手机最主要的用途。排名靠后的是通信（电话、短信、邮件、在线聊天等）、网络购物和查看新闻、天气、股票等实时信息。

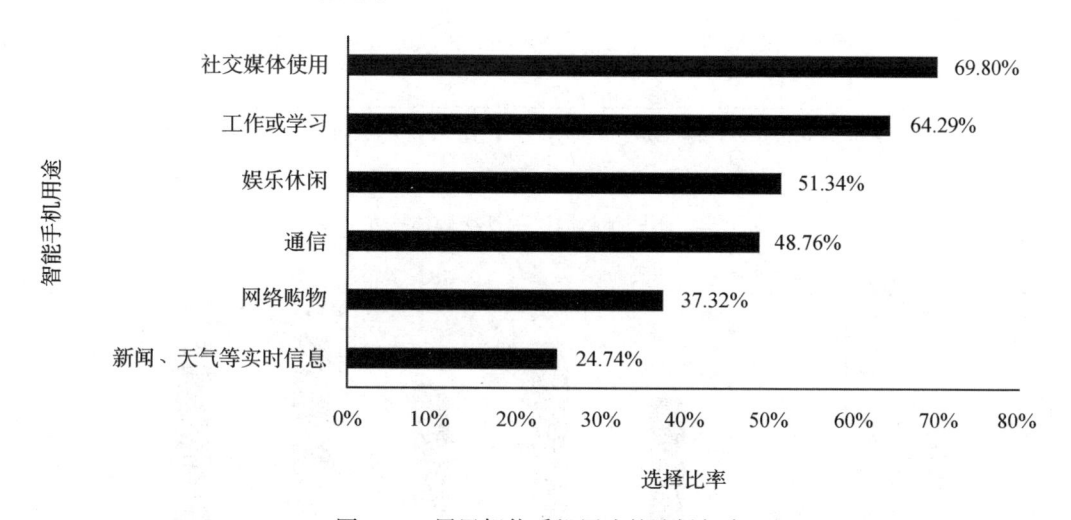

图 7-13 居民智能手机用途的选择频次

(2) 社交媒体倦怠

共 4628 名居民报告了社交媒体倦怠水平，平均倦怠水平为 $M=3.08$，$SD=1.04$，略超过了 3 的理论中值，说明频繁使用社交媒体普遍为居民们带来了一些精神负担和情绪困扰。在个体特征方面，性别差异不显著（$p>0.05$）。在年龄上存在显著差异，年龄越小的居民社交媒体倦怠水平越高：$F(5,4593)=18.30$，$p<0.001$，$\eta^2<0.01$。如图 7-14 所示，18~19 岁居民的倦怠水平最高，平均达到 3.45。这可能是由于年轻人是社交媒体的主要用户群体，他们花更长的时间使用社交媒体，因而更可能出现倦怠的现象。

同时，如图 7-15 所示，大学本科、高中/中专和研究生及以上居民的倦怠程度最高，小学及以下的居民倦怠程度最低：$F(5,4621)=9.81$，$p<0.001$，$\eta^2<0.01$。并且，主观社会阶层的差异显著，主观高阶层（$n=36$，$M=3.70$，$SD=1.10$）和中高阶层的居民社交媒体倦怠水平（$n=168$，$M=3.19$，$SD=1.10$）显著高于其他阶层：$F(4,4583)=3.98$，$p=0.003$，$\eta^2<0.01$。中层（$n=2012$，$M=3.06$，$SD=1.03$），中低阶层（$n=1726$，$M=3.08$，$SD=1.01$）和低阶层（$n=646$，$M=3.09$，$SD=1.13$）居民的倦怠水平相近。在家庭特征方面，在控制了年龄的条件下，不同婚姻状况和有无子女的差异不显著，城乡差异也不显著，$ps>0.05$。

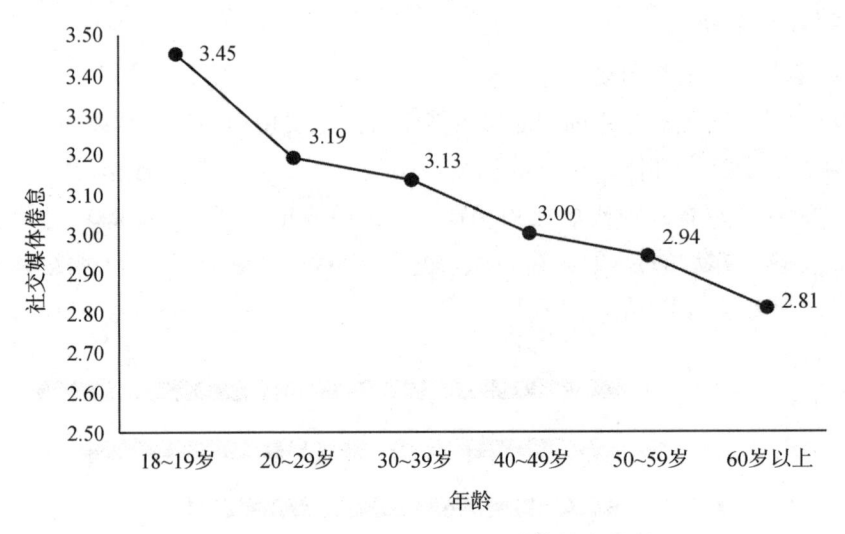

图 7-14 不同年龄居民的社交媒体倦怠状况

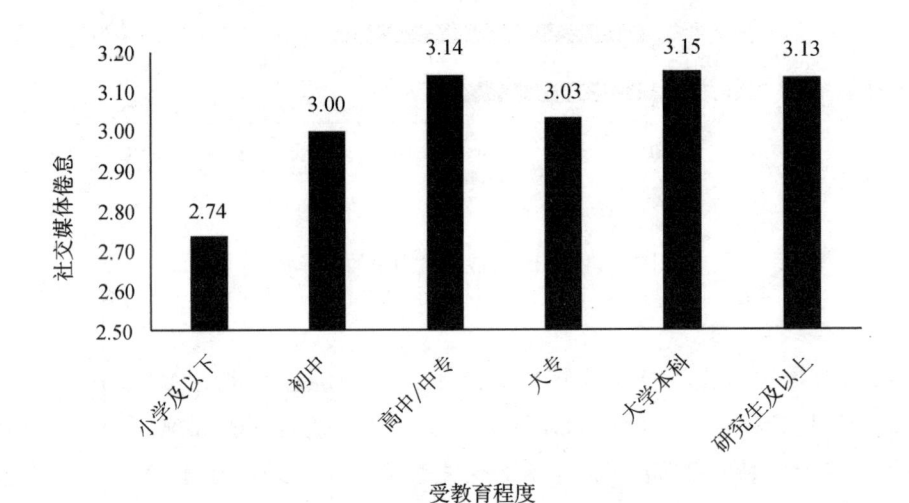

图 7-15 不同受教育程度居民的社交媒体倦怠状况

(3) 社交媒体自我表露

共 4645 名居民报告了社交媒体自我表露水平。调查结果表明，居民社交媒体自我表露的平均水平 $M=3.02$，$SD=1.20$，略超过了 3 的理论中值。说明整体而言居民们在使用社交媒体时有不少表达心声、维护自我形象和维持关系的行为表现。

在个体特征方面，与女性居民相比（$n=2636$，$M=2.98$，$SD=1.19$），男性居民的社交媒体自我表露（$n=2006$，$M=3.06$，$SD=1.21$）更多：$t(4640)=2.15$，$p=0.03$，Cohen's $d=0.06$。年龄的差异不显著，$p>0.05$。受教育程度的差异显著，如图 7-16 所示，高中/中专的居民最愿意在社交媒体中进行自我表露：$F(5,4638)=6.77$，$p<0.001$，$\eta^2<0.01$。

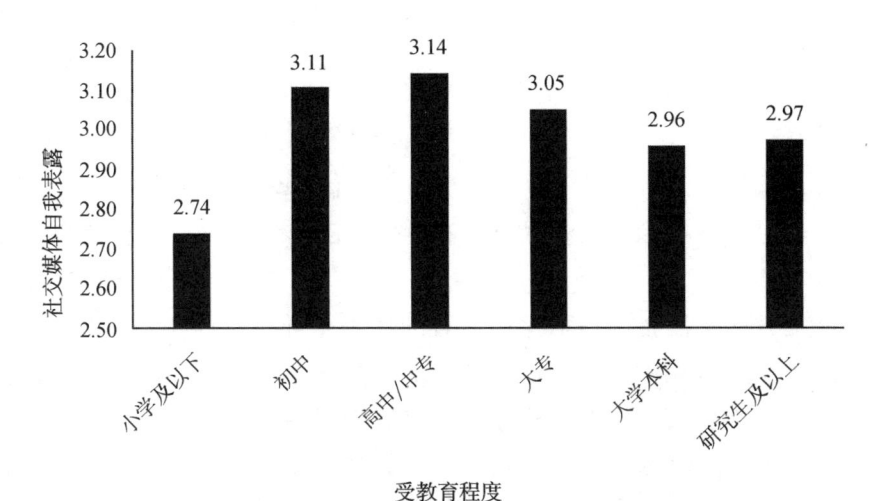

图 7-16 不同受教育程度居民的社交媒体自我表露状况

如图 7-17 所示，高阶层的居民最愿意在社交媒体中进行自我表露：$F(4,4600)=10.66$，$p<0.001$，$\eta^2=0.01$。在家庭特征方面，控制年龄的条件下，无子女的居民（$n=1461$，$M=2.99$，$SD=1.15$）比有子女的居民（$n=3150$，$M=3.03$，$SD=1.22$）社交媒体自我表露更少：$F(1,4608)=8.73$，$p=0.003$，$\eta^2<0.01$。不同婚姻状况居民的社交媒体自我表露差异和城乡差异均不显著，$ps>0.05$。

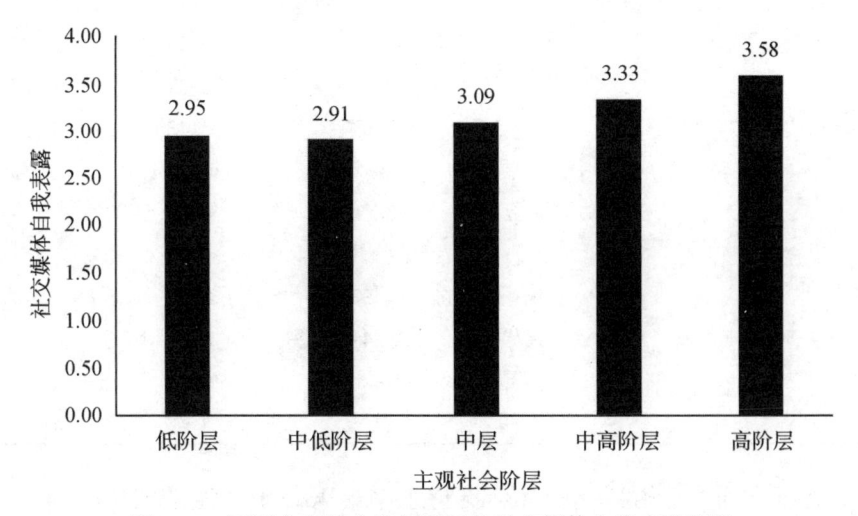

图 7-17 不同主观社会阶层居民的社交媒体自我表露状况

此外，统计分析的结果也表明社交媒体倦怠和社交媒体自我表露之间相关显著：$r=0.26$，$p<0.001$，说明倦怠和自我表露可能呈现一种共同增长的关系，人们使用社交媒体进行社交和网络生活，不断地向他人进行自我展示，同时也体验到频繁地参与社交互动所带来的疲劳感。

3.2 健康支持系统

3.2.1 社会支持

社会支持改编自社会支持评定量表（肖水源，杨德森，1994）中的两道题目，两道题相加的总分被视为社会支持的水平。共4610名被试报告了客观社会支持（$M = 6.35$, $SD = 1.67$）。

在个体特征方面，社会支持不存在显著的性别差异（$p > 0.05$）。在年龄差异上，如图7-18所示，随着年龄的增长，社会支持水平整体上呈现倒U型的发展趋势，40~49岁居民报告的客观社会支持水平最高，20~29岁居民报告的客观社会支持水平最低：$F(5,4575) = 53.01$, $p < 0.001$, $\eta^2 = 0.05$。在受教育程度的差异上，如图7-19所示，大专居民报告的社会支持水平最高，研究生及以上的居民报告了最低水平的社会支持：$F(5,4603) = 5.55$, $p < 0.001$, $\eta^2 < 0.01$。在主观社会阶层的差异上，如表7-5所示，主观中高阶层的居民报告的社会支持水平最高，主观低阶层和高阶层的居民均报告了较低水平的社会支持：$F(4,4568) = 8.10$, $p < 0.001$, $\eta^2 < 0.01$。

表7-5 不同主观社会阶层和婚姻状况居民的社会支持

人口统计学变量		n	M	SD
主观社会阶层	低阶层	641	6.03	1.77
	中低阶层	1718	6.37	1.64
	中层	2010	6.43	1.62
	中高阶层	168	6.53	1.81
	高阶层	36	6.00	2.16
婚姻状况	未婚	1263	5.59	1.55
	已婚	3124	6.69	1.59
	离异	101	5.93	1.68
	丧偶	72	5.72	2.06

在家庭特征方面，已婚群体的社会支持水平显著高于其他婚姻状况的居民，离异群体次之，未婚和丧偶居民的社会支持水平较低：$F(3,4556) = 152.62$, $p < 0.001$, $\eta^2 = 0.09$。同时，有子女的居民的社会支持水平（$n = 3155$, $M = 6.65$, $SD = 1.61$）显著高于无子女的居民（$n = 1449$, $M = 5.70$, $SD = 1.61$）：$t(4602) = 18.66$, $p < 0.001$, Cohen's $d = 0.59$。在城乡差异方面，城镇居民的社会支持水平（$n = 2831$, $M = 6.47$, $SD = 1.70$）显著高于农村居民（$n = 1770$, $M = 6.16$, $SD = 1.59$）：$t(3956.99) = 6.04$, $p < 0.001$, Cohen's $d = 0.18$。

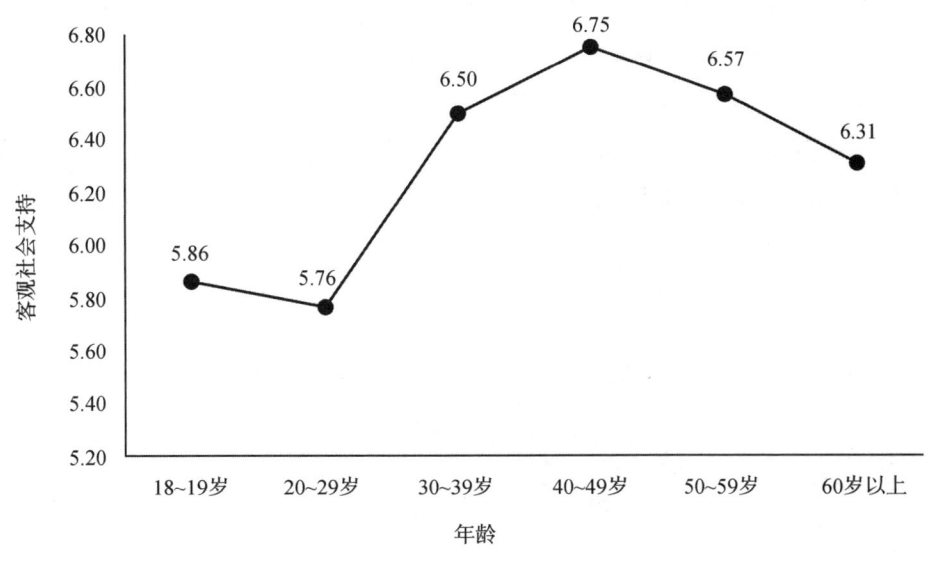

图 7-18　不同年龄居民的社会支持

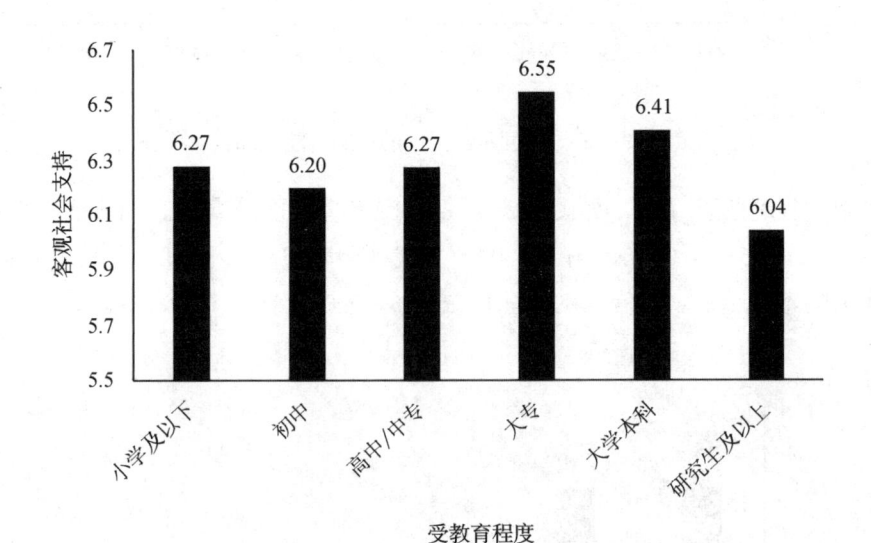

图 7-19　不同受教育程度居民的社会支持

3.2.2 环境支持状况

(1) 疾病风险感知

共 4654 人报告了疾病风险感知，总体均分为 3.10 分，稍微超过了理论中值 3 分（一般担心），说明受调查居民的疾病风险感知程度较高。具体而言，323 人"非常担心"未来一年内生病（占比 6.94%），1077 人"比较担心"未来一年内生病（占比 23.14%），接近三成的居民"一般担心"（1558 人，占比 33.48%），1193 人（25.63%）"比较不担心"未来一年内生病，503 人"非常不担心"未来一年内生病（占比 10.81%）。

在个体特征方面，女性居民的疾病风险感知（$n=2642$，$M=2.94$，$SD=1.08$）显著高于男性居民（$n=2009$，$M=2.84$，$SD=1.10$）：$t(4268.28)=-3.15$，$p=0.002$，Cohen's $d=0.09$。同时，年龄的差异显著。如图7-20所示，20~29岁的居民疾病风险感知显著低于其他年龄段的居民，60岁以上的居民有最强烈的疾病风险感知：$F(5,4619)=10.96$，$p<0.001$，$\eta^2=0.01$。

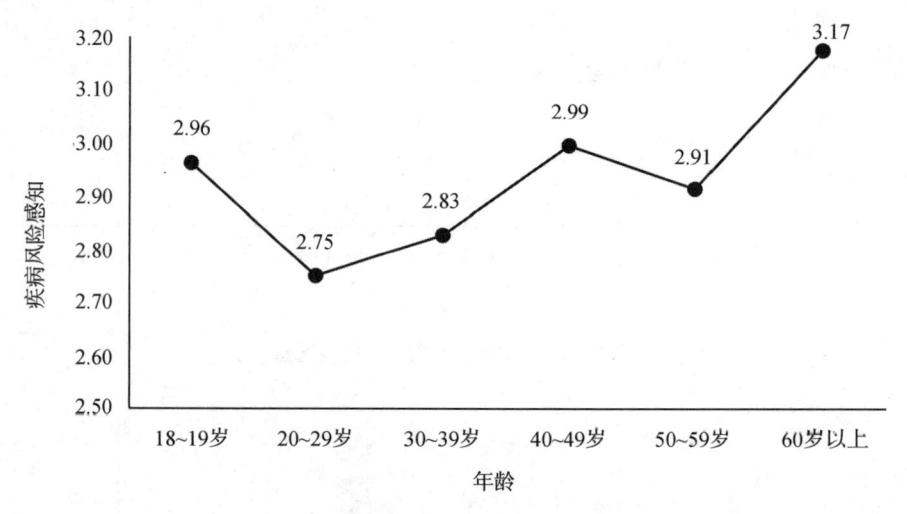

图7-20 不同年龄居民的疾病风险感知

在受教育程度的差异上，如图7-21所示，受教育程度越高，感知疾病风险就越小：$F(5,4647)=14.85$，$p<0.001$，$\eta^2=0.02$。主观社会阶层差异显著，居民的主观阶层越高，疾病风险感知越低：$F(4,4609)=11.23$，$p<0.001$，$\eta^2=0.09$。具体而言，低阶层

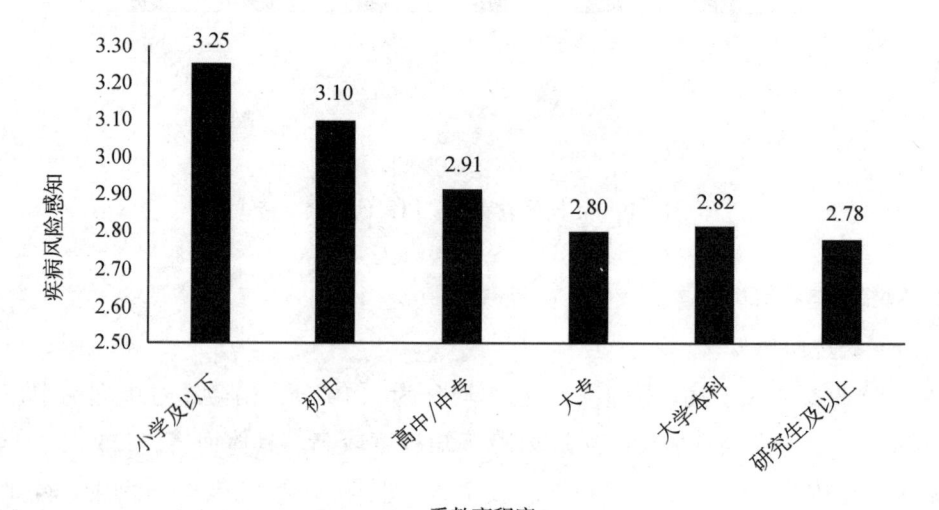

图7-21 不同受教育程度居民的疾病风险感知

($n=648$, $M=3.11$, $SD=1.18$) 的居民最担心未来一年内生病，疾病风险感知显著高于中低阶层（$n=1737$, $M=2.94$, $SD=1.07$），中层（$n=2024$, $M=2.81$, $SD=1.07$），中高阶层（$n=168$, $M=2.75$, $SD=1.08$）和高阶层（$n=37$, $M=2.59$, $SD=1.14$）。高阶层的居民疾病风险感知较低。控制年龄的条件下，不同婚姻状况和有无子女的差异均不显著，并且城乡差异也不显著，$ps>0.05$。

（2）环境健康支持

从看病是否方便、是否有急救包以及是否购买医疗保险三个方面测量居民获得环境健康支持的情况，一项肯定回答得 1 分，否定回答不计分，满分为 3 分。共 4582 名被试报告了环境健康支持，$M=2.18$, $SD=0.78$。在个体特征方面，女性居民报告的环境健康支持（$n=2605$, $M=2.21$, $SD=0.75$）显著高于男性居民（$n=1974$, $M=2.18$, $SD=0.82$）：$t(4047.08)=-2.02$, $p=0.04$, Cohen's $d=0.06$。年龄的差异显著，如图 7-22 所示，随着年龄的增长，居民感知环境健康支持越少：$F(5,4550)=13.06$, $p<0.001$, $\eta^2=0.01$。

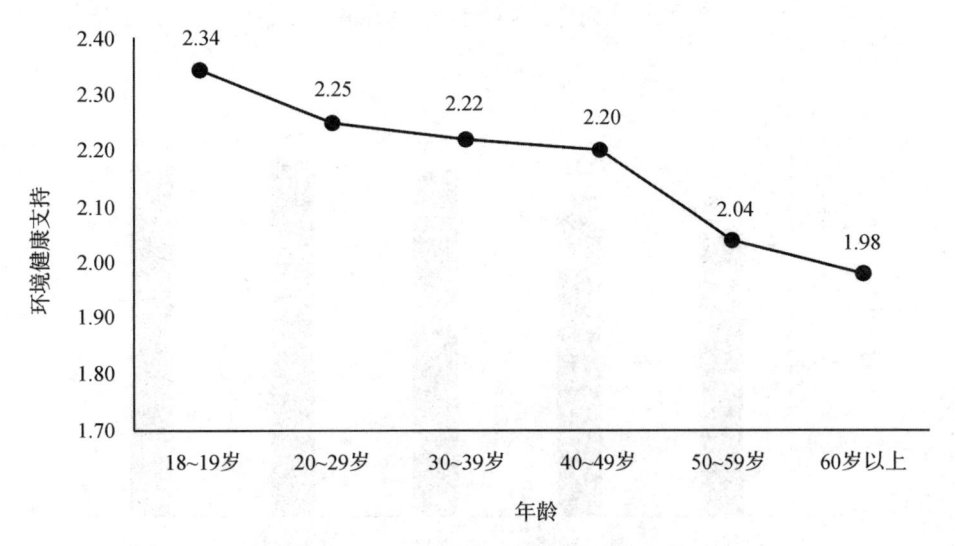

图 7-22 不同年龄居民的环境健康支持

如图 7-23 所示，受教育程度的差异显著，受教育程度越高，感知的环境支持越高：$F(5,4575)=19.39$, $p<0.001$, $\eta^2=0.02$。主观社会阶层的差异显著，大致呈现出主观阶层越高，居民的环境健康支持水平越高的趋势：$F(4,4537)=40.30$, $p<0.001$, $\eta^2=0.01$。如图 7-24 所示，低阶层居民的环境健康支持显著低于其他主观阶层的居民。在家庭特征方面，在控制了年龄的条件下，不同婚姻状况和有无子女差异均不显著，$ps>0.05$。在城乡差异方面，农村户口的居民（$n=1758$, $M=3.89$, $SD=0.80$）比城镇户口的居民（$n=2816$, $M=3.76$, $SD=0.77$）感知到更多的环境健康支持：$t(3636.05)=-5.45$, $p<0.001$, Cohen's $d=0.16$。

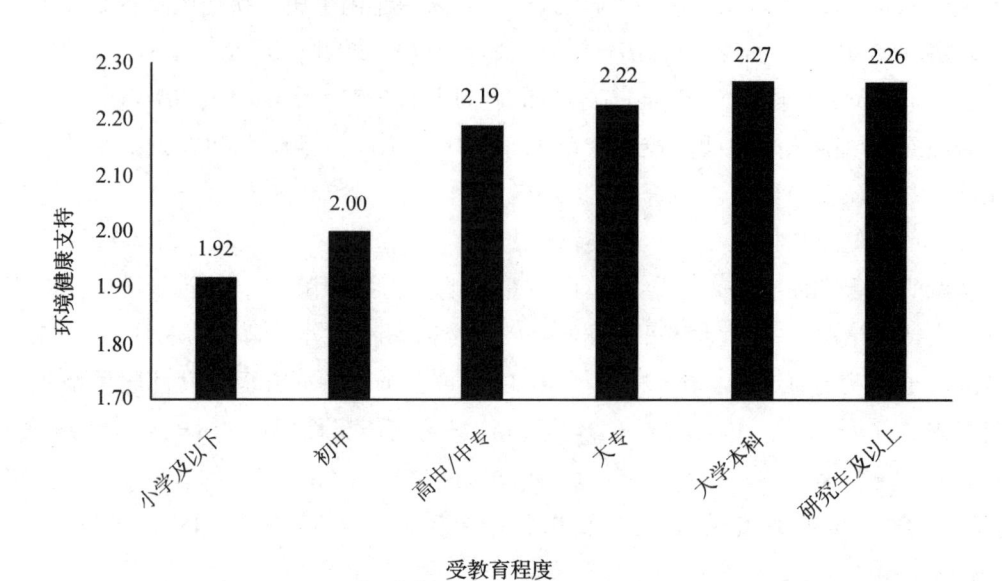

图 7-23　不同受教育程度居民的环境健康支持

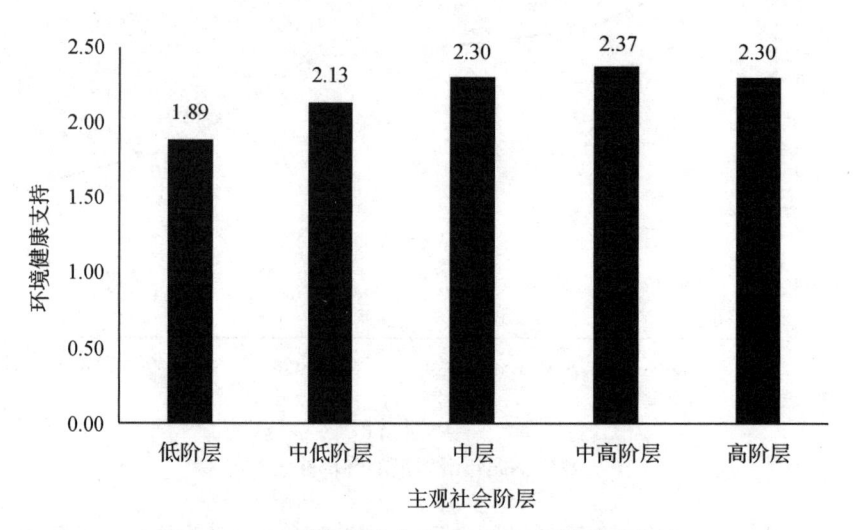

图 7-24　不同主观社会阶层居民的环境健康支持

3.3 健康状况

本研究采用自评健康测量了居民的总体健康状况。同时，从自我认知（核心自我评价、未来时间取向）、人生态度（生活感受、生活态度）、情绪状态（抑郁—焦虑—压力）和问题行为（社交回避、疼痛困扰）四个方面来调查新时代居民的心理健康状况。

3.3.1 自评总体健康状况

共 4661 人报告了自评健康状况，总体均分为 3.94 分，高于理论中值 3 分，说明居民的健康状况总体良好（见表 7-6、图 7-25）。其中，2238 人认为自己当前健康状况为"比较健康"（48.02%），1208 人认为自己"非常健康"（25.92%），981 人认为自己健康状况为"一般"（21.04%），199 人选择了"比较不健康"（4.27%），35 人选择了"非常不健康"（0.75%）。

表 7-6 居民的自评总体健康状况

人口统计学变量		n	M	SD	检验结果			
性别					t	df	p	Cohen's d
					1.67	(4656)	0.1	—
	男性	2011	3.96	0.87				
	女性	2647	3.92	0.82				
受教育程度					F	df	p	η^2
					7.77	(5, 4654)	<0.001	0.01
	小学及以下	287	3.69	0.97				
	初中	698	3.91	0.93				
	高中/中专	830	3.90	0.91				
	大专	804	3.99	0.81				
	大学本科	1851	3.98	0.75				
	研究生及以上	190	4.06	0.80				
主观社会阶层					F	df	p	η^2
					49.43	(4, 4416)	<0.001	0.04
	低阶层	650	3.66	1.00				
	中低阶层	1740	3.83	0.83				
	中层	2027	4.09	0.74				
	中高阶层	167	4.19	0.78				
	高阶层	37	4.49	0.93				
婚姻状况					F	df	p	η^2
					3.37	(3, 4579)	0.02	<0.01
	未婚	1284	4.07	0.80				
	已婚	3153	3.90	0.84				
	离异	102	3.75	0.92				
	丧偶	72	3.53	1.02				
有无子女					F	df	p	η^2
					9.72	(1, 4624)	0.02	0.03
	无子女	1469	4.05	0.82				
	有子女	3158	3.89	0.84				
城乡差异					t	df	p	Cohen's d
					2.21	(3563.5)	0.02	0.08
	城镇户口	2865	3.98	0.88				
	农村户口	1787	3.92	0.81				

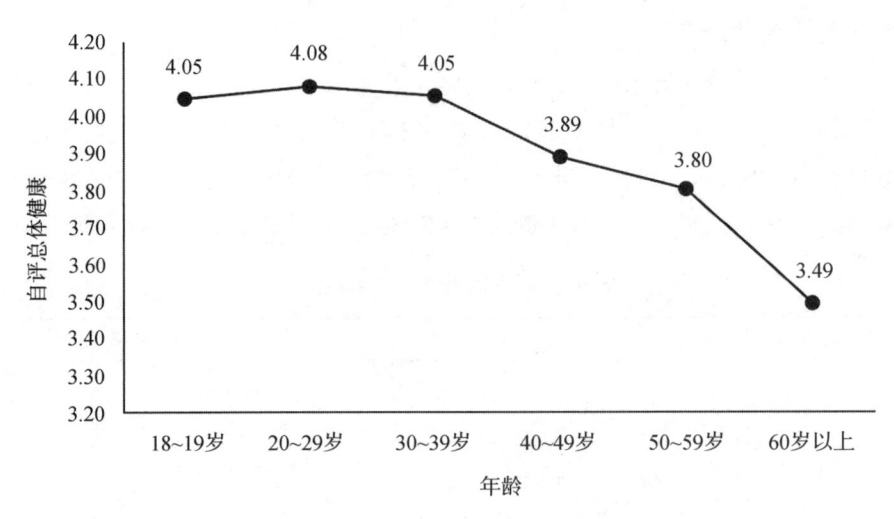

图 7-25　不同年龄居民的自评总体健康状况

3.3.2　心理健康状况

（1）自我认知

核心自我评价调查结果表明，在 4644 个样本中，居民的平均核心自我评价水平（$M=3.90$，$SD=0.81$）远超过 3 的理论中值，说明总体上居民对自我都持比较积极的态度。

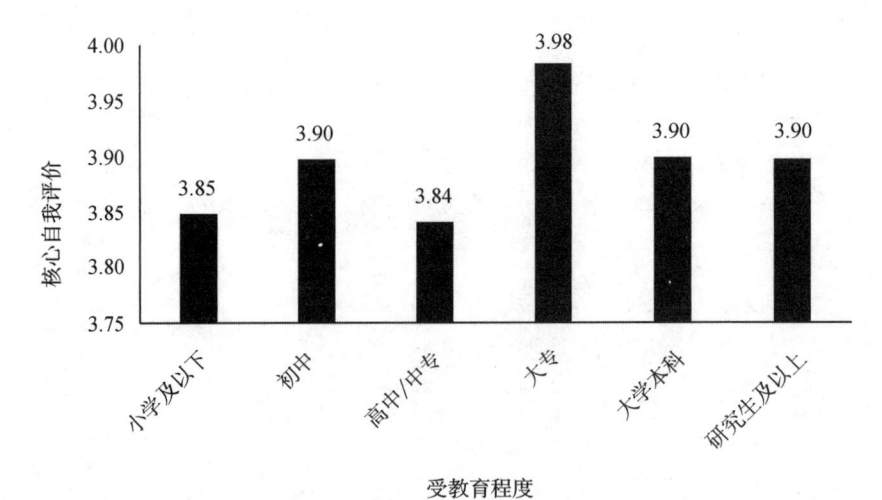

图 7-26　不同受教育程度居民的核心自我评价

在个体特征方面，核心自我评价的性别差异和年龄差异不显著，$ps>0.05$。但受教育程度的差异显著，受教育程度为大专的居民核心自我评价最高：$F(5,4637)=2.84$，$p=0.02$，$\eta^2<0.01$，见图 7-26。主观社会阶层的差异显著，高主观社会阶层居民的核心自我评价最高，主观社会阶层越低则越倾向于对自己的评价更消极：$F(4,4601)=$

30.41，$p<0.001$，$\eta^2=0.03$。如图 7-27 所示，但自我感知为低阶层的居民核心自我评价水平也达到 3.67，仍高于 3 的理论中值，说明受调查的居民普遍对自我持较高的评价。在家庭特征方面，有子女的居民在核心自我评价上（$n=3167$，$M=3.92$，$SD=0.80$）显著高于无子女的居民（$n=1471$，$M=3.86$，$SD=0.82$）；$t(2804.97)=2.08$，$p=0.04$，Cohen's $d=0.07$。婚姻状况和城乡差异不显著，$ps>0.05$。

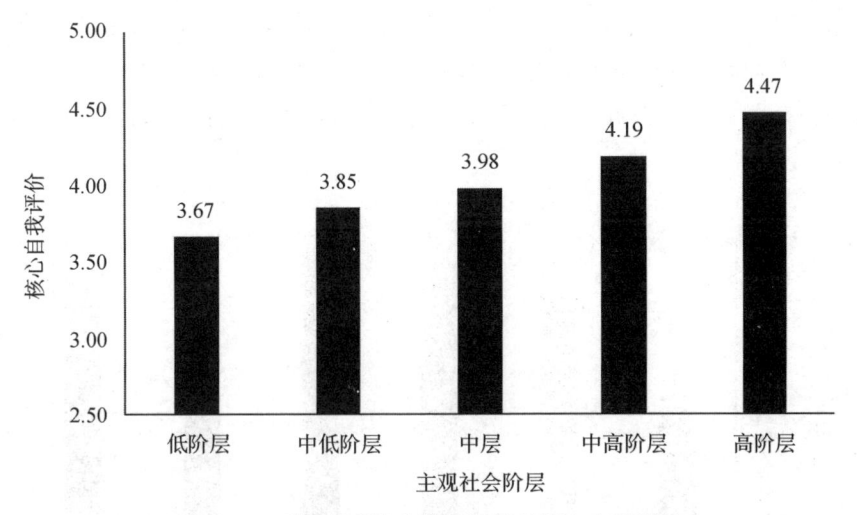

图 7-27 不同主观社会阶层居民的核心自我评价

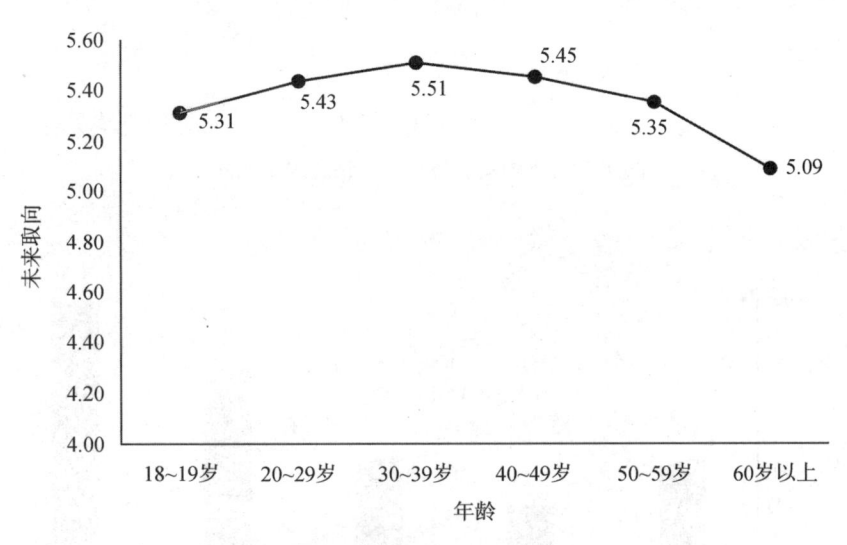

图 7-28 不同年龄居民的未来取向

未来取向的研究结果表明，4647 名居民的平均未来取向水平（$M=5.41$，$SD=1.40$）超过 4 的理论中值，说明居民们普遍都比较关注未来。在个体特征方面，未来取向的性别差异不显著，$p>0.05$。不同年龄的居民在未来取向上差异显著：$F(5,4615)=4.93$，$p<0.001$，$\eta^2=0.01$。如图 7-28 所示，随着年龄的增长，未来取向呈倒 U 型发展，

30~39岁的居民未来取向水平最高，60岁以上的居民未来取向水平最低。受教育程度的差异显著，总体而言，大专的居民表现出最高的未来取向水平，随着受教育程度变高和变低，居民的未来取向均变低，小学及以下的居民未来取向水平最低：$F(5,4643)=15.88$，$p<0.001$，$\eta^2=0.02$（见图7-29）。主观社会阶层的差异显著：$F(4,4605)=8.95$，$p<0.001$，$\eta^2=0.01$。如图7-30所示，总体上阶层越高未来取向水平越高，中低阶层的未来取向显著低于其他阶层。在家庭特征方面，婚姻状况和有无子女的差异不显著，$ps>0.05$。城镇户口的居民未来取向水平（$n=2859$，$M=5.47$，$SD=1.30$）显著高于农村户口的居民（$n=1782$，$M=5.32$，$SD=1.55$）：$t(3288.96)=3.49$，$p<0.001$，Cohen's $d=0.11$。

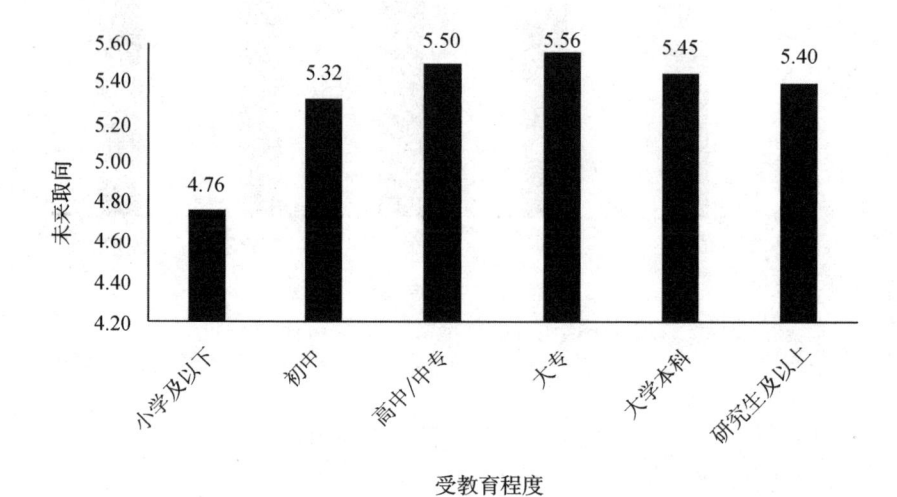

图7-29 不同受教育程度居民的未来取向

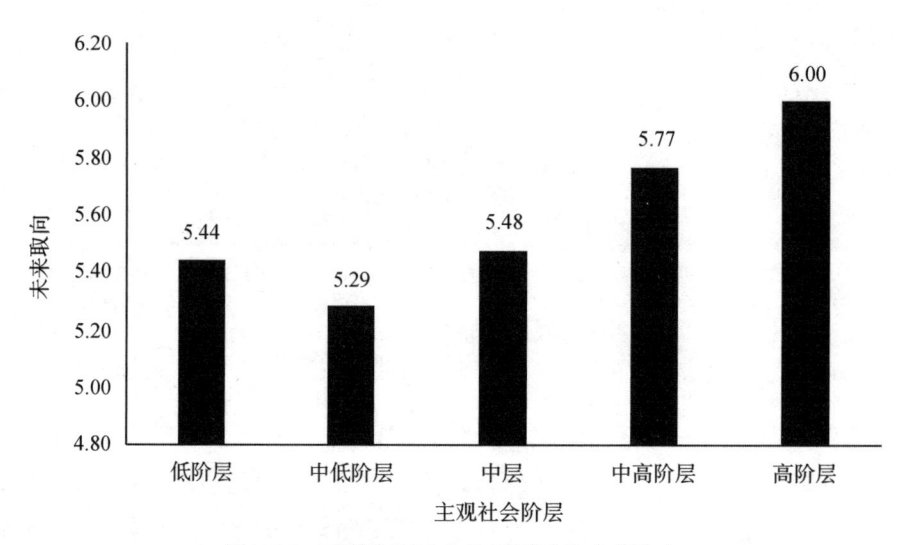

图7-30 不同主观社会阶层居民的未来取向

（2）人生态度

生活感受调查结果如表7-7所示，受调查居民的获得感、安全感、个人幸福感和互依幸福感都表现出较高的水平，平均分均高于4分，远超过3分的理论中值。这说明在当代中国居民具有较高的获得感、幸福感和安全感水平。

表 7-7 居民的生活感受描述统计

	N	M	SD
获得感	4657	4.03	0.91
个人幸福感	4640	4.01	0.86
互依幸福感	4642	4.08	0.84
安全感	4653	4.01	0.91

在个体特征方面，如图7-31所示，女性居民拥有更高的个人幸福感和互依幸福感：$t(4635) = -4.30$, $p < 0.001$, Cohen's $d = 0.13$；$t(4637) = -2.35$, $p = 0.02$, Cohen's $d = 0.07$，男性居民有更高的安全感：$t(4306.53) = 2.54$, $p = 0.01$, Cohen's $d = 0.08$。如图7-32所示，获得感 [$F(5,4622) = 6.88$, $p < 0.001$, $\eta^2 = 0.01$] 与安全感 [$F(5,4618) = 5.88$, $p < 0.001$, $\eta^2 = 0.01$] 的年龄差异显著，随着年龄的增长，获得感和安全感呈现先降后增的趋势，20~29岁有短暂的下降，从30岁开始增长，在60岁以上到达顶峰。个人幸福感与互依幸福感不存在显著的年龄差异，ps > 0.05。不同受教育程度的居民生活感受差异不显著，ps > 0.05。

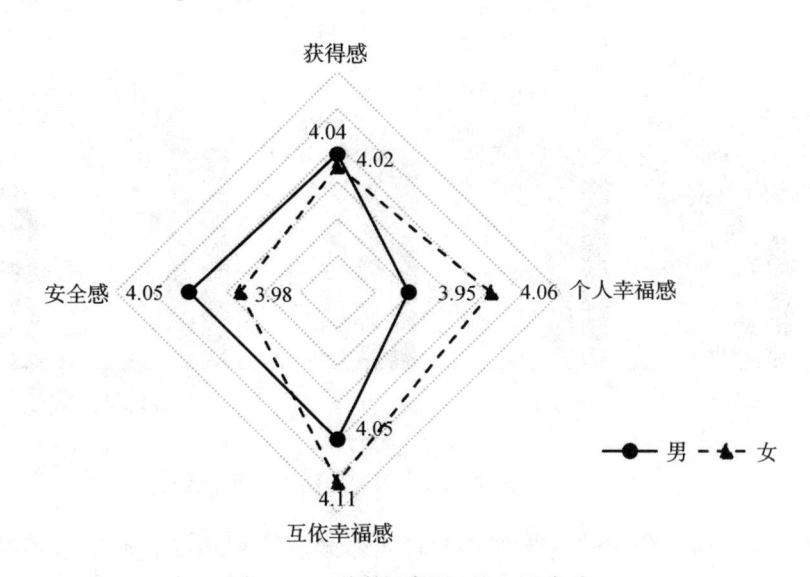

图 7-31 不同性别居民的生活感受

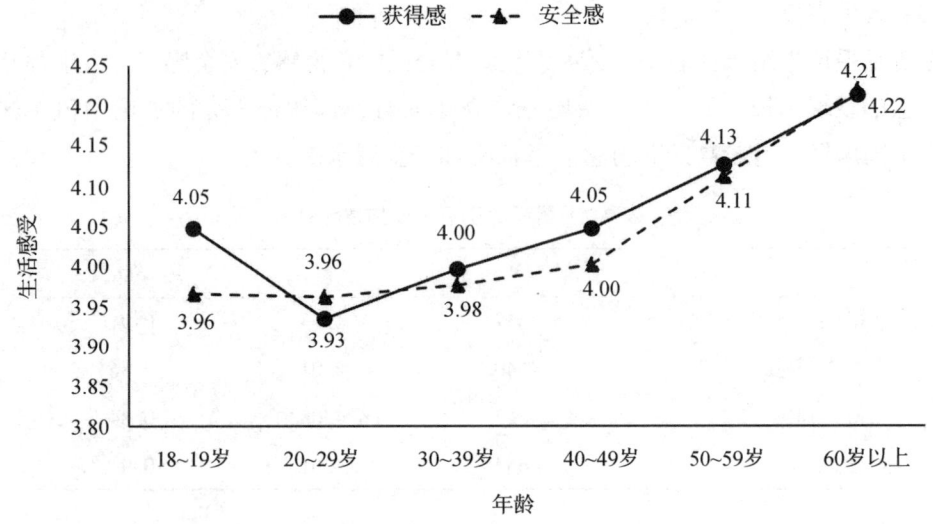

图 7-32 不同年龄居民的生活感受

不同主观社会阶层的生活感受差异显著。如图 7-33 所示，主观社会低阶层和高阶层的获得感显著低于其他阶层：$F(4,4612)=6.54, p<0.001, \eta^2<0.01$。阶层越高个人幸福感越高：$F(4,4597)=15.70, p<0.001, \eta^2=0.01$，互依幸福感也越高：$F(4,4599)=5.62, p<0.001, \eta^2<0.01$；此外，低阶层的安全感则显著低于其他阶层：$F(4,4608)=6.50, p<0.001, \eta^2<0.01$。

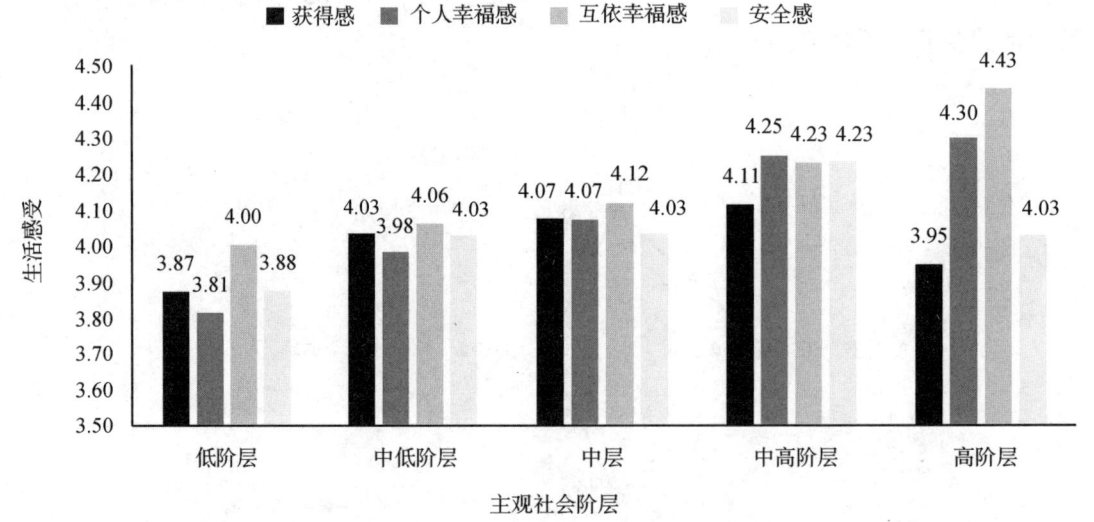

图 7-33 不同主观社会阶层居民的生活感受

在家庭特征方面，在控制了年龄的条件下，不同婚姻状况的居民生活感受差异不显著，$ps>0.05$。有子女的居民与无子女居民的生活感受也具有显著性差异。如图 7-34 所示，有子女的居民获得感 [$t(4649)=3.80, p<0.001$, Cohen's $d=0.12$] 和安全感 [$t(4645)=3.24, p<0.001$, Cohen's $d=0.10$] 都显著更强，但在个人幸福感和互依幸

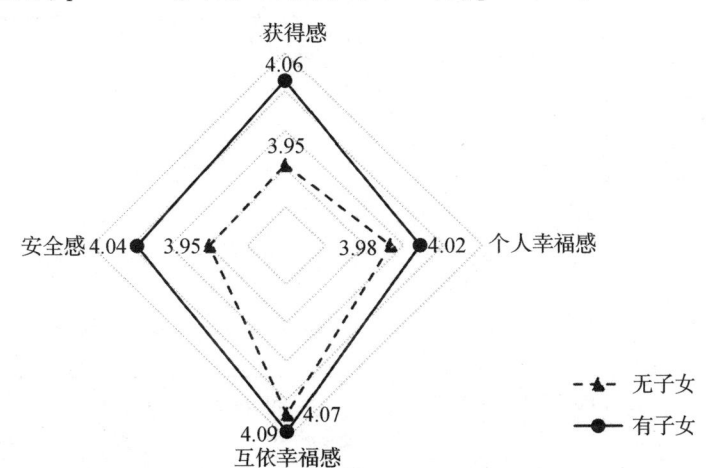

福感上差异不显著,ps>0.05。城乡的差异均不显著,p>0.05。

图 7-34　有无子女居民的生活感受

生活态度调查结果如表 7-8 所示,居民的生命意义感和奋斗观均分普遍较高,均远超过了 4 分的理论中值。生命意义感和奋斗观之间的相关系数 $r=0.56$, $p<0.001$。这说明,具有较高的奋斗观将会帮助个体确立生命意义感,而且良好的生命意义感能够促进个体的奋斗。

在个体特征方面,女性居民($n=2002$, $M=5.89$, $SD=1.13$)比男性居民($n=2640$, $M=5.99$, $SD=1.09$)的奋斗观要更强烈:$t(4640)=-3.14$, $p=0.002$, Cohen's $d=0.09$。并且,奋斗观随年龄的增加呈现先降低后增长的趋势:$F(5,4611)=11.50$, $p<0.001$, $\eta^2=0.01$。

如图 7-35 所示,20~29 岁的居民奋斗观最低,50~59 岁的居民奋斗观最高。相较而言,生命意义感的性别差异与年龄差异均不显著,ps>0.05。

表 7-8　居民的生活态度描述统计

	N	M	SD
生命意义感	4647	5.33	1.26
意义拥有	4653	5.42	1.46
意义追寻	4649	5.23	1.52
奋斗观	4645	5.95	1.11

此外,不同受教育程度的居民在生命意义感上差异显著:$F(5,4640)=6.48$, $p<0.001$, $\eta^2=0.01$。总体而言,如图 7-36 所示,小学及以下受教育程度的居民生命意义感显著低于其他居民。在奋斗观上则没有表现出显著的受教育程度差异,$p>0.05$。如图 7-37 所示,主观社会阶层越高,居民的生命意义感越强:$F(4,4602)=7.27$, $p<0.001$, $\eta^2=0.01$,奋斗观也越强:$F(4,4600)=3.14$, $p=0.01$, $\eta^2<0.01$。

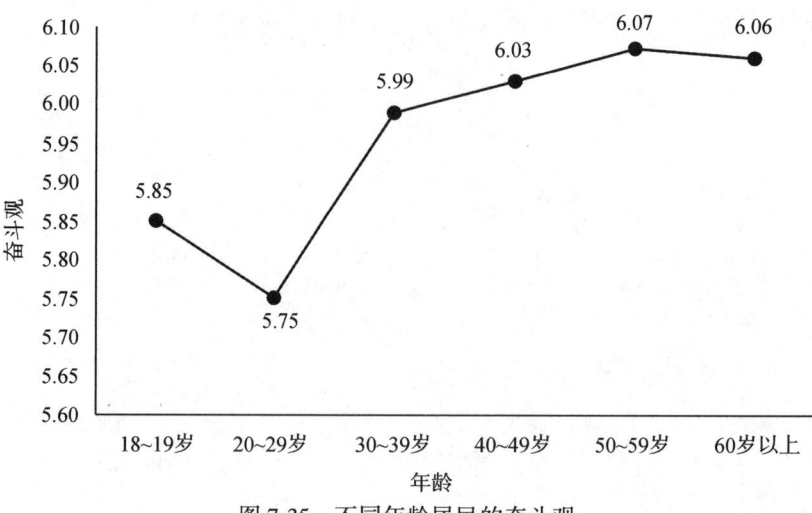

图 7-35 不同年龄居民的奋斗观

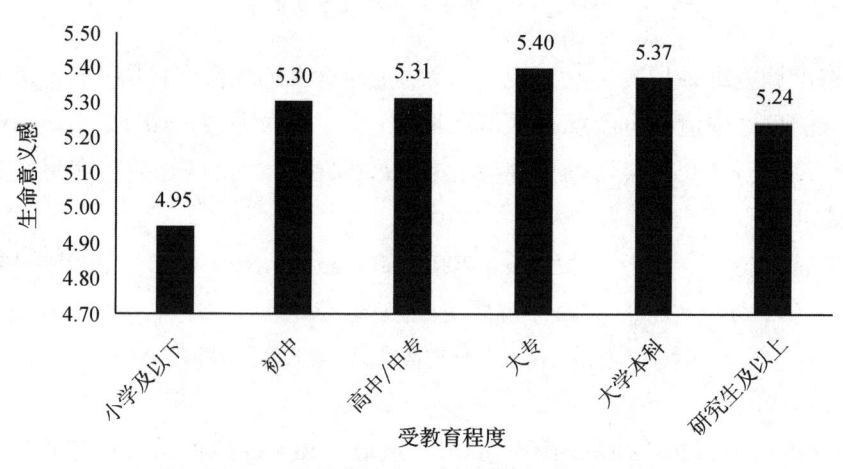

图 7-36 不同受教育程度居民的生命意义感

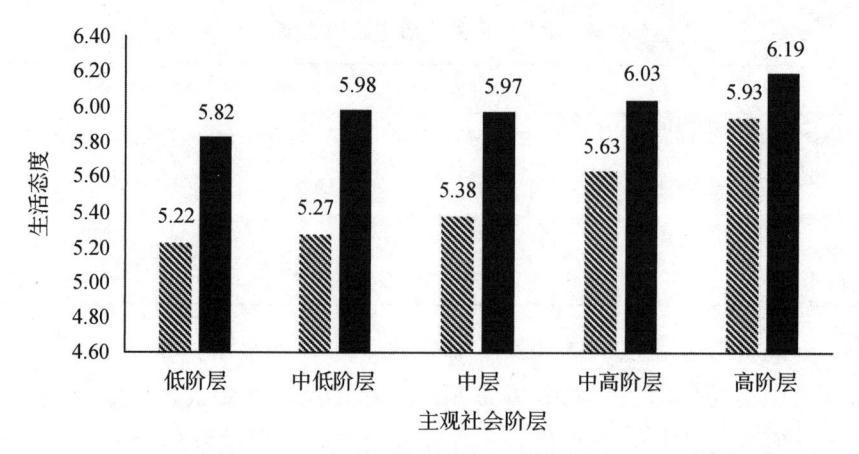

图 7-37 不同主观社会阶层居民的生活态度

在家庭特征方面，如表 7-9 所示，离异群体的生命意义感最强，$F(3,4593)=3.37$，$p=0.02$，$\eta^2<0.01$，而已婚群体的奋斗观最强，$F(3,4591)=11.50$，$p<0.001$，$\eta^2=0.01$。同时，有子女的居民生命意义感 [$t(4639)=15.66$，$p<0.001$，Cohen's $d=0.01$] 和奋斗观 [$t(2547.37)=7.71$，$p<0.001$，Cohen's $d=0.25$] 都显著强于无子女的居民。最后，生命意义感和奋斗观都不存在显著的城乡差异，$ps>0.05$。

表 7-9　不同婚姻状况居民的生活态度

	未婚		已婚		离异		丧偶	
	n	$M\pm SD$	n	$M\pm SD$	n	$M\pm SD$	n	$M\pm SD$
生命意义感	1279	5.27±1.24	3145	5.35±1.26	102	5.46±1.34	71	4.99±1.42
奋斗观	1279	5.77±1.20	3142	6.02±1.06	102	5.98±1.19	72	5.91±1.12

（3）情绪状态

本研究中情绪状态三个维度的平均分都未超过 3 分的理论中值，如表 7-10 所示，说明整体上居民的情绪状况良好，但压力得分高于焦虑和抑郁得分。

表 7-10　居民的情绪状态描述统计

	N	M	SD
压力	4653	2.52	1.11
焦虑	4647	2.17	1.08
抑郁	4646	1.98	1.05

在个体特征方面，男性居民的抑郁程度（$n=2006$，$M=2.04$，$SD=1.09$）显著高于女性（$n=2637$，$M=1.92$，$SD=1.01$）：$t(4130.78)=3.74$，$p<0.001$，Cohen's $d=0.11$。但压力与焦虑不存在显著的性别差异，$ps>0.05$。

如图 7-38 所示，随着年龄的增大，居民感知的压力变低，$F(5,4618)=8.15$，$p<0.001$，$\eta^2=0.01$，焦虑得分则呈现短暂的上浮后也越来越低，$F(5,4613)=9.50$，$p<0.001$，$\eta^2=0.01$，抑郁也表现出相似的差异模式：$F(5,4611)=7.70$，$p<0.001$，$\eta^2=0.01$。不同受教育程度居民的情绪状态状况差异不显著，$ps>0.05$。同时，不同主观社会阶层居民的情绪状态状况差异显著，压力：$F(4,4608)=12.93$，$p<0.001$，$\eta^2=0.01$；焦虑：$F(4,4602)=7.20$，$p<0.001$，$\eta^2=0.01$；抑郁：$F(4,4601)=11.15$，$p<0.001$，$\eta^2=0.01$。如图 7-39 所示，随着主观社会阶层的提升，居民的压力、焦虑和抑郁呈现 U 型的关系，即中层居民的情绪状态最佳，以此为基准阶层越高或越低，居民的情绪状态逐渐变差。

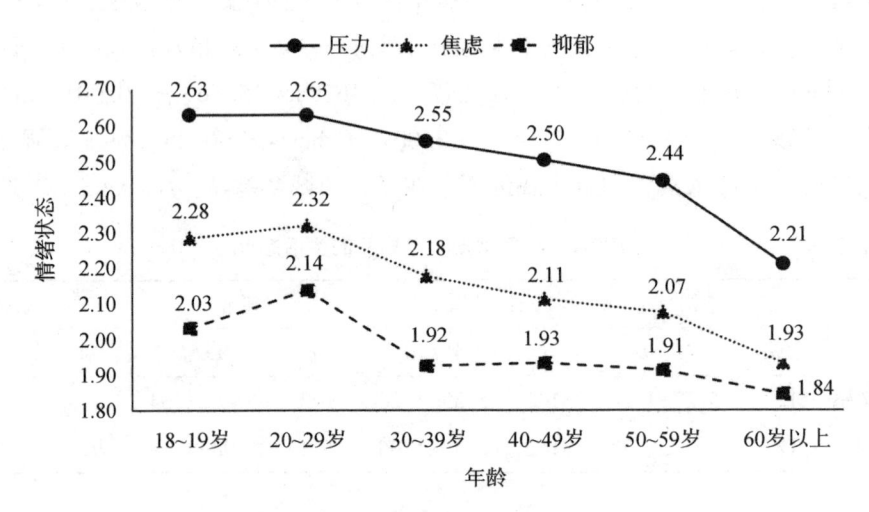

图 7-38 不同年龄居民的情绪状态

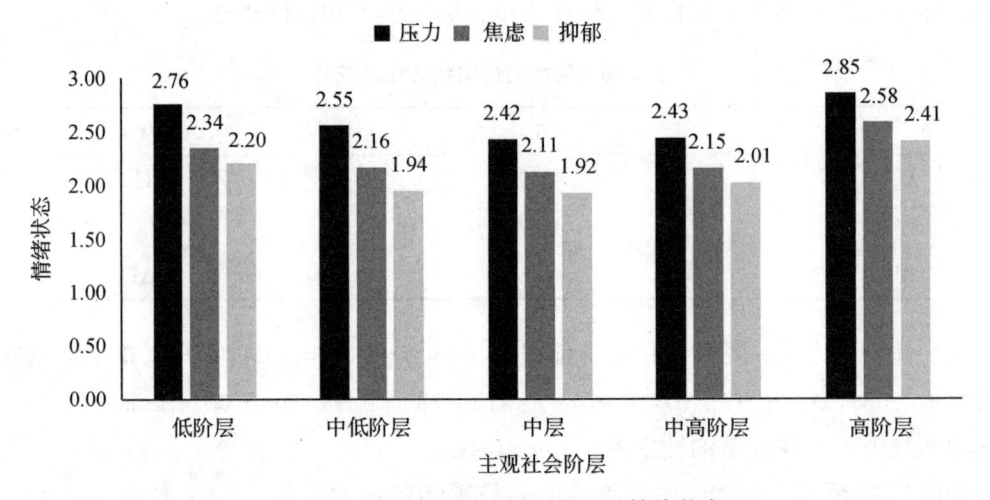

图 7-39 不同主观社会阶层居民的情绪状态

在家庭特征方面,如图 7-40 所示,不同婚姻状况居民的情绪状态差异显著。离异群体的压力显著更高:$F(3,4599)=4.44$,$p=0.004$,$\eta^2=0.01$,而未婚群体的焦虑水平也显著更高:$F(3,4593)=8.39$,$p<0.001$,$\eta^2<0.01$;丧偶群体的抑郁水平最高:$F(3,4591)=11.10$,$p<0.001$,$\eta^2=0.01$。在控制年龄的条件下,有无子女的情绪状态差异不显著,$ps>0.05$。此外,情绪状态的城乡差异也不显著,$p>0.05$。

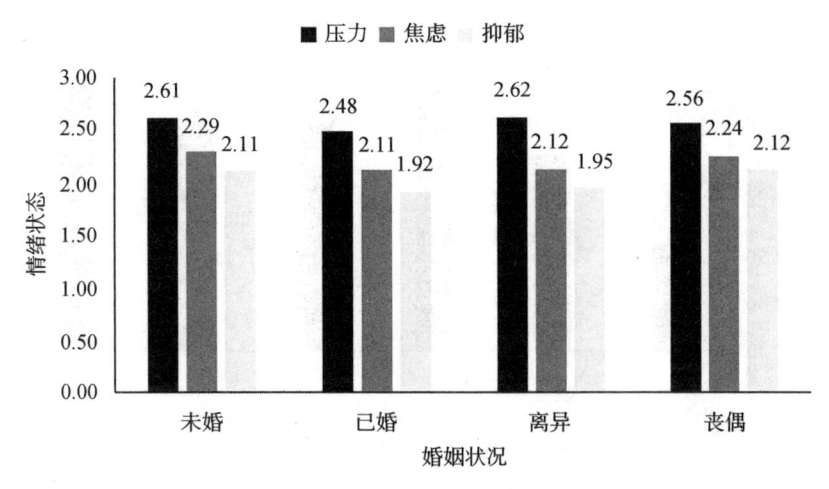

图 7-40　不同婚姻状况居民的情绪状态

（4）问题行为

社交回避的调查结果表明，在 4646 名有效样本中，居民的平均社交回避水平（$M=2.82$，$SD=1.11$）稍低于 3 分的理论中值。在个体特征方面，社交回避水平无显著的性别差异，$p>0.05$。而年龄越大的居民，社交回避水平越低：$F(5,4618)=9.13$，$p<0.001$，$\eta^2=0.01$，如图 7-41 所示，20~29 岁群体的社交回避水平最高，而 60 岁以上的居民社交回避最少。

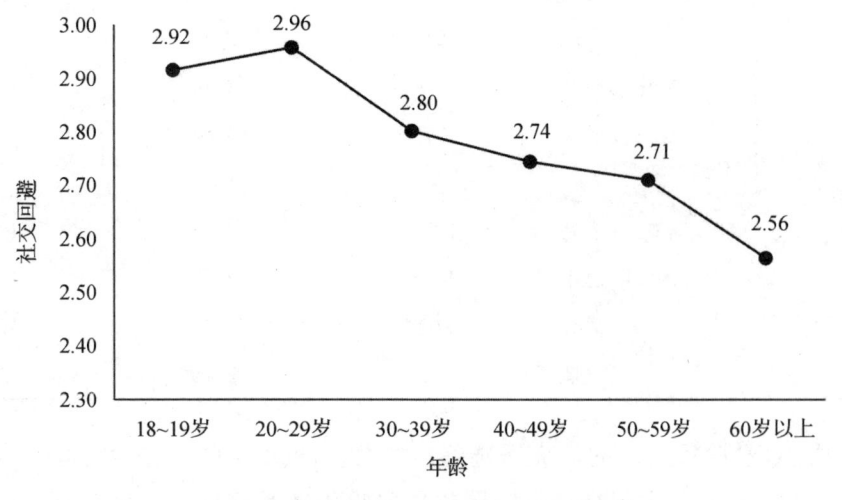

图 7-41　不同年龄居民的社交回避

不同受教育程度居民的社交回避差异显著：$F(5,4639)=5.26$，$p<0.001$，$\eta^2<0.01$。如图 7-42 所示，受教育程度为高中/中专和研究生及以上的居民报告的社交回避水平最高，小学及以下的居民报告的社交回避水平最低。

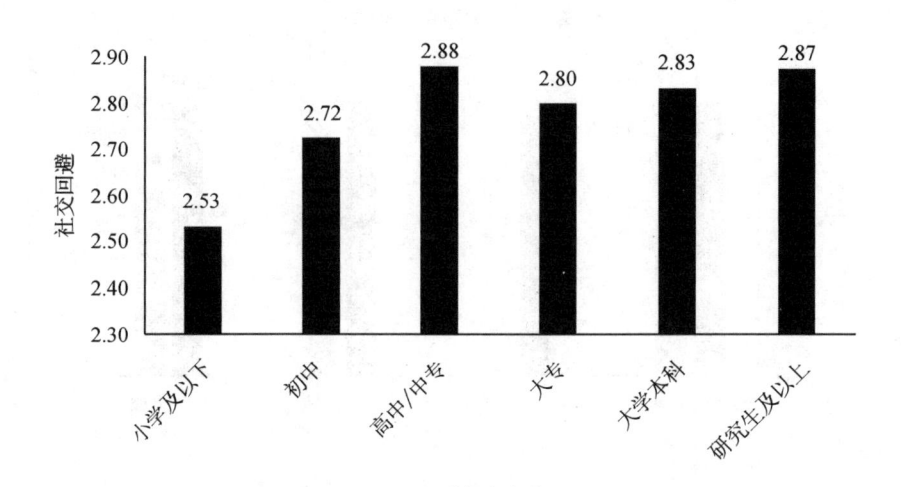

图 7-42 不同受教育程度居民的社交回避

表 7-11 不同主观社会阶层和婚姻状况居民的社交回避

人口统计学变量		n	M	SD
主观社会阶层				
	低阶层	648	2.91	1.13
	中低阶层	1737	2.78	1.08
	中层	2019	2.77	1.12
	中高阶层	167	2.74	1.12
	高阶层	37	3.54	1.26
婚姻状况				
	未婚	1279	2.97	1.06
	已婚	3145	2.73	1.12
	离异	102	2.84	1.16
	丧偶	72	2.76	1.08

不同主观社会阶层居民的社交回避差异显著：$F(4,4603)=6.43$，$p<0.001$，$\eta^2<0.01$。如表 7-11 所示，主观社会高阶层的居民报告的社交回避水平最高，中低阶层、中层和中高阶层报告了较低的社交回避。在家庭特征方面，未婚群体报告了最高水平的社交回避，已婚群体的社交回避水平最低：$F(3,4594)=13.34$，$p<0.001$，$\eta^2=0.01$。有子女的居民（$n=3171$，$M=2.72$，$SD=1.13$）相对没有子女居民而言（$n=1469$，$M=2.96$，$SD=1.06$）社交回避水平更低：$t(3040.21)=-6.71$，$p<0.001$，Cohen's $d=0.21$。在城乡差异方面，城镇居民的社交回避水平（$n=2857$，$M=2.84$，SD

=1.08)相对农村居民而言更高（$n=1780$，$M=2.74$，$SD=1.16$）：$t(3551.79)=3.20$，Cohen's $d=0.10$。

表 7-12 居民的疼痛困扰状况

人口统计学变量	n	M	SD	检验结果			
				t	df	p	Cohen's d
性别				1.07	(4648)	0.28	—
男性	2010	2.54	1.24				
女性	2640	2.50	1.24				
				F	df	p	η^2
受教育程度				22.06	(5, 4646)	<0.001	0.02
小学及以下	286	3.07	1.25				
初中	696	2.68	1.27				
高中/中专	827	2.61	1.23				
大专	801	2.48	1.25				
大学本科	1852	2.36	1.21				
研究生及以上	190	2.35	1.12				
				F	df	p	η^2
主观社会阶层				9.84	(4, 4608)	<0.001	<0.01
低阶层	648	2.68	1.35				
中低阶层	1738	2.60	1.24				
中层	2022	2.39	1.20				
中高阶层	168	2.54	1.23				
高阶层	37	2.61	1.46				
				F	df	p	η^2
婚姻状况				1.38	(3, 4570)	0.25	—
未婚	1278	2.40	1.21				
已婚	3126	2.56	1.26				
离异	102	2.48	1.19				
丧偶	69	3.00	1.26				
				F	df	p	η^2
有无子女				0.01	(1, 4616)	0.91	—
无子女	1466	2.40	1.21				
有子女	3153	2.57	1.26				
				t	df	p	Cohen's d
城乡差异				−5.82	(3652.18)	<0.001	0.17
城镇户口	2861	2.43	1.22				
农村户口	1783	2.65	1.27				

疼痛困扰的调查结果表明，在 4653 名样本中，居民的平均疼痛困扰水平 $M=2.52$，$SD=1.24$，也略低于 3 分的理论中值。在个体特征方面，如表 7-12 所示，疼痛困扰无显著的性别差异，$p>0.05$。如图 7-43 所示，年龄越大的居民，疼痛困扰水平越高：

$F(5,4611)=9.28$, $p<0.001$, $\eta^2=0.01$。如表7-12所示，主观社会中层居民报告的疼痛困扰水平最低。在家庭特征方面，在控制年龄的条件下，不同婚姻状况居民的疼痛困扰差异不显著，有无子女的居民差异也不显著。在城乡差异方面，城镇居民的疼痛困扰水平低于农村居民。

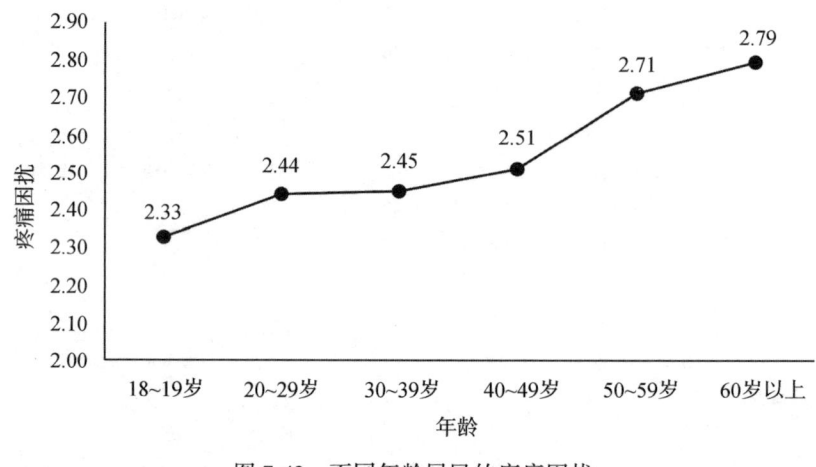

图7-43 不同年龄居民的疼痛困扰

3.4 生活方式、健康支持系统对总体健康状况的预测作用

本研究将自评健康作为因变量，检验个人生活方式中的饮食规律状况，社交媒体倦怠，社交媒体自我表露，以及健康支持系统对于总体健康状况的影响。为了平衡量尺计分不统一的问题，分析中所有变量均采用z分数的方式进行计算，分别构建三个模型：模型1以人口统计学变量为自变量，模型2加入了生活方式的变量 [$\Delta F(3,4326)=24.31$, $\Delta R^2=0.02$, $p<0.001$]，模型3加入了健康支持系统的变量 [$\Delta F(3,4323)=64.47$, $\Delta R^2=0.04$, $p<0.001$]。结果如表7-13所示，个体特征中的性别、年龄、受教育程度、主观社会阶层、有无子女和户口所在地会影响个体的健康情况，此外，饮食是否规律、社交媒体使用倦怠、社会支持、疾病风险感知和环境健康支持也会显著预测个体的健康总体情况。

表7-13 个人生活方式、健康支持系统对总体健康状况的预测

预测变量	模型1：总体自评健康			模型2：总体自评健康			模型3：总体自评健康		
	β	SE	t	β	SE	t	β	SE	t
截距	0.002	0.02	0.11	0.001	0.01	0.11	0.002	0.01	0.13
性别	-0.05	0.02	-3.29**	-0.05	0.02	-3.51***	-0.04	0.01	-2.55*
年龄	-0.21	0.02	-9.22***	-0.23	0.02	-10.22***	-0.20	0.02	-9.28***
受教育程度	-0.003	0.02	-0.02	-0.01	0.02	-0.57	-0.04	0.02	-2.00*

(续表)

预测变量	模型1：总体自评健康 β	SE	t	模型2：总体自评健康 β	SE	t	模型3：总体自评健康 β	SE	t
主观社会阶层	0.20	0.02	13.27***	0.19	0.02	12.49***	0.16	0.02	10.55***
婚姻状况	-0.02	0.02	-0.70	-0.02	0.02	-0.90	-0.03	0.02	-1.30
有无子女	0.07	0.03	2.72**	0.06	0.02	2.53*	0.05	0.03	2.23*
城镇/农村户口	0.05	0.02	3.16**	0.05	0.02	3.16**	0.05	0.02	3.39**
饮食规律				0.11	0.02	7.31***	0.08	0.02	5.04***
社交媒体倦怠				-0.06	0.02	-3.75***	-0.04	0.02	-2.70**
社交媒体自我表露				0.03	0.02	2.25*	0.03	0.02	1.90
社会支持							0.05	0.02	2.64**
疾病风险感知							-0.18	0.02	-11.89***
环境健康支持							-0.07	0.02	-4.17***
R		0.27			0.30			0.36	
R^2		0.07			0.09			0.13	
F		49.28***			42.35***			48.89***	

本研究中健康状况的各变量的基础统计和相关情况请见表7-14。

表7-14 居民健康状况的描述统计和相关

	M	SD	N	1	2	3	4	5	6	7	8
总体健康	3.94	0.84	4661								
核心自我评价	3.90	0.81	4644	0.16***							
未来取向	5.41	1.40	4650	0.09***	0.26***						
获得感	4.03	0.91	4657	0.10***	0.32***	0.18***					
个人幸福感	4.01	0.86	4640	0.16***	0.57***	0.22***	0.31***				
互依幸福感	4.08	0.84	4642	0.09***	0.48***	0.21***	0.25***	0.47***			
安全感	4.01	0.91	4653	0.12***	0.34***	0.18***	0.59***	0.33***	0.26***		
生命意义感	5.33	1.26	4647	0.12***	0.38***	0.38***	0.24***	0.31***	0.25***	0.24***	
奋斗观	5.95	1.11	4645	0.11***	0.39***	0.41***	0.35***	0.40***	0.36***	0.33***	0.56***

4 讨论

本研究立足于新时代这一出发点，借鉴前人的研究理论和健康模型，通过调查居民的个人生活方式、健康支持系统和身心健康状况的基本特征，试图剖析个人生活方式、健康支持系统对身心健康状况的影响，进而响应"健康中国行动"战略规划，为促进全民健康生活、提高全民健康水平提供研究参照。调查结果表明，我国居民的生活方式、健康支持系统和身心健康状况总体情况良好，但是在个体特征、家庭特征和城乡地区方面存在较为明显的个体差异。同时，研究结果还发现个人生活方式和健康支持系统是影响个体身心健康状况的重要因素。研究结果的汇总见表7-15。

4.1 生活方式的特点

本次调查结果发现居民的睡眠模式呈现出"晚睡早起"的状态，即无论是工作日还是休息日，居民都睡得比预期晚，但起得比预期早。同时，研究发现中国居民的平均睡眠时长在工作日达到7.89个小时，在休息日达到8.95个小时。这一结果表明中国居民的平均睡眠时长基本符合健康需要，而且与以往研究结果相差不大。例如，王俊秀等人（2023）的调查显示，2022年居民的平均睡眠时间为7.40个小时。此前的研究一般通过量表来测量居民的睡眠拖延行为，本研究通过调查居民实际的就寝时间和预期的就寝时间对睡眠拖延行为进行量化，得到了更为客观的结果。与此前《中国睡眠研究报告2023》（王俊秀等，2023）中的发现较为类似的是，本研究发现各个年龄段的中国居民均表现出睡眠拖延的行为，并且在工作日的拖延问题更加突出。这可能是由于人们在工作日面对了长时间的工作压力，更有可能通过使用手机或进行娱乐活动进行放松，造成就寝时间拖延（Kroese et al., 2016）。这种睡眠拖延和熬夜的现象在年龄小、受教育程度高、有子女、城镇居民户口的人中更为明显。鉴于长期睡眠拖延和熬夜对个体的健康有一定的影响（Carlson et al., 2023；Guo et al., 2020），需要进一步关注这些人群的睡眠问题。

在锻炼状况方面，根据世界卫生组织的建议（World Health Organization, 2010），18~64岁成年人每周至少进行"150分钟中等强度有氧身体活动，或每周至少75分钟高强度有氧身体活动，或中等和高强度两种活动相当量的组合"。此前的研究发现在2010—2015年之间我国成年人在闲暇时体育活动参与率仅为7.33%（Zou et al., 2020）。本研究结果发现，42.31%的居民锻炼频率达到3天一次。这可能是由于自《健康中国行动（2019—2030年）》规划推出以来，全民健身行动的倡议已经初具成效，相当一部分人可以利用闲暇时间进行体育活动。但30~39岁的年轻人、受教育程度低、主观社会阶层低的群体锻炼频率低，应进一步关注这些人群，并鼓励他们参与到锻炼中来。

在饮食方面，本次受调查的居民报告了较为合理的膳食情况，42.18%和50.42%的居民分别报告了中等程度的水果摄入和蔬菜摄入。但男性和主观社会阶层低的群体摄入水果和蔬菜都比较少。此外，仅仅不足三成的居民报告了非常规律的饮食状况，这些都需要引起居民自身的重视，也同样需要相关部门进行合理引导。特别是男性、低龄、高学历、高阶层、无子女、农村群体需要增强饮食的规律性。

此外，本研究还发现60.55%的居民通过使用手机放松休闲，其中社交媒体使用的选择占比更是达到69.80%，并且他们在社交媒体上的表露程度相对较高。这说明使用

表 7-15 研究结果汇总表

		性别	年龄	受教育程度	主观社会阶层	婚姻状况	有无子女	城乡
个人生活方式	就寝时间	男性更早	越大越早	越高越晚	越低越早	未婚最晚	有子女更早	农村更早
	睡眠时长	女性更长	S型	越高越↓	×	未婚更长	无子女更长	农村更长
	锻炼频率	男性更繁	U型	越高越频繁	×	丧偶最频繁	有子女更频繁	城镇最频繁
	水果摄入	女性更多	↓	×	↑	×	×	城镇更多
	蔬菜摄入	女性更多	↑	↓	↑	×	有子女更多	农村更多
	饮食规律	女性更规律	越大越规律	越低越规律	倒U型	丧偶最规律	有子女更规律	城镇更规律
	社交媒体倦怠	×	↓	小学及以下最不倦怠	↑	×	×	×
	社交媒体自我表露	男性表露多	×	高中表露最多	×	×	×	×
健康支持系统	社会支持	×	S型	大专最多	倒U型	已婚最多	有子女更高	城镇更高
环境支持	疾病风险感知	男性更低	↑	↓	↑	离异最高	×	×
	环境健康支持	男性更高	↑	×	中高层最高	×	有子女更高	农村更高
健康状况								
自我认知	总体健康	×	↑	↑	↑	未婚最高	无子女更高	农村更高
	核心自我评价	×	↓	大专最高	↑	×	有子女更高	×
	未来取向	×	倒U型	↑	中层最高	×	×	城镇更高
生活态度	获得幸福感	女性更高	×	×	↑	离异最高	有子女更高	×
	互依幸福感	女性更高	×	×	高阶层最低	已婚最高	有子女更高	×
	安全感	男性更高	↑	×	↑	未婚最高	×	×
	奋斗观	女性更高	S型	×	U型	丧偶最高	×	×
情绪状态	压力	×	↓	×	U型	未婚最高	×	×
	焦虑	×	↓	×	U型	未婚最高	×	×
	抑郁	男性更高	↑	↓	U型	丧偶最高	×	×
问题行为	社交回避	×	×	×	高阶层最高	未婚最高	有子女最低	农村更低
	疼痛困扰	×	×	↓	中层最低	×	×	城镇更低

注：×代表差异不显著；↑代表随着年龄、受教育程度、主观社会阶层的增加，该变量得分也增加（↓则代表减少）。

社交媒体已然成为新时代居民的重要生活方式。本研究结果还发现，社交媒体的使用可能已经给一部分居民带来了倦怠感，特别是年龄小、高学历、高阶层的个体更容易出现社交媒体倦怠。此前的一项元分析研究发现问题性社交媒体使用与心理健康之间存在显著的负相关（Huang，2020）。本研究发现了较为类似的结果，由于频繁使用社交媒体而造成的社交媒体倦怠能够显著地负向预测居民的总体健康状况。但是，本研究还发现在社交媒体上进行自我表露能够提高居民的健康状况。因此，如何合理、高效、健康地使用社交媒体将会成为未来中国社交媒体用户关注的一大重要话题。

4.2 健康支持系统的特点

以往的研究表明社会支持是提升中国居民身心健康水平的重要因素（Kong et al.，2019；Yang & Jiang，2020），一般能够通过两种方式影响居民的心理健康：一是社会支持本身具有的增益作用，社会支持本身的存在就能够提升居民的健康状况；二是社会支持的压力缓冲作用，当压力存在时社会支持能够较为显著地减少压力的不良影响（Yang & Jiang，2020）。本研究发现我国居民的社会支持水平呈现出个体差异。年龄较低、受教育程度较高或较低、高低阶层、未婚和丧偶、无子女以及农村居民的社会支持程度较低，需要对这些人群进行关注。在环境支持方面，共有 36.4% 的我国居民比较不担心或非常不担心未来一年内生病，这说明居民对疾病风险的感知总体呈现较好的态势。女性、年龄小、受教育程度高、主观社会阶层高是疾病风险感知的保护性因素。减轻居民的疾病风险感知负担，或将成为落实好新时代健康中国行动中的关键一环。从看病是否方便、是否有急救包以及是否购买医疗保险三个方面看，我国居民感知到的环境健康支持较高，并且女性、年龄小、受教育程度高、社会阶层高的群体感知到的环境健康支持更多。本研究还发现了社会支持、疾病风险感知和环境健康支持对于总体健康状况的积极预测作用。

4.3 身心健康状况的特点

本次调查发现居民的自评总体健康均分达 3.94 分，这与 2017 年中国健康素养调查的结果相近（85,384 人，4.02 分；Nie et al.，2021），说明当下的中国居民对自身的总体健康持有较高的评价。此外，本研究还发现了受教育程度和主观社会阶层越高，居民的自评健康也越高。该结果与一项此前的研究表现出相似的趋势（Cai et al.，2017）。该研究利用 2013 年中国综合社会调查（Chinese General Social Survey，CGSS）中 11438 名被试的数据发现社会经济地位是决定中国居民自评健康的重要因素之一，社会经济地位越高则自评健康越高。此外，本研究也发现了未婚群体的总体健康水平最高，已婚群体的总体健康水平也较高。总体健康水平最低的是丧偶群体，离异群体次之。这一结果模式与此前在中国进行的调查结果类似（Xu et al.，2010）。婚姻失败或丧失配偶的居民健康状况显著更低。未婚者总体健康水平最高，已婚者次之，这可能是因为婚姻的感受、各自婚姻中的具体情况对健康的影响也会产生较大的差异（Proulx et al., 2013）。

同时，本研究还发现居民们持有较为良好的自我认知和较为积极的生活态度，但伴随着一定的情绪困扰和问题行为。此前的研究发现中国成年被试核心自我评价从2010年至2019年呈逐年递增的趋势，并解释为是因为中国国民经济状况的提升，使得国民越来越积极地看待自己，以越来越自信的方式对待世界（Lin et al., 2022）。我们的研究结果一定程度上支持了这样的观点。

在问题行为方面，本研究还发现了一个较为有趣的结果：越年轻，主观社会阶层越高的居民越"社恐"。考虑到信息技术在生活场景运用上的飞速发展，社交媒体的使用取代了更多的面对面互动（Lutz, 2014），新时代的居民出现了更多的社交回避。因此，社交回避正在成为一种生活模式还是生活问题，它将如何影响居民的身心健康状况和生活质量，仍需要更多的研究进行深入探讨和澄清。

此外，研究还发现了我国居民疼痛困扰得分仅略低于理论中值分数。世界卫生组织的一项研究表明，那些患有持续疼痛的人患抑郁或焦虑的可能性是没有疼痛困扰的人的四倍，工作困难的可能性是没有疼痛困扰的人的两倍多（Gureje et al., 1998）。由此可见，疼痛困扰给居民的情绪健康和工作带来了严重威胁，控制好各种急性病和慢性病所带的疼痛，不仅关乎居民整体生活质量的提升，还能够有效节省医疗保健系统和整个社会的成本（Katz, 2002）。

4.4 研究启示

4.4.1 倡导年轻人健康生活，增加线下交往

本次调查发现，年轻人熬夜现象比较严重、饮食不规律，而睡眠和饮食是健康的重要保护性因素。因此，十分有必要倡导年轻人健康生活，爱惜身体，重视消除危害健康的风险因素。一方面，年轻居民的社交回避现象比较多，这与当下年轻人中流行的"社恐"现实问题十分吻合；另一方面，年轻人喜欢使用社交媒体的同时，又有比较严重的社交媒体使用倦怠。这两种现象体现了当代年轻人矛盾的心理状态。而这种"想离开，放不下"的矛盾心理，或许是导致年轻人在抑郁、焦虑和压力上的得分相对较高的一大原因。另一方面的原因可能是年轻居民对于抑郁、焦虑和压力的情绪感受更为敏感，更容易受到挫折的影响，从而造成了自我报告的"虚高"。无论如何，年轻人是祖国的未来和希望，是建设社会主义现代化强国的主力军，如果他们的身心健康受到不良生活方式的长期影响，将会阻碍社会的发展和进步。因此，如何引导年轻人将生活重心回归到现实中，关注线下活动，是当前社会的一个重要问题。

4.4.2 科学普及身心健康知识，降低疾病风险的主观感知

本次调查发现，我国居民整体健康状况自评比较乐观，客观的环境健康支持（看病是否方便、是否有急救包以及是否购买医疗保险）的平均水平也比较高，然而在疾病风险感知方面却表现得比较悲观，有63.5%的群体都会担心自己的身体情况。主观社会阶层较低、教育水平低和老年群体，这种担心尤为明显。关于为何出现居民自评健康状况较好，但是疾病风险感知较高的情况，我们猜测可能与个体对身心健康的知识了解不够有关。由于三年新冠疫情的影响，我国居民对个人的健康比以往更为关注。但是，由于居民对身心健康的知识了解程度有限，有可能导致居民过于担心自己未来可能会罹患疾病。因此，未来有必要加大科学普及身心健康知识的力度，增强居民对疾病风险的正确认知，降低对患病的过度担忧。

4.4.3 亟需关注个体差异，防范身心健康风险累积

通过相关分析，本次调查发现影响居民自评健康的因素较多。在个人因素中，不仅包括性别、年龄、受教育程度、主观社会阶层、有无子女、户口所在地，还包括个人的生活方式，比如饮食是否规律、社交媒体使用倦怠；在环境因素中包括社会支持，以及疾病风险感知和环境健康支持。本研究的理论模型得到了验证，一方面，女性、老年人、低阶层群体（包括主观和客观）、无子女以及农村地区群体的身心健康情况应该被关注。另一方面，虽然我国居民整体健康自评分数较高，但是，一旦多个上述风险因素集中到一个个体身上，就有可能带来比较严重的身心健康风险累积效应。例如，生活在农村地区的低阶层老年人，他们可能会面临社会支持和环境健康支持双低的状况，这些风险累积在一起会使他们更容易产生各种身心健康问题。同时他们抵御风险的能力也普遍较低。因此，要及时防范和化解累积风险给个体带来的健康问题。

4.4.4 一体两翼，共同推动健康中国行动计划早日实现

本次调查，我们从身心健康两个角度考察了我国居民的健康状况。研究发现，所有心理健康的指标均与个体的总体健康自评指标呈显著正相关（见表7-14），再次证明生理健康与心理健康有密切的相关关系，可以相互促进。为早日实现健康中国行动计划的要求，需要同时关注身体健康和心理健康，重视并充分发挥心理健康促进身体健康的重要作用。在本研究中我们首次大规模测量了我国居民的奋斗观，发现它与个体的其他心理健康指标和总体健康情况都呈显著的正相关关系。因此，未来可以进一步引导青年人树立正确的奋斗观，实现人生的价值，促进身心健康发展。

4.5 总结

本研究基于过往研究的理论和结果，借鉴生物心理社会模型和Dahlgren-Whitehead健康模型提出了新时代的健康状况研究模型，调查了居民的生活方式、健康支持系

和健康状况,以及个体特征、家庭特征和城乡的差异。研究结果表明居民的生活方式、健康支持系统和健康状况总体良好,但是在个体特征、家庭特征和城乡地区上存在较大的个体差异。同时,本研究的理论模型得到了研究的支持,个人生活方式和健康支持系统是影响个体健康状况的重要因素。本研究为理解新时代居民健康状况梳理了相应的理论框架,为实现健康中国行动计划提供了研究基础。

参考文献

安莉娟, 丛中. (2003). 安全感研究述评. *中国行为医学科学, 12*(6), 698-699.

曹银珠. (2023). "Z世代"社交媒体隐匿账号上的自我呈现行为研究. *新媒体研究*, (11), 18-20.

代宝, 续杨晓雪, 罗蕊. (2020). 社交媒体用户信息过载的影响因素及其后果. *现代情报, 40*(1), 153-158.

丁元竹. (2016). 让居民拥有获得感必须打通最后一公里——新时期社区治理创新的实践路径. *国家治理*, (2), 18-23.

董洪杰, 谭旭运, 豆雪姣, 王俊秀. (2019). 中国人获得感的结构研究. *心理学探新, 39*(5), 468-473.

梁群君, 武碧云, 林妙莲, 李放, 郑雪. (2017). 毕业生未来时间洞察力对主观幸福感的影响:社会支持和职业决策自我效能感的多重中介效应. *中国临床心理学杂志, 25*(6), 1147-1151.

李爱梅, 王海侠, 孙海龙, 熊冠星, 杨韶丽. (2018). "长计远虑"的助推效应:怀孕与环境跨期决策. *心理学报, 50*(8), 858-867.

刘霞, 黄希庭, 普彬, 毕翠华. (2010). 未来取向研究概述. *心理科学进展, 18*(3), 385-393.

谈传生. (2018). 习近平奋斗观的思想内涵、理论渊源与价值意蕴. *湖湘论坛*, (6), 5-12+2.

谭锦花. (2018). 民办高校辅导员安全感与幸福感的关系:自我同情的中介作用. *中国临床心理学杂志, 27*(1), 194-197.

王俊秀, 张衍, 张跃. (2023). *中国睡眠研究报告2023*. 北京:社会科学文献出版社.

俞国良. (2007). *现代心理健康教育*. 北京:人民教育出版社.

张铮, 陈雪薇, 邓妍方. (2021). 从浸入到侵入,从待命到疲倦:媒体从业者非工作时间社交媒体使用与工作倦怠的关系研究. *国际新闻界, 43*(3), 160-176.

American Psychiatric Association, DSM-5 Task Force. (2013). Diagnostic and statistical manual of mental disorders: DSM-5™ (5th ed.). American Psychiatric Publishing Inc.

Anderson, L. M., Scrimshaw, S. C., Fullilove, M. T., Fielding, J. E., & Task Force on Community Preventive Services. (2003). The community guide's model for linking the social environment to health. *American Journal of Preventive Medicine, 24*(3), 12-20.

Antunovich, D. R., Horne, J. C., Tuck, N. L., & Bean, D. J. (2021). Are illness perceptions associated with pain and disability in complex regional pain syndrome? A cross-sectional study. *Pain Medicine, 22*(1), 100-111.

Bowker, J. C., Stotsky, M. T., & Etkin, R. G. (2017). How BIS/BAS and psycho-behavioral variables distinguish between social withdrawal subtypes during emerging adulthood. *Personality and Individual Differences, 119*, 283-288.

Buunk, B. P., & Hoorens, V. (1992). Social support and stress: The role of social comparison and social exchange processes. *British Journal of Clinical Psychology, 31*(4), 445-457.

Cai, J., Coyte, P. C., & Zhao, H. (2017). Determinants of and socio-economic disparities in self-rated health in China. *International Journal for Equity in Health, 16*(1), 1-27.

Carlson, S. E., Baron, K. G., Johnson, K. T., & Williams, P. G. (2023). The thief of (bed) time: Examination of the daily associations between bedtime procrastination and multidimensional sleep health. *Sleep Health*. Advance online publication.

Castillo, R. C., Wegener, S. T., Heins, S. E., Haythornthwaite, J. A., Mackenzie, E. J., & Bosse, M. J. (2013). Longitudinal relationships between anxiety, depression, and pain: Results from a two-year cohort study of lower extremity trauma patients. *Pain, 154*(12), 2860-2866.

Chan, C. S., & Hazan, H. (2022). The Health Hexagon Model: Postulating a holistic lifestyle approach to mental health for times and places of uncertainty. *SSM-Mental Health, 2*, 100071.

Cohen, S., & Wills, T. (1985). Stress, social support, and the buffering hypothesis. *Psychological Bulletin, 98*(2), 310-357.

Dahlgren, G., & Whitehead, M. (1991). Policies and strategies to promote social equity in health. Background document to WHO-Strategy paper for Europe. *Arbetsrapport, 14*, 1063-1069.

Datareportal. (2023). Digital 2023 April Global Statshot Report. Retrieved from https://datareportal.com/reports/digital-2023-april-global-statshot.

Da, W. W., & Garcia, A. (2015). Later life migration: Sociocultural adaptation and changes in quality of life at settlement among recent older Chinese immigrants in Canada. *Activities, Adaptation & Aging, 39*(3), 214-242.

Diener, E. (1984). Subjective well-being. *Psychological Bulletin, 95*(3), 542-575.

Guo, J., Meng, D., Ma, X., Zhu, L., Yang, L., & Mu, L. (2020). The impact of bedtime procrastination on depression symptoms in Chinese medical students. *Sleep and Breathing, 24*(3), 1247-1255.

Gureje, O., Von Korff, M., Simon, G. E., & Gater, R. (1998). Persistent pain and well-being: A World Health Organization study in primary care. *Jama, 280*(2), 147-151.

Heilmann, T., & Jonas, K. (2010). Validation of a German-language core self-evaluations scale. *Social Behavior & Personality: An International Journal, 38*(2), 209-226.

Huang, C. (2022). A meta-analysis of the problematic social media use and mental health. *International Journal of Social Psychiatry, 68*(1), 12-33.

Ip, D., Lui, C. W., & Chui, W. H. (2007). Veiled entrapment: A study of social isolation of older Chinese migrants in Brisbane, Queensland. *Ageing & Society, 27*(5), 719-738.

Islam, A. N., Laato, S., Talukder, S., & Sutinen, E. (2020). Misinformation sharing and social media fatigue during COVID-19: An affordance and cognitive load perspective. *Technological Forecasting and Social Change, 159*, 120201.

Islam, A. N., Mäntymäki, M., & Benbasat, I. (2019). Duality of self-promotion on social networking sites. *Information Technology & People, 32*(2), 269-296.

Judge, T. A., Erez, A., Bono, J. E., & Thoresen, C. J. (2003). The core self-evaluations scale: Development of a measure. *Personnel Psychology, 56*(2), 303-331.

Judge, T. A., Locke, E. A., & Durham, C. C. (1997). The dispositional causes of job satisfaction: A core evaluations approach. *Research in Organizational Behavior, 19*, 151-188.

Judge, T. A., & Kammeyer-Mueller, J. D. (2004). Core self-evaluations, aspirations, success, and persistence: An attributional model. In M. J. Martinko (Ed.), *Advances in attribution theory* (pp. 111-132). Greenwich, CT: Information Age Publishing.

Karim, F., Oyewande, A. A., Abdalla, L. F., Chaudhry Ehsanullah, R., & Khan, S. (2020). Social media use and its connection to mental health: A systematic review. *Cureus, 12*(6), e8627.

Katz, N. (2002). The impact of pain management on quality of life. *Journal of Pain and Symptom Management, 24*(1), S38-S47.

Kong, L. N., Hu, P., Yao, Y., & Zhao, Q. H. (2019). Social support as a mediator between depression and quality of life in Chinese community-dwelling older adults with chronic disease. *Geriatric Nursing, 40*(3), 252-256.

Kroese, F. M., Nauts, S., Kamphorst, B. A., Anderson, J. H., & de Ridder, D. T. (2016). Bedtime procrastination: A behavioral perspective on sleep insufficiency. In F. M. Sirois & T. A. Pychyl (Eds.), *Procrastination, health, and well-being* (pp. 93-119). Academic Press.

Lang, P. J., Davis, M., & Öhman, A. (2000). Fear and anxiety: Animal models and human cognitive psychophysiology. *Journal of Afective Disorders, 61*(3), 137-159.

Lin, X., Luan, Y., Zhao, G., Zhao, T., & Ding, H. (2022). Core self-evaluations increases among Chinese employees: A cross-temporal meta-analysis, 2010-2019. *Frontiers in Psychology, 12*, 770249.

Lutz, C., Ranzini, G., & Meckel, M. (2014). Stress 2.0: Social media overload among Swiss teenager. *Studies in Media and Communications, 8*, 3-24.

Maslow, A. H. (1942). The dynamics of psychological security-insecurity. *Journal of Personality, 10*(4), 331-344.

Maslow, A. H., Hirsh, E., Stein, M., & Honigmann, I. (1945). A clinically derived test for measuring psychological security-insecurity. *Journal of General Psychology, 33*(1), 21-41.

Mitchell, R. E., Billings, A. G., & Moos, R. H. (1982). Social support and well-being: Implications for prevention programs. *Journal of Primary Prevention, 3*(2), 77-98.

Morrill, Z., Hoffman, L., Yang, M., & Gao, Z. (2021). Unsettled belongings: Chinese immigrants' mental health vulnerability as a symptom of international politics in the COVID-19 pandemic. *Journal of Humanistic Psychology, 61*(2), 198-218.

Murphy, L., & Dockray, S. (2018). The consideration of future consequences and health behaviour: A meta-analysis. *Health Psychology Review, 12*(4), 357-381.

Nie, X., Li, Y., Li, C., Wu, J., & Li, L. (2021). The association between health literacy and self-rated health among residents of China aged 15-69 years. *American Journal of Preventive Medicine, 60*(4), 569-578.

Piccolo, R. F., Judge, T. A., Takahashi, K., Watanabe, N., & Locke, E. A. (2005). Core self-evaluations in Japan. *Journal of Organizational Behavior, 26*(8), 965-984.

Proulx, C. M., & Snyder-Rivas, L. A. (2013). The longitudinal associations between marital happiness, problems, and self-rated health. *Journal of Family Psychology, 27*(2), 194-202.

Przepiorka, A., Bachnio, A., Jankowski, T., Mello, Z. R., & Worrell, F. (2021). The assessment of time attitudes among adolescents and young adults with the Polish adolescent and adult time inventory-time attitude scale (aati-ta-polish). *European Journal of Psychological Assessment, 38*(5), 370-384.

Steger, M. F., Frazier, P., Oishi, S., & Kaler, M. (2006). The meaning in life questionnaire: Assessing the presence of and search for meaning in life. *Journal of Counseling Psychology, 53*(1), 80-93.

Stiffman, A. R., Hadley-Ives, E., Elze, D., Johnson, S., & Dore, P. (1999). Impact of environment on adolescent mental health and behavior: structural equation modeling. *American Journal of Orthopsychiatry, 69*(1), 73-86.

Strathman, A., Gleicher, F., Boninger, D. S., & Edwards, C. S. (1994). The consideration of future consequences: Weighing immediate and distant outcomes of behavior. *Journal of Personality and Social Psychology, 66*(4), 742-752.

Suls, J., & Rothman, A. (2004). Evolution of the biopsychosocial model: Prospects and challenges for health psychology. *Health Psychology, 23*(2), 119-125.

Turner, A. I., Smyth, N., Hall, S. J., Torres, S. J., & Clow, A. J. (2020). Psychological stress reactivity and future health and disease outcomes: A systematic review of prospective evidence. *Psychoneuroendocrinology, 114*, 104599.

Wang, X. Q., He, X. X., Yang, F., & Zhang, D. J. (2016). Structure and levels of meaning in life and its relationship with mental health in Chinese students aged 10 to 25. *Journal of Pacific Rim Psychology, 10*, e10.

Watson, D., & Friend, R. (1969). Measurement of social-evaluative anxiety. *Journal of Consulting and Clinical Psychology, 33*(4), 448-457.

Wojtkowska, K., Stolarski, M. & Matthews, G. (2021). Time for work: Analyzing the role of time perspectives in work attitudes and behaviors. *Current Psychology, 40*(12), 5972-5983.

World Health Organization. (2010). Global recommendations on physical activity for health. Retrieved from https://apps.who.int/iris/handle/10665/44399.

World Health Organization. (2018). Mental health: Strengthening our response. Retrieved from https://www.who.int/en/news-room/fact-sheets/detail/mental-health-strengthening-our-response.

World Health Organization (1999). *Healthy living: what is a healthy lifestyle*? Copenhagen: WHO Regional Office for Europe.

Wuorela, M., Lavonius, S., Salminen, M., Vahlberg, T., Viitanen, M., & Viikari, L. (2020). Self-rated health and objective health status as predictors of all-cause mortality among older people: A prospective study with a 5-, 10-, and 27-year follow-up. *BMC Geriatrics, 20*(1), 120.

Xu, J., Zhang, J., Feng, L., & Qiu, J. (2010). Self-rated health of population in southern China: Association with socio-demographic characteristics measured with multiple-item self-rated health measurement scale.

BMC Public Health, 10(1), 1-12.

Yang, F., & Jiang, Y. (2020). Heterogeneous influences of social support on physical and mental health: Evidence from China. *International Journal of Environmental Research and Public Health, 17*(18), 6838.

Zou, Q., Wang, H., Du, W., Su, C., Ouyang, Y., Wang, Z., Ding, G., & Zhang, B. (2020). Trends in leisure-time physical activity among Chinese adults—China, 2000-2015. *China CDC Weekly, 2*(9), 135-139.

第八章 新时代居民语言心理报告

刘聪慧 孙浩然 郑润泽

摘要：语言是思维和交流的工具，是国家认同的重要影响因素，因此，新时代居民的语言心理特点是值得探讨的重要问题。通过对全国 29 个省市自治区被试开展问卷调查，搜集了语言能力、语言使用、语言态度、社会情绪与认知和人口学信息等变量。结果发现：(1) 我国居民对自己语言（普通话和方言）持积极态度，对普通话的态度好于方言，语言能力普遍较高，方言能力高于普通话；(2) 女性语言态度和能力得分都高于男性，年龄越低、学历越高、阶层越高、收入越高的被试对普通话与英文的态度及能力得分越高，而对家乡话的态度和能力得分越低；(3) 普通话和方言的态度可以正向预测居民的整体性思维和国家自豪的得分。该结果表明，人口学信息不同的群体在语言态度、能力和使用习惯方面有独特的模式。本研究加深了对新时代背景下我国居民语言态度和使用特点的理解。更为重要的是，这种独特的语言模式可能会潜在地影响社会性思维和自豪情绪。

关键词：新时代居民，语言态度和能力，整体性思维，自豪情绪

1 引言

我国历史悠久，是一个多民族、多语言、多方言、多文字的国家。据《中国的语言》《中国语言地图集》介绍，汉语是我国使用最多的语言，现代汉语又分为标准语（普通话）和方言；另外，我国还有约 130 种少数民族语言，有 30 种文字。陈章太（2008）把我国的语言资源分为五类：超强势语言资源、强势语言资源、弱势语言资源、超弱势语言资源和消亡的语言资源。汉语普通话由于使用人数众多，地域分布广泛，规范化程度高，影响力大而被称为超强势语言资源，对国家统一和民族团结至关重要。其次是强势语言资源，包括使用人数较多的少数民族语言，例如蒙古语、维吾尔语、藏语、苗语和壮语等，还包括汉语中的主要方言，例如官话方言、吴方言、湘方言、赣方言、粤方言、闽方言和客家话等。再次是弱势语言资源，包括使用人数较

少的少数民族语言，例如土家语、布努语和仡佬语等，还包括汉语中的次要方言，例如湘南、桂北、粤北的方言土语等。最后是已消亡但有一定价值的语言资源，例如历史上的西夏语、契丹语和女真语等，或者是消亡的古吴语、古越语、古楚语等。在这些语言资源中，超强势的汉语普通话和强势的方言（包括使用人数较多的少数民族语言）是众多语言资源中的主体部分。

国家一直在推广通用的语言文字。2001年1月1日实施的《中华人民共和国国家通用语言文字法》确定普通话为国家通用语言，规范汉字为国家通用文字。党的十八大报告提出"推广和规范使用国家通用语言文字"。十九届五中全会提出"提高民族地区教育质量和水平，加大国家通用语言文字的推广力度"。十九届六中全会提出"全面推行国家通用语言文字的教育教学"。教育部2022年6月28日举办的"教育这十年"发布会上指出，普通话的普及率提高到了80.7%，识字人口使用规范汉字的比例超过95%，普通话和汉字已成为我国各地区和各民族相互交流的主导工具。普通话和汉字的推广使用，有助于铸牢中华民族共同体意识、构筑中华民族共有精神家园，推进各民族参与中华民族伟大复兴进程。

改革开放后，我国经济快速发展，已经成为全球第二大经济体。与之伴随而来的是高速的城市化进程，1978年我国的城镇化率为17.9%，国家统计局2022年统计的结果显示，城镇化率已经达到了65.2%。城镇化率的提高表明大量的人口在流动，这种人口的流动会带来不同地区方言的接触和融合。虽然国家对少数民族语言和方言的使用提出了保护，但方言和少数民族语言在交融和竞争过程中，很容易被弱化和压缩（曹志耘，2014；庄初升，2017）。另外，随着改革开放和全球化进程，从人数上看，英语已成为我国第一外语，根据第五次全国人口普查数据推算，全国人口中学习过外语的人数达到了5.01亿人（魏日宁，苏金智，2008）。

在我国经济高速发展和语言文字推广政策的大背景下，新时代我国居民普通话、方言和外语的使用现状，对语言的态度，以及其和思维与情绪的关系都需要系统的探索。本研究拟从全国各省市自治区选取样本，测量其普通话、方言和外语的使用情况、语言态度、思维模式和自豪情绪等，探索普通话和方言使用习惯与语言态度在不同人口学变量上的特征，并分析其与思维模式和自豪情绪的关系。

1.1 语言态度的概念与研究

语言态度是指个体对语言和语言使用者的情感、认知和行为的价值反应（Agheyisi & Fishman，1970），也是个体对不同语言、方言、口音和说话者的态度（Trudgill，2003），这些态度反映了个体对语言、方言、口音和说话者的主观价值评价。国内的研究者对语言态度的定义也集中在价值评价的层面，例如戴庆厦（1993）认为语言态度是个体对语言使用价值的评价，这些使用价值包含语言的地位、功能和发展前途等。

王元新（1999）认为在双语或双方言的社会中，由于社会和民族的认同、情感和动机等因素的影响，个体会对语言和文字的价值形成一种评价。总体来看，语言态度和其他的态度类型一致，包含认知、情感和行为倾向三个成分，分别代表了对语言体系的认知、喜爱程度和使用倾向（Dragojevic，2016）。

目前有很多研究者编制了语言态度的相关问卷。其中李克特问卷是最为常见的一种方式。很多研究者从认知、情感和行为倾向三个角度测量语言态度。例如Li和Wei（2022）编制了语言态度量表-学生版（LASS，Language Attitudes Scale-Student Form），以我国汉族、土家族和苗族学生为被试，考察他们对普通话、方言和少数民族语言的态度，发现问卷包含认知、情绪和行为三个维度，且具有较好的信效度。还有研究者从语言特征的角度编制了语言态度问卷，例如Schoel等（2013）把语言态度分为了对说话者的态度和对语言本身的态度，并编制了一份语言态度问卷（ATol，Attitudes Towards Languages scale），作者构建了三个维度：价值、语音和结构。我国学者张斌华（2016）从语言的情感价值、使用价值和社会声望三个方面，让被试评价一种语言，代表被试的语言态度。虽然学者们对于语言态度的测量尚存争议，但最新的信效度比较完善的测量工具大多包含认知、情感和行为三个维度。

语言的存在不是稳定不变的，不断变异是语言本身固有的特征，这种变化包括语音、词汇、语义和语法等（游汝杰，邹嘉彦，2016），甚至可以说变体是语言的一部分。语言变体是一个比较宽泛的概念，一种语言的各种方言就是单一语言系统内的语言变体。方言分为标准变体和地域变体（王淑雯等，2021）。标准变体是指社会通用的语言变体，在社会中具有最高地位，通常是受教育时的标准母语，汉语的标准变体为普通话。地域变体即语言随地域变化的变体，是同一语言因地域区域不同表现出的不同语音、词汇或语法等，即方言。大多数研究者认为现代汉语包含七大方言：北方方言、湘方言、粤方言、赣方言、吴方言、闽方言和客家方言（王淑雯等，2021）。

随着我国城市化进程的展开，社会变迁和人口流动会导致频繁的语言接触，从而产生了越来越多的双语和双言者。双言最早由Ferguson（1959）提出，是指个体使用两种语言，或一种语言的两种方言。同时，他还区分了语言的"高变体"和"低变体"，"高变体"指国家的通用语言，即普通话，"低变体"指某一种地域方言。游汝杰（2014）认为"双言"指一个地区的语言使用情况，"双语"指个人的语言使用情况。双语或双言者指个体有能力使用两种语言或方言。双言者在日常生活中，经常会根据语言态度和情景，而对自己使用普通话或方言作出选择。

我国的双语和双言者所使用的语言一般包括自己的方言、普通话和英语，在不同的地区，使用普通话或方言的频率和态度存在差异。我国学者张伟（1988）较早对语言态度进行了探讨，分析了语言态度概念的内涵，双语人的语言态度，以及语言态度对使用者的影响等。对于我国被试而言，普通话、方言和英语的态度研究是最为普遍的，研究的对象包括农民工、公务员、学生、青少年等群体。佟秋妹（2012）对江苏三峡移民的语言态度进行了调查，发现新移民中 77% 可以使用两种或两种以上的语言或方言进行交流，96% 的移民能熟练使用自己方言，83% 能用普通话进行交际，而只有19% 的移民能用当地话满足基本交谈，但大多都能听得懂当地话。该群体对自己的母语（重庆话）保有语言忠诚，对普通话的权威性和优越性有普遍认同，对当地话的重要性有认识，但学习意愿不是很高。总体来看，这一新移民群体在情感评价、地位评价和适用性评价上，普通话高于重庆话，重庆话高于当地话，年龄、文化程度和职业会显著影响新移民的语言态度。徐晖明和周喆（2016）对广州青少年语言使用与语言态度进行调查，发现广州青少年在情感上偏爱粤方言，在使用语言方面保持普通话和粤方言并重，女性比男性对普通话和粤方言的态度都更为积极。高一虹等（1998）使用"变语配对"（matched guise）方法，探索了香港、北京和广州三地大学生的语言态度，结果发现语言态度的差异主要出现在内地与香港之间。香港大学生对纯正普通话和粤语的评价与内地大学生相似，而对粤调普通话的评价显著高于内地被试，对英语的评价显著低于内地被试。总体来看，个体对普通话和自己的方言态度都比较积极，同时人口学变量对语言态度有影响。

英语是国际交流的重要工具，在我国教育系统中非常重要，个体在学习英语的过程中会形成对英语的态度，不同群体对英语的态度有所不同。有研究者考察了我国网民的英语态度（罗正鹏，2015），结果发现大部分网民对英语的态度比较消极，强调英语的工具性价值，并担忧英语会威胁母语文化认同。而张娟（2011）对大学生的研究发现，我国大学生对英语的态度积极且肯定，另外个体的英语态度还会受到所学专业及英语水平等因素的影响。随着研究的深入，英语态度的研究还涉及到了英语变体，例如美国英语、英国英语、黑人英语、印度英语、中式英语和日式英语等，结果发现，被试对英语的标准变体（英国英语和美国英语）的评价最为积极（林梦茜，高一虹，2010；许宏晨，高一虹，2014）。

总体来看，个体对普通话的认同度比较高，同时对方言也保持了一定的忠诚度，对于英语而言态度相对比较积极。不过，个体的语言态度也会受到性别、年龄、受教育程度、地域等一系列人口统计学变量的影响。

1.2 语言能力的概念与研究

1965 年，Chomsky 在《语法结构》中提出了语言能力的概念，他认为语言能力是指个体先天对语言知识结构的内在认知掌握，是一种内化了的语言规则体系，包括语音、词汇、语法等。2002 年，他又与 Hauser 和 Fitch（2002）从过程和应用的角度提出，语言能力是指语言的无限表达能力，即通过递归嵌套的方式构建词组和句子，从有限的元素中生成无限范围的表达。还有研究者认为语言能力不应局限在语言范畴，

Hymes（1971）认为语言能力还应包括心理、社会和文化等因素，一个人的语言交际能力指个体掌握并运用语法规则构成合乎语法的句子，并且知道在什么时间地点条件下使用这些规则。

以上主要聚焦于个体语言能力，群体也需要通过语言发动行为、处理事物，Brecht 等人（1993）提出"国家语言能力"概念，即国家应对特定语言需求的能力。我国学者文秋芳 2019 年在《对国家语言能力再解读》中也将国家语言能力定义为国家政府运用语言处理一切与国家利益相关事物的能力。魏晖（2015）在《国家语言能力有关问题探讨》中认为国家语言能力是指国家分配和管理国家语言资源的效率。在本研究中，因为测量的对象为居民个体，因此主要关注的是我国居民个体语言能力。

关于语言能力的测量，包含实验任务和量表测量等多种方法。在实验任务中，口语流利度任务要求被试在给定的类别中说出尽可能多的词汇，该任务可以测量个体的语言表达能力。自定速度阅读任务可以测量语法能力，在计时条件下，向被试逐一呈现句子内的单词，要求被试判断句子语法是否正确，直至句子结束。除了语言任务之外，语言能力量表也是语言能力常用的测量方法。美国外交学院（Foreign Service Institute）于 1955 年制定的口语能力量表是最早出现的语言能力量表。近几十年来，欧美等发达国家或地区为推动语言教学发展，推出众多语言测量量表，例如，欧洲理事会制定了语言能力标准测试《欧洲语言共同参考框架》（Common European Framework of Reference for Languages）。我国同样也制定了许多语言能力测量量表，以英语语言能力为例，中华人民共和国教育部、国家语言文字工作委员会（2018）发布《中国英语能力等级量表》。实验任务和量表虽然能够对个体的语言能力进行客观系统的评价，但是程序复杂，测试时间长，对主试的要求高。本研究为大规模全国性的调查，为了更为快捷地获取个体的语言能力指标，本研究拟使用自评的方式来测量个体对汉语、方言和英语的能力。

此次研究集中在探究性别、年龄、地区、受教育水平和收入水平等人口统计学变量与语言能力的关系。Shafto 和 Tyler（2014）等人发现个体的口语能力会随着年龄的增长而衰退，但语言理解能力可以保持在一定水平，词汇知识也会更加丰富。但也有证据表明，语言理解能力因受到一般认知能力和知觉能力的影响，也会随着年龄增长而降低（DeDe & Flax，2016）。由此可见，年龄与语言能力之间有着较强的联系。此外，还有学者此前探究了性别、教育程度与语言能力之间的关系，例如 Snitz 等（2009）发现，受教育水平也与语言能力呈显著正相关。王敏霞（2013）提出，我国学生的英语语言能力和语用能力具有显著的相关性，英语语用能力具有性别差异，女生明显优于男生。

语言不仅是一种交流工具，还参与了个体思维和情绪的塑造过程。Barrett（2006）的情绪建构理论（affective construction theory）认为，情感不是某种预设的生物学实体，而是由大脑对外部和内部信号进行解释和建构的结果，应将语言视为情感知觉和理解的主体，因为语言不仅可用于表达和标记情感经验，而且在情绪产生中也具有重要作用。概念行为模型（the conceptual act model）指出，人们接受信息的途径来自三个方面：身体外部刺激、对身体内部信号的感知以及个体先前的知识经验（Barrett et al., 2015）。依据这一模型，语言不仅是交流工具，能够标识个体的情绪，还能够提升人类认知能力，加深个体的感觉并使其情绪化。概念行为模型认为语言是建构情绪感知和理解的重要工具，在情绪建构中发挥重要作用（Barrett et al., 2015）。总之，语言的使用和态度等因素可能在情绪建构与思维中扮演了重要的角色。

1.3 整体性思维的概念与研究

整体性思维和分析性思维是人类认知世界的一种分类方式，个体所处的环境会影响思维模式的形成过程。在不同的文化和社会背景下，个体会发展出不同的图式和思维方式。Nisbett 等（2001）发现：在西方文化背景下成长的个体，倾向于使用分析性思维（analytic thinking），即把注意力集中在物体的特征上而不思考周围情景的思维方式；在东方文化（中国、日本等）背景下成长的个体，倾向于使用整体性思维（holistic thinking），更注重整体情景，尤其是物体间的联系。比如给被试呈现一幅狼站立于森林中的照片，西方国家（例如美国）的被试会忽略森林这一背景，而更多的专注于狼的动作和神态等细节，东方国家（例如中国）的被试则更多地对狼与森林间整体关系有更多的印象。也就是说，这两种认知风格的区别在于个体的关注点是主体信息还是环境与主体的综合关系（Nisbett et al., 2001）。分析性思维和整体性思维的差异在分类任务中有明确的体现，如要选择公共汽车、火车和铁轨三个物体中的两个为一组时，整体性思维的个体会倾向于从关系的角度出发，选择具有功能关联的火车与铁轨，而分析性思维的个体会倾向于从事物的本质归属出发，选择同属于交通工具的公共汽车与火车（Ji et al., 2004；Nisbett et al., 2004）。

虽然很多研究发现不同的文化背景会塑造不同的思维方式，但是语言作为一个重要的文化成分，是否也会影响思维方式的选择，有待进一步地研究。我国地域跨度大，语言类别多，是探索语言与思维方式关系的理想之地。Talhelm 等（2014）根据中国文化的南北差异提出的"水稻理论"，认为中国南北文化差异的生态基础是水稻种植与小麦种植的区别，即南方因为种植水稻，需要更多的协作，从而导致更多的集体主义文化和整体性思维模式；而北方因为种植小麦，不需要邻里间的相互协作就可以完成农耕任务，从而发展出更多的个人主义文化和分析性思维模式。水稻理论自提出之后，在理论、研究方法和结论等方面都引发了比较大的争议（汪凤炎，2018；朱滢，2014；Ruan et al., 2015），但为我们提供了一个研究居民思维地区差异的新视角。我国不同地域都有其对应的方言，方言的不同也会影响人与人之间的协作和沟通，方言分布更密集的地域是否会因为沟通的成本更高而出现思维方式变异更大的情况，是一个非常值得探究的问题。

1.4 自豪情绪的概念与研究

自豪情绪是个体根据自己的内化标准，把成就进行内归因的时候产生的积极情绪体验，自豪被认为是一种积极的自我意识情绪，还被认为是一种社会情绪（Armony & Vuilleumier, 2013; Tangney, 1999; Tracy & Robins 2004）。总之，自豪情绪是个体的成就或表现达到自我或社会标准产生的一种积极的情绪体验。

研究者对自豪的分类有不同视角。Tracy 和 Robins（2007）根据归因方式的不同，将自豪分为真实自豪（authentic pride）和自大自豪（hubristic pride）。真实自豪指个体对自豪事件进行内部的、不稳定的、可控的归因而引起的自豪感，而自大自豪是指个体对自豪事件进行内部的、稳定的、不可控的归因而引起的自豪感。还有研究者（Chakrabarti, 1992）把自豪情绪分为个体自豪和集体自豪。个体自豪是指自豪感指向一个个体，集体自豪是指自豪感指向一个群体。基于 Tajfel 等人（1979）提出社会认同理论（social identity theory）以及 Mackie（2000）等人提出的群际情绪理论（intergroup emotions theory），个体会认同自己所在的群体并且会将自己视同群体的一部分，且当个体对自己所在集体有较高归属感时，就会产生强烈情绪并从个人水平发展到群体水平。个体意识到自己属于"国家"这个集体中，国家群体便成为所属群体，此时的集体自豪演变为国家自豪。针对个体自豪和集体自豪理论，有研究者编制了个人主义-集体主义自豪问卷（Liu et al., 2014），该问卷包括三个维度，个人自豪、关系自豪和国家自豪，具有比较好的信效度。Smith 和 Kim（2006）将国家自豪定义为个体对于国家的积极情感，是国家认同的结果。它既包括个体对国家的自豪感和尊重感，也包括个体来自于国家认同的自豪感和自尊感。Moaddel 等人（2008）也认为国家自豪是居民对国家所有积极情绪的集合。本研究认为，国家自豪是指个人对自己所属国家的认同感，是一种集体的自豪感。在我国文化中，国家自豪感是一种重要的情感体验，与个人自尊、家庭荣誉和集体荣誉等密切相关。

国家自豪受很多因素的影响，有研究发现，性别和年龄对国家自豪感有影响，男性国家自豪感更强，年龄越大，国家自豪感越高（Smith & Kim, 2006）。但也有研究者没有发现性别和国家自豪有显著相关（Kavetsos, 2012），还有研究发现年龄和国家自豪关系比较复杂，青少年对国家具有积极自豪感，从初中到高中呈下降趋势，到了大学又呈上升趋势（张莹瑞, 佐斌, 2012）。以上研究结果的不同，说明国家自豪在不同的国家、地区受到不同因素的影响，具有地区特异性。另外，普通话和方言分别作为国家和家乡的标识，也可能和国家自豪与关系自豪密切相关。本研究聚焦于探究我国居民语言使用与态度和国家自豪、关系自豪感的关系。

1.5 已有研究评述与本研究方案

以往针对语言态度和应用的研究，搜集的数据多集中在我国的某两个或三个地域，缺少全国规模的系统性调查，因此很难揭示我国整体语言态度和应用的全貌。我国地域广阔，包含7大方言区和上百种少数民族语言，对全国不同区域语言态度、应用和功能的分析，可以加深我们对我国语言态度多样性的理解。另外，个体对语言态度和应用的研究跨越了社会学、语言学和心理学等多个学科，很少有研究深入地探索语言态度和应用与思维方式和自豪情绪的关系。

本研究计划在全国范围内揭示我国居民的语言态度、语言能力、语言使用习惯等语言特征，同时从思维方式和自豪情绪等角度切入，探讨新时代居民语言能力和使用特征与思维方式和自豪情绪的关系模式。在微观角度，探索我国居民语言能力提升和优化语言使用习惯的路径；从宏观角度，为国家推广普通话、保护方言和少数民族语言提供相应理论支持，以构建新时代中国特色语言体系，推动国家发展、时代进步。

2 研究方法

2.1 样本基本情况

本调查采用方便取样的方法收集数据，主要覆盖了全国29个省、自治区、直辖市（不含港澳台、海南省、内蒙古自治区），最终样本量共4669人。部分样本在填写问卷时某些题目未按规定作答，在针对某一题目进行数据分析前已将该题目中的无效数据剔除。其中，语言能力相关题目共剔除被试4个，语言习得相关题目共剔除被试25个，语言使用情况相关题目共剔除被试11个，国家自豪相关题目共剔除被试9个。

2.2 问卷材料

调查包括四个工具包：第一，语言态度测量工具包；第二，语言能力测量工具包；第三，思维倾向测量工具包；第四，自豪情绪测量工具包。调查内容还包括语言习得时间、语言使用情况测量等项目。

2.2.1 语言态度测量工具包

该工具包包括10道语言态度测量题目，改编自 AToL 量表（Attitudes Towards Languages, Schoel et al., 2012），共测量普通话语音态度（包含普通话发音评价与使用意愿，下略）、家乡话发音态度、汉字字形态度、家乡话使用态度、外语学习态度、网络流行语使用态度六个维度，采用两项或多项题目合并赋分的维度的内部一致性系数均超过0.76。

2.2.2 语言能力测量工具包

语言能力测量工具包共三个题目，分别测量家乡话能力、普通话能力、英语能力，采用6点量尺，要求被调查对象根据自我评估结果进行选择。"不会说"记1分，"非常差"记2分，"比较差"计3分，"一般"计4分，"比较好"计5分，"非常好"计6分，得分越高说明语言能力水平越高。

2.2.3 思维倾向测量工具包

该工具包包括一道测量整体性思维倾向的题目。该题目要求居民判断"教师"与"作业"、"医生"中哪一个属于同一组，选择"作业"的一组，倾向于从事物关系的角度对问题进行分析，被认为更具有整体性思维倾向。

2.2.4 自豪情绪测量工具包

该工具包包括一道国家成就归因排序题目，该题目借鉴真实自豪和自大自豪倾向量表（the Authentic and Hubristic Pride-Proneness Scales，Tracy & Robins，2007）中关于自豪的双维测量维度，根据不同归因类型，测量居民自豪感。要求被试对我国能够取得成就的三点主要原因进行排序，分别为"中华民族的优秀基因"（内在、先天因素）、"中华民族的勤劳刻苦"（内在、特质因素）、"国际因素与世界局势"（外在因素），被选择排在第一位的原因计1分。两道自豪感量表测量题目，采用10点量尺，1分代表感受到的自豪感最低，10分代表感受到的自豪感最高。要求被试分别判断在以下两种情境下所感受到的自豪程度，分别为"当我的家乡被人称赞的时候"、"当我意识到我是一个中国人的时候"，得分越高代表所产生的自豪感越强（Liu et al.，2014）。

2.2.5 语言习得时间测量

语言习得时间测量问卷包含两个题目，采取单项选择的形式，分别测量普通话语言习得时间及英语语言习得时间。普通话语言习得时间，依据时间顺序，共包含5个选项，分别为"幼儿园或更早"、"小学"、"初中"、"高中/中专/职高/技校"、"大学及以后"。英语语言习得时间，依据时间顺序，共包含7个选项，分别为"幼儿园或更早"、"小学1—3年级"、"小学4—6年级"、"初中"、"高中"、"大学及以后"、"没学习过"。语言习得阶段得分越低代表习得年龄越早（最后一个选项除外）。

2.2.6 语言使用情况测量

语言使用情况测量问卷共包含两个题目，采取单项选择的形式，分别测量生活中普通话的使用比例及英语的使用比例。普通话和英语的使用比例，依据比例从小到大排列，共包含5个选项，分别为"0~20%"、"21%~40%"、"41%~60%"、"61%~80%"、"81%~100%"。

3 不同个人特征居民的语言态度

本次调查中,共使用 10 道题目拟测量居民的语言态度,包含普通话语音态度(包含普通话发音评价与使用意愿,下略)、家乡话发音态度、汉语字形态度、家乡话使用态度、外语学习态度、网络流行语使用态度。结果发现,性别、年龄、学历、阶层、收入等人口学变量都对居民的语言态度产生影响(在数据分析中,如果备选项的数量过少,我们对其进行了删减或合并)。

3.1 不同性别居民个体的语言态度差异

在普通话语音态度、家乡话发音态度、汉语字形态度、家乡话使用态度、外语学习态度上,女性得分高于男性[$ts(4610)>2.93, ps<0.05$, Cohen's $ds>0.08$],但在网络流行语的使用上,没有发现性别差异[$t(4610)=0.57, p=0.99$]。无论是男性还是女性,都表现出对普通话的语音喜爱程度高于家乡话发音[$ts>7.41, ps<0.001$, Cohen's $ds>0.33$](见图 8-1)。

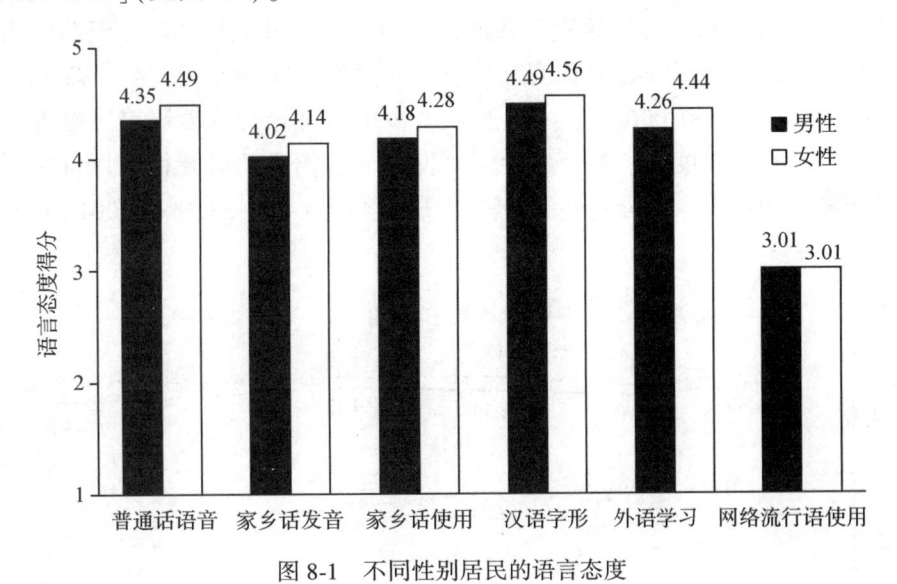

图 8-1 不同性别居民的语言态度

3.2 不同年龄居民个体的语言态度差异

3.2.1 居民对普通话、家乡话的态度

青年人、中年人对普通话、家乡话的评价最高,50 岁以上的老年人对普通话语音的喜爱程度显著低于其他组[$F(5,4566)=11.06, p<0.001, \eta^2=0.024$],而随着年龄的增加,居民对家乡话使用必要性的赞成程度逐渐降低[$F(5,4566)=8.18, p<0.001, \eta^2=0.01$],但不同年龄段居民对自己家乡话发音的喜爱度均维持在较高的水平

$[F(5,4566)=1.375, p=0.174, \eta^2=0.002]$，其中 30~39 岁的群体对家乡话语音的喜爱程度最高（见图 8-2）。

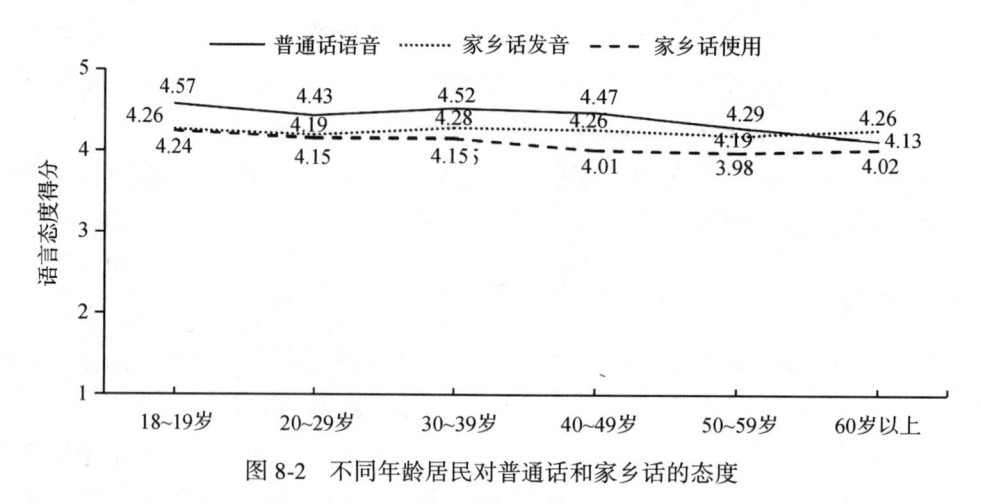

图 8-2 不同年龄居民对普通话和家乡话的态度

3.2.2 居民对汉字、外语、流行语的态度

60 岁以上老年人对掌握外语重要性的认知显著低于其他年龄段，但总体而言，各年龄段的居民对汉字字形的喜爱程度、外语重要性的认同程度都较高 $[Fs(5,4566)>4.51, ps<0.001, \eta^2s>0.006]$，其中，18~19 岁的群体最为喜爱汉字并看重学习外语的必要性。在流行语态度上，各个年龄段对网络流行语学习必要性的评价均不高，大体上呈现出随年龄越大，得分越低的趋势 $[F(5,4566)=72.33, p<0.001, \eta^2=0.07]$。详细结果见图 8-3。

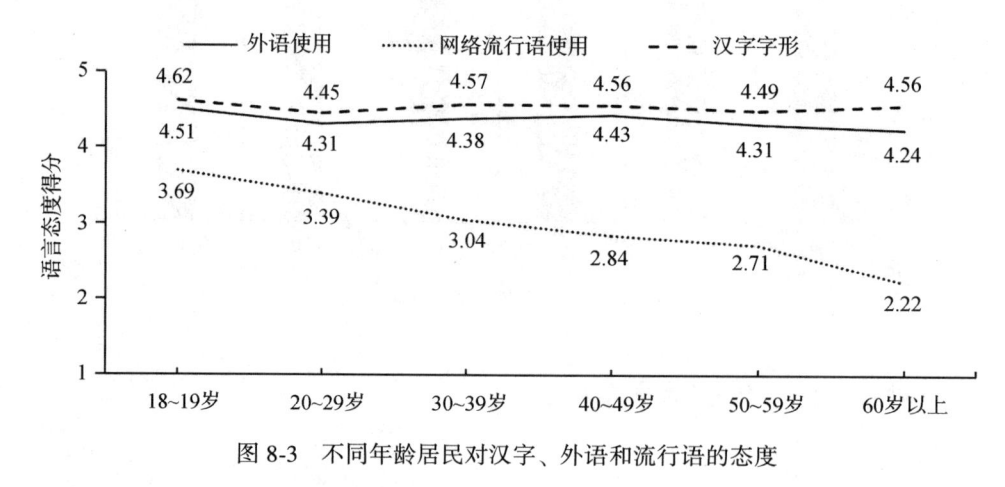

图 8-3 不同年龄居民对汉字、外语和流行语的态度

3.3 不同学历居民个体的语言态度差异

3.3.1 居民对普通话、家乡话的态度

受教育水平越高，居民对于家乡话发音与对家乡话使用的态度得分均呈现下降趋

势，但总体而言，居民对家乡话的接受与喜爱程度仍维持在一个较高的水平 $[Fs\,(5,4613)>2.83,\ ps<0.02,\ \eta^2 s>0.003]$。而教育水平越高，居民对于普通话语音的喜爱越强 $[F\,(5,4613)=72.27,\ p<0.001,\ \eta^2=0.07]$，在大学本科处达到最高值（见图8-4）。

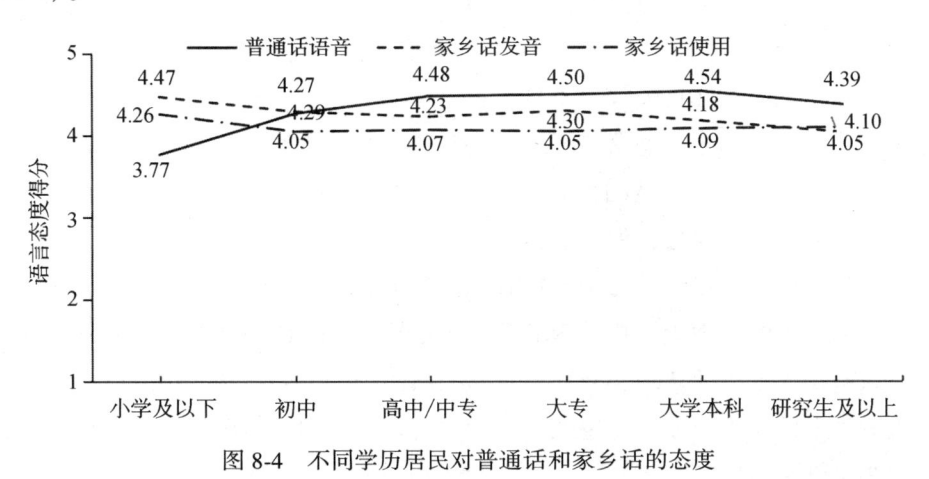

图8-4 不同学历居民对普通话和家乡话的态度

3.3.2 居民对汉字、外语、流行语的态度

各学历水平的居民对于汉字字形的美观程度均有较高水平的认同，并呈现出受教育水平越高对汉字评价越高的趋势，居民对外语学习重要性的认同也呈现相同的趋势 $[Fs\,(5,4613)>5.16,\ ps<0.001,\ \eta^2 s>0.006]$。但是，居民对流行语使用重要性的认同程度普遍较低 $[F\,(5,4613)=29.82,\ p<0.001,\ \eta^2=0.03]$，高学历的居民对流行语有更高的接受度和使用倾向。详细结果见图8-5。

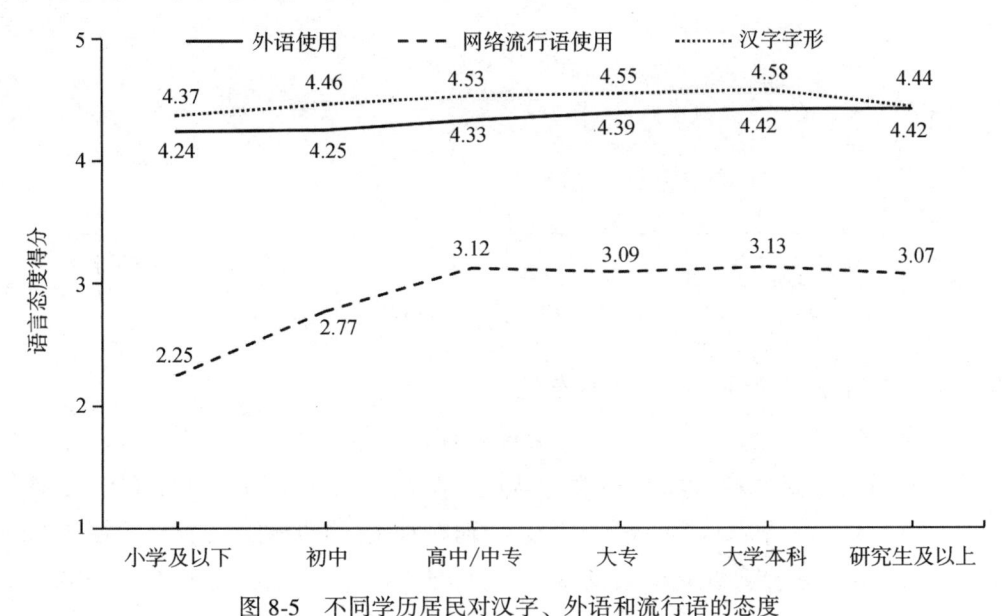

图8-5 不同学历居民对汉字、外语和流行语的态度

3.4 不同收入、阶层居民个体的语言态度差异

3.4.1 居民对普通话、家乡话的态度

在普通话语音层面上，居民的评分呈现出随阶层水平（本文结果部分提及的阶层均为主观阶层）提高而增加的趋势，这与居民收入水平与普通话语音的关系一致 $[Fs(4,4557)>3.73, ps<0.01, \eta^2 s>0.003]$。

在家乡话发音层面上，整体而言，各个阶层中对家乡话的发音均有较高的评分，阶层与居民的态度并没有明显的关系 $[F(4,4557)=0.319, p=0.87]$，各收入水平的居民也对家乡话有较高评分，但高收入个体（月收入超过1万元）对家乡话发音的评价显著低于其他组别 $[F(4,4557)=2.81, p=0.02, \eta^2=0.002]$。

在家乡话使用的层面上，中层和高阶层的居民，尤其是高阶层的居民，对家乡话使用有较为密切的关注 $[F(4,4557)=4.16, p<0.01, \eta^2=0.004]$；但是，收入水平越高，居民对家乡话使用的关注度越低 $[F(4,4557)=2.90, p=0.02, \eta^2=0.003]$。详细结果见图8-6和图8-7。

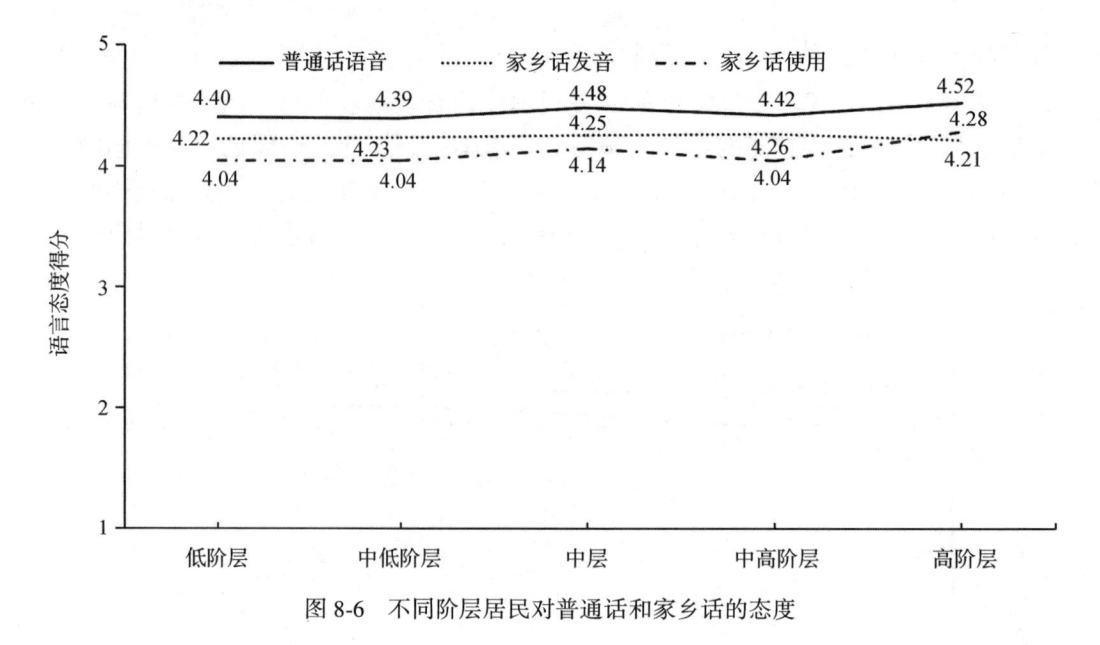

图8-6 不同阶层居民对普通话和家乡话的态度

3.4.2 居民对汉字、外语、流行语的态度

各阶层、各收入群体对汉字字形的美观均有较高程度的认同；各阶层、各收入群体对外语使用的重要性均有较高程度的认同，阶层和收入越高，对外语态度越积极 $[Fs(4,4557)>1.98, ps<0.10, \eta^2>0.002]$。而在对流行语的使用方面，阶层越低的居民对网络流行语使用重要性的认同越高 $[F(4,4557)=12.94, p<0.001, \eta^2=0.011]$。详细结果见图8-8和图8-9。

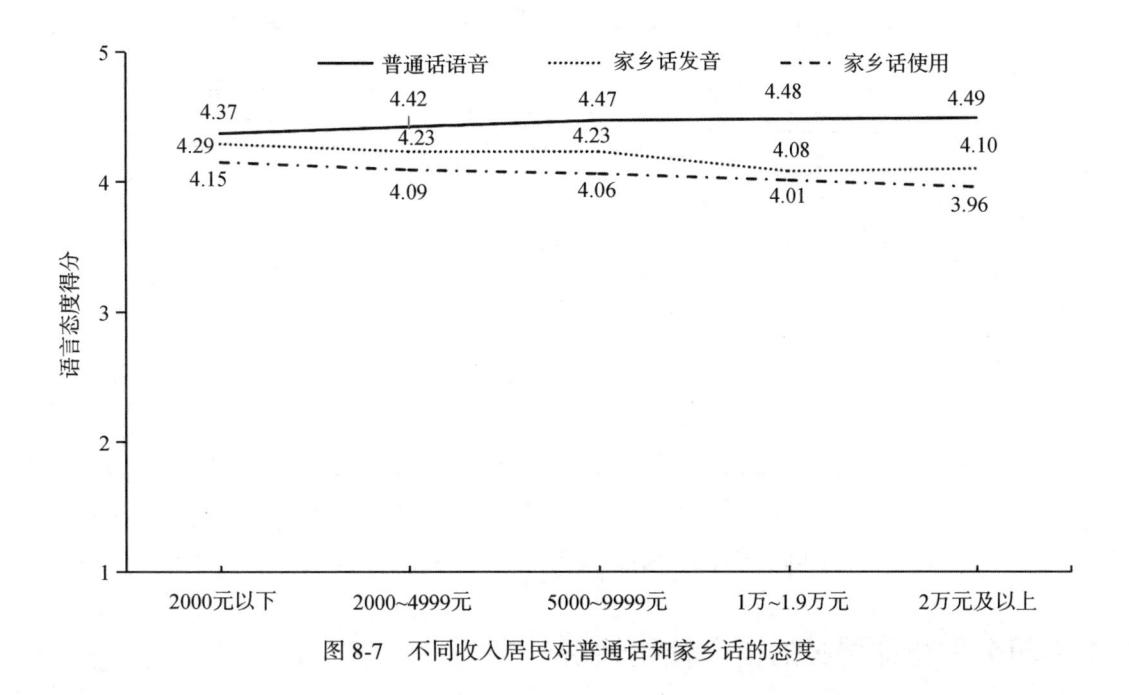

图 8-7　不同收入居民对普通话和家乡话的态度

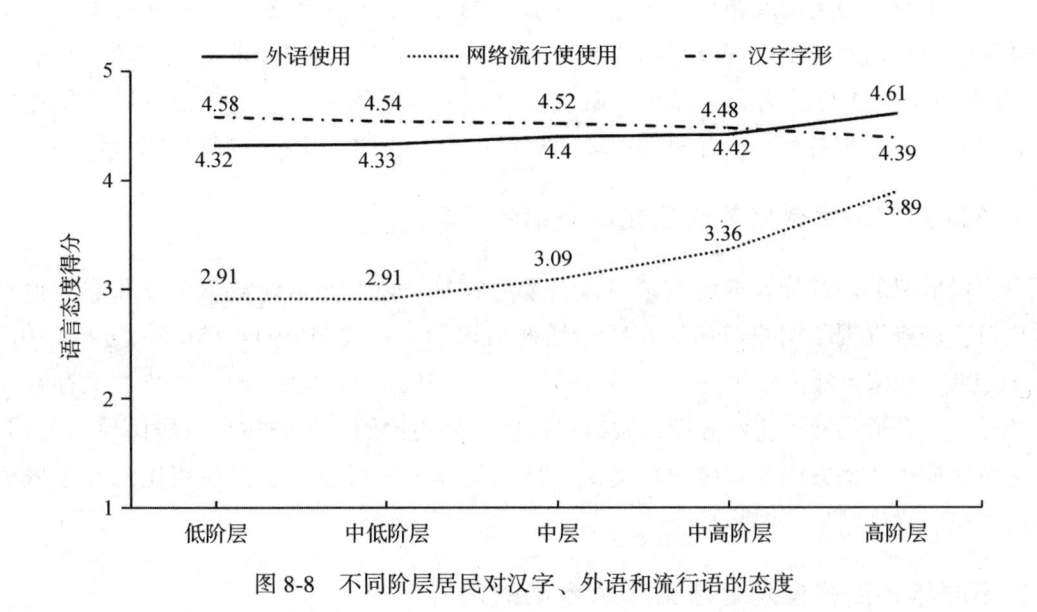

图 8-8　不同阶层居民对汉字、外语和流行语的态度

图 8-9 不同收入居民对汉字、外语和流行语的态度

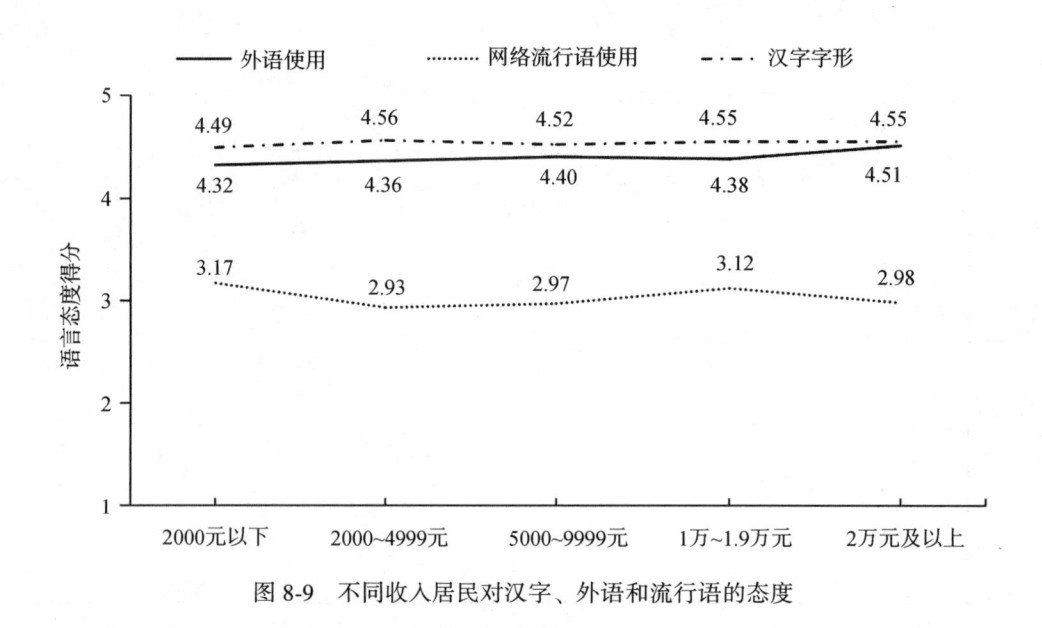

4 不同个人特征居民的语言使用情况

本次调查共使用两道题目，采用自我报告的方式，让居民分别评估在日常生活中普通话和家乡话的使用比例情况。结果发现，性别、户口（本地/非本地城镇户口和本地/非本地农村户口）、年龄、学历、阶层、收入、地区等人口学变量都对语言使用情况有影响（在数据分析中，如果备选项的数量过少，我们对其进行删减或合并）。

4.1 不同户口居民使用普通话或家乡话的差异

户口情况的调查分为本地城镇户口、本地农村户口、非本地城镇户口和非本地农村户口，调查发现不同户口居民在普通话使用比例 [$F(3,4659)=151.60, p<0.001, \eta^2=0.09$] 和家乡话使用比例 [$F(3,4657)=101.28, p<0.001, \eta^2=0.06$] 上存在显著差异。在普通话使用比例方面，城镇户口居民使用比例高于农村户口居民使用比例；在家乡话使用比例方面，农村户口居民，特别是本地农村户口居民使用比例高于城镇户口居民。详细结果见图8-10。

4.2 不同年龄居民使用普通话和家乡话的差异

调查结果发现，不同年龄居民在普通话使用比例 [$F(5,4623)=85.99, p<0.001, \eta^2=0.09$] 和家乡话使用比例 [$F(5,4621)=49.72, p<0.001, \eta^2=0.05$] 上存在显著差异。年轻群体普通话使用比例高于年长群体，而年长群体家乡话使用比例高于年轻群体。随着普通话的普及推广，目前年轻人普通话使用比例高于老年人。详细结果见图8-11。

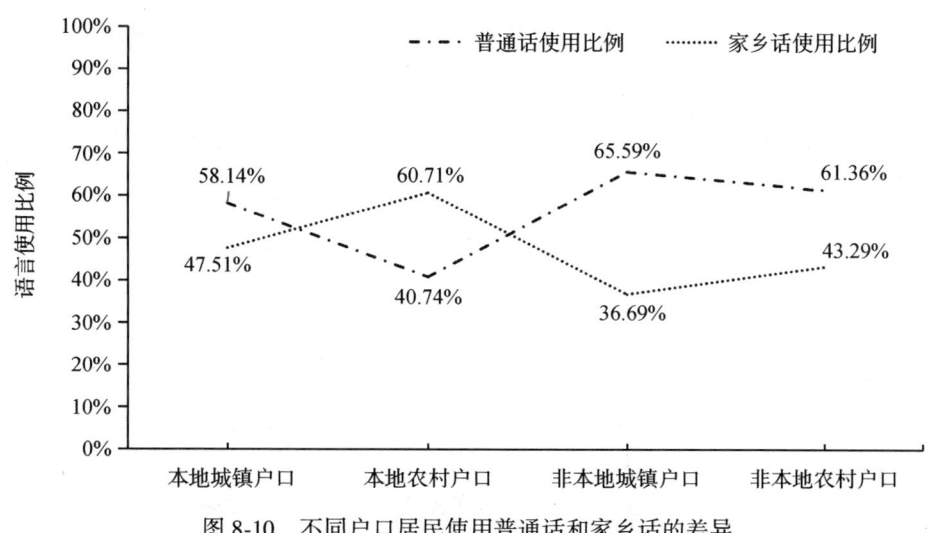

图 8-10 不同户口居民使用普通话和家乡话的差异

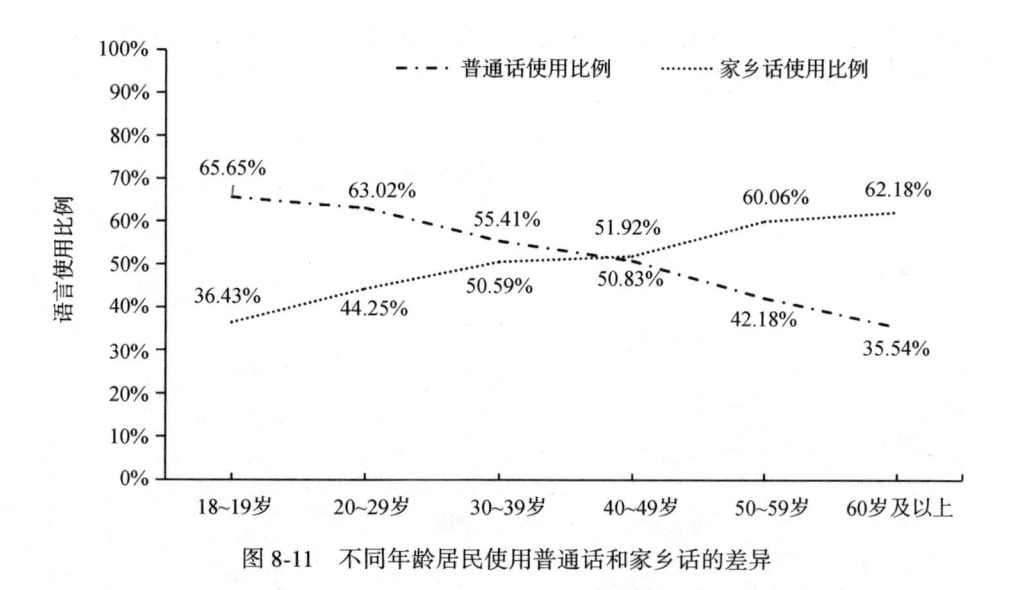

图 8-11 不同年龄居民使用普通话和家乡话的差异

4.3 不同学历水平居民使用普通话和家乡话的差异

不同学历水平的居民在普通话使用比例 [$F(5,4665)=170.47$, $p<0.001$, $\eta^2=0.15$] 和家乡话使用比例 [$F(5,4663)=87.98$, $p<0.001$, $\eta^2=0.09$] 上存在显著差异，学历水平越高普通话使用比例越高，而家乡话使用比例越低（见图 8-12）。

4.4 不同阶层居民使用普通话和家乡话的差异

不同阶层居民在普通话使用比例 [$F(4,4627)=19.90$, $p<0.001$, $\eta^2=0.02$] 和家乡话使用比例 [$F(4,4625)=9.58$, $p<0.01$, $\eta^2=0.01$] 上存在显著差异。阶层越高普

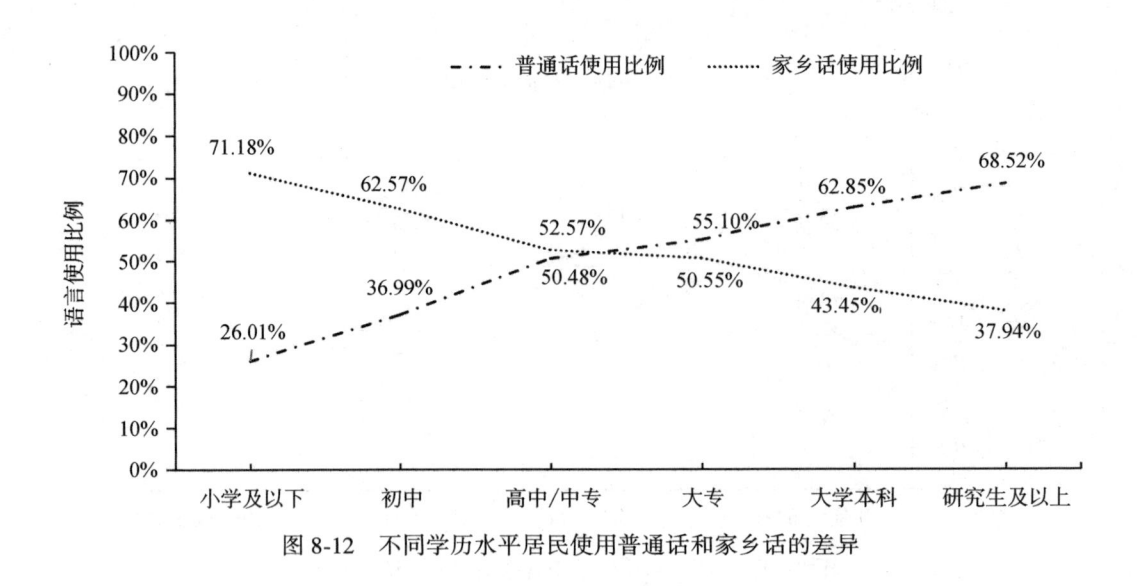

图 8-12 不同学历水平居民使用普通话和家乡话的差异

通话使用比例越高，家乡话使用比例越低，而阶层较低的个体家乡话和普通话使用比例差异较小，详细结果见图 8-13。

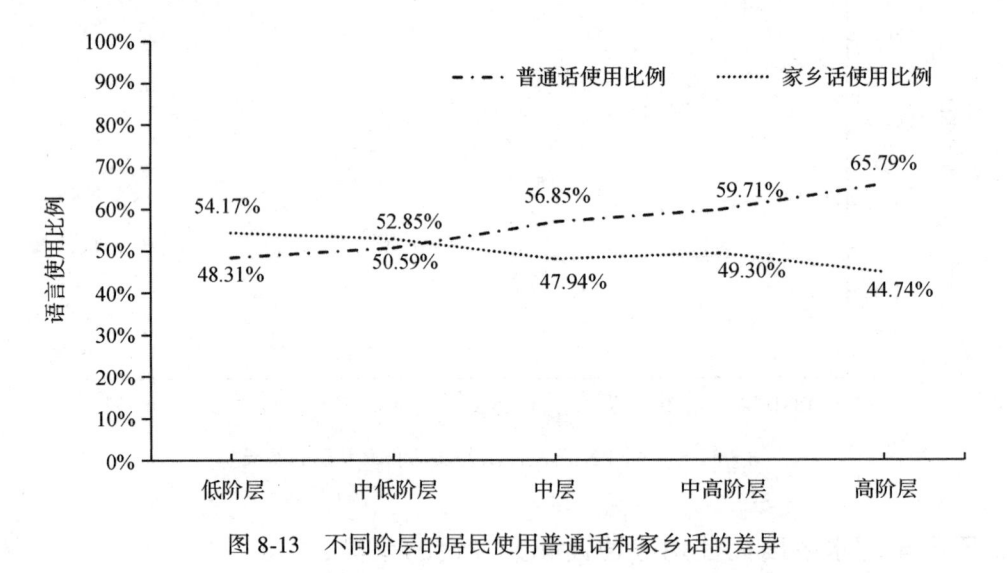

图 8-13 不同阶层的居民使用普通话和家乡话的差异

4.5 不同收入水平居民使用普通话和家乡话的差异

不同收入水平的居民在普通话使用比例 [$F(4,4605) = 36.65$, $p < 0.001$, $\eta^2 = 0.03$] 和家乡话使用比例 [$F(4,4602) = 26.69$, $p < 0.001$, $\eta^2 = 0.02$] 上存在显著差异。收入水平越高普通话使用比例越高，而家乡话使用比例越低。较低收入水平居民普通话使用比例和家乡话使用比例差距较小。详细结果见图 8-14。

图 8-14 不同收入水平的居民使用普通话和家乡话的差异

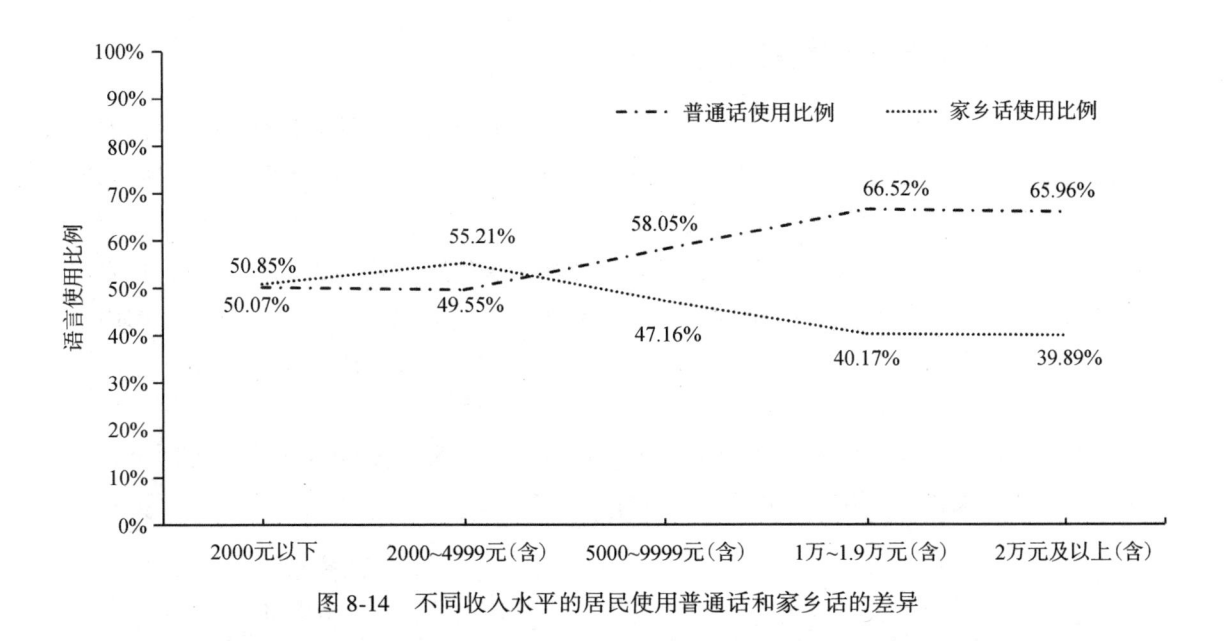

4.6 家乡话与普通话的差异对语言使用的影响

根据自我报告的方式将家乡话与普通话之间的差别分为差异非常小、差异比较小、差异一般、差异比较大和差异非常大。家乡话与普通话的差异对普通话使用 $[F(4,4656)=55.58,p<0.01,\eta^2=0.05]$ 和家乡话使用 $[F(4,4654)=5.72,p<0.01,\eta^2=0.01]$ 的影响显著。认为普通话与家乡话差别非常小的居民会更普遍使用普通话而较少使用家乡话，而认为普通话与家乡话差别非常大的居民使用家乡话的比例会超过使用普通话的比例。详细结果见图 8-15。

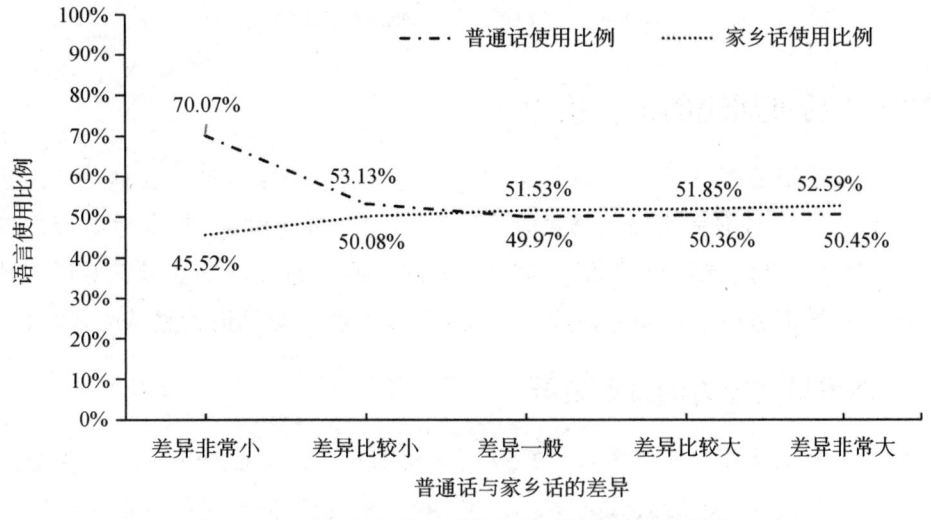

图 8-15 家乡话与普通话的差异对语言使用的影响

4.7 不同地区居民使用普通话和家乡话的差异

此次题目采取单项选择和自我评估的方式，测量居民普通话和家乡话使用情况。根据《中国语言地图集（第二版）》汉语方言区地图，将此次全国 29 个省市区样本分为官话区和非官话区。官话区共 19 个省市区，包括北京、天津、河北、河南、辽宁、吉林、黑龙江、山东、江苏、陕西、安徽、湖北、重庆、四川、贵州、云南、甘肃、宁夏、新疆；非官话区共 10 个省市区，包括山西、上海、浙江、福建、江西、湖南、广东、广西、青海、西藏。结果发现，官话区与非官话区居民在普通话使用比例 [$t(4665)=4.13$, $p=0.001$, Cohen's $d=0.14$]、家乡话使用比例 [$t(4663)=-2.43$, $p=0.015$, Cohen's $d=-0.08$] 上均存在显著差异。官话区居民普通话使用比例更高，非官话区居民家乡话使用比例更高。详细结果见图 8-16。

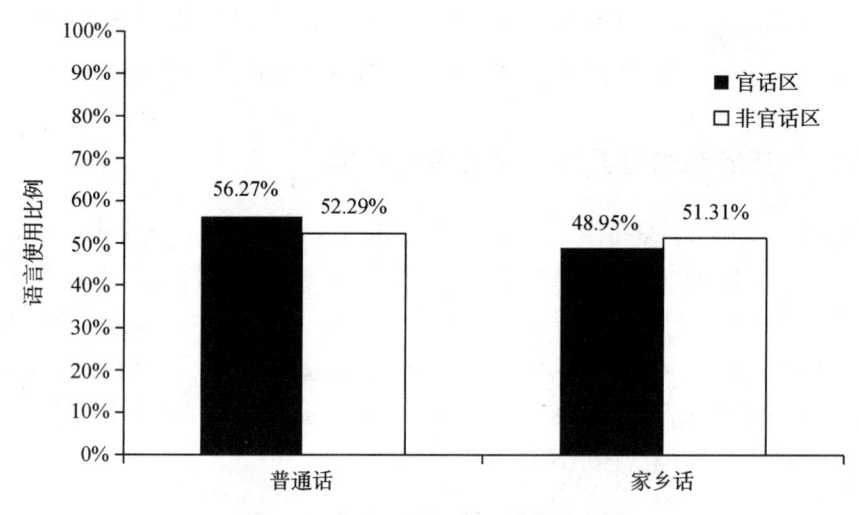

图 8-16 各地区居民普通话使用比例

5 不同个人特征居民的语言能力

本次调查采用量表自我评估的方式，让居民分别报告家乡话、普通话、英语能力水平，拟测量居民的语言能力。结果发现，性别、户口（本地/非本地城镇户口和本地/非本地农村户口）、年龄、学历、阶层、收入、地区等人口学变量都对语言使用情况有影响（在数据分析中，如果备选项的数量过少，我们对其进行删减或合并）。

5.1 我国居民语言能力的性别差异

女性的家乡话水平 [$t(4299)=2.52$, $p=0.011$, Cohen's $d=0.07$]、普通话水平 [$t(4671)=2.178$, $p=0.029$, Cohen's $d=0.06$] 和英语水平 [$t(4672)=2.31$, $p=0.017$, Cohen's $d=0.08$] 均显著高于男性。其中家乡话水平依次优于普通话水平和英

语水平，见图8-17。

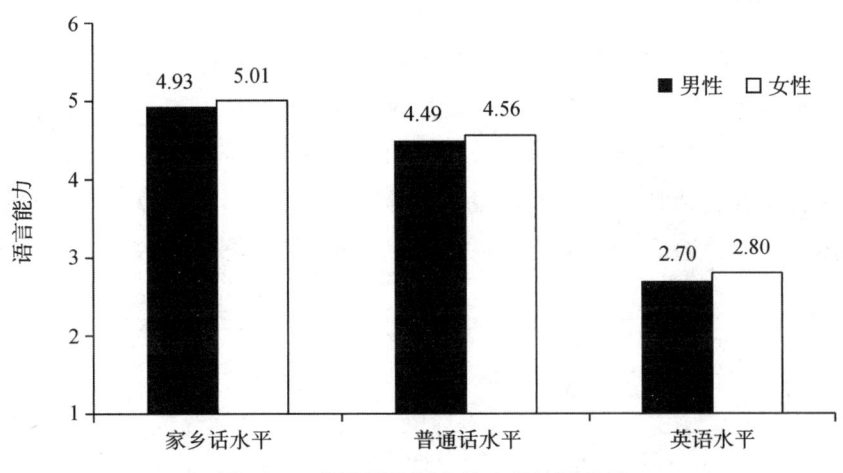

图 8-17 我国居民语言能力的性别差异

5.2 不同户口居民语言能力的差异

调查发现不同户口居民在家乡话水平 $[F(3,4661)=22.19, p<0.001, \eta^2=0.01]$、普通话水平 $[F(3,4661)=112.12, p<0.001, \eta^2=0.07]$ 和英语水平 $[F(3,4661)=38.91, p<0.001, \eta^2=0.02]$ 上存在显著差异，家乡话和普通话水平均普遍高于英语水平。在家乡话水平方面，农村户口居民水平高于城镇户口居民；在普通话和英语水平方面，城镇户口居民水平高于农村户口居民水平。城镇户口居民家乡话水平与普通话水平差异相对较小，农村户口差异相对较大。详细结果见图8-18。

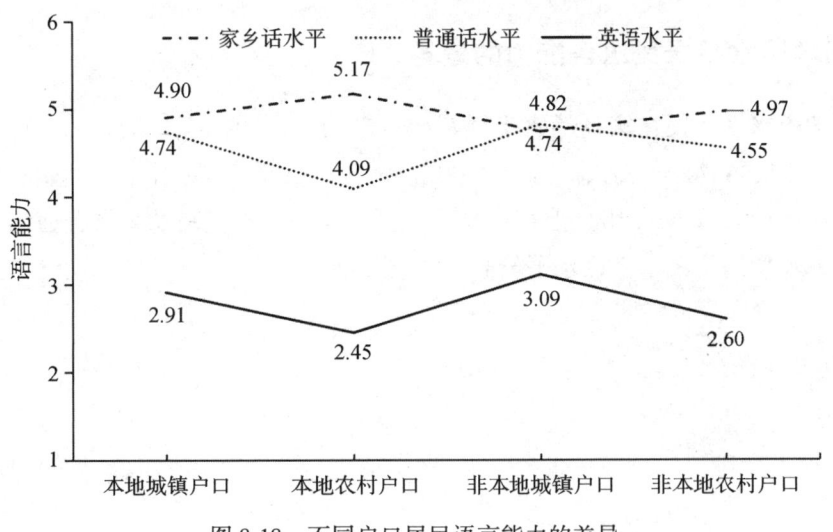

图 8-18 不同户口居民语言能力的差异

5.3 不同年龄段居民语言能力的差异

调查发现不同年龄段居民在家乡话水平 $[F(5,4625)=8.49, p<0.001, \eta^2=0.01]$、普通话水平 $[F(5,4625)=122.78, p<0.001, \eta^2=0.12]$ 和英语水平 $[F(5,4625)=201.55, p<0.001, \eta^2=0.18]$ 上存在显著差异，30岁以上年龄群体家乡话水平依次优于普通话和英语，30岁以下年龄居民普通话水平依次优于家乡话和英语。此外，年龄越低，普通话水平和英语水平越高。详细结果见图8-19。

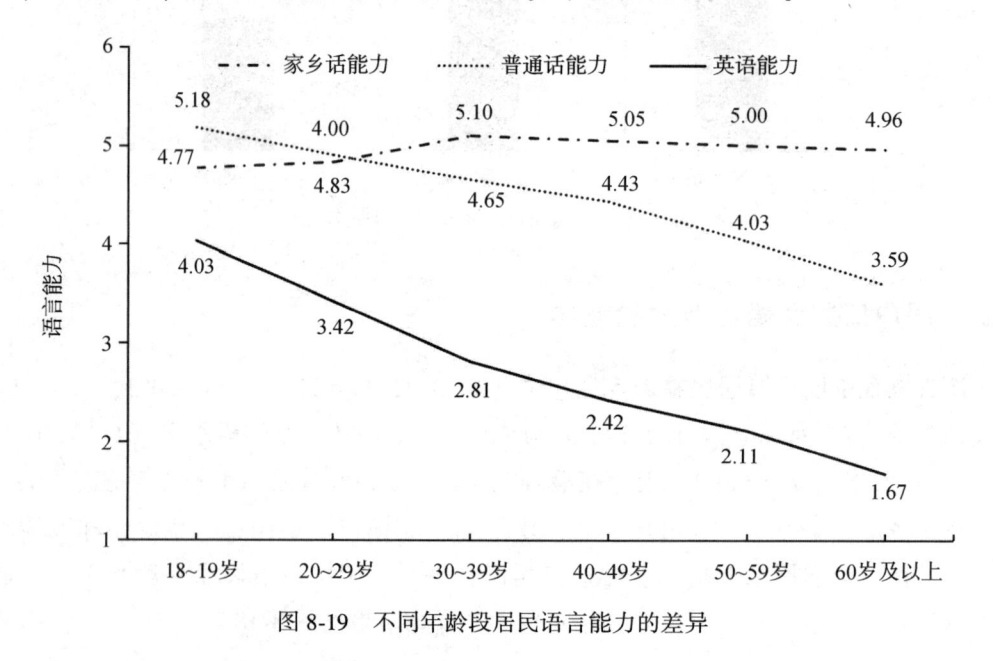

图8-19 不同年龄段居民语言能力的差异

5.4 不同学历水平居民语言能力的差异

不同学历水平居民在家乡话水平 $[F(5,4667)=7.50, p<0.01, \eta^2=0.01]$、普通话水平 $[F(5,4667)=221.61, p<0.001, \eta^2=0.19]$ 和英语水平 $[F(5,4667)=200.21, p<0.001, \eta^2=0.18]$ 上存在显著差异，学历水平越高的个体普通话水平越高，而学历水平较低的居民家乡话水平较高（见图8-20）。

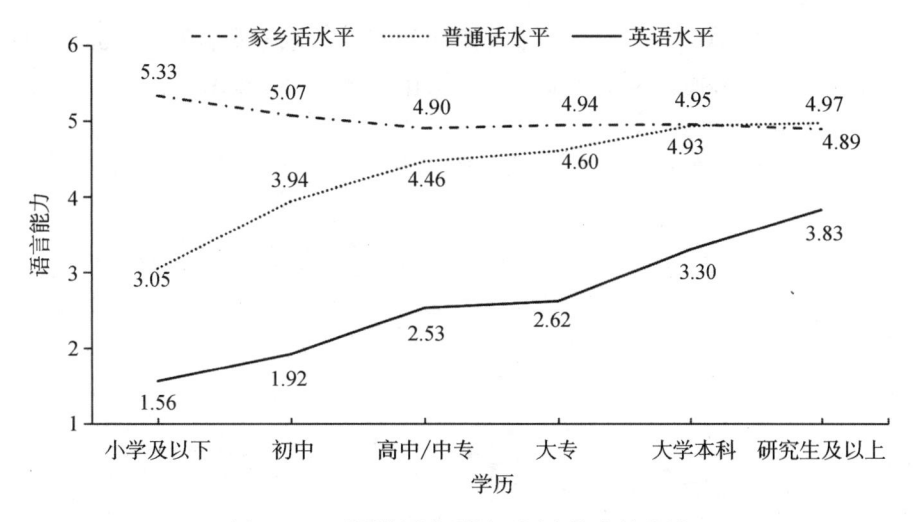

图 8-20 不同学历水平居民语言能力的差异

5.5 不同阶层居民语言能力的差异

不同阶层居民在普通话水平 [$F(4,4629)=34.79$, $p<0.001$, $\eta^2=0.03$] 和英语水平 [$F(4,4629)=67.38$, $p<0.001$, $\eta^2=0.06$] 上存在显著差异，在家乡话水平 [$F(4,4629)=1.36$, $p=0.244$, $\eta^2=0.001$] 同样存在差异。阶层越高，普通话水平和英语水平越高，而较低阶层居民的家乡话水平较高。详细结果见图 8-21。

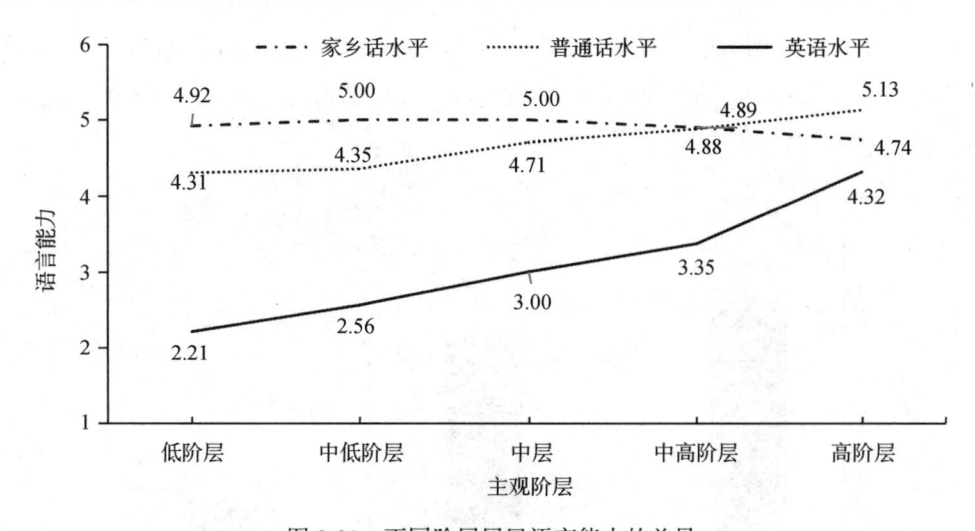

图 8-21 不同阶层居民语言能力的差异

5.6 不同收入水平居民的语言能力的差异

不同收入水平的居民在家乡话水平 [$F(4,4606)=3.82$, $p=0.004$, $\eta^2=0.003$]、普通话水平 [$F(4,4606)=27.26$, $p<0.001$, $\eta^2=0.02$] 和英语水平 [$F(4,4606)=$

10.04，$p<0.001$，$\eta^2=0.01$]上存在显著差异。家乡话水平最高的是5000~9999元群体；收入水平越高，普通话水平和英语水平越高。详细结果见图8-22。

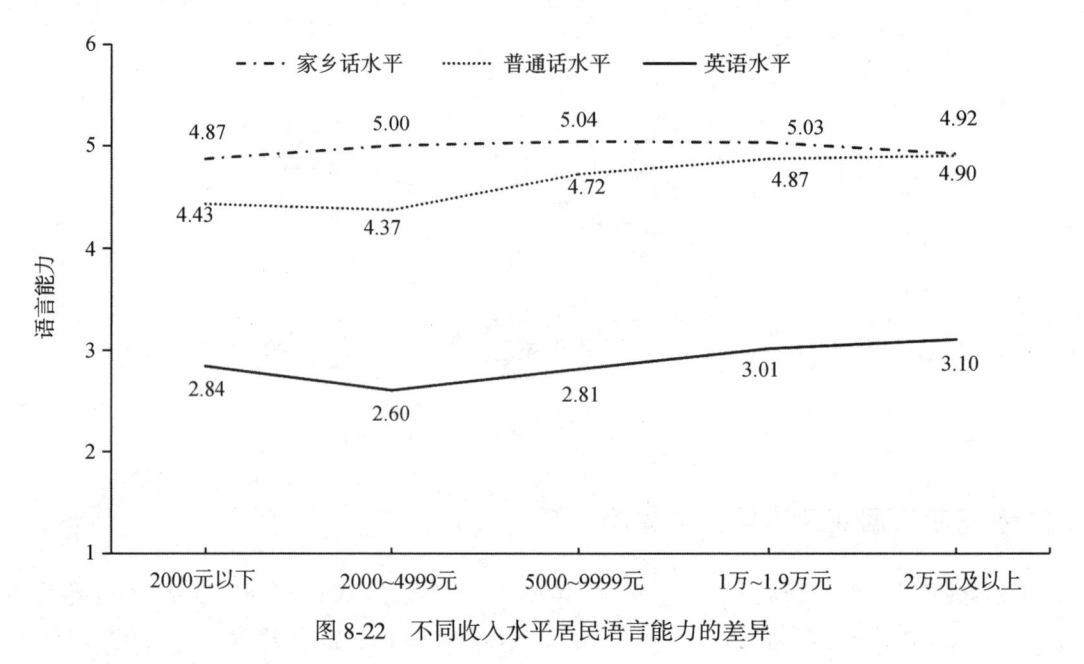

图8-22 不同收入水平居民语言能力的差异

5.7 不同地区居民语言能力的差异

结果发现，非官话区居民英语语言能力[$t(4668)=-2.29$，$p=0.02$，Cohen's $d=-0.077$]较官话区居民更好。而在普通话和家乡话能力上，官话区与非官话区差异不显著（见图8-23）。

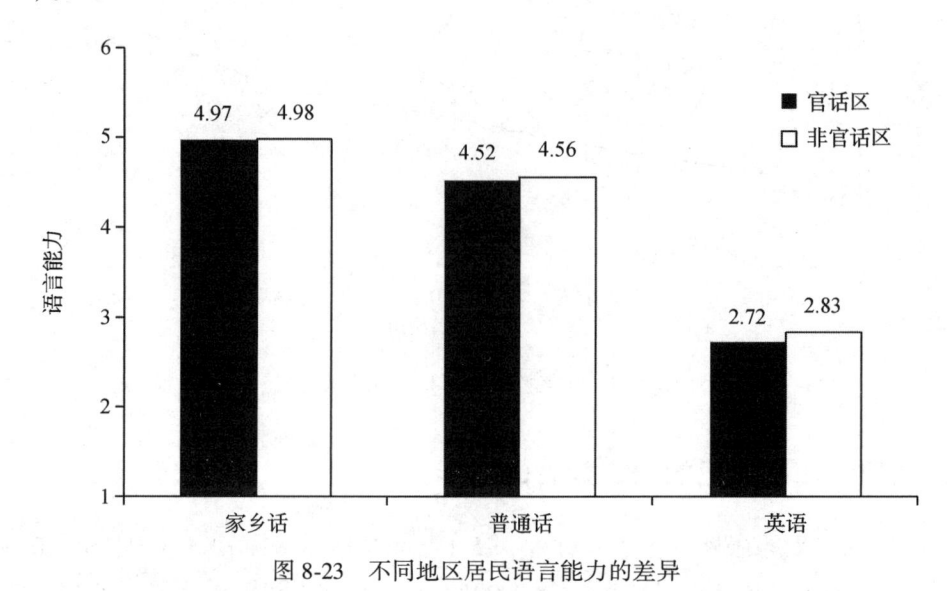

图8-23 不同地区居民语言能力的差异

6 不同个人特征居民的语言习得

本次调查采用单项选择和自我报告的方式,让居民选择习得普通话和英语的年龄阶段,拟测量居民的语言习得时间。结果发现,性别、户口(本地/非本地城镇户口和本地/非本地农村户口)、年龄、学历、阶层、收入、地区等人口学变量都和语言使用情况有关。

6.1 我国居民语言习得的性别差异

在普通话习得方面,存在性别差异,分别有2663位女性和2005位男性进行了自我报告。其中,女性有811人在幼儿园或更早阶段就习得了普通话(占比30.80%)并有1110人在小学习得普通话(占比42.16%),而男性有544人在幼儿园或更早阶段就习得了普通话(占比27.13%)并有797人在小学习得普通话(占比39.75%)。可以看出,女性普通话习得阶段早于男性:$\chi^2 (4, N=4638) = 22.15$,$p<0.001$,Cramer's V = 0.069(见图8-24)。

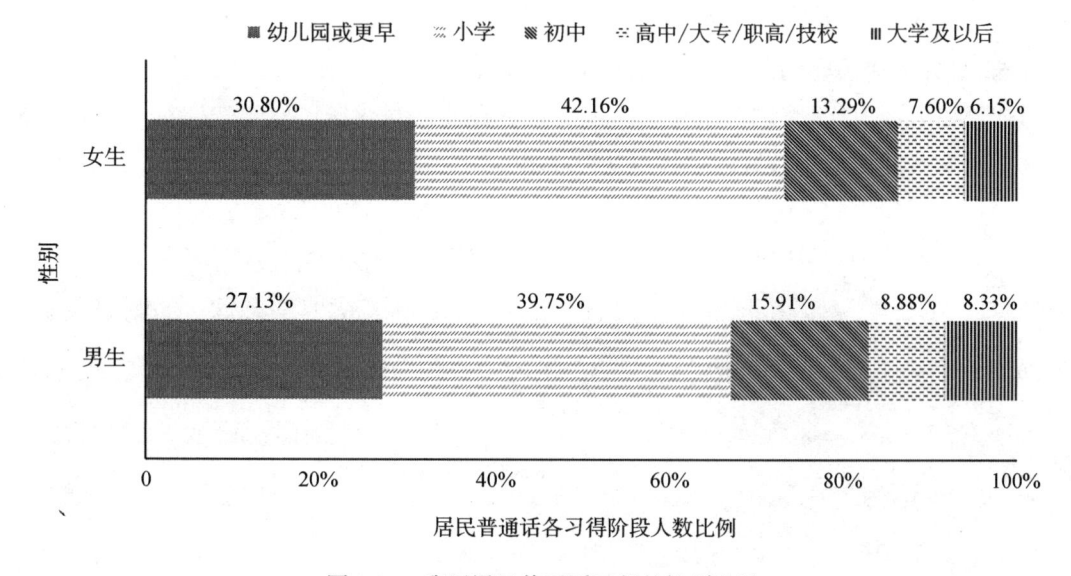

图8-24 我国居民普通话习得的性别差异

在英语习得方面,同样存在性别差异,分别有2642位女性和2011位男性进行了自我报告。其中,女性有144人在幼儿园或更早阶段就习得了英语(占比5.45%),并有625人在小学习得英语(占比23.66%),而男性有108人在幼儿园或更早阶段就习得了英语(占比5.37%),并有396人在小学习得英语(占比19.69%)。可以看出,女性英语语言习得阶段早于男性:$\chi^2 (6, N=4653) = 26.46$,$p<0.001$,Cramer's V = 0.075(见图8-25)。

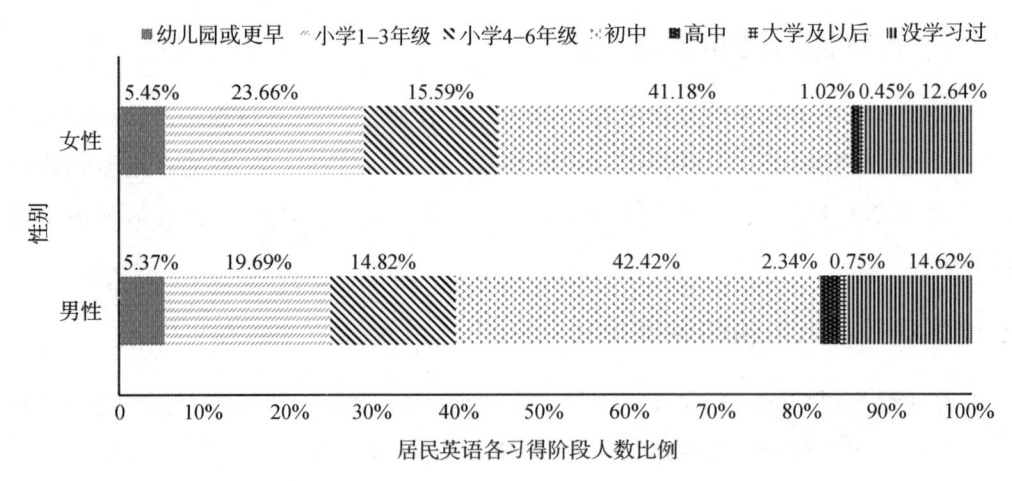

图 8-25 我国居民英语习得的性别差异

6.2 不同年龄居民语言习得年龄的差异

调查发现不同年龄段居民在普通话语言习得上存在显著差异：$\chi^2(20, N=4599)=411.41$，$p<0.001$，Cramer's $V=0.150$。年龄层越低，普通话学习阶段越早。18~19 岁中有 62.59% 的居民在幼儿园或更早阶段就已习得普通话，而 60 岁以上居民在此阶段习得普通话人数占比仅有 17.89%，这也反映了在不同时代居民对于普通话学习的重视程度，以及普通话推广教育的效果（见图 8-26）。

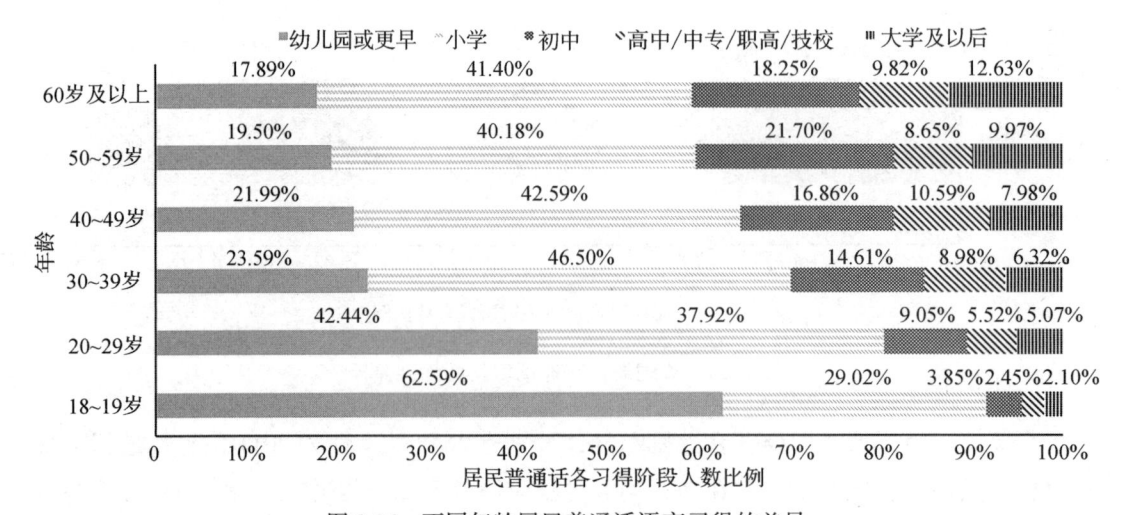

图 8-26 不同年龄居民普通话语言习得的差异

在英语语言习得上年龄同样存在显著差异：$\chi^2(30, N=4613)=2350.69$，$p<0.001$，Cramer's $V=0.319$。年龄层越低，英语学习阶段越早。18~19 岁居民中有 21.68% 的居民在幼儿园或更早阶段就已习得英语，有 45.10% 在小学 1—3 年级前就习得英语。而

30岁以上的居民在小学1—3年级前习得英语的人数比例明显下降。这也反映了不同时代英语学习的情况。随着经济发展，国际交流日益紧密，英语学习逐渐低龄化、普及化（见图8-27）。

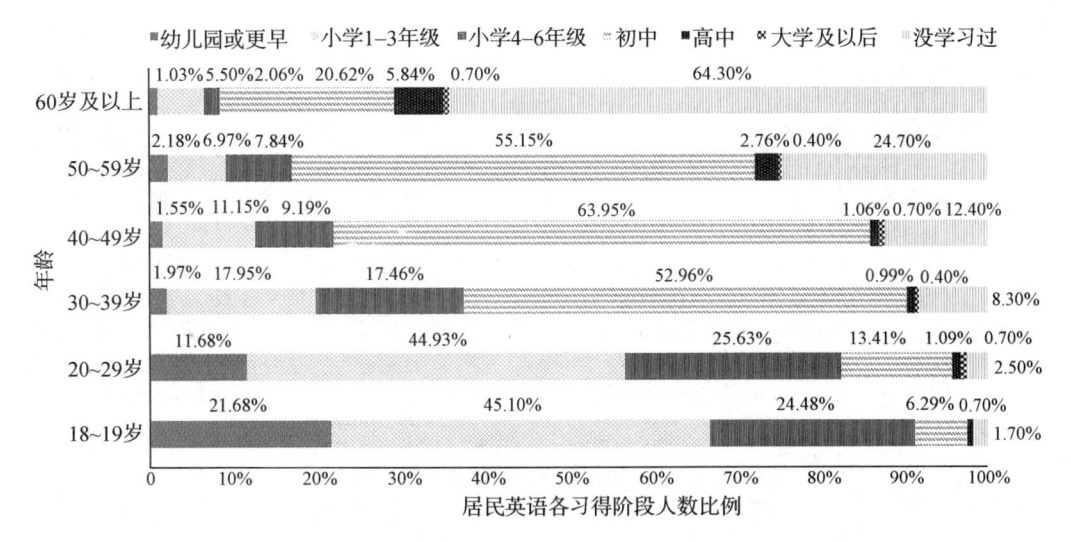

图8-27　不同年龄居民英语语言习得的差异

6.3 不同阶层居民语言习得的差异

在普通话习得上，不同阶层居民存在显著差异：$\chi^2(16, N=4601) = 89.28$，$p < 0.001$，Cramer's V = 0.070。阶层越高，普通话习得年龄段越低，即学习得越早。高阶层居民有50.00%在幼儿园或更早阶段就习得了普通话，而低阶层居民仅有26.59%在此阶段习得普通话，低层次居民中有37.48%是在小学习得普通话（见图8-28）。

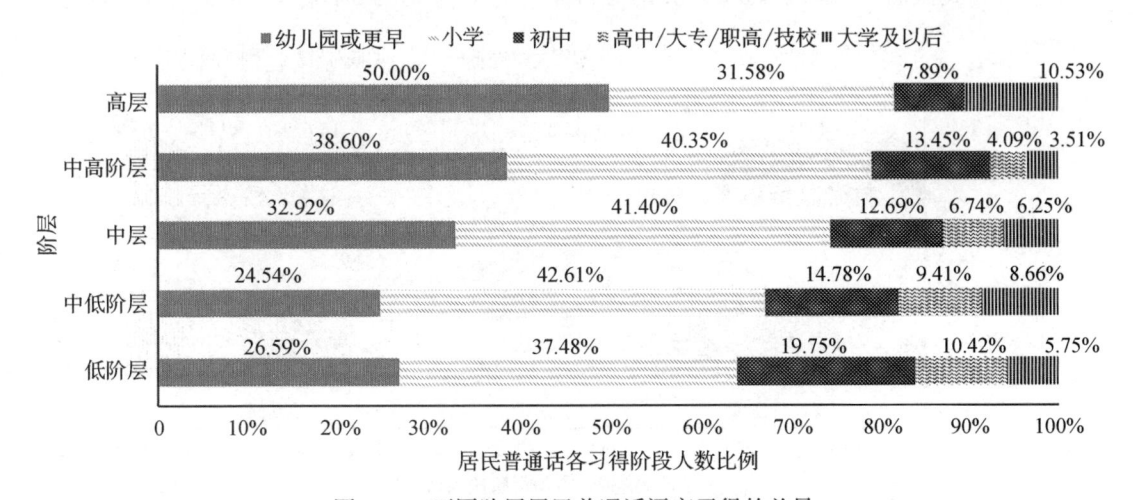

图8-28　不同阶层居民普通话语言习得的差异

在英语习得上，不同阶层水平居民存在显著差异：χ^2 $(24, N=4616) = 121.97$, $p < 0.001$, Cramer's $V = 0.081$。阶层越高，英语习得年龄段越低。高阶层居民中有 68.42% 是在小学 1—3 年级前习得英语，低阶层仅有 22.84% 是在小学 1—3 年级前习得英语（见图 8-29）。

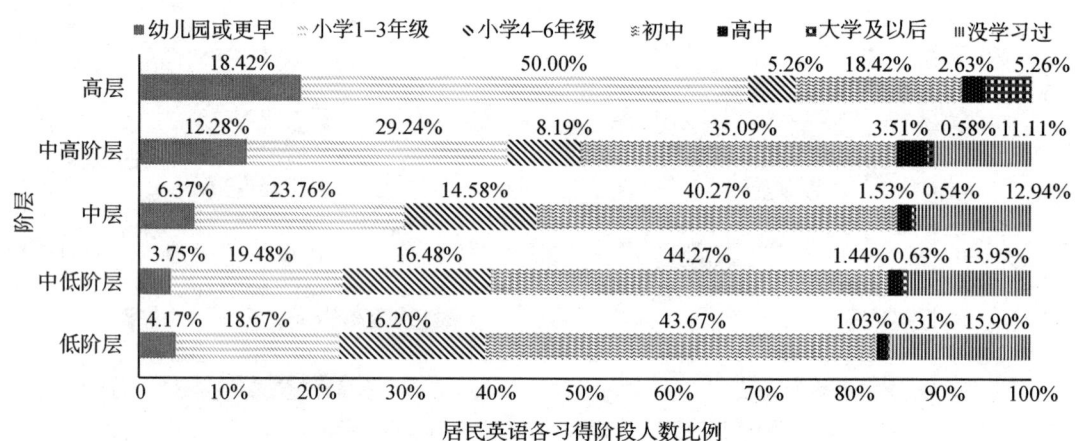

图 8-29 不同阶层居民英语语言习得的差异

6.4 不同地区居民语言习得的差异

官话区居民普通话习得年龄早于非官话区居民：χ^2 $(4, N=4636) = 49.97$, $p < 0.001$, Cramer's $V = 0.104$。官话区中有 71.75% 的居民在小学或更早阶段习得普通话，而非官话区有 69.25% 在此阶段习得普通话；英语习得方面，非官话区居民英语习得年龄要早于官话区居民：χ^2 $(6, N=4651) = 73.86$, $p < 0.001$, Cramer's $V = 0.126$。非官话区中有 87.25% 在初中以前习得了英语，而官话区有 80.42% 是在初中以前习得英语。总体来看，我国居民普通话习得较英语习得年龄更早（见图 8-30、图 8-31）。

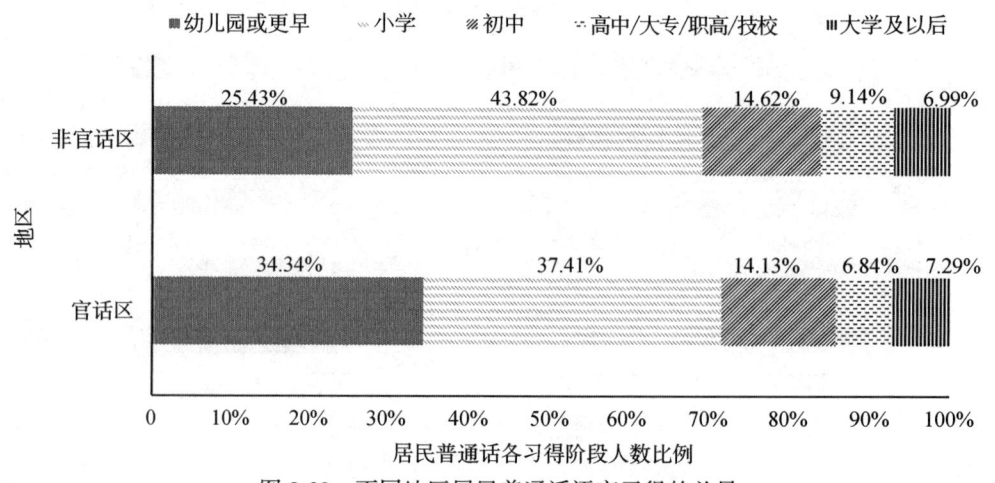

图 8-30 不同地区居民普通话语言习得的差异

第八章 新时代居民语言心理报告

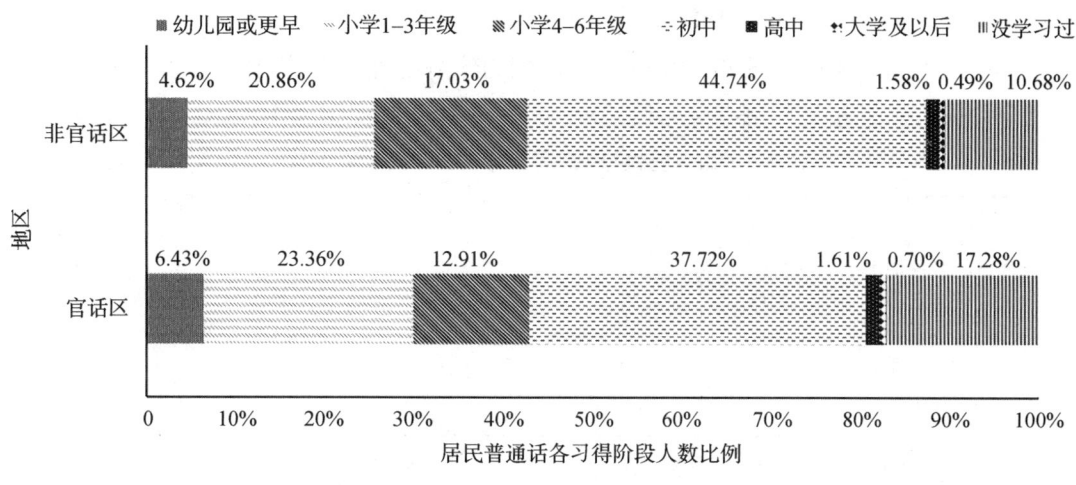

图 8-31 不同地区居民英语语言习得的差异

7 我国居民语言使用特征与思维和自豪情绪的关系

7.1 我国居民语言使用与整体性思维的关系

年龄、学历、阶层、收入和地区等人口学变量都和居民的整体思维有关系，其中，中等社会阶层、中等收入和青年群体更具有整体性思维倾向［$Fs>1.828$，$ps<0.001$，$\eta^2 s>0.004$］。

7.1.1 我国居民语言态度与整体性思维的关系

整体性思维倾向的居民表现出对普通话语音的更多喜爱［$t(4599)=3.23$，$p<0.001$，Cohen's $d=0.10$］。此外，整体性思维倾向的居民，表现出对家乡话发音有更多积极情感和更低的使用倾向［$ts(4599)>2.13$，$ps<0.03$，Cohen's $ds>0.06$］（见图 8-32）。

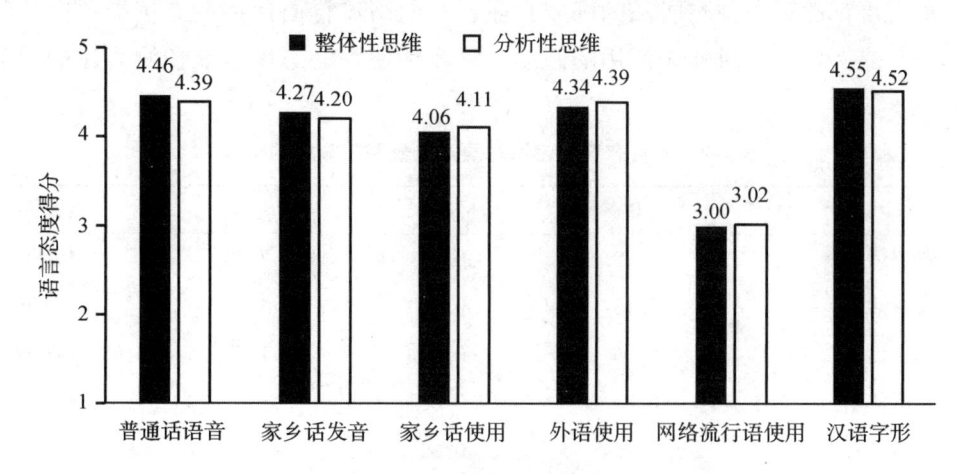

图 8-32 整体性思维和分析性思维的语言态度差异

7.1.2 我国居民语言能力与整体性思维的关系

英语能力与整体性思维相关显著,英语能力越好的个体越倾向于分析性思维。普通话与整体性思维相关显著,普通话能力越好的个体越倾向于分析性思维(见表 8-1)。

表 8-1 语言能力与整体性思维的皮尔逊相关系数

	1	2	3
1. 家乡话能力			
2. 普通话能力	0.06*		
3. 英语能力	−0.09**	0.45**	
4. 整体性思维	0.02	−0.06**	−0.13*

注:*$p<0.05$,**$p<0.01$(双尾)。

7.2 我国居民语言使用特征与自豪情绪的关系

本次调查使用的自豪情绪测量工具包,选择两道测量国家自豪和家乡自豪的题目,还包括一道测量国家成就归因的题目。结果发现,语言能力、语言使用比例都与居民的国家自豪、家乡自豪和国家成就归因有关系。

7.2.1 我国居民语言态度与国家自豪的关系

语言态度中的多个题目均与国家自豪各题有显著的相关($rs>0.17$, $ps<0.05$),为探索语言变量与自豪的独特关系,采用了回归分析的方式研究变量间的关系。

以居民国家自豪作为因变量,居民普通话语音态度、家乡话发音态度、家乡话使用态度、外语使用态度、网络流行语使用态度和汉语字形态度等六个维度为自变量,采用逐步回归的方式进行回归分析。结果表明,居民对普通话语音、家乡话发音、汉字字形的态度都能正向预测居民的国家自豪,对网络流行语使用的态度能负向预测居民的国家自豪,而居民对外语使用的态度、家乡话使用的态度不能预测居民的国家自豪(见表 8-2)。

表 8-2 语言态度和使用对国家自豪回归分析结果表

变量	B	标准误	t	显著性
普通话语音	0.29	0.04	7.28	<0.001
家乡话发音	0.13	0.03	4.34	<0.001
家乡话使用	0.06	0.03	1.67	0.097
外语使用	0.04	0.03	1.27	0.205
网络流行语	−0.10	0.02	−5.59	<0.001
汉字字形	0.58	0.04	15.89	<0.001

7.2.2 我国居民语言能力与自豪情绪的关系

结果显示,居民家乡自豪和国家自豪评分都很高。分别考察语言能力与家乡和国家自豪的关系,结果发现,家乡话能力越高,家乡自豪 [$F(5,4652)=30.67$, $p<0.001$, $\eta^2=0.03$] 和国家自豪 [$F(5,4652)=25.34$, $p<0.001$, $\eta^2=0.03$] 得分越高。普通话水平越高家乡自豪 [$F(5,4651)=4.08$, $p<0.001$, $\eta^2=0.04$] 和国家自豪 [$F(5,4651)=2.31$, $p<0.042$, $\eta^2=0.002$] 得分越高。英语水平和两种自豪得分之间不相关。详细结果见图8-33、图8-34。

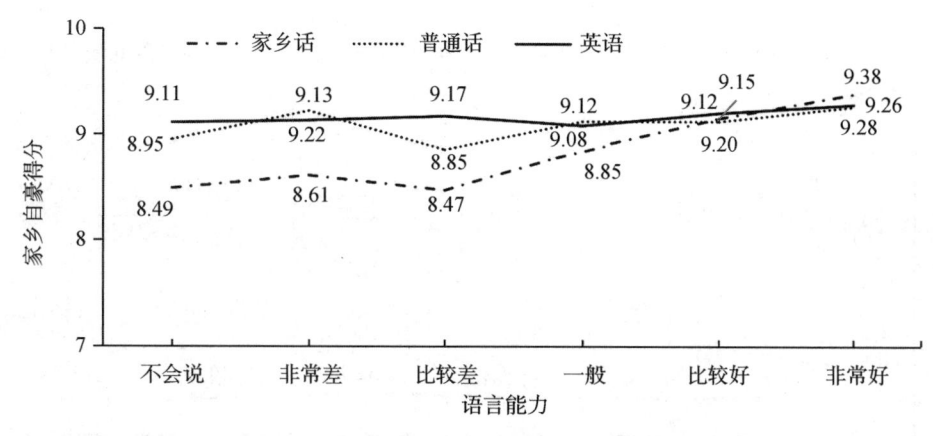

图 8-33 我国居民语言能力和家乡自豪的关系

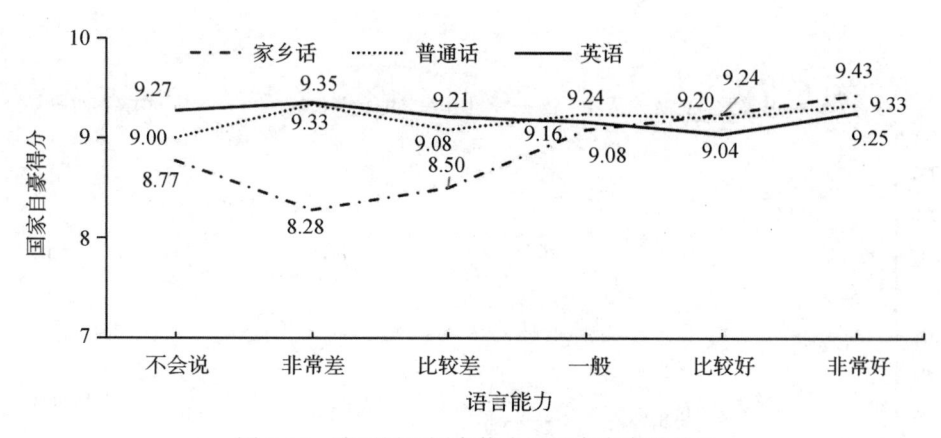

图 8-34 我国居民语言能力和国家自豪的关系

7.2.3 我国居民语言能力与成就归因的关系

我国居民更倾向于将中国取得的成就归因于中华民族的勤劳刻苦,其次是中华民族的优秀基因,最后才是国际因素与世界局势。这也说明我国居民更倾向于将自豪感归因于内在的、特质因素,而非外在因素。

具体来看,在家乡话水平非常好的群体中有64.34%的居民将我国取得的成就归因于中华民族的勤劳刻苦;有25.31%的居民归因于中华民族的优秀基因,该比例明显高于其他家乡话水平的居民。在不会说普通话的群体中,54.96%的居民将我国取得的成就归因于中华民族的勤劳刻苦。这与家乡话(67.46%)和英语(62.82%)水平不会说的群体相比,该比例明显降低。与普通话(62.20%)和英语(56.25%)水平非常好的群体相比,家乡话水平非常好的居民会更多地归因于中华民族的勤劳刻苦,约占64.34%(见图8-35、图8-36、图8-37)。

图8-35 我国居民家乡话语言能力和国家成就归因的关系

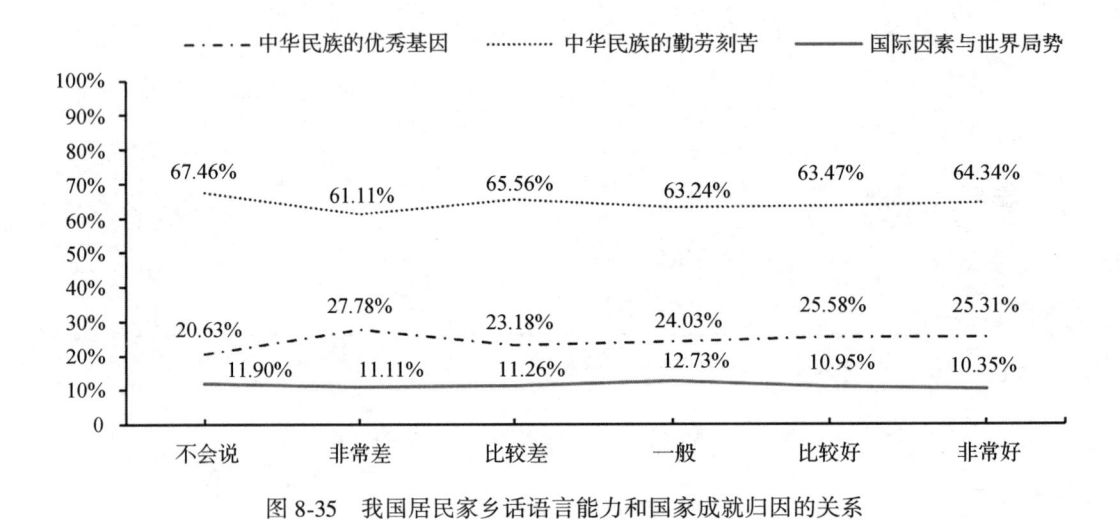

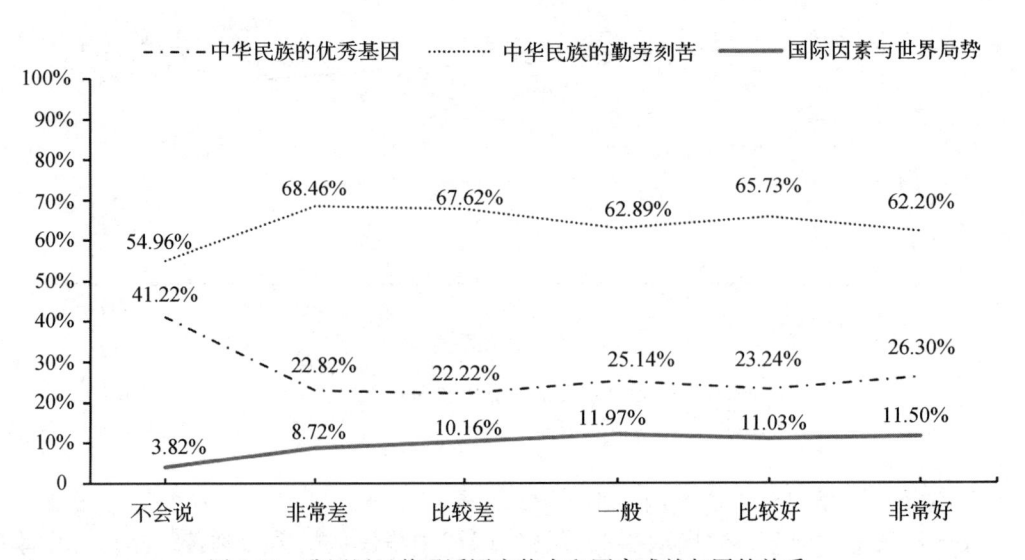

图8-36 我国居民普通话语言能力和国家成就归因的关系

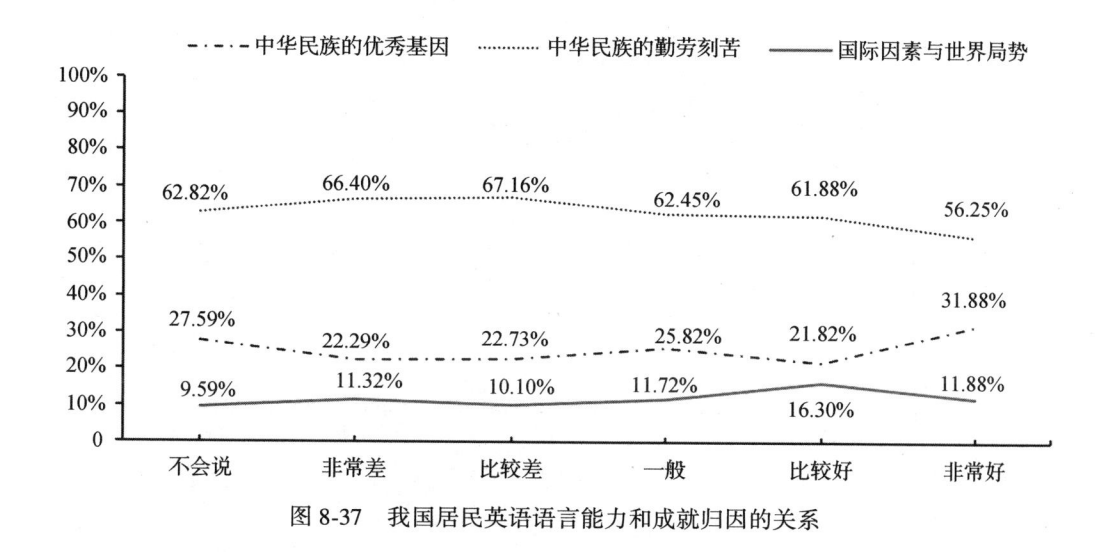

图 8-37 我国居民英语语言能力和成就归因的关系

7.2.4 我国居民语言使用习惯与国家自豪的联系

家乡话使用比例与家乡自豪 $[F(4,4641)=12.07,p<0.001,\eta^2=0.01]$ 和国家自豪 $[F(4,4641)=10.15,p<0.001,\eta^2=0.01]$ 具有一定联系。居民家乡话使用比例越高，居民国家自豪感越强。普通话使用比例对于自豪感影响不显著。总体来看，居民国家自豪感较强。详细结果见图 8-38、图 8-39。

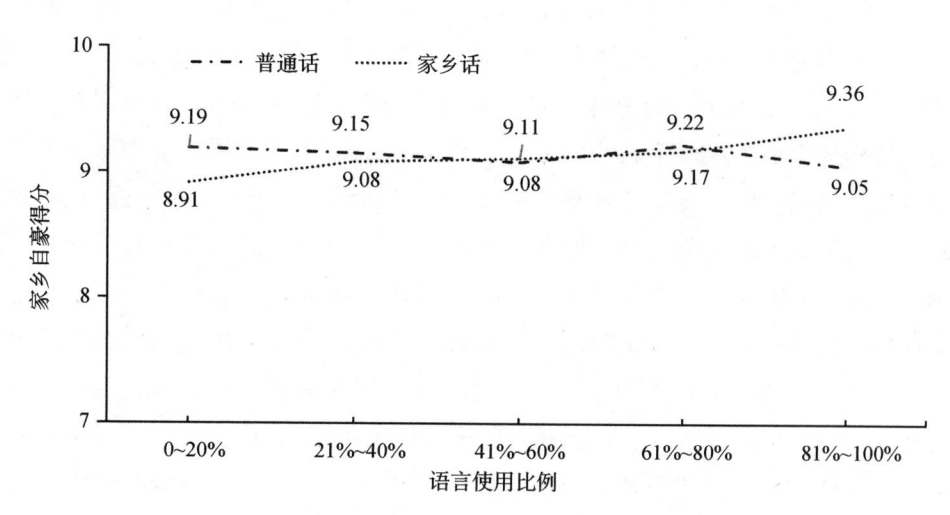

图 8-38 我国居民语言使用习惯和家乡自豪的关系

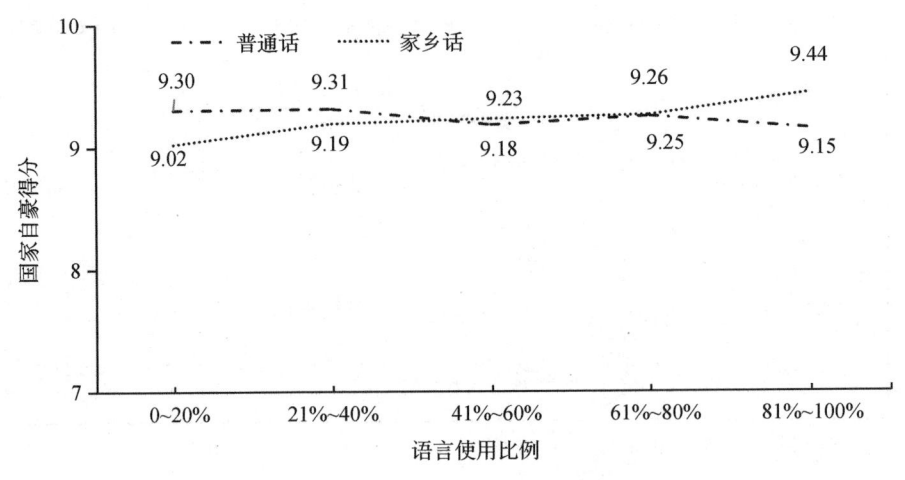

图 8-39 我国居民语言使用习惯和国家自豪的关系

8 讨论

本次调查有以下主要发现。第一，我国居民的语言态度、能力在人口学变量（性别、年龄、学历、阶层和收入等）上存在显著差异。(1) 在性别方面，女性的语言态度比男性更积极，并且女性各类语言习得的年龄均早于男性，语言能力也高于男性。(2) 在年龄方面，青年人和中年人对普通话和家乡话的评价最高，老年人对外语的评价最低；青年人使用普通话的比例高于中老年人，而中老年人使用家乡话的比例高于青年人；年龄越低的个体，各类语言习得的时间均越早，且普通话和英语能力也越高。(3) 在学历方面，学历越高的个体，对于家乡话的态度越差，但总体而言对家乡话的接受与喜爱程度仍维持在一个较高的水平；同时学历越高的个体，会更多地使用普通话而更少地使用家乡话，普通话水平也更高，家乡话水平更低。(4) 在阶层和收入方面，阶层等级和收入越高的个体，对普通话的发音评价也更高；各个阶层居民对家乡话的发音均有较高的评分，阶层与居民的态度并没有明显的关系；中高阶层的居民对家乡话使用有较为密切的关注，收入水平越高的个体，对家乡话使用的关注度有降低的趋势；阶层和收入水平越高的个体，会更多地使用普通话而更少地使用家乡话，英语和普通话习得年龄也会降低，与之对应的语言能力也更高。

第二，我国居民语言使用特征与思维模式（整体性思维 vs. 分析性思维）存在显著相关。对普通话语音和汉字字形态度越积极，其整体性思维倾向更高；英语能力越好的居民，越倾向于分析性思维。第三，我国居民语言使用特征与自豪情绪之间存在显著相关。随着语言能力的提升，居民国家和家乡自豪感也相应提高，尤其居民家乡话的使用比例越高，自豪感越强；我国居民更倾向将中国取得的成就归因于内在的特质因素，而非外在因素。

8.1 我国居民的语言能力分析

年龄和语言能力关系密切。此前的研究普遍认为，随着年龄的增长个体的语言能力会有所下降。例如，克雷克（2008）等人通过概述几种认知衰老模型的基本原理，强调人的部分语言能力会随着年龄的增长而下降。Antonenko（2013）等人借助医学方法研究老年人说话的连贯性和句法能力，同样发现语言能力随着年龄增长而下降，并推测可能与特定大脑网络的功能和结构连接性下降有关。DeDe 和 Flax（2016）认为语言理解能力因受到一般认知能力和知觉能力的影响，导致语言能力随着年龄增长而降低。但 Shafto（2014）等人发现个体的口语能力会随着年龄的增长出现衰退，但语言理解能力可以保持在一定水平，词汇知识也会更丰富。此前的研究多集中在母语体系中，由于我国居民语言体系的丰富性，本研究分别调查了普通话、家乡话、英语三种语言层面受年龄影响的情况。结果发现，在普通话和英语层面，年轻群体的语言能力优于年长群体，但在家乡话层面，年长群体的家乡话能力更高。普通话和英语能力可能会随着认知能力、知觉能力等的下降而下降，但家乡话能力涉及更加丰富的词汇知识和习惯性语法，老年人使用更为熟练，加之年轻人更倾向使用普通话，部分地方话语言保护欠缺等因素，导致了老年人家乡话能力平均优于年轻人。

此外，还有学者此前探究了性别、学历与语言能力之间的关系，Snitz（2009）等运用动物流利度任务（60秒内尽可能多的说出动物的名字）和印第安纳符号测试（Indiana University Token Test），对印第安纳波利斯健康与老龄化研究中心的老年人群体被试进行了测验。结果发现，受教育水平与语言能力呈显著正相关。本研究从普通话、家乡话、英语三个层面探究性别、学历与语言能力之间的关系。发现女性的语言习得年龄早于男性，且语言能力也优于男性。普通话和英语能力与前文研究结果一致，与学历呈现正相关，但家乡话能力与学历呈现负相关。在阶层和收入方面，也发现了相似结果，普通话和英语能力与阶层和收入呈现正相关关系。由于当前我国教育体系语境及工作体系语境主要为普通话和英语，因此随着教育水平的提高普通话和英语的能力也随之提高，而未接受或较少接受教育的居民日常更倾向使用家乡话，因此家乡话能力更高。

8.2 我国居民的语言态度分析

性别、年龄、学历、阶层和收入等人口学变量都对居民的语言态度有显著关系。年龄和语言态度在各个维度上都呈现出年龄越高态度越差的趋势。女性在语言态度（除网络流行语）各题上的得分均显著高于男性，这与以往语言学的研究相一致（魏琳，2012）。

学历、阶层和收入越高的个体，外语的使用倾向越高，居民对普通话的态度越积极，这或许暗示着外语及普通话在复杂的交际场所中使用更为频繁、交流效果更好。有研究表明，虽然居民对自己的家乡话抱有语言忠诚，但也会出于工具性的目的学习与使用普通话，对普通话的权威性和优越性有普遍认同，同时在情感上和实用性评价上，也会对普通话有高度认同（佟秋妹，2012）。我国居民对外语的态度，尤其是英语的态度，受到英语国家发展水平和英语的经济价值的影响（张璟玮，2020）。罗正鹏（2015）考察了我国网民的英语态度，发现大部分网民强调英语的工具性价值。张娟（2011）对大学生的研究发现，我国大学生对英语的态度积极且肯定，另外被试的英语态度还会受到所学专业及英语水平等因素的影响。

在家乡话、普通话和外语的语言竞争态势下，学历、阶层和收入越高，居民对家乡话发音的喜爱程度有所减少，但都维持在一个较高水平。这一趋势在家乡话使用的表现上是更为复杂的，如学历和收入越高家乡话使用越少，阶层越高家乡话使用越多，这或许是因为高阶层独特的权利感，对于方言使用有一定的偏好。对于网络流行语而言，学历和阶层越高，居民的态度越好，但其与收入没有明显关系。

8.3 我国居民语言特征与思维和自豪情绪的关系分析

本研究中的思维倾向和自豪情绪属于社会心态（social mentality）的组成部分，有研究者把社会心态界定为一定时期的社会环境和文化影响下形成的，社会中多数成员表现出的普遍的、一致的心理特点和行为模式，其结构包括：社会认知、社会情绪和社会行为倾向（王俊秀，2013）。虽然已有的研究对社会认知和社会情绪进行了大量的研究，但大多都集中在人口学变量的分析上，很少有研究从语言使用和语言态度的角度探索其和社会心态变量的关系。

此次调查结果发现，英语能力与思维之间相关显著，英语能力越好越倾向于分析性思维。同时对普通话语音、家乡话发音、汉字字形有更多积极情感的个体，具有更高的整体性思维倾向。这些结果与 Nisbett 等（2001）研究者的发现相一致，即西方文化背景下的个体，倾向于把注意力集中在物体的特征上，而不思考周围情景；东方文化（中国、日本等）背景下的个体，更注重整体情景，尤其是物体间联系的方式。综合来看，对本国语言的积极情感可以促进本国文化塑造的思维模式，即对普通话或家乡话持积极态度的个体具有更高的整体性思维倾向。总体来看，我国居民自豪感普遍较高，更多的居民倾向于真实的国家自豪，将国家成就归因于内在的特质因素，而非外在因素。语言能力和态度同自豪情绪有显著的相关，具体来看，普通话能力和家乡话能力同国家自豪感显著相关，语言能力越好国家自豪感越高，但英语能力和自豪感相关不显著。居民对普通话的态度、家乡话的态度、汉字的态度都能正向预测居民的国家自豪，对网络流行语的态度能负向预测居民的国家自豪，而居民对英语的态度、家乡话使用的态度不能预测居民的国家自豪。总体来看，对我国语言态度越好，能力越高，国家自豪感越强，而网络流行语的态度越好，国家自豪感越弱。

本研究聚焦我国语言使用特征，首先从人口学变量出发，描述分析我国居民语言态度和语言能力现状。其次探究我国居民语言使用特征与思维和自豪情绪的关系，有助于深入了解我国居民的社会心理特征，推动语言规划理论的探索，为制定语言政策提供理论和数据支撑的有益信息。但本研究同样尚存一些不足，首先测量方式上由于条件限制选取的是居民自我评估报告，作答较为主观且可能受到社会赞许效应等影响产生反应偏差。其次研究采用横断数据，很难对变量的因果关系进行深入探索，在未来的研究中可以开展纵向的追踪设计，揭示变量间复杂的因果互动模式。最后，限于数据搜集的条件，没有采用随机化的方法对全国被试进行取样，因此数据结果在向全国进行推论时需要谨慎对待。

8.4 政策及建议

普通话是我国的通用语言。自党的十八大以来，以习近平新时代中国特色社会主义思想为指导，深入贯彻落实习近平总书记关于语言文字推广及教育工作重要指示批示精神，围绕国家发展需求，语言教育推广事业取得重大进展。而家乡话同样是我国重要的文化遗产，经国务院批准、文化部确定的我国第一批 518 项国家级非物质文化遗产名录中，与语言文字直接或间接相关的非遗占到总数的 60% 以上。我国语言不仅是居民交流和国家发展的工具，更是我国悠久历史文化的重要载体。

8.4.1 普通话推广与民族地方话保护同时推进

近几十年，我国普通话普及取得显著成效，根据教育部报告显示，随着每年全国语言文字会议胜利召开，语言文字规范标准体系、法律法规体系逐步完善，普通话在全国范围内基本普及、语言交际障碍基本消除，语言文字工作依法治理能力明显提升。但当前部分居民的普通话在语音方面还不够标准，在语法方面还不够规范，总体的普通话水平仍有待提高。国务院办公厅《关于全面加强新时代语言文字工作的意见》明确到 2025 年普通话在全国普及率达到 85% 的目标。"加大国家通用语言文字推广力度"也已写入党的二十大报告。因此，在全国尤其是少数民族地区要继续通过教育等方式推广普通话，切实提高人们在听、说、读、写各方面的语言文字应用能力。

同时，此次调查中发现年轻人群体的家乡话能力及使用比例相对较低，反映出一些家乡话在年轻人群体中已变得不再活跃。语言是社会和民族认同的关键组成部分，同时承载着中华民族的历史、价值观、传统和文化。保护和传承家乡话有助于巩固多民族的认同感，提升各民族团结，增进社会凝聚力。因此，为了推动国家发展，同时维护语言和文化的多样性，应鼓励家乡话教育，以帮助年轻一代继承和传承家乡话语言；鼓励出品以家乡话为基础的文学艺术创作，并借助大众媒介传播，例如近几年以家乡话为主的电影《1942》、《爱情神话》等不断涌现。同时，为了维护语言和文化的多样性，对于少数民族语言和汉语方言的保护刻不容缓。有关部门和语言工作者应承担起责任，采取措施尽可能保护少数民族语言和汉语方言。国家语委于2008年启动"中国语言资源有声数据库建设"工程，对我国语言的汉语方言、地方普通话以及少数民族语言等进行整理和加工，长期保存，以便未来深入研究和有效地开发利用（田立新，2016）。根据语言活力理论，不同语言的安全等级可分为消亡、濒危、不活跃、较为活跃等多个级别。在制定语言保护措施时，需要考虑语言的安全等级，对于不同的语言安全等级，所采取的保护措施也应有所不同。

8.4.2 语言规划需要"因地制宜、因时制宜"

语言能力及语言态度很大程度上受到地区、户口、受教育程度、收入水平和阶层等因素的影响，且处在不同时代下的居民对于语言的态度也有所不同。因此，在推广普通话和对家乡话语言保护的同时应当兼顾居民所在地区、经济情况、家乡话与普通话差异、民族认同感等因素。加大边远及经济欠发达地区普通话推广力度，提高少数民族语言和经济较发达地区家乡话语言保护传承，增进发达地区与欠发达地区，及各民族间的经济、政治和文化教育等方面的交流，切实做到让每个公民都意识到语言对经济和民族发展的重要性。

8.4.3 规范网络流行语发展，主推互联网工具普及

大众对网络流行语使用的评价，一定程度上反映居民对于我国网络流行语的态度已经完成从完全摒弃到鼓励规范发展的转型。我国应继续加强针对网络语言的立法工作，进一步修订、细化和完善《中华人民共和国国家通用语言文字法》《互联网信息服务管理办法》《互联网上网服务营业场所管理条例》等法律法规，让规范使用语言和治理网络语言低俗化有法可依，保障承担大众传播任务的媒体，尤其是官方账号应扮演好"把关人"角色，切不可为庸俗暴戾网络语言的蔓延大开方便之门，进一步提高青少年规范使用语言文字、开展健康文明的网络生活的意识和能力，在青少年心中筑起一道阻挡低俗网络语言的"防火墙"。

参考文献

曹志耘. (2014). 方言濒危、文化碎片和方言学者的使命. *中国语言学报, 16*(1), 208-209.

陈章太. (2008). 论语言资源. *语言文字应用, 17*(1), 9-14.

戴庆厦. (1993). *社会语言学教程*. 北京：中央民族大学出版社.

高一虹, 苏新春, 周雷. (1998). 回归前香港、北京、广州大学生的语言态度. *外语教学与研究, 42*(2), 23-30.

林梦茜, 高一虹. (2010). 大学生奥运志愿者对世界英语的态度：奥运后的反思. *中国外语教育, 3*

(1), 3-10.

罗正鹏. (2015). 高考英语改革背景下中国网民的英语语言态度. *天津外国语大学学报, 23*(6), 57-63.

佟秋妹. (2012). 江苏三峡移民语言态度调查分析. *语言文字应用, 21*(1), 85-91.

汪凤炎. (2018). 对水稻理论的质疑：兼新论中国人偏好整体思维的内外因. *心理学报, 50*(5), 572-582.

王俊秀. (2013). 社会情绪的结构和动力机制：社会心态的视角. *云南师范大学学报（哲学社会科学版）, 45*(5), 55-63.

王敏霞. (2013). 英语学习者语言能力与语用能力相关性及性别差异. *河南理工大学学报（社会科学版）, 14*(4), 484-488.

王淑雯, 班颖超, 苏冲, 高黎, 罗琴琴, 何晟. (2021). *社会语言学概论*. 成都：四川大学出版社.

魏晖. (2015). 国家语言能力有关问题探讨. *语言文字应用, 24*(4), 35-43.

魏琳. (2012). *在京壮族大学生语言使用及语言态度调查（硕士学位论文）*. 中央民族大学.

魏日宁, 苏金智. (2008). 中国内地外语使用情况调查分析. *中国社会语言学, 6*(2), 9-24.

文秋芳. (2019). 对"国家语言能力"的再解读. *新疆师范大学学报, 40*(5), 57-67.

许宏晨, 高一虹. (2014). 四次大型国际活动前后大学生志愿者对世界英语的态度. *外语教学, 36*(1), 43-48.

徐晖明, 周喆. (2016). 广州青少年语言使用与语言态度调查与分析. *语言文字应用, 25*(3), 20-29.

游汝杰. (2014). *外语学术普及系列：什么是社会语言学*. 上海：上海外语教育出版社.

游汝杰, 邹嘉彦. (2016). *社会语言学教程*. 上海：复旦大学出版社.

张斌华. (2016). 珠三角新生代农民工语言使用、态度及认同研究. *语言文字应用, 25*(3), 30-39.

张璟玮. (2020). 澳门青年语言态度调查. *语言战略研究, 5*(1), 59-70.

张娟. (2011). *大学生英语语言态度研究（硕士学位论文）*. 中南民族大学.

张伟. (1988). 论双语人的语言态度及其影响. *民族语文, 10*(1), 58-63+69.

中华人民共和国教育部, 国家语言文字工作委员会. (2018). *中国英语能力等级量表（国家语言文字规范 GF0018-2018）*. 北京：高等教育出版社.

朱滢. (2014). 检验"水稻理论". *心理科学, 37*(5), 1261-1262.

庄初升. (2017). 濒危汉语方言与中国非物质文化遗产保护. *方言, 39*(2), 121-129.

Agheyisi, R., & Fishman, J. (1970). Language attitude studies: A brief survey of methodological approaches. *Anthropological Linguistics, 12*(3), 137-157.

Antonenko, D., Brauer, J., Meinzer, M., Fengler, A., Kerti, L., Friederici, A. D., & Flöel, A. (2013). Functional and structural syntax networks in aging. *NeuroImage, 83*, 513-523.

Armony, J., & Vuilleumier, P. (2013). *The Cambridge handbook of human afective neuroscience*. Cambridge: Cambridge University Press Barrett, L. F. (2006). Are emotions natural kinds?. *Perspectives on Psychological Science, 1*(1), 28-58.

Barrett, L. F., Wilson-Mendenhall, C. D., & Barsalou, L. W. (2015). The conceptual act theory: A roadmap. In L. F. Barrett & J. A. Russell (Eds.), *The psychological construction of emotion* (pp. 83-110). New York: The Guilford Press.

Brecht, R. D., & Walton, A. R. (1993). *National strategic planning in the less commonly taught languages*.

NFLC Occasional Paper.

Chakrabarti, A. (1992). Individual and collective pride. *American Philosophical Quarterly, 29*(1), 35-43.

Chomsky, N. (1965). *Aspects of the theory of syntax*. MIT Press: Cambridge, MA.

DeDe, G., & Flax, J. K. (2016). Language comprehension in aging. In H. H. Wright. (Eds.), *Cognition, language and aging*, (pp. 108-133). Amsterdam: John Benjamins Publishing Company.

Dragojevic, M. (2016). "Language attitudes." In H. Giles & J. Harwood. (Eds.), *The oxford encyclopedia of intergroup communication* (pp. 263-278). New York: Oxford University Press.

Ferguson, C. A. (1959). Diglossia. *Word, 15*(2), 325-340.

Hauser, M. D., Chomsky, N., & Fitch, W. T. (2002). The faculty of language: What is it, who has it, and how did it evolve? *Science, 298*(5598), 1569-1579.

Hymes, D. (1971). The contribution of folklore to sociolinguistic research. *The Journal of American Folklore, 84*(331), 42-50.

Ji, L. J., Zhang, Z., & Nisbett, R. E. (2004). Is it culture or is it language? Examination of language effects in cross-cultural research on categorization. *Journal of Personality and Social Psychology, 87*(1), 57-65.

Kavetsos, G. (2012). National pride: War minus the shooting. *Social Indicators Research, 106*(1), 173-185.

Li, C., & Wei, L. (2022). Language attitudes: Construct, measurement, and associations with language achievements. *Journal of Multilingual and Multicultural Development*, 1-26.

Liu, C., Lai, W., Yu, G., & Chen, C. (2014). The individual and collective facets of pride in Chinese college students. *Basic and Applied Social Psychology, 36*(2), 176-189.

Mackie, D. M., Smith, E. R., & Ray, D. G. (2008). Intergroup emotions and intergroup relations. *Social and Personality Psychology Compass, 2*(5), 1866-1880.

Moaddel, M., Tessler, M., & Inglehart, R. (2008). Foreign occupation and national pride: The case of Iraq. *Public Opinion Quarterly, 72*(4), 677-705.

Nisbett, R. E., Peng, K., Choi, I., & Norenzayan, A. (2001). Culture and systems of thought: Holistic versus analytic cognition. *Psychological Review, 108*(2), 291-310.

Ruan, J. Q., Xie, Z., & Zhang, X. B. (2015). Does rice farming shape individualism and innovation? *Food Policy, 56*, 51-58.

Schoel, C., Roessel, J., Eck, J., Janssen, J., Petrovic, B., Rothe, A., Rudert, S. C., & Stahlberg, D. (2013). "Attitudes Towards Languages" (AToL) scale: A global instrument. *Journal of Language and Social Psychology, 32*(1), 21-45.

Shafto, M. A., & Tyler, L. K. (2014). Language in the aging brain: The network dynamics of cognitive decline and preservation. *Science, 346*(6209), 583-587.

Smith, T. W., & Kim, S. (2006). National pride in comparative perspective: 1995/96 and 2003/04. *International Journal of Public Opinion Research, 18*(1), 127-136.

Snitz, B. E., Unverzagt, F. W., Chang, C. C. H., Vander Bilt, J., Gao, S., Saxton, J., Hall, K. S., & Ganguli, M. (2009). Effects of age, gender, education and race on two tests of language ability in community-based older adults. *International Psychogeriatrics, 21* (6), 1051-1062.

Tajfel, H., & Turner, J. C. (1979). An integrative theory of intergroup conflict. In W. G. Austin & S. Worchel (Eds.), *The social psychology of intergroup relations* (pp. 33-47). Monterey, CA: Brooks/Cole.

Talhelm, T., Zhang, X., Oishi, S., Shimin, C., Duan, D., Lan, X., & Kitayama, S. (2014). Large-scale psychological differences within China explained by rice versus wheat agriculture. *Science, 344* (6184), 603-607.

Tangney, J. P. (1999). The self-conscious emotions: Shame, guilt, embarrassment and pride. In T. Dalgleish & M. J. Power (Eds.), *Handbook of cognition and emotion* (pp. 541-568). New York: Wiley.

Tracy, J. L., & Robins, R. W. (2004). Putting the self into self-conscious emotions: A theoretical model. *Psychological Inquiry, 15* (2), 103-125.

Tracy, J. L., & Robins, R. W. (2007). The psychological structure of pride: A tale of two facets. *Journal of Personality and Social Psychology, 92* (3), 506-525.

Trudgill, P. A. (2003). *Glossary of sociolinguistics*. Edinburgh: Edinburgh University Press.

各章英文摘要 (Abstract)

Chapter 1: General Report on the Social Psychology Survey of Residents in the New Era

Xin Ziqiang, Dong Yan, Zhao Minxiang

Abstract: Social psychology reflects social reality, and the primary social reality facing Chinese people is the "Five Major Constructions" in the overall layout of the great cause of socialism with Chinese characteristics. Everyone is a participant and witness of the great cause. This social psychological survey of Chinese residents in the new era is based on the social reality of our country. The survey covers five psychological aspects corresponding to the "Five Major Constructions": economic psychology, political psychology, cultural psychology, social psychology, and ecological civilization psychology. Besides, the survey also includes individual physical and mental health, as well as language psychology. The survey found that the social psychology of Chinese residents is generally positive in all aspects, though it is worth noting that there are both intra-individual and inter-individual differences. The results shed light on how to carry out psychological construction for residents in the new era.

Keywords: social reality, social psychology, five major constructions, new era

Chapter 2: Report on Economic Psychology of Residents in the New Era

Xing Cai, Ding Xiaotong, Liu Zhifei, Xin Ziqiang

Abstract: The year of 2023 is the first year of China's economic recovery after three years of being affected by COVID-19. Under the new economic development node, it is particularly important to investigate the current status of residents' economic psychology. Economic psychology is a factor that influences economic phenomena, which can be divided into macro-economic psychology and micro-economic psychology. Among them, the previous study of macro-economic psychology is mostly expert comments, and the research variables of micro-economic psychology are relatively simple. In this study, we selected macro-economic psychological variables based on national economic phenomena and socioeconomic hotspots, and we chose micro-economic psychological variables based on individual economic behaviors, individual economic attitudes, family economic behaviors, and family economic attitudes. In order to provide a comprehensive, detailed, and accurate picture of the current economic-psychological status, this study conducted a large-scale, cross-age survey in 29 provinces across the country with 4,669 residents. The results show that the overall well-being of residents is above the medium level, and the confidence of national economy, especially long-term confidence, is generally high. However, the public generally believe that employment is difficult. They pay more attention to three major indicators of economic and social development, which are economic development, people's livelihood and welfare, security and safety. Each economic psychological variable differs significantly across demographic characteristics. This study provides important suggestions for promoting economic development and adjusting related policies.

Keywords: economic recovery period, macro-economic psychology, micro-economic psychology

Chapter 3: Report on Political Psychology of Residents in the New Era

Wei Qingwang, Cui Fengxiao, Yang Guangyao, Pi Te

Abstract: Combining the perspectives of psychology and politics, this study constructs a political psychological framework of Chinese residents, including political attitude, political trust and political participation, from both macro and micro levels on the basis of the Minbenist theory of political culture. Using the data of 4452 valid samples from the political psychology sections of the "Social Psychology Survey of Residents in the New Era" project of the Department of Psychology of Renmin University of China, this study tests this political psychology framework. It is found that the political psychology of Chinese residents is oriented to the feelings of family and country. Microscopically, individual political attitudes (political indifference and social dominance orientation) can predict (relatively low) local political trust, local government job satisfaction and non-institutional political participation, showing the characteristics of "critical citizen". Nevertheless, Chinese residents have a high sense of national identity and community consciousness (group political attitude). The main theme is to show institutional political participation based on support, which corresponds to high political trust (especially trust in the central government). Compared with the micro political psychological path, the macro political psychological path can better reflect the political psychological characteristics of Chinese residents. Finally, combining theory and research findings, this study provides policy suggestions on the political governance practice in the new era based on the political psychological characteristics of Chinese residents.

Keywords: political attitude, political trust, political participation, national identity, political psychology

Chapter 4: Report on Cultural Psychology of Residents in the New Era

Chen Wenfeng, Xie Hao

Abstract: Cultural values are at the core of cultural psychology. Previous research generally believes that economic growth leads to the rise of individualism and the decline of collectivism, though it is also suggested that collectivism is preserved in Chinese cultural values. So, there remains some debates on this issue. Based on the perspective of dual-dimensional of cultural values, this study aimed to examine the cultural psychology of Chinese residents in terms of cultural values. A survey on the cultural values of 29 provinces indicated that:

(1) China as a whole had a high collectivism and tight culture, and tended to cultivate independence through education; (2) The dual-dimensional model of cultural values was validated; (3) There were significant differences in cultural values across regions, age groups, and economic development levels; (4) Cultural values could significantly predict residents' cultural identity and traditional cultural practice activities. These results provided recommendations for further understanding and analyzing the psychology of Chinese people.

Keywords: cultural values, self-construction, authoritarianism, cultural tightness-looseness, regional cultural differences

Chapter 5: Report on Social Civilization Development of Residents in the New Era

Zhang Denghao, Yan Yiren

Abstract: In October 2017, the report of the 19th Party Congress put forth the proposition that by the mid-21st century, China's material, political, spiritual, social, and ecological civilizations would undergo comprehensive upgrading. This marked the first instance in which the concept of social civilization was introduced in a Party Congress report, highlighting its inclusion as a national developmental goal alongside the four other major forms of civilization. The current era witnesses socialism with Chinese characteristics entering a new phase, accompanied by a heightened yearning among the populace for an enhanced quality of life. Drawing upon the three dimensional framework of social civilization in a narrow sense (which encompasses social subject civilization, social relationship civilization, and social environment civilization), this study analyzed data from a survey on the social psychology of residents in the new era, which is conducted by the Department of Psychology at Renmin University of China during the summer of 2023. The sample consisted of 4,662 subjects from 29 provinces, municipalities, and autonomous regions across China. The findings revealed an overall high level of social civilization development in China, yet significant disparities persist in the development levels of social civilization. In the future, it is imperative to further strengthen the cultivation of socialist core values, continuously improve people's livelihoods and welfare, improve their quality of life. It is particularly important to pay attention to key demographic groups to promote social equity and justice, thereby facilitating the continuous enhancement of the social civilization development.

Keywords: social civilization, core socialist values, general trust, psychometrics

Chapter 6: Report on Ecological Civilization Psychology of Residents in the New Era

Zhang Jing, Zheng Shiyu, Chen Wenfeng, Dong Yan, Xin Ziqiang

Abstract: Public participation is an important component of ecological civilization construction in the new era. Based on the self-consistency theory and the theory of self-determinism, the present study explores the relationship between people's green self-cognition and the degree of supporting environmental protection policies or environmental protection behaviors. Through convenient sampling, this study conducted a questionnaire survey among 4444 samples measuring people's green self-cognition (green self-efficacy, environmental self-identity, belief in green behavior malleability, and the connection between the self and ecology/environment), the degree of support for environmental protection policies and environmental protection behaviors. Difference tests and hierarchical regressions were conducted for data analysis. Regression analyses showed that people's green self-cognition positively predicts the degree of support for environmental policies and environmental protection behavior. The higher people's green self-efficacy, environmental self-identity, plasticity belief in environmental protection behavior and self-connection sense of ecological environmental protection, the higher support for environmental protection policies and the stronger practices of environmental protection behavior. This study provides theoretical and practical basis for improving people's support for environmental protection policies and environmental protection behaviors from the perspective of self-cognition.

Keywords: ecological civilization, self-cognition, environmental policy support, environmental protection behavior

Chapter 7: Report on Physical and Mental Health of Residents in the New Era

Dong Yan, Zhao Minxiang, Zhang Lanxin, Liu Tingyan, Li Boyang, Hao Lirong

Abstract: Based on the biopsychosocial model and the Dahlgren-Whitehead model of health determinants, this study recruited 4666 participants from 29 provinces, municipalities and autonomous regions across China to investigate the basic status of lifestyle, health support system and physical and mental health of residents in China in the new era. We examined the differences of each variable in individual characteristics (gender, age, education, subjective social class), family characteristics (marital status, child rearing), as well as urban-rural disparities. The results showed that lifestyle, health support system, and physical and mental health status were generally favorable, but there were significant individual differences. At the same time, this study found that individuals' lifestyles and the health support system played important roles in influencing individual physical and mental health status. This study proposes a theoretical framework for understanding the health status of the residents in the new era, and it provides a research basis for improving national health.

Keywords: healthy China, mental health, lifestyle, health support, social media

Chapter 8: Report on Language Psychology of Residents in the New Era

Liu Conghui, Sun Haoran, Zheng Runze

Abstract: Language is a tool for thinking and communication, and it is an important influencing factor in national identity. Therefore, the psychological characteristic of language among residents in the new era is an important issue worthy of exploration. Through a questionnaire survey conducted among 4669 participants from 29 provinces, municipalities, and autonomous regions nationwide, variables such as language proficiency, language use, language attitude, social emotion and cognition, and demographic information were collected. The results show that: (1) Chinese residents hold a positive attitude towards their own languages (Mandarin and dialects), with a better attitude towards Mandarin compared to dialects. Language proficiency is generally high, and dialect proficiency is higher than Mandarin proficiency; (2) Female participants have higher scores in both language attitude and proficiency than males. Participants with lower age, higher education, higher social class, and higher income have higher attitude and proficiency scores in Mandarin and English, while they have lower scores in attitude and proficiency towards their hometown dialects; (3) Attitudes toward Mandarin and dialects can positively predict residents' holistic thinking and the national pride score. This result indicates that groups with different demographic information exhibit unique patterns in language attitude, proficiency, and usage habits. This study complements our understanding of the language attitudes and usage characteristics of Chinese residents in the context of the new era; more importantly, these unique language patterns may potentially influence social cognition and the emotion of pride.

Keywords: residents in the new era, language attitude and proficiency, holistic thinking, pride emotions